Springer-Lehrbuch

Fred Kröger

Einführung in die
Informatik

Algorithmenentwicklung

Springer-Verlag

Berlin Heidelberg New York
London Paris Tokyo
Hong Kong Barcelona

Prof. Dr. Fred Kröger

Institut für Informatik
Universität München
Theresienstraße 39
W-8000 München 2

CR-Klassifikation (1987): A.1, D.0, E.0

ISBN-13: 978-3-540-53303-0   e-ISBN-13: 978-3-642-76177-5
DOI: 10.1007/978-3-642-76177-5

CIP-Titelaufnahme der Deutschen Bibliothek
Kröger, Fred: Einführung in die Informatik. Algorithmenentwicklung / Fred Kröger. – Berlin;
Heidelberg; New York; London; Paris; Tokyo; Hong Kong; Barcelona: Springer, 1991
(Springer-Lehrbuch)

Vorwort

Seit Ende der sechziger Jahre hat sich die Informatik als eigenständiges, begehrtes Studienfach etabliert. Die Lehre des Faches an den Hochschulen – zumal die Grundausbildung für Studienanfänger – hat sich im Laufe dieser Zeit deutlich gewandelt. Die Wissenschaft Informatik hat inzwischen einen großen Schatz an lehrbaren strukturellen Erkenntnissen angesammelt. Studienanfänger bringen immer häufiger bereits (geeignete oder weniger geeignete) Kenntnisse in der Programmierung von Rechenanlagen mit. Immer mehr ist daher die Grundausbildung gefordert, vor allem die für die Programmierung fundamentalen *Konzepte und Methoden der Algorithmenentwicklung* herauszuarbeiten und zu vermitteln. Die formalen Grundlagen dieser Konzepte und Methoden sind in den letzten Jahren genügend gefestigt worden und können nun ebenfalls – unter gebührender Vereinfachung und nicht immer in allen Details, jedoch ohne Preisgabe der Präzision – in den Anfangsunterricht einbezogen werden.

Dieses Lehrbuch ist geschrieben für Lehrende und Studierende in den ersten Fachsemestern an wissenschaftlichen Hochschulen, gleichermaßen im Haupt- und im grundlagenorientierten Nebenfachstudium Informatik. Es ist aus einer Reihe von Einführungsvorlesungen entstanden, die der Autor seit 1985 zunächst an der Technischen Universität München und nachfolgend an der Ludwig-Maximilians-Universität München gehalten hat. Das Buch umfaßt den Kernbereich "Algorithmenentwicklung" einer (etwa zweisemestrigen) Grundausbildung in Informatik und versucht, den oben genannten Leitlinien zu folgen.

In unserem Bestreben, die begrifflichen Grundlagen der Algorithmenentwicklung in abstrahierender und strukturierender Weise darzulegen, haben wir die Behandlung der einzelnen algorithmischen Konzepte nicht an eine konkrete Programmiersprache geknüpft und uns statt dessen bemüht, sie sozusagen "in Reinkultur" in einer eigenen – syntaktisch und semantisch formal definierten – "Konzeptsprache" festzuhalten. Erst im abschließenden Kapitel 8 geben wir einen kursorischen Überblick, wie Algorithmen und Datenstrukturen in einer Programmiersprache (hier MODULA-2) dargestellt werden können. Es ist selbstverständlich sinnvoll, Teile dieses Kapitels bereits früher zu lehren oder zu lesen, wenn die Beschäftigung mit dem vorangehenden Stoff mit praktischen Programmierübungen begleitet wird.

Formale Grundlegungen und Präzisierungen von Informatik-Inhalten erfolgen in mathematischen Begriffswelten; viele dieser Inhalte beschreiben direkt mathematische Sachverhalte in anderer "Einkleidung". Nach einer knappen Zusammenstellung von Begriffen und Notationen der Mathematik in Abschnitt 1.1 besprechen wir daher in den weiteren Abschnitten von Kapitel 1 eine Reihe mathematischer Konzepte und Techniken, die für die Informatik besonders wichtig sind und in der Mathematikausbildung in Schule und Grundstudium nicht oder jedenfalls häufig (noch) nicht mit der hier verfolgten Zielrichtung gelehrt werden.

Kapitel 2 ist eine Hinführung auf den zentralen Begriff des Algorithmus. Außerdem wird die Bedeutung von Syntax und Semantik von Daten- und Algorithmendarstellungen herausgearbeitet.

In den Kapiteln 3 bis 5 werden Begriffe und konzeptuelle Grundlagen algorithmischer Datenverarbeitung formal entwickelt. Kapitel 3 und 4 behandeln Konzepte der "Ablaufsteuerung" von Algorithmen, sowohl in *applikativer* als auch in *imperativer* Sichtweise. Wir beteiligen uns dabei nicht an der mancherorts geführten Diskussion, welcher dieser beiden Ansätze zur Algorithmenentwicklung der "bessere" sei, sondern stellen sie gleichrangig nebeneinander und beleuchten (insbesondere auch in den nachfolgenden Kapiteln) vielmehr die jeweils vorhandenen Stärken und Schwächen.

Kapitel 5 behandelt wichtige Datenstrukturen und ihre algorithmische Handhabung. Datenstrukturen - auch die in Kapitel 3 eingeführten "elementaren" - werden in der Form *abstrakter Datentypen* beschrieben, wobei wir allerdings immer den Weg "vom Modell zur Abstraktion" gehen: Axiomatische Definitionen abstrahieren inhaltlich vorgegebene Strukturen.

Kapitel 6 und 7 vermitteln methodische Grundlagen der Algorithmenentwicklung. Kapitel 6 diskutiert neben allgemeinen Verfahrensweisen, wie *schrittweise Verfeinerung, Modularisierung* u.ä., ausführlich den Einsatz (und wechselseitige Beziehungen) von *Rekursion* und *Iteration* sowie die Verwendung nicht-deterministischer Konzepte.

Kapitel 7 behandelt Aspekte der algorithmischen Komplexität und Methoden und Techniken zur Entwicklung effizienter Algorithmen. Ein einführender Abschnitt über parallele Algorithmen - durch Effizienzbetrachtungen motiviert - rundet das Kapitel ab.

Bei der Ausarbeitung dieses Textes haben mich zahlreiche Kollegen, Mitarbeiter und Studenten in vielfältiger Form - durch Anregungen, Kritik, Korrekturen usw. - unterstützt. Spezielle Hilfe wurde mir zuteil durch Hans Gaßner, Martin Leischner, Frank Leßke, Stephan Merz, Barbara Paech-Kaiser, Holger Schlingloff. Ihnen allen - auch den nicht namentlich Genannten - bin ich zu großem Dank verpflichtet.

In besonderer Weise war Stefan Eichholz von Beginn an mit der hier vorliegenden Arbeit verbunden. Bei meinen ersten Vorlesungen zu diesem Thema ist er mir als Übungsleiter hilfreich zur Seite gestanden. Im Studienjahr 1987/88 hat er selbst im Rahmen eines Lehrauftrages die zweisemestrige Einführungsvorlesung an der Ludwig-Maximilians-Universität in Anlehnung an mein damaliges Manuskript gehalten und dieses in vielen Punkten verbessert. Die schrittweise Fertigstellung des endgültigen Buchtextes hat Herr Eichholz schließlich mit vielen wichtigen Anmerkungen begleitet. Ihm gilt mein besonderer Dank.

Danken möchte ich nicht zuletzt auch dem Springer-Verlag, insbesondere Hans Wössner und Ingeborg Mayer, für die Bereitschaft zur Herausgabe dieses Buches und die stete Unterstützung während der Fertigstellung.

München, Oktober 1990 Fred Kröger

Inhaltsverzeichnis

Einleitung

Informatik (englisch: *computer science*) ist die

> *Wissenschaft und Technik der Verarbeitung von Informationen mit Hilfe elektronischer Rechenanlagen.*

Informationsverarbeitung ist ein grundlegendes Element menschlichen (und nicht nur menschlichen) Lebens überhaupt. Die spezielle Betonung der Informatik liegt auf einer Informations- (oder auch: Daten-) Verarbeitung, die "von einer Maschine" (in Abgrenzung etwa von einem menschlichen Verarbeiter) durchführbar ist. Immer mehr Datenverarbeitungsaufgaben lassen sich heute in der Tat mit Hilfe von *Computern* lösen, z.B.:

- Verwaltung von Konten einer Bank,
- Textverarbeitung,
- Wettervorhersage,
- Steuerung von Flugzeugen,
- Verarbeitung von (chemischen, medizinischen, ...) Meßdaten,
- Hochrechnung von Wahlergebnissen
  usw.

Ermöglicht wird dies jeweils durch systematische Verarbeitungsvorschriften, die so präzise formuliert sind, daß sie von einer Rechenanlage ausgeführt werden können.

Eine Verarbeitungsvorschrift in diesem Sinne heißt *Algorithmus*. Der Algorithmusbegriff ist ein zentraler Begriff der Informatik. Um ihn herum gruppiert sich ein weites Spektrum von wissenschaftlichen Themenbereichen, z.B.:

- Aufbau und Wirkungsweise der (elektronischen) Maschinen, die Algorithmen ausführen können,
- praktischer Einsatz von Rechenanlagen bei der Durchführung von Algorithmen,
- maschinengerechte Darstellung von Daten und Algorithmen,
- Konstruktion von Algorithmen,
- Grenzen der maschinellen Lösbarkeit von Datenverarbeitungsaufgaben.

Die Beschäftigung mit der *hardware*, d.h. mit Aufbau und Wirkungsweise von elektronischen Rechenanlagen gehört zum Teilbereich der *technischen Informatik*. Diese hat zahlreiche Berührungspunkte mit der Elektrotechnik. Die *praktische Informatik* umfaßt alle Bereiche der Konstruktion, Darstellung und Ausführung von Algorithmen (der *software*). Zur *theoretischen Informatik* zählen Fragen aus dem in obiger Aufzählung zuletzt genannten Bereich sowie ganz allgemein die theoretische Durchdringung und Grundlegung von Fragen und Konzepten der Informatik. Praktische und erst recht theoretische Informatik beziehen einen Großteil ihrer wissenschaftlichen Methoden und Techniken aus der Mathematik.

Darüber hinaus gibt es eine ganze Reihe von Fragestellungen in der Informatik, die sich nicht direkt in die drei genannten Teilbereiche einordnen lassen. Dazu gehören z.B. die Untersuchung der Anwendbarkeit von Erkenntnissen der Informatik in anderen Wissenschaften (*angewandte Informatik*) oder die Behandlung von Auswirkungen der Informatik in der Gesellschaft.

Dieses Buch gibt eine Einführung in die Grundlagen des skizzierten Kernbereichs der Informatik: jeglicher "algorithmischen Datenverarbeitung" zugrunde liegende Konzepte, Methoden und Techniken zur Darstellung und Strukturierung von Daten und zur Entwicklung von Algorithmen, die Daten verarbeiten.

1 Mathematische Grundlagen

1.1 Einige mathematische Grundbegriffe

Die Mathematik bietet mit ihren formalen Ausdrucksweisen eine präzise Grundlage auch zur Beschreibung von Informatik-Inhalten. Wir stellen in diesem Abschnitt - ohne in Details zu gehen - einige mathematische Grundbegriffe zusammen, die wir im weiteren Verlauf des Buches benutzen werden. Damit legen wir insbesondere auch die von uns gewählten - in der mathematischen Literatur nicht immer einheitlichen - Begriffsdefinitionen und Notationen für die angeführten mathematischen Sachverhalte fest.

Mengen

Eine **Menge** ist eine Zusammenfassung von (endlich oder unendlich vielen) verschiedenen Objekten, die **Elemente** dieser Menge genannt werden. Wir schreiben:

$x \in M$ für   "das Objekt x ist ein Element der Menge M",
                     "das Objekt x ist in der Menge M enthalten",
                     "die Menge M enthält das Objekt x",

$x \notin M$ für   "das Objekt x ist kein Element der Menge M",
                     "das Objekt x ist nicht in der Menge M enthalten",
                     "die Menge M enthält das Objekt x nicht",

$x_1, \ldots, x_n \in M$ für   "$x_1 \in M$ und ... und $x_n \in M$",

$x_1, \ldots, x_n \notin M$ für   "$x_1 \notin M$ und ... und $x_n \notin M$",

$M = \{x_1, \ldots, x_n\}$, falls die Menge M genau die Elemente $x_1, \ldots, x_n$ enthält.

Beispiele für Mengen sind:

$\mathbb{N}$:   Menge der **natürlichen Zahlen** $1, 2, 3, \ldots$,
$\mathbb{N}_0$:   Menge der natürlichen Zahlen einschließlich 0,
$\mathbb{Z}$:   Menge der **ganzen Zahlen** $\ldots, -3, -2, -1, 0, 1, 2, 3, \ldots$,
$\mathbb{R}$:   Menge der **reellen Zahlen**,
$\mathbb{B} = \{WAHR, FALSCH\}$: Menge der **Wahrheitswerte**,
$\emptyset$:   **leere Menge** (Menge, die kein Element enthält).

Für diese Mengen gilt z.B.:

$$17 \in \mathbb{N}, \; 0 \notin \mathbb{N}, \; 0 \in \mathbb{N}_0, \; 0 \notin \mathbb{B}, \; 0 \notin \varnothing.$$

Sind M_1 und M_2 zwei Mengen, so heißt M_1 **Teilmenge** von M_2, geschrieben $M_1 \subseteq M_2$, wenn jedes Element von M_1 auch Element von M_2 ist. Ist $M_1 \subseteq M_2$ und $M_2 \subseteq M_1$, so sind M_1 und M_2 **gleich**: $M_1 = M_2$. Sind M_1 und M_2 nicht gleich, so schreiben wir $M_1 \neq M_2$. Ist $M_1 \subseteq M_2$ und $M_1 \neq M_2$, so heißt M_1 **echte Teilmenge** von M_2, geschrieben $M_1 \subset M_2$. Zum Beispiel gilt $\mathbb{N}_0 \subseteq \mathbb{Z}$ und auch $\mathbb{N}_0 \subset \mathbb{Z}$.

Eine Menge M heißt **nicht-leer**, wenn $M \neq \varnothing$ gilt. Sie heißt **endlich**, falls sie nur endlich viele Elemente enthält, andernfalls **unendlich**. Endliche nicht-leere Mengen können explizit durch Auflistung ihrer Elemente angegeben werden, z.B.

$$N = \{17,18,19,20\}.$$

Ein weitaus mächtigeres Bildungsprinzip, mit dem auch unendliche Mengen definiert werden können, besteht darin, eine Menge M durch eine charakteristische Eigenschaft E ihrer Elemente implizit zu bestimmen: M ist die

"Menge aller Objekte, die die Eigenschaft E haben".

Wir schreiben dafür

$$M = \{x \mid x \text{ hat die Eigenschaft } E\}.$$

Diese Methode der Zusammenfassung von Objekten zu Mengen ist allerdings nicht ohne Gefahren. Ein zu freier Gebrauch kann zu widersprüchlichen Konstruktionen wie etwa der "Russellschen Antinomie" ("Menge aller Mengen, die sich nicht selbst als Element enthalten") führen. Unsere Anwendungen dieses Mengenbildungsprinzips werden jedoch in allen Fällen problemlos sein. Als Beispiel können wir die obige Menge N jetzt auch etwa so definieren:

$$N = \{x \mid x \in \mathbb{N} \text{ und } x \text{ ist größer als 16 und kleiner als 21}\}.$$

Eine durch Angabe einer Eigenschaft definierte unendliche Menge ist z.B.

$$M = \{x \mid x \in \mathbb{N} \text{ und } x \text{ ist teilbar durch 7}\}.$$

Aus zwei gegebenen Mengen M_1 und M_2 kann man neue Mengen mit folgenden **Mengenoperationen** bilden:

$$\begin{aligned}
\textbf{\textit{Durchschnitt}}: \quad & M_1 \cap M_2 = \{x \mid x \in M_1 \text{ und } x \in M_2\}, \\
\textbf{\textit{Vereinigung}}: \quad & M_1 \cup M_2 = \{x \mid x \in M_1 \text{ oder } x \in M_2\}, \\
\textbf{\textit{Differenz}}: \quad & M_1 \setminus M_2 = \{x \mid x \in M_1 \text{ und } x \notin M_2\}.
\end{aligned}$$

Zum Beispiel ist:

$$\{0\} \cap \mathbb{N} = \varnothing, \ \{0\} \cap \mathbb{N}_0 = \{0\}, \ \mathbb{R} \cap \mathbb{B} = \varnothing, \ \{1\} \cap \mathbb{N} \cap \{1,7,53\} = \{1\},$$
$$\{0\} \cup \mathbb{N} = \mathbb{N}_0, \ \varnothing \cup \mathbb{N} = \mathbb{N}, \ \{1,7,53\} \cup \mathbb{N} = \mathbb{N}, \ \{1\} \cup \{7\} \cup \{53\} = \{1,7,53\},$$
$$\{0\} \setminus \mathbb{N} = \{0\}, \ \{0\} \setminus \mathbb{N}_0 = \varnothing, \ \mathbb{N}_0 \setminus \{0\} = \mathbb{N}, \ \mathbb{R} \setminus \mathbb{B} = \mathbb{R}.$$

Durchschnitt und Vereinigung sind *assoziativ*, d.h. es gilt $M_1 \cap (M_2 \cap M_3) = (M_1 \cap M_2) \cap M_3$ und $M_1 \cup (M_2 \cup M_3) = (M_1 \cup M_2) \cup M_3$ für beliebige Mengen M_1, M_2, M_3. Dies rechtfertigt auch die klammerfreie Schreibweise in den Beispielen, etwa bei $\{1\} \cup \{7\} \cup \{53\}$.

Multimengen

Charakteristisch für Mengen ist, daß je zwei ihrer Elemente verschieden sind. Manchmal ist es jedoch wünschenswert, bei der Zusammenfassung von Objekten zu einer "Menge" solche Objekte, die mehrfach auftreten, auch wirklich in ihrer Vielfachheit aufzunehmen. Solche Zusammenfassungen, in denen also gleiche Elemente mehrfach vorhanden sein können, heißen *Multimengen*.

Die Menge der in dem Wort MATHEMATIK vorkommenden Buchstaben ist z.B. (in alphabetischer Reihenfolge aufgeschrieben)

$$M = \{A, E, H, I, K, M, T\}.$$

Eine Auflistung der Buchstaben unter Berücksichtigung der Häufigkeit ihres Vorkommens liefert dagegen die Multimenge

$$MM = \{A, A, E, H, I, K, M, M, T, T\}.$$

Allerdings läßt jede Multimenge sich auch leicht als Menge verstehen, indem man gleiche Elemente durch eine "künstliche" Unterscheidung eben doch als verschieden ansieht. Dies kann etwa durch eine mitgeführte Numerierung der mehrfach vorhandenen Elemente bewerkstelligt werden, bei MM z.B.:

$$MM' = \{A^{(1)}, A^{(2)}, E, H, I, K, M^{(1)}, M^{(2)}, T^{(1)}, T^{(2)}\},$$

wobei dann $A^{(1)}$ und $A^{(2)}$ als "erstes" bzw. "zweites Auftreten von A" gelesen werden können. Die im Zusammenhang mit Mengen genannten Begriffe lassen sich (unter passender Berücksichtigung der Häufigkeit von Elementen) leicht auf Multimengen übertragen. Ist z.B.

$$NN = \{A, F, I, I, K, M, N, O, R, T\}$$

die Multimenge der Buchstaben des Wortes INFORMATIK, so besteht die "Vereinigungsmultimenge" von MM und NN - bezeichnet wieder mit $MM \cup NN$ - aus allen in MM und NN vorkommenden Buchstaben:

$$MM \cup NN = \{A, A, A, E, F, H, I, I, I, K, K, M, M, M, N, O, R, T, T, T\}.$$

Kartesische Produkte

Sind $M_1, M_2, ..., M_n$ Mengen ($n \in \mathbb{N}$), so läßt sich aus Objekten $x_1 \in M_1$, $x_2 \in M_2, ..., x_n \in M_n$ ein neuartiges "zusammengesetztes" Objekt $(x_1, ..., x_n)$ bilden, das **n-Tupel**, im Fall $n=2$ auch **Paar** genannt wird. Die einzelnen x_i, $i=1, ..., n$, heißen **Komponenten** von $(x_1, ..., x_n)$. Die Menge

$$M_1 \times M_2 \times ... \times M_n = \{(x_1, x_2, ..., x_n) \mid x_1 \in M_1, \ x_2 \in M_2, \ ..., \ x_n \in M_n\}$$

aller solcher n-Tupel heißt **kartesisches Produkt** von $M_1, ..., M_n$. Falls $M_1 = M_2 = ... = M_n = M$, so schreiben wir auch M^n statt $M_1 \times M_2 \times ... \times M_n$ und nennen die Elemente von M^n auch **Folgen** der Länge n über M. Beispiele sind:

$$\mathbb{N}_0 \times \mathbb{N} = \text{Menge aller Paare} \quad (0,1), \ (0,2), \ (0,3), \ ... \ ,$$
$$(1,1), \ (1,2), \ (1,3), \ ... \ ,$$
$$(2,1), \ (2,2), \ (2,3), \ ... \ ,$$
$$\vdots$$

$$\mathbb{B}^3 = \{(WAHR, WAHR, WAHR), (WAHR, WAHR, FALSCH),$$
$$(WAHR, FALSCH, WAHR), (FALSCH, WAHR, WAHR),$$
$$(WAHR, FALSCH, FALSCH), (FALSCH, WAHR, FALSCH),$$
$$(FALSCH, FALSCH, WAHR), (FALSCH, FALSCH, FALSCH)\}.$$

Eine Sonderrolle spielt der Fall $n=1$. Ein 1-Tupel (x_1) kann mit seiner einzigen Komponente, dem Objekt x_1, identifiziert werden, so daß man das "kartesische Produkt von M_1" (das ja auch einfach mit M_1 bezeichnet würde) mit der Menge M_1 gleichsetzen kann.

Abbildungen

Seien $M_1, ..., M_n$ ($n \in \mathbb{N}$) und N Mengen. Eine **Abbildung** f von $M_1 \times ... \times M_n$ in N ordnet jedem Element $x = (x_1, ..., x_n)$ einer gewissen Teilmenge $D(f)$ von $M_1 \times ... \times M_n$ genau ein Element $y \in N$ zu. Wir schreiben kurz

$$f: M_1 \times ... \times M_n \rightarrow N,$$
$$f: (x_1, ..., x_n) \mapsto y \quad \text{oder auch} \quad f(x_1, ..., x_n) = y.$$

n ist die **Stelligkeit**, $D(f)$ der **Definitionsbereich** und N der **Wertebereich** von f. Ist $D(f) = M_1 \times ... \times M_n$, so heißt f **total**, andernfalls (d.h. $D(f) \subset M_1 \times ... \times M_n$) **partiell**. Eine Abbildung $f: M_1 \times ... \times M_n \rightarrow N$ nennen wir auch **Operation** mit der **Funktionalität** $M_1 \times ... \times M_n \rightarrow N$. Der Systematik halber fassen wir außerdem die Elemente von N als ("0-stellige") Operationen mit der Funktionalität $\rightarrow N$ auf. (In der Mathematik verwendet man zudem häufig den Begriff "Funktion" anstelle von "Abbildung". Wir bewahren uns diese Bezeichnung für einen damit zusammenhängenden Begriff in der Informatik auf und vermeiden dieses Wort daher in mathematischem Kontext.)

Sind f_1 und f_2 zwei Abbildungen, so sind f_1 und f_2 **gleich**, geschrieben $f_1 = f_2$, wenn $D(f_1) = D(f_2)$ und $f_1(x) = f_2(x)$ für alle $x \in D(f_1)$ gilt.

Eine Abbildung $f : M^n \to M$ heißt **n-stellige innere Operation** auf der Menge M. Beispiele sind:

$$SUCC : \mathbb{N}_0 \to \mathbb{N}_0, \quad D(SUCC) = \mathbb{N}_0 \qquad (\textbf{\textit{Nachfolger-Operation}}[1]),$$
$$SUCC : x \mapsto \text{"}x \text{ plus } 1\text{"} \qquad (\text{z.B. } SUCC(15) = 16),$$

$$+ : \mathbb{N}_0 \times \mathbb{N}_0 \to \mathbb{N}_0, \quad D(+) = \mathbb{N}_0 \times \mathbb{N}_0,$$
$$+ : (x,y) \mapsto \text{"Summe von } x \text{ und } y\text{"},$$

$$MIN : \mathbb{Z} \times \mathbb{Z} \to \mathbb{Z}, \quad D(MIN) = \mathbb{Z} \times \mathbb{Z},$$
$$MIN : (x,y) \mapsto \text{"Minimum von } x \text{ und } y\text{"},$$

$$LOG : \mathbb{R} \to \mathbb{R}, \quad D(LOG) = \{x \mid x \in \mathbb{R} \text{ und } x > 0\},$$
$$LOG : x \mapsto \text{"Logarithmus (zur Basis 2) von } x\text{"}.$$

Die oben eingeführte Notation $f(x_1, \ldots, x_n)$, die die "Anwendung" von f auf die **Argumente** $x_1, \ldots, x_n$ beschreibt, nennen wir **Funktionsschreibweise**. Im Fall $n = 2$ verwendet man statt dessen häufig auch die **Infixschreibweise** $x_1 f x_2$. Für die Abbildung $+$ schreibt man z.B. $18 + 3$ statt $+(18,3)$. Im Fall $n = 1$ gibt es analog eine **Präfixschreibweise**, die aus der Funktionsschreibweise durch Weglassen der beiden Klammern entsteht, für die Operation LOG also z.B. $LOG\ 15$. In der **Postfixschreibweise** wird f den Argumenten nachgestellt, im Fall $n = 2$ also etwa $x_1 x_2 f$ geschrieben. Ein Beispiel mit $n = 1$ ist die Abbildung "Fakultät": $x! = 1 \cdot 2 \cdot \ldots \cdot x$ (und $0! = 1$). (In der Mathematik gibt es zudem Schreibweisen wie etwa $\sqrt{x}$ (Quadratwurzel), $\frac{x}{y}$ (Division), x^y (Potenzierung), die sich hier nicht direkt unterordnen lassen.)

Wir geben noch drei wichtige (totale) innere Operationen auf der Menge $\mathbb{B}$ an. Wegen der Endlichkeit der Definitionsbereiche können die einzelnen Zuordnungen explizit in **Wahrheitstafeln** zusammengestellt werden.

Negation: $\neg : \mathbb{B} \to \mathbb{B}$,

x	$\neg x$
WAHR	*FALSCH*
FALSCH	*WAHR*

Konjunktion: $\wedge : \mathbb{B} \times \mathbb{B} \to \mathbb{B}$,

x	y	$x \wedge y$
WAHR	*WAHR*	*WAHR*
WAHR	*FALSCH*	*FALSCH*
FALSCH	*WAHR*	*FALSCH*
FALSCH	*FALSCH*	*FALSCH*

---

[1] Die Bezeichnung $SUCC$ stammt vom englischen "successor". Einige der in diesem Kapitel definierten Operationen werden wir später in Informatik-Kontext als "Grundoperationen" auszeichnen. Für sie wählen wir in Anlehnung an übliche Programmiersprachen englische Bezeichnungen.

Disjunktion: $\vee : \mathbb{B} \times \mathbb{B} \to \mathbb{B}$,

x	y	$x \vee y$
WAHR	*WAHR*	*WAHR*
WAHR	*FALSCH*	*WAHR*
FALSCH	*WAHR*	*WAHR*
FALSCH	*FALSCH*	*FALSCH*

Prädikate

Eine Abbildung $p : M_1 \times ... \times M_n \to \mathbb{B}$ heißt ***Prädikat*** über $M_1,...,M_n$. Ist $M_1 = M_2 = ... = M_n = M$, so heißt p ***n-stelliges Prädikat*** über M. Totale Prädikate nennen wir auch ***Relationen***. Beispiele sind:

$$PRIM : \mathbb{N} \to \mathbb{B},$$

$$PRIM(x) = \begin{cases} WAHR, & \text{falls } x \text{ Primzahl ist,} \\ FALSCH & \text{sonst,} \end{cases}$$

$$\Delta : \mathbb{R} \times \mathbb{R} \times \mathbb{R} \to \mathbb{B},$$

$$\Delta(x,y,z) = \begin{cases} WAHR, & \text{falls es ein Dreieck mit } x,y,z \text{ als} \\ & \text{Seitenlängen gibt,} \\ FALSCH & \text{sonst,} \end{cases}$$

$$= \; : \mathbb{Z} \times \mathbb{Z} \to \mathbb{B},$$

$$=(x,y) = \begin{cases} WAHR, & \text{falls } x \text{ und } y \text{ gleich sind,} \\ FALSCH & \text{sonst.} \end{cases}$$

Alle drei angegebenen Prädikate sind total. Im letzten Beispiel wird die ***Gleichheitsrelation*** auf $\mathbb{Z}$ definiert. Z.B. ist

$$=(-713,-713) = WAHR.$$

Diese Notation mag etwas verwirrend sein, man bedenke aber, daß das zweite Gleichheitszeichen eine andere Schreibweise für den Zuordnungspfeil "$\mapsto$" ist und wir also eigentlich die Zuordnung

$$= \; : (-713,-713) \mapsto WAHR$$

ausdrücken. Die Gleichheitsrelation ist analog auch für beliebige andere Mengen definiert.

Als weitere Schreibweise lassen wir "$=WAHR$" (was also "$\mapsto WAHR$" bedeutet) oft weg. In Infixschreibweise (die wir bei 2-stelligen Prädikaten im folgenden ausschließlich verwenden werden) schreiben wir im obigen Fall also einfach

$$-713 = -713.$$

Ein weiteres Beispiel ist etwa $PRIM(17)$ statt $PRIM(17) = WAHR$.

Diese Schreibweise ermöglicht schließlich auch noch eine andere Notation von Prädikatsdefinitionen. Statt

$$p(x_1,...,x_n) = \begin{cases} \textit{WAHR}, & \text{falls Eigenschaft } E \text{ erfüllt ist,} \\ \textit{FALSCH} & \text{sonst} \end{cases}$$

schreiben wir auch

$$p(x_1,...,x_n) \Leftrightarrow \text{Eigenschaft } E \text{ ist erfüllt,}$$

wobei das Zeichen "$\Leftrightarrow$" als "genau dann, wenn" gelesen werden kann.

Ordnungen

Sei $p : M \times M \to \mathbb{B}$ eine 2-stellige Relation. p heißt

> **reflexiv**, wenn gilt: xpx,
> **transitiv**, wenn gilt: Falls xpy und ypz, so xpz,
> **antisymmetrisch**, wenn gilt: Falls xpy und ypx, so $x=y$

(jeweils für beliebige $x,y,z \in M$). p heißt **partielle Ordnung** auf M (und M heißt **partiell geordnet** durch p), wenn p reflexiv, transitiv und antisymmetrisch ist. Eine partielle Ordnung p heißt **totale Ordnung** auf M (M **total geordnet** durch p), wenn zusätzlich gilt: Für je zwei beliebige Elemente $x,y \in M$ ist xpy oder ypx. Ein typisches Beispiel einer Ordnung ist die übliche "kleiner oder gleich"-Relation auf Zahlen, etwa auf $\mathbb{Z}$:

$$\leq : \mathbb{Z} \times \mathbb{Z} \to \mathbb{B},$$
$$x \leq y \Leftrightarrow x \text{ ist kleiner oder gleich } y,$$

die offensichtlich total ist, da sich je zwei Elemente aus $\mathbb{Z}$ bezüglich $\leq$ vergleichen lassen. Ein nicht ganz so naheliegendes Beispiel ist die Ordnung

$$| : \mathbb{N} \times \mathbb{N} \to \mathbb{B},$$
$$x | y \Leftrightarrow y \text{ ist durch } x \text{ teilbar.}$$

Es gilt etwa $7|21$, aber weder $7|8$ noch $8|7$. $|$ ist somit nicht total.

Das Zeichen "$\leq$", das die oben angegebene spezielle Ordnungsrelation auf $\mathbb{Z}$ (oder auch auf $\mathbb{N}$, $\mathbb{N}_0$ oder $\mathbb{R}$) bezeichnet, werden wir ebenso für andere Ordnungen verwenden, sofern keine Verwechslungen möglich sind. Als weitere Schreibweisen gebrauchen wir dann

$$\begin{aligned} x \geq y \quad &\text{für} \quad y \leq x, \\ x < y \quad &\text{für} \quad x \leq y \text{ und } x \neq y, \\ x > y \quad &\text{für} \quad y < x. \end{aligned}$$

Analog verfahren wir mit einer manchmal als Modifikation von "$\leq$" verwendeten Notation "$\preccurlyeq$". Mit "$\neq$" ist die übliche "ungleich"-Relation bezeichnet.

Komposition totaler Abbildungen

Gegeben seien totale Abbildungen $(n \in \mathbb{N})$

$$f_1 : M_1 \to N_1, \ ..., \ f_n : M_n \to N_n,$$
$$g : N_1 \times ... \times N_n \to N.$$

Für $x_1 \in M_1, \ ..., \ x_n \in M_n$ gilt $f_1(x_1) \in N_1, \ ..., \ f_n(x_n) \in N_n$. Diese Werte können also als Argumente in g eingesetzt werden, und man erhält

$$g(f_1(x_1), ..., f_n(x_n)) \in N.$$

Die dadurch beschriebene Zuordnung

$$(x_1, ..., x_n) \mapsto g(f_1(x_1), ..., f_n(x_n))$$

definiert somit eine totale Abbildung $M_1 \times ... \times M_n \to N$.

Dieses allgemeine Schema der **Komposition** von totalen Abbildungen umfaßt auch den Fall, daß man nur an einigen (nicht an allen) Argumentstellen in g andere Abbildungen einsetzt, z.B. (für $n=2$): $g(f_1(x_1), x_2)$. Dies ist ein Spezialfall des Schemas mit $M_2 = N_2$ und $f_2 = ID$, wobei ID die **Identitätsabbildung** $x \mapsto x$ ist.

Als Beispiel betrachten wir die totalen Abbildungen $+ : \mathbb{Z} \times \mathbb{Z} \to \mathbb{Z}$ (Addition) und $- : \mathbb{Z} \times \mathbb{Z} \to \mathbb{Z}$ (Subtraktion). Letztere kann etwa an der ersten Stelle in $+$ eingesetzt werden, und man erhält eine Abbildung $(\mathbb{Z} \times \mathbb{Z}) \times \mathbb{Z} \to \mathbb{Z}$ oder einfacher (und gleichbedeutend) $\mathbb{Z} \times \mathbb{Z} \times \mathbb{Z} \to \mathbb{Z}$ mit

$$(x, y, z) \mapsto (x - y) + z.$$

Die Klammern in dieser Infixschreibweise sind notwendig zur eindeutigen Lokalisierung der Einsetzung (in Funktionsschreibweise $+(-(x, y), z)$ notiert).

Einige weitere Beispiele für die Komposition von Abbildungen sind:

$\mathbb{Z} \times \mathbb{Z} \times \mathbb{Z} \to \mathbb{Z}$	mit	$(x, y, z) \mapsto x - (y + z),$
$\mathbb{Z} \times \mathbb{Z} \times \mathbb{B} \to \mathbb{B}$	mit	$(x, y, z) \mapsto (x \leq y) \vee \neg z,$
$\mathbb{N} \to \mathbb{B}$	mit	$x \mapsto \neg PRIM(x).$

Wir haben hier nur totale Abbildungen betrachtet. Die etwas kompliziertere Komposition partieller Abbildungen behandeln wir im nächsten Abschnitt gesondert.

1.2   Strikte und nicht-strikte Abbildungen

Im vorigen Abschnitt haben wir zuletzt beschrieben, wie man totale Abbildungen ineinander einsetzen kann. Wir behandeln jetzt den etwas komplizierteren Fall der Komposition partieller Abbildungen. Dies führt auf den Begriff der Striktheit von Abbildungen, die üblicherweise in mathematischem Kontext vorausgesetzt wird. In der Informatik sind jedoch auch nicht-strikte Abbildungen von Interesse; wir definieren zwei solche Abbildungen für den späteren Gebrauch.

Solange man totale Abbildungen ineinander einsetzt, wie wir das im vorigen Abschnitt beschrieben haben, muß man lediglich darauf achten, daß die jeweiligen Funktionalitäten zueinander passen. Im Fall partieller Abbildungen kommt noch ein Problem hinzu: Ist in der Situation

$$f_1 : M_1 \to N_1, \; ..., \; f_n : M_n \to N_n,$$
$$g : N_1 \times ... \times N_n \to N$$

(mindestens) eine der Abbildungen f_i ($i=1,...,n$) nicht für alle Elemente von M_i definiert, so erhebt sich die Frage nach der Bedeutung von $g(f_1(x_1),...,f_n(x_n))$ für $x_i \notin D(f_i)$. Intuitiv wird man in diesem Fall (jedenfalls in mathematischem Kontext) $g(f_1(x_1),...,f_n(x_n))$ wie $f_i(x_i)$ als undefiniert ansehen.

Betrachten wir als Beispiel die Quadratwurzel-Operation $\sqrt{}$ auf der Menge $\mathbb{R}$. $\sqrt{x}$ ist nur definiert für $x \geq 0$. Bilden wir durch Einsetzen die Abbildung

$$h : (x,y) \mapsto \sqrt{x} + y,$$

so ist auch h nur definiert für $x \geq 0$. Man hat für $x < 0$ sozusagen die "Gleichung"

$$(*) \qquad\qquad \text{"undefiniert"} + y = \text{"undefiniert"}.$$

Es mag naheliegen, derartige Situationen von vornherein zu vermeiden, indem man eben nur totale Abbildungen betrachtet. $\sqrt{} : \mathbb{R} \to \mathbb{R}$ etwa ist partiell, aber man könnte $\sqrt{}$ ja gleich als totale Abbildung $\sqrt{} : \mathbb{R}^+ \to \mathbb{R}$ einführen ($\mathbb{R}^+$ bezeichne die reellen Zahlen ≥ 0). Dies wäre jedoch recht unhandlich, da man im allgemeinen in $\sqrt{}$ selbst auch einsetzen will, z.B.:

$$(x,y,z) \mapsto \sqrt{x+z} + y.$$

Es ist einfacher, dies als partielle Abbildung $\mathbb{R}^3 \to \mathbb{R}$ anzusehen, als den genauen Definitionsbereich für (x,y,z) mitführen zu müssen. Weitere solche Einsetzungen würden letzteres immer aufwendiger machen.

Es gibt jedoch noch einen anderen Weg, zu der einfachen und sicheren Situation totaler Abbildungen zurückzufinden. Die obige informelle Gleichung $(*)$ liefert bereits den wesentlichen Ansatzpunkt. Wir sehen "undefiniert" als einen neuen "künstlichen" Wert an, den wir mit ω be-

zeichnen. Sei also $f:M_1 \times ... \times M_n \to N$, $\omega \notin M_1,...,\omega \notin M_n, \omega \notin N$ und (zur Abkürzung) $M = M_1 \times ... \times M_n$. Eine ω-*Erweiterung* f_e von f ist eine totale Abbildung

$$f_e : (M_1 \cup \{\omega\}) \times (M_2 \cup \{\omega\}) \times ... \times (M_n \cup \{\omega\}) \to N \cup \{\omega\}$$

mit folgenden Eigenschaften (i) und (ii).

(i)   Für diejenigen $(x_1,...,x_n) \in M$, für die f definiert ist, stimmt f_e mit f
      überein, d.h.

$$f_e(x_1,...,x_n) = f(x_1,...,x_n) \qquad \text{für } (x_1,...,x_n) \in D(f).$$

(ii) Für diejenigen $(x_1,...,x_n) \in M$, für die f nicht definiert ist, liefert f_e
      den Wert ω, d.h.

$$f_e(x_1,...,x_n) = \omega \qquad \text{für } (x_1,...,x_n) \in M \backslash D(f).$$

Entscheidend ist nun, was f_e liefert, wenn in $(x_1,...,x_n)$ selbst (mindestens) ein $x_i = \omega$ ist. Die bereits illustrierte intuitive Vorstellung, daß
$f_e(x_1,...,x_n)$ in diesem Fall auch undefiniert ist, wird formalisiert durch
die zusätzliche (und f_e dann eindeutig bestimmende) Forderung

(iii) $f_e(x_1,...,x_n) = \omega$,   falls $x_i = \omega$ für mindestens ein $i \in \{1,...,n\}$.

Bezeichnen wir etwa im Beispiel oben die ω-Erweiterungen von $\sqrt{\ }$,
$+$ und h der Einfachheit halber auch wieder mit $\sqrt{\ }, +, h$, so gilt mit (iii)
jetzt formal

$$h(-7,3) = \sqrt{-7} + 3 = \omega + 3 = \omega.$$

Der in (iii) festgelegte Gebrauch von "undefiniert" ist wie üblicherweise in mathematischem Kontext erwartet. In der Informatik dagegen
kann es nützlich sein, Abbildungen zu betrachten, die (iii) nicht erfüllen,
die also definierte "Ergebniswerte" liefern, selbst wenn gewisse "Eingabewerte" nicht definiert sind. Zur Unterscheidung nennen wir eine partielle Abbildung f *strikt*, wenn für die (dann eindeutige) ω-Erweiterung von
f die *Striktheitseigenschaft* (iii) gefordert wird; andernfalls heißt f *nicht-
strikt*.

Die hier beschriebene Zurückführung der Komposition partieller Abbildungen auf die einfache Komposition totaler Abbildungen sowie die
daraus abgeleiteten Begriffe der Striktheit und Nicht-Striktheit setzen
den Übergang von Abbildungen zu ihren ω-Erweiterungen voraus. Wir
werden diesen Übergang in später folgenden konkreten Situationen nicht
wirklich explizit durchführen und häufig auch ω in informeller Weise als
"undefiniert" benutzen.

Alle im weiteren Verlauf dieses Buches verwendeten Abbildungen
werden als strikt vorausgesetzt mit Ausnahme der folgenden zwei nicht-
strikten inneren Operationen auf $\mathbb{B}$:

Sequentielle Konjunktion: $\bigwedge: \mathbb{B} \times \mathbb{B} \to \mathbb{B}$,

$$x \bigwedge y = \begin{cases} FALSCH, & \text{falls } x = FALSCH \text{ (und } y \text{ beliebig!)}, \\ y, & \text{falls } x = WAHR, \\ \text{undefiniert} & \text{sonst}, \end{cases}$$

sequentielle Disjunktion: $\bigvee: \mathbb{B} \times \mathbb{B} \to \mathbb{B}$,

$$x \bigvee y = \begin{cases} WAHR, & \text{falls } x = WAHR \text{ (und } y \text{ beliebig!)}, \\ y, & \text{falls } x = FALSCH, \\ \text{undefiniert} & \text{sonst}. \end{cases}$$

Diese Definitionen lassen sich formal in der folgenden erweiterten Wahrheitstafel für (die ω-Erweiterungen von) $\bigwedge$ und $\bigvee$ beschreiben.

x	y	$x \bigwedge y$	$x \bigvee y$
WAHR	*WAHR*	*WAHR*	*WAHR*
WAHR	*FALSCH*	*FALSCH*	*WAHR*
WAHR	ω	ω	*WAHR*
FALSCH	*WAHR*	*FALSCH*	*WAHR*
FALSCH	*FALSCH*	*FALSCH*	*FALSCH*
FALSCH	ω	*FALSCH*	ω
ω	*WAHR*	ω	ω
ω	*FALSCH*	ω	ω
ω	ω	ω	ω

Aus dieser Tafel ersieht man auch sofort folgende

Feststellung. *Falls x und y beide definiert sind (d.h.: $x \neq \omega$, $y \neq \omega$), so gilt*

$$x \bigwedge y = x \wedge y,$$
$$x \bigvee y = x \vee y.$$

Im allgemeinen sind jedoch $\bigwedge$ und $\wedge$ sowie $\bigvee$ und $\vee$ verschieden, wie durch folgendes konkrete Beispiel illustriert wird:

x	y	z	$x<z \wedge \sqrt{y}<z$	$x<z \bigwedge \sqrt{y}<z$
3	20	2	*FALSCH*	*FALSCH*
3	-20	2	undefiniert	*FALSCH*
3	-20	4	undefiniert	undefiniert

Die beiden sequentiellen Operationen $\bigwedge$ und $\bigvee$ haben eine recht einfache Interpretation, von der auch ihre Bezeichnungen herrühren. Bei der "Auswertung" etwa von $x \bigwedge y$ kann man "sequentiell" vorgehen: Man betrachtet zunächst nur x. Falls $x = FALSCH$ ist, kann die Konjunktion (gemäß den Regeln für $\wedge$) nicht *WAHR* werden. Dies wird bereits als ausreichend dafür gewertet, um ihr den Ergebniswert *FALSCH* zu geben, unabhängig davon, ob y eventuell gar nicht definiert ist. Nur wenn $x = WAHR$ ist, dies also für die Konjunktion noch *WAHR* oder *FALSCH* als Ergebnis zuläßt, wird auch y berücksichtigt. Analoges gilt für $\bigvee$.

1.3 Boolesche Algebra

Wir betrachten nun die Menge $\mathbb{B}$ mit ihren strikten Operationen $\neg, \wedge, \vee$ ein wenig genauer. Für diese Operationen gelten eine Reihe von Gesetzmäßigkeiten, die eine Art "Rechnen" mit ihnen erlauben. Die Auszeichnung eines bestimmten Satzes solcher Gesetze in der Weise, daß alle anderen "Rechenregeln" aus ihnen ableitbar sind, führt auf die Methode der "axiomatischen Charakterisierung" der Operationen von $\mathbb{B}$, die wir hier exemplarisch für später folgende analoge Beschreibungen komplexerer "Datenstrukturen" diskutieren.

Die inneren Operationen $\neg, \wedge, \vee$ auf $\mathbb{B}$, denen wir uns nach dem Exkurs über die nicht-strikten Versionen $\circledA$ und $\circledV$ jetzt zuwenden, sind in Abschnitt 1.1 durch ihre jeweiligen Wahrheitstafeln definiert. Diese formalen Festlegungen lassen sich intuitiv wie folgt verstehen:

$$\neg x \;\Leftrightarrow\; \textbf{nicht } x \qquad (\text{d.h. } \neg x = WAHR \Leftrightarrow \text{nicht } x = WAHR),$$
$$x \wedge y \;\Leftrightarrow\; x \textbf{ und } y \qquad (\text{"sowohl als auch"}),$$
$$x \vee y \;\Leftrightarrow\; x \textbf{ oder } y \qquad (\text{"mindestens eines von beiden"}).$$

Betrachten wir nun folgendes 2-stellige Prädikat p auf einer gegebenen Menge M ($\leq$ sei eine partielle Ordnung auf M):

$$p(a,b) \;\Leftrightarrow\; (a \leq b \vee a < b) \wedge b \leq a.$$

Für p gilt auch einfacher:

$$p(a,b) \;\Leftrightarrow\; a = b,$$

d.h. $(a \leq b \vee a < b) \wedge b \leq a$ und $a = b$ haben für beliebige $a, b \in M$ jeweils den gleichen Wahrheitswert. Einen Beweis dieser Tatsache könnte man etwa wie folgt notieren:

$$
\begin{aligned}
(a \leq b \vee a < b) \wedge b \leq a \;
&=\; (a \leq b \wedge b \leq a) \vee (a < b \wedge b \leq a) & (1)\\
&=\; a = b \vee (a < b \wedge b \leq a) & (2)\\
&=\; a = b \vee ((a \leq b \wedge a \neq b) \wedge b \leq a) & (3)\\
&=\; a = b \vee ((a \leq b \wedge b \leq a) \wedge a \neq b) & (4)\\
&=\; a = b \vee (a = b \wedge a \neq b) & (5)\\
&=\; a = b \vee FALSCH & (6)\\
&=\; a = b & (7)
\end{aligned}
$$

Dies ist eine Art Rechnung oder Umformung, wobei etwa Zeile (1) zu lesen ist als "$(a \leq b \vee a < b) \wedge b \leq a$ und $(a \leq b \wedge b \leq a) \vee (a < b \wedge b \leq a)$ haben für beliebige $a, b \in M$ jeweils den gleichen Wahrheitswert". Analoges gilt für die weiteren Zeilen, und da diese Wertgleichheit sicher transitiv ist, ergibt sich schließlich, daß $(a \leq b \vee a < b) \wedge b \leq a$ und $a = b$ für alle $a, b \in M$ den gleichen Wahrheitswert haben. Man beachte im übrigen wieder den verschiedenartigen Gebrauch des Gleichheitszeichens - sowohl zur Beschreibung der Gleichheitsrelation auf der Menge M als auch zur Notation der (Wahrheits-) Wertgleichheiten in der Umformung.

Bemerkenswert ist, daß die einzelnen Schritte dieser Umformung ganz unterschiedlich gerechtfertigt sind. Die Übergänge von (1) nach (2) und von (4) nach (5) sind durch die Ordnungseigenschaft von $\leq$ begründet: Falls $a \leq b \wedge b \leq a$, so ist $a = b$ wegen der Antisymmetrie von $\leq$. Falls umgekehrt $a = b$, so ist auch $b = a$ (die Gleichheit ist **symmetrisch**) und wegen der Reflexivität von $\leq$ also $a \leq b$ und $b \leq a$, d.h. $a \leq b \wedge b \leq a$. Zusammen bedeutet dies, daß $a \leq b \wedge b \leq a$ und $a = b$ gleichwertig sind. (2) und (5) entstehen durch Einsetzen von $a = b$ für $a \leq b \wedge b \leq a$ in (1) bzw. (4).

Der Übergang von (2) nach (3) benutzt lediglich die Definition der Schreibweise $a < b$ für "$a \leq b$ und $a \neq b$".

Die übrigen Umformungsschritte sind von den speziellen Eigenschaften von $\leq$ völlig unabhängig. Tatsächlich würde etwa die Zeile (1) auch für beliebige andere 2-stellige Relationen q, r anstelle von $\leq$ und $<$ gelten, noch einfacher ausgedrückt: Für beliebige $x, y, z \in \mathbb{B}$ ist

$$(*) \qquad\qquad (x \vee y) \wedge z = (x \wedge z) \vee (y \wedge z),$$

und (1) erhält man aus (*), wenn man $a \leq b$, $a < b$ und $b \leq a$ für x, y bzw. z einsetzt.

(*) ist ein "Rechengesetz" für das Rechnen mit den Operationen auf $\mathbb{B}$, das an die übliche ("Zahlen-") Algebra erinnert. (Man vergleiche (*) mit dem Gesetz $(x + y) \cdot z = x \cdot z + y \cdot z$.) Auch die obigen Schritte von (3) nach (4), (5) nach (6) und (6) nach (7) benutzen solche Gesetze, nämlich

$$(x \wedge y) \wedge z = (x \wedge z) \wedge y,$$
$$x \wedge \neg x = FALSCH,$$
$$x \vee FALSCH = x$$

(wobei wir noch verwendet haben, daß $a \neq b$ gleichwertig zu $\neg(a = b)$ ist). Die Gesamtheit aller derartiger Gesetzmäßigkeiten für $\neg, \wedge, \vee$ bzw. das Rechnen mit ihnen nennen wir in Analogie zur üblichen Algebra "Boolesche Algebra".

Es bleibt noch die Frage, wie man sich von der Gültigkeit solcher Gesetze überzeugen kann. Eine Möglichkeit ist, jeweils die zugehörigen Wahrheitstafeln aufzustellen. Wenn wir der Kürze halber W für $WAHR$ und F für $FALSCH$ schreiben, so würde das etwa für (*) wie folgt aussehen:

x	y	z	$x \vee y$	$x \wedge z$	$y \wedge z$	$(x \vee y) \wedge z$	$(x \wedge z) \vee (y \wedge z)$
W	W	W	W	W	W	W	W
W	W	F	W	F	F	F	F
W	F	W	W	W	F	W	W
W	F	F	W	F	F	F	F
F	W	W	W	F	W	W	W
F	W	F	W	F	F	F	F
F	F	W	F	F	F	F	F
F	F	F	F	F	F	F	F

In den beiden letzten Spalten treten jeweils die gleichen Werte auf, was
die Behauptung (*) beweist.

Ein anderer, im Sinne obigen Rechnens systematischerer Weg besteht
darin, nur einen möglichst einfachen Satz solcher Gesetze auf derartige
Weise zu verifizieren und zu versuchen, alle anderen Wertgleichheiten
auf diese *Axiome* zurückzuführen, d.h. selbst durch Umformungen aus
ihnen abzuleiten. Die Auswahl geeigneter Axiome ist auf verschiedene
Weisen möglich. Ein ausreichender Satz ist z.B.:

(B1)	$x \wedge y = y \wedge x,$	$\left.\right\}$ *Kommutativgesetze*
(B2)	$x \vee y = y \vee x,$	
(B3)	$x \wedge (y \wedge z) = (x \wedge y) \wedge z,$	$\left.\right\}$ *Assoziativgesetze*
(B4)	$x \vee (y \vee z) = (x \vee y) \vee z,$	
(B5)	$x \wedge (y \vee z) = (x \wedge y) \vee (x \wedge z),$	$\left.\right\}$ *Distributivgesetze*
(B6)	$x \vee (y \wedge z) = (x \vee y) \wedge (x \vee z),$	
(B7)	$x \wedge WAHR = x,$	
(B8)	$x \vee FALSCH = x,$	
(B9)	$x \wedge \neg x = FALSCH,$	
(B10)	$x \vee \neg x = WAHR.$	

Der Nachweis der Gültigkeit dieser Axiome durch Wahrheitstafeln
sei dem Leser als eine einfache Aufgabe überlassen.

Die in unserem Rechenbeispiel verwendeten Gleichheiten lassen sich
aus den Axiomen leicht ableiten: $x \wedge \neg x = FALSCH$ und $x \vee FALSCH = x$
sind bereits Axiome, für die beiden übrigen hat man

$$
\begin{aligned}
(x \vee y) \wedge z &= z \wedge (x \vee y) && \text{(mit (B1))} \\
&= (z \wedge x) \vee (z \wedge y) && \text{(mit (B5))} \\
&= (x \wedge z) \vee (y \wedge z) && \text{(mit (B1)),} \\
(x \wedge y) \wedge z &= z \wedge (x \wedge y) && \text{(mit (B1))} \\
&= (z \wedge x) \wedge y && \text{(mit (B3))} \\
&= (x \wedge z) \wedge y && \text{(mit (B1)).}
\end{aligned}
$$

Die Axiome (B1)-(B10) beschreiben Eigenschaften der Operationen
$\neg$, $\wedge$ und $\vee$. Wenn man die Axiome benutzt, kann man die expliziten Definitionen von $\neg, \wedge, \vee$ (d.h. ihre Wahrheitstafeln) sozusagen ''vergessen'';
die Eigenschaften (B1)-(B10) geben eine implizite Charakterisierung von
$\neg, \wedge, \vee$, die für das Boolesche Rechnen ausreicht. Derartige Beschreibungen von ''Datenstrukturen'' durch Axiome sind in der Informatik von großer Bedeutung, und wir werden im weiteren Verlauf dieses Buches eine
ganze Reihe solcher Charakterisierungen durchführen.

1.4 Induktion und Rekursion

Im Bereich der natürlichen Zahlen besteht ein systematischer Zusammenhang zwischen dem "induktiven Aufbau" dieser Zahlenmenge, dem bekannten Beweisschema der vollständigen Induktion und der Möglichkeit rekursiver Abbildungsdefinitionen. Wir diskutieren hier diesen für die Informatik wichtigen Zusammenhang im Detail und übertragen ihn auf allgemeinere induktiv definierte Mengen. Dies bereitet die später folgende Behandlung der Rekursion als eines der grundlegendsten algorithmischen Konzepte vor.

Ein fundamentales mathematisches Beweisprinzip ist die **vollständige Induktion**, die sich in ihrer Grundform folgendermaßen beschreiben läßt:

>*Sei $p : \mathbb{N}_0 \to \mathbb{B}$ totales Prädikat.*
>*Falls i) $p(0)$ (**Induktionsanfang**),*
>   *ii) für beliebiges $n \in \mathbb{N}_0$ gilt der **Induktionsschluß**:*
>   *Falls $p(n)$ (**Induktionsvoraussetzung**), so $p(n{+}1)$,*
>*dann: $p(n)$ für alle $n \in \mathbb{N}_0$.*

In üblicher intuitiver Sprechweise sagt man in solchem Zusammenhang "*p* gilt für *n*" für $p(n)$ (d.h. $p(n){=}WAHR$) und nennt dies eine **Aussage** (über $n \in \mathbb{N}_0$). Die vollständige Induktion ("nach *n*") ermöglicht es zu beweisen, daß eine Aussage für alle $n \in \mathbb{N}_0$ gilt.

Beispiel. Sei $p(n) \Leftrightarrow \sum_{i=0}^{n} i = \frac{1}{2} \cdot (n{+}1) \cdot n$, wobei das Summenzeichen $\sum$ in üblicher Weise benutzt wird: $\sum_{i=0}^{n} i = 0 + 1 + \ldots + n$. Wir beweisen die Gültigkeit von $p(n)$ für alle $n \in \mathbb{N}_0$.

i) Als Induktionsanfang ist zu zeigen, daß $p(0)$, d.h. $\sum_{i=0}^{0} i = \frac{1}{2} \cdot (0{+}1) \cdot 0$ gilt. Dies ist der Fall, denn es ist $\sum_{i=0}^{0} i = 0$ und auch $\frac{1}{2} \cdot (0{+}1) \cdot 0 = 0$.

ii) Für den Induktionsschluß können wir für $n \in \mathbb{N}_0$ als Induktionsvoraussetzung $p(n)$, d.h.

$$\sum_{i=0}^{n} i = \tfrac{1}{2} \cdot (n{+}1) \cdot n$$

annehmen. Zu zeigen ist die Gültigkeit von $p(n{+}1)$, d.h.

$$\sum_{i=0}^{n+1} i = \tfrac{1}{2} \cdot (n{+}1{+}1) \cdot (n{+}1).$$

Unter Verwendung der Induktionsvoraussetzung gilt

$$\sum_{i=0}^{n+1} i = 0 + 1 + \ldots + n + (n{+}1) = \sum_{i=0}^{n} i + (n{+}1)$$
$$= \tfrac{1}{2} \cdot (n{+}1) \cdot n + n + 1$$

$$= \tfrac{1}{2} \cdot [(n{+}1) \cdot n + 2(n{+}1)]$$
$$= \tfrac{1}{2} \cdot (n{+}1) \cdot (n{+}2)$$
$$= \tfrac{1}{2} \cdot (n{+}1{+}1) \cdot (n{+}1),$$

und damit ist der Beweis erbracht.   □

Neben dieser Grundform der vollständigen Induktion gibt es eine ganze Reihe von Varianten. Eine einfache Modifikation ist etwa, wenn man eine Aussage $p(n)$ für alle $n \geq n_0$ beweisen will, wobei n_0 irgendeine feste Zahl aus $\mathbb{N}_0$ ist. In diesem Fall hat man als Induktionsanfang nicht $p(0)$, sondern $p(n_0)$ zu zeigen. Weitere Varianten werden in diesem Abschnitt gleich noch auftreten.

Wir wollen nun der Frage nachgehen, wie sich dieses Induktionsprinzip (in seiner Grundform) begründen läßt. Wie kann man sicher sein, daß p für alle Zahlen aus $\mathbb{N}_0$ gilt, wenn $p(0)$ gilt und man für beliebiges festes $n \in \mathbb{N}_0$ von $p(n)$ auf $p(n{+}1)$ schließen kann? Der Grund liegt im "induktiven Aufbau" der Menge $\mathbb{N}_0$, die sich - formal ausgedrückt - *induktiv definieren* läßt durch folgende Regeln:

i) $0 \in \mathbb{N}_0$.
ii) Ist $n \in \mathbb{N}_0$, so ist auch $n{+}1 \in \mathbb{N}_0$.
iii) Außer den Elementen gemäß i) und ii) enthält $\mathbb{N}_0$ keine weiteren Objekte.

Diese induktive Definition "konstruiert" die Elemente von $\mathbb{N}_0$ der Reihe nach: Zunächst wird 0 gemäß Regel i) als Element von $\mathbb{N}_0$ festgelegt. Wegen ii) ist dann $0{+}1{=}1$ Element von $\mathbb{N}_0$; neuerliche Anwendung von ii) ergibt, daß $1{+}1{=}2$ Element von $\mathbb{N}_0$ ist, usw. Da $n{+}1$ mit Hilfe der Nachfolger-Operation auch als $SUCC(n)$ ausdrückbar ist, können wir also kurz sagen: Jede Zahl aus $\mathbb{N}_0$ wird erzeugt durch endlich-oft-malige Anwendung von $SUCC$ auf 0.

Das Prinzip der vollständigen Induktion vollzieht genau diesen Erzeugungsmechanismus nach: Der Induktionsanfang verifiziert $p(0)$, mit dem Induktionsschluß (mit $n{=}0$) erhält man $p(0{+}1)$, d.h. $p(1)$, mit einem neuerlichen Induktionsschluß (mit $n{=}1$) erhält man $p(1{+}1)$, d.h. $p(2)$, usw. Da $\mathbb{N}_0$ nur solchermaßen konstruierte Elemente hat, gilt dann also tatsächlich p für alle Zahlen aus $\mathbb{N}_0$.

Neben dem Beweisprinzip der vollständigen Induktion hat der induktive Aufbau von $\mathbb{N}_0$ noch eine weitere wichtige Konsequenz. Er ermöglicht *rekursive Definitionen* von Abbildungen von $\mathbb{N}_0$. Intuitiv bedeutet die rekursive Definition einer Abbildung f mit $D(f){=}\mathbb{N}_0$, daß man $f(0)$ explizit festlegt und $f(n{+}1)$ für beliebiges $n \in \mathbb{N}_0$ auf $f(n)$ "zurückführt", d.h. in Abhängigkeit von $f(n)$ definiert. Die Werte $f(0)$, $f(1)$, $f(2)$ usw. sind dann wie oben erzeugbar, was $f(m)$ für alle $m \in \mathbb{N}_0$ festlegt. Ein typisches Beispiel ist die Fakultät $! : \mathbb{N}_0 \to \mathbb{N}_0$, die rekursiv wie folgt definiert ist:

$$0! = 1,$$
$$(n+1)! = (n+1)\cdot(n!).$$

Oft schreibt man solche Definitionen technisch auch ein wenig anders, indem man statt der Rückführung von $n+1$ auf n den Fall $n\neq0$ auf $n-1$ zurückführt, also etwa

$$n! = \begin{cases} 1, & \text{falls } n=0, \\ n\cdot(n-1)! & \text{sonst.} \end{cases}$$

(Die Klammern um $(n-1)!$ lassen wir weg und vereinbaren dafür, daß die Anwendung von ! "stärker bindet" als diejenige der Multiplikation.)

Die oben im Beispiel behandelte Summenbildung läßt sich ebenfalls leicht rekursiv definieren:

$$\sum_{i=0}^{n} i = \begin{cases} 0, & \text{falls } n=0, \\ \sum_{i=0}^{n-1} i + n & \text{sonst.} \end{cases}$$

Ein Vergleich dieser Definition mit dem obigen Beispielbeweis macht deutlich, daß das Prinzip der vollständigen Induktion sich gerade dann gut eignet, wenn in der zu beweisenden Aussage rekursiv definierte Abbildungen auftreten.

Auch rekursive Definitionen kommen außer in dieser Grundform in vielerlei Varianten vor. Z.B. kann man wieder bei den "Rekursionsanfängen" variieren oder $f(n)$ nicht nur auf $f(n-1)$, sondern auch auf $f(n')$ für kleinere n' zurückführen. Ein Beispiel ist die "Fibonacci-Abbildung" $FIB:\mathbb{N}_0\to\mathbb{N}_0$ mit

$$FIB(n) = \begin{cases} 1, & \text{falls } n=0 \text{ oder } n=1, \\ FIB(n-1)+FIB(n-2) & \text{sonst.} \end{cases}$$

Es ist also etwa $FIB(3) = FIB(2)+FIB(1) = FIB(1)+FIB(0)+1 = 1+1+1 = 3$.

Eine andere wichtige Möglichkeit ist, daß nicht der Argumentwert n selbst zurückgeführt wird, d.h. die Rekursion nicht "nach n verläuft". Ein Beispiel ist die 2-stellige Abbildung (für $m\leq n$) $\sum_{i=m}^{n} i = m+(m+1)+\ldots+n$:

$$\sum_{i=m}^{n} i = \begin{cases} m, & \text{falls } m=n, \text{ d.h. } n-m=0, \\ m + \sum_{i=m+1}^{n} i & \text{sonst.} \end{cases}$$

Hier verläuft die Rekursion nach dem Wert $n-m$, der auf $n-(m+1) = (n-m)-1$ zurückgeführt wird.

Dieses Beispiel zeigt zudem, daß sich Abbildungen oft ganz verschieden rekursiv definieren lassen. Es gilt z.B. auch

$$\sum_{i=m}^{n} i = \begin{cases} n, & \text{falls } m=n, \\ \sum\limits_{i=m}^{n-1} i + n & \text{sonst} \end{cases}$$

mit ebenfalls nach $n-m$ verlaufender Rekursion.

Es sollte nicht verwundern, daß ein formaler Beweis für die Gleichwertigkeit der beiden Definitionen durch vollständige Induktion erbracht werden kann und zwar durch "Induktion nach $n-m$". Der Induktionsanfang ist $n-m=0$, und dafür sind die Werte m und n in den beiden Rekursionsanfängen gleich. Der Fall $n-m>0$ ist hier allerdings nicht ganz so schematisch zu erledigen wie in unserem Einführungsbeispiel. Wir betrachten zunächst noch den Unterfall $n-m=1$. In beiden Definitionen ergibt sich hierfür, wie man leicht (und ohne Benutzung der Induktionsvoraussetzung) nachrechnet, der Wert $m+n$. Für den verbleibenden Fall $n-m\geq2$ bezeichnen nun $\sum^{(1)}$ und $\sum^{(2)}$ die Summenbildung gemäß erster bzw. zweiter Definition. Zu zeigen ist:

$$(*) \qquad\qquad \sum_{i=m}^{n}{}^{(1)} i = \sum_{i=m}^{n}{}^{(2)} i.$$

Den Induktionsschluß vollziehen wir in einer die Grundform verallgemeinernden Variante. Wir beweisen $(*)$ für $n-m\geq2$ unter der Induktionsvoraussetzung, daß

$$\sum_{i=m'}^{n'}{}^{(1)} i = \sum_{i=m'}^{n'}{}^{(2)} i$$

für beliebige m' und n' mit $m'\geq n'$ und $n'-m'<n-m$ gilt:

$$\sum_{i=m}^{n}{}^{(1)} i = m + \sum_{i=m+1}^{n}{}^{(1)} i \qquad\qquad \text{(nach Definition 1)}$$

$$= m + \sum_{i=m+1}^{n}{}^{(2)} i \qquad\qquad \text{(nach Induktionsvoraussetzung)}$$

$$= m + \sum_{i=m+1}^{n-1}{}^{(2)} i + n \qquad\qquad \text{(nach Definition 2, da } n\neq m+1)$$

$$= m + \sum_{i=m+1}^{n-1}{}^{(1)} i + n \qquad\qquad \text{(nach Induktionsvoraussetzung)}$$

$$= \sum_{i=m}^{n-1}{}^{(1)} i + n \qquad\qquad \text{(nach Definition 1, da } n-1\neq m)$$

$$= \sum_{i=m}^{n-1}{}^{(2)} i + n \qquad\qquad \text{(nach Induktionsvoraussetzung)}$$

$$= \sum_{i=m}^{n}{}^{(2)} i \qquad\qquad \text{(nach Definition 2)}.$$

Das hier an der Menge $\mathbb{N}_0$ illustrierte Zusammenspiel zwischen induktiver Mengendefinition, induktivem Beweisprinzip und rekursiven Abbildungsdefinitionen läßt sich auch auf andere Mengen übertragen. Eine induktive Definition einer Menge M besteht im allgemeinen aus

i)   der expliziten Angabe gewisser Elemente von M,
ii)   Regeln zur "Erzeugung" weiterer Elemente $y \in M$ aus schon vorhandenen $x_1, \ldots, x_k \in M$,

zusammen mit der jeweils gleichartigen und ab jetzt nicht mehr explizit angegebenen Feststellung, daß M nur Elemente gemäß i) und ii) enthält.

Beispiel. Wir geben die induktive Definition einer Menge $N \subseteq \mathbb{N}_0 \times \mathbb{N}_0$:

i) $(0,0) \in N$ und $(1,1) \in N$.
ii)   Falls $(m,n) \in N$, so $(m+2,n) \in N$.
      Falls $(m,n) \in N$, so $(m,n+2) \in N$.   □

Analog zur Situation bei $\mathbb{N}_0$ erhält man auch im allgemeinen Fall ein Induktionsprinzip für Beweise der Gültigkeit von Aussagen $p(x)$ für alle $x \in M$:

> *Sei $p : M \to \mathbb{B}$ totales Prädikat.*
> *Falls i) $p(x)$ für alle explizit angegebenen $x \in M$,*
> *   ii) für beliebige $x_1, \ldots, x_k \in M$ und daraus gemäß den*
> *   Definitionsregeln erzeugbares $y \in M$ gilt:*
> *   Falls $p(x_1), \ldots, p(x_k)$, so $p(y)$,*
> *dann: $p(x)$ für alle $x \in M$.*

Bei Anwendung dieser (die vollständige Induktion als Spezialfall enthaltenden) **allgemeinen Induktion** sprechen wir einfach wieder von "Induktion nach x".

Als Beispiel für einen allgemeinen Induktionsbeweis betrachten wir die Menge

$$R = \{(m,n) \mid (m,n) \in \mathbb{N}_0 \times \mathbb{N}_0 \text{ und } m+n \text{ ist teilbar durch 2 (d.h. } 2|m+n)\}$$

und beweisen, daß $N = R$ ist (mit der oben definierten Beispielmenge N). Dazu zeigen wir

(1) $N \subseteq R,$
(2) $R \subseteq N.$

Beweis von (1). Die Behauptung ist: $x \in R$ für alle $x \in N$, und der Beweis hierfür verläuft durch Induktion nach $x \in N$. Zunächst ist $(0,0) \in R$ und $(1,1) \in R$, da $2|0+0$ und $2|1+1$. Wir betrachten nun $(m,n) \in N$ und nehmen als Induktionsvoraussetzung an, daß $(m,n) \in R$, d.h. $2|m+n$ gilt. Zu zeigen ist $(m+2,n) \in R$ und $(m,n+2) \in R$. Beides gilt, denn aus der Induktionsvoraussetzung folgt sowohl $2|(m+2)+n$ als auch $2|m+(n+2)$. Damit ist der Induktionsschluß vollzogen.   □

Beweis von (2). Die Behauptung ist: $(m,n) \in N$ für alle $(m,n) \in R$, und den Beweis führen wir durch vollständige Induktion nach $m+n$. Für $m+n=0$ ist $(m,n)=(0,0) \in N$. $m+n=1$ ist nicht möglich, denn dann ist sicher $(m,n) \notin R$. Für

$m+n=2$ ist $(m,n)=(0,2)$ oder $(m,n)=(1,1)$ oder $(m,n)=(2,0)$. In allen drei Fällen ist $(m,n)\in N$. Sei nun $m+n>2$ und $(m,n)\in R$, d.h. $2|m+n$. Für den Induktionsschluß (zu zeigen ist $(m,n)\in N$) unterscheiden wir zwei Fälle: $m\geq 2$ und $m<2$. Ist $m\geq 2$, so ist auch $(m-2,n)\in R$ wegen $2|m-2+n$. Als (in analoger Weise schon weiter oben aufgetretene Variante der) Induktionsvoraussetzung können wir annehmen, daß die Behauptung für (m',n') mit $m'+n'<m+n$ gilt. Daraus folgt $(m-2,n)\in N$, und nach Definition von N ist dann auch $(m-2+2,n)=(m,n)\in N$. Ist $m<2$, so gilt $n\geq 2$ wegen $m+n>2$. Dann ist $(m,n-2)\in R$, nach Induktionsvoraussetzung $(m,n-2)\in N$ und somit auch $(m,n-2+2)=(m,n)\in N$. $\qquad\Box$

Schließlich ergibt sich in der Situation allgemeiner induktiver Definitionen auch wieder die Möglichkeit rekursiver Abbildungsdefinitionen. Das Schema ist analog zum Vorgehen bei $\mathbb{N}_0$: Eine Abbildung f wird für die explizit angegebenen Elemente der Menge M explizit definiert. Für aus $x_1,...,x_k$ erzeugte Elemente y wird $f(y)$ auf $f(x_1),...,f(x_k)$ zurückgeführt.

Beispiel. Wir definieren $f:N\to\mathbb{N}_0$ (mit der im vorigen Beispiel definierten Menge N) durch

$$\begin{aligned}
f(0,0) &= 0, \\
f(1,1) &= 1, \\
f(m+2,n) &= f(m,n) + 1, \\
f(m,n+2) &= f(m,n) + 1.
\end{aligned}$$

Für f gilt

$$f(m,n) = \tfrac{1}{2}\cdot(m+n) \text{ für alle } (m,n)\in N.$$

Der Beweis hierfür verläuft durch Induktion nach $(m,n)\in N$ und kann leicht vom Leser vollzogen werden. $\qquad\Box$

Wir haben schon bei der induktiven Definition von $\mathbb{N}_0$ bemerkt, daß diese eine gewisse "Konstruktivität" beinhaltet. Gleiches gilt für allgemeine induktive Mengendefinitionen. Dies wird an obigem Beispiel sehr deutlich. Die Definitionen von N und R bestimmen (wie wir bewiesen haben) die gleiche Menge; im Gegensatz zur Definition von R durch eine Eigenschaft der Elemente wird die Menge in der Definition von N gleichsam konstruiert. Noch wichtiger für die späteren Betrachtungen in der Informatik ist, daß Analoges auch für rekursiv definierte Abbildungen zutrifft. Unser Beispiel gibt hierfür ebenfalls einen ersten Hinweis: Die Abbildung $f(m,n)=\tfrac{1}{2}\cdot(m+n)$ läßt sich rekursiv wie angegeben definieren. Die "Konstruktivität" dieser Definition mag hier nicht besonders vorteilhaft erscheinen, wir werden aber noch sehen, daß das Auffinden von rekursiven Abbildungsdefinitionen ein sehr wichtiges Konzept für algorithmische Problemlösungen darstellt.

Rekursive Definitionen sind allerdings nicht ganz gefahrlos. Im vorliegenden Beispiel etwa sind sehr viele Elemente $(n,m) \in N$ auf verschiedene Weise durch die Regeln der induktiven Definition von N erzeugbar. Z.B. kann man $(2,2)$ aus $(0,0)$ über $(2,0)$ oder über $(0,2)$ erzeugen. In solch einem Fall muß man bei einer rekursiven Abbildungsdefinition darauf achten, daß diese konsistent ist, d.h. daß sich für verschiedene Rückführungen des gleichen Elements nicht verschiedene Werte ergeben. Auf ein etwas anders geartetes Problem werden wir bei den Anwendungen in der Informatik (in Abschnitt 3.5) zurückkommen.

1.5 Tupel und endliche Folgen

Tupel, d.h. Elemente kartesischer Produkte, sind Objekte, die in der Informatik eine bedeutsame Rolle spielen. Wir geben jetzt - nach der nur kurzen Erwähnung in Abschnitt 1.1 - eine präzise Definition dieser Objekte und diskutieren einige Erweiterungen.

In Abschnitt 1.1 haben wir die Bildung von Tupeln (genauer: n-Tupeln) erwähnt, dabei allerdings offengelassen, wie man solche Objekte präzise definieren kann. Z.B. ist mit $7,10 \in \mathbb{N}$, $-3 \in \mathbb{Z}$ und $WAHR \in \mathbb{B}$

$$(7,-3,WAHR,10)$$

ein 4-Tupel aus $\mathbb{N} \times \mathbb{Z} \times \mathbb{B} \times \mathbb{N}$. Jetzt betrachten wir eine (von mehreren möglichen) formale Definition näher.

Sei dazu für beliebiges $n \in \mathbb{N}$

$$I_n = \{x \mid x \in \mathbb{N} \text{ und } 1 \leq x \leq n\}.$$

Es ist also $I_1 = \{1\}$, $I_2 = \{1,2\}$, $I_3 = \{1,2,3\}$ usw. Sind nun $M_1, \ldots, M_n$ Mengen, so definieren wir: $M_1 \times \ldots \times M_n$ ist die Menge aller totalen Abbildungen[2]

$$x : I_n \to M_1 \cup \ldots \cup M_n$$

mit der Eigenschaft, daß $x(i) \in M_i$ für $i = 1, \ldots, n$ gilt. I_n heißt **Indexmenge** von x. Eine solche Abbildung

---

[2] Bei der Erklärung von Abbildungen in Abschnitt 1.1 haben wir "umgekehrt" kartesische Produkte vorausgesetzt. Zur jetzigen Definition von $M_1 \times \ldots \times M_n$ werden allerdings nur 1-stellige Abbildungen benötigt, die man auch ohne kartesische Produkte definieren könnte.

$$x : \begin{cases} 1 \mapsto x(1) \in M_1, \\ 2 \mapsto x(2) \in M_2, \\ \ \vdots \\ n \mapsto x(n) \in M_n \end{cases}$$

ist offenbar (für festes n) eindeutig bestimmt durch die Werte $x(1), x(2)$, ..., $x(n)$. Wenn wir x daher einfach durch

$$(x(1), x(2), ..., x(n))$$

notieren, erhalten wir die alte Schreibweise für (die jetzt formal definierten) n-Tupel zurück. Dies wird noch deutlicher, wenn wir auch wieder x_i statt $x(i)$ (für $i=1,...,n$) schreiben.

Das 4-Tupel $y=(7,-3,WAHR,10)$ ist gemäß dieser Definition also die Abbildung

$$y : \begin{cases} 1 \mapsto 7, \\ 2 \mapsto -3, \\ 3 \mapsto WAHR, \\ 4 \mapsto 10. \end{cases}$$

Ist $x \in M_1 \times ... \times M_n$, so ist die i-te Komponente von x (also x_i) gegeben durch $x(i)$, d.h. die Anwendung von x auf den Index i. Die totale Abbildung

$$PROJ : (M_1 \times ... \times M_n) \times I_n \to M_1 \cup ... \cup M_n,$$
$$PROJ : (x,i) \mapsto x(i),$$

die x und i die Komponente x_i zuordnet, heißt **Projektion** (von $M_1 \times ... \times M_n$). Für das Beispiel y gilt etwa $PROJ(y,2)=-3$.

Wir wenden uns nun dem speziellen Fall zu, daß die Mengen $M_1,...,$ M_n alle gleich sind: $M_1=...=M_n=M$. Wie schon in Abschnitt 1.1 erwähnt, heißen Tupel aus M^n auch Folgen der Länge n über M. Gemäß der formalen Definition ist eine solche Folge x also eine Abbildung

$$x : I_n \to M.$$

Die Länge n von x bezeichnen wir mit $|x|$, und wir lassen nun auch noch den Fall $n=0$ zu. Die Ausdehnung der Definition von I_n auf diesen Fall ergibt $I_0=\varnothing$. Für je zwei Abbildungen (d.h. Folgen "der Länge 0")

$$x : I_0 \to M,$$
$$x' : I_0 \to M'$$

gilt offenbar $x=x'$ (es ist ja $x(i)=x'(i)$ für alle $i \in I_0$, da $I_0=\varnothing$). Es gibt somit nur genau eine Folge der Länge 0. Diese heißt **leere Folge** und wird mit ε bezeichnet. Es ist dann $M^0=\{\varepsilon\}$. Eine von ε verschiedene Folge heißt **nicht-leer**.

Folgen der Länge n werden in gewissen Zusammenhängen auch **n-dimensionale Vektoren** genannt. Häufig "iteriert" man dann zudem die Folgenkonstruktion, betrachtet also z.B. "Folgen von Folgen". Sind etwa

$$x_1 = (x_{1,1},...,x_{1,n}),$$
$$\vdots$$
$$x_m = (x_{m,1},...,x_{m,n})$$

m n-dimensionale Vektoren, so kann man die Folge $x=(x_1,...,x_m)$ bilden. x heißt **$m{\times}n$-Matrix** und wird üblicherweise in der Form

$$x = \begin{pmatrix} x_{1,1} & x_{1,2} & \cdots & x_{1,n} \\ \vdots & \vdots & & \vdots \\ x_{m,1} & x_{m,2} & \cdots & x_{m,n} \end{pmatrix}$$

notiert. Die $x_1,...,x_m$ heißen **Zeilen** von x. Ebenso könnte man x auffassen als Folge $(x'_1,...,x'_n)$ der **Spalten** $x'_i=(x_{1,i},...,x_{m,i})$, $i=1,...,n$.

Sei nun M eine beliebige Menge und

$$M^+ = M^1 \cup M^2 \cup M^3 \cup ... \,,$$
$$M^* = M^0 \cup M^+.$$

M^* ist die Menge aller Folgen beliebiger (endlicher) Länge (genannt **endliche Folgen** oder, da wir hier keine unendlichen Folgen behandeln, einfach nur noch **Folgen**) über M. M^+ ist die Menge aller nicht-leeren Folgen über M.

Ist $x \in M^*$ und $i \in \mathbb{N}$, $i \le |x|$, so wird die Bestimmung der Komponente $x(i)$ beschrieben durch eine (partielle) Abbildung (Projektion von M^*), die wir, da keine Mißverständnisse zu befürchten sind, wieder mit $PROJ$ bezeichnen:

$$PROJ: M^* \times \mathbb{N} \to M,$$
$$PROJ: (x,i) \mapsto x(i) \qquad \text{für } i \le |x|.$$

Auf M^* ist eine 2-stellige innere Operation, die **Konkatenation**

$$\circ : M^* \times M^* \to M^*$$

definiert wie folgt: Für $x:I_n \to M$ und $y:I_m \to M$ ist

$$x \circ y : I_{n+m} \to M$$

mit

$$x \circ y(i) = \begin{cases} x(i) & \text{für } 1 \le i \le n, \\ y(i-n) & \text{für } n+1 \le i \le n+m. \end{cases}$$

Beispiel. Sei $M=\mathbb{N}_0$ und $x=(x_1,x_2,x_3,x_4)=(7,0,3,18)$, $y=(y_1,y_2,y_3)=(21,3,7)$. Dann ist

$$x \circ y = v = (v_1,\ldots,v_7) = (x_1,x_2,x_3,x_4,y_{5-4},y_{6-4},y_{7-4})$$
$$= (x_1,x_2,x_3,x_4,y_1,y_2,y_3)$$
$$= (7,0,3,18,21,3,7). \qquad \square$$

Das Beispiel zeigt die intuitive Bedeutung von $\circ$: Die Komponenten der Folge y werden an die "letzte" Komponente von x zu einer neuen Folge der Länge $|x|+|y|$ angefügt. Will man auf diese Weise mehr als zwei Folgen "aneinanderhängen", etwa x,y,z (in dieser Reihenfolge), kann dies durch $(x \circ y) \circ z$ oder durch $x \circ (y \circ z)$ geschehen. Es ist informell klar, daß das Ergebnis in beiden Fällen gleich ist:

Feststellung 1. *Die Konkatenation von Folgen ist assoziativ, d.h. für alle $x,y,z \in M^*$ gilt $(x \circ y) \circ z = x \circ (y \circ z)$.*

Beweis. Sei $x:I_n \to M$, $y:I_m \to M$, $z:I_k \to M$. Dann ist $x \circ y:I_{n+m} \to M$ mit

$$x \circ y(i) = \begin{cases} x(i) & \text{für } 1 \leq i \leq n, \\ y(i-n) & \text{für } n+1 \leq i \leq n+m \end{cases}$$

und $(x \circ y) \circ z:I_{(n+m)+k} \to M$ mit

$$(x \circ y) \circ z(i) = \begin{cases} x \circ y(i) & \text{für } 1 \leq i \leq n+m \\ z(i-n-m) & \text{für } n+m+1 \leq i \leq n+m+k. \end{cases} = \begin{cases} x(i) & \text{für } 1 \leq i \leq n, \\ y(i-n) & \text{für } n+1 \leq i \leq n+m, \end{cases}$$

Andererseits ist $y \circ z:I_{m+k} \to M$ mit

$$y \circ z(i) = \begin{cases} y(i) & \text{für } 1 \leq i \leq m, \\ z(i-m) & \text{für } m+1 \leq i \leq m+k \end{cases}$$

und $x \circ (y \circ z):I_{n+(m+k)} \to M$ mit

$$x \circ (y \circ z)(i) = \begin{cases} x(i) & \text{für } 1 \leq i \leq n, \\ y \circ z(i-n) & \text{für } n+1 \leq i \leq n+m+k \end{cases} = \begin{cases} y(i-n) & \text{für } 1 \leq i-n \leq m, \\ z(i-n-m) & \text{für} \\ & m+1 \leq i-n \leq m+k. \end{cases}$$

Nun ist $I_{(n+m)+k} = I_{n+(m+k)}$, und da $1 \leq i-n \leq m$ gleichbedeutend mit $n+1 \leq i \leq n+m$ und $m+1 \leq i-n \leq m+k$ gleichbedeutend mit $n+m+1 \leq i \leq n+m+k$ ist, gilt also auch $(x \circ y) \circ z(i) = x \circ (y \circ z)(i)$ für alle i, $1 \leq i \leq n+m+k$. Zusammen gilt somit $(x \circ y) \circ z = x \circ (y \circ z)$. $\qquad \square$

Bei Konkatenation von drei oder mehr Folgen kommt es also auf die Klammerung nicht an. Wir lassen Klammern daher in Zukunft meist weg und schreiben z.B. einfach $x \circ y \circ z$.

Die leere Folge ε spielt bei der Konkatenation eine Sonderrolle, die intuitiv ebenfalls leicht einsichtig ist. Anfügen von ε oder an ε verändert die Folge nicht:

Feststellung 2. *Die leere Folge ε ist **neutrales Element** bezüglich der Konkatenation, d.h. für alle $x \in M^*$ gilt $x \circ \varepsilon = \varepsilon \circ x = x$.*

Beweis. Sei $x : I_n \to M$. Mit $\varepsilon : I_0 \to M$ ist dann $x \circ \varepsilon : I_{n+0} \to M$ mit

$$x \circ \varepsilon (i) = \left\{ \begin{array}{ll} x(i) & \text{für } 1 \le i \le n, \\ \varepsilon(i-n) & \text{für } n+1 \le i \le n+0 \end{array} \right\} = x(i) \quad \text{für } 1 \le i \le n.$$

Da $I_n = I_{n+0}$, gilt also $x \circ \varepsilon = x$. Analog ist $\varepsilon \circ x : I_{0+n} \to M$ mit

$$\varepsilon \circ x (i) = \left\{ \begin{array}{ll} \varepsilon(i) & \text{für } 1 \le i \le 0, \\ x(i-0) & \text{für } 0+1 \le i \le 0+n \end{array} \right\} = x(i) \quad \text{für } 1 \le i \le n,$$

und daraus folgt auch $\varepsilon \circ x = x$. $\square$

Eine Folge y heißt *Teilfolge* einer Folge x, wenn es Folgen z_1 und z_2 gibt, so daß $x = z_1 \circ y \circ z_2$ gilt. Ist $z_1 = \varepsilon$, so heißt y *Anfang* von x. Z.B. ist $(7,0)$ Teilfolge von $(4,7,0,8,1)$ und Anfang von $(7,0,3)$. Aus Feststellung 2 folgt, daß ε Anfang (und somit auch Teilfolge) jeder Folge ist.

Schließlich merken wir noch an, daß Folgen eine sehr nahe Beziehung zu (endlichen) Multimengen aufweisen. Eine Folge

$$x = (7,0,3,18,21,3,7)$$

z.B unterscheidet sich von der Multimenge

$$X = \{7,0,3,18,21,3,7\}$$

lediglich darin, daß in x im Gegensatz zu X die Reihenfolge der Elemente eine Rolle spielt: Für

$$y = (21,3,18,7,0,7,3),$$
$$Y = \{21,3,18,7,0,7,3\}$$

ist $x \ne y$, aber $X = Y$. Wir können also informell sagen, Folgen "sind endliche Multimengen, auf denen eine totale Ordnung definiert ist". (Umgekehrt könnte man Multimengen geradezu definieren als Folgen, bei denen man von der Ordnung der Komponenten "abstrahiert".)

1.6 Induktive Definitionen von Folgen

Die Menge aller (endlichen) Folgen (über einer bestimmten Menge M) läßt sich auch - sogar auf verschiedene Weisen - induktiv definieren. Aus den in Abschnitt 1.4 genannten Gründen ist dies für die Informatik bedeutsam, und wir besprechen hier zwei solche induktive Definitionen, die später eine wichtige Rolle spielen werden.

Wie bereits in Abschnitt 1.1 angemerkt, kann man jede Folge $(a) \in M^*$ der Länge 1 mit dem Element $a \in M$ identifizieren. Dies bedeutet, daß man etwa die Konkatenation eines beliebigen $x \in M^*$ mit (a), d.h. $x \circ (a)$, auch interpretieren kann als "Anfügen eines Elements (nicht einer Folge) an x". Wir werden dies später auch in der einfachen Schreibweise $x \circ a$ notieren, wollen aber der Wichtigkeit dieser Situation entsprechend zunächst eine eigene Bezeichnung einführen, indem wir eine Abbildung

$$POSTFIX : M^* \times M \to M^*$$

definieren mit der Bedeutung

$$POSTFIX(x,a) = x \circ (a) \quad \text{für } x \in M^* \text{ und } a \in M.$$

Analoges gilt für das "Anfügen der Folge x an ein einzelnes Element a", anders ausgedrückt, "Vornanfügen von a an x", formal $(a) \circ x$ oder auch wieder $a \circ x$. Dafür definieren wir ebenfalls eine eigene Abbildung

$$PREFIX : M \times M^* \to M^*,$$
$$PREFIX(a,x) = (a) \circ x \quad \text{für } a \in M \text{ und } x \in M^*.$$

Die Bedeutung dieser Operationen liegt darin, daß sie induktive Definitionen der Menge M^* aller Folgen über M ermöglichen. Ist $x \in M^*$, $x = (x_1, \ldots, x_n)$, so ist intuitiv klar, daß x schrittweise "aufgebaut" werden kann, indem man, ausgehend von ε, sukzessive die einzelnen Elemente $x_1, x_2, \ldots, x_n$ anfügt:

$$x = POSTFIX(\ldots POSTFIX(POSTFIX(\varepsilon, x_1), x_2), \ldots, x_n)$$
$$= \varepsilon \circ (x_1) \circ (x_2) \circ \ldots \circ (x_n).$$

Dies erinnert deutlich an den Aufbau einer natürlichen Zahl n durch n-malige Anwendung der Nachfolger-Operation $SUCC$ auf 0 und führt zu einer induktiven Definition von M^* (für gegebenes M), die ganz analog zu derjenigen von $\mathbb{N}_0$ ist.

Induktive Definition 1 (indDef1) von M^*.
i) $\varepsilon \in M^*$.
ii)   Ist $x \in M^*$ und $a \in M$, so ist $POSTFIX(x,a) \in M^*$.

Gewissermaßen umgekehrt können wir ein $(x_1, \ldots, x_n)$ auch bilden, indem wir die Elemente $x_n, x_{n-1}, \ldots, x_1$ sukzessive an ε vorn anfügen. Diese Sichtweise liefert die

Induktive Definition 2 (indDef2) von M^*.
i) $\varepsilon \in M^*$.
ii)   Ist $a \in M$ und $x \in M^*$, so ist $PREFIX(a,x) \in M^*$.

Die ursprüngliche Definition von M^* aus dem vorigen Abschnitt als Menge aller Abbildungen

$$x : I_n \to M$$

(für alle $n \in \mathbb{N}_0$) wollen wir in diesem Zusammenhang **aufzählende Definition** (aufzDef) nennen. Die Komponenten von x werden hier der Reihe nach "aufgezählt", indem man x auf $1, 2, \ldots, n$ anwendet.

Feststellung 1. *Die drei Definitionen* (aufzDef), (indDef1) *und* (indDef2) *sind gleichwertig (d.h. es wird die gleiche Menge M^* definiert).*

Beweis. a) Durch Induktion nach x folgt sofort, daß jedes $x \in M^*$ gemäß (indDef1) auch ein Element von M^* gemäß (aufzDef) ist, denn dies gilt für ε und gemäß der Definition von $POSTFIX$ auch für $POSTFIX(x,a)$, wenn $x \in M^*$ gemäß (indDef1), also nach Induktionsvoraussetzung auch $x \in M^*$ gemäß (aufzDef) ist.

b) Ist umgekehrt $x : I_n \to M$ gemäß (aufzDef), so folgt durch Induktion nach n, daß $x \in M^*$ gemäß (indDef1) ist: Im Fall $n=0$ gilt dies, da dann $x = \varepsilon$ ist. Falls $n > 0$, $x = (x_1, \ldots, x_n)$, so sei $x' : I_{n-1} \to M$ mit $x' = (x_1, \ldots, x_{n-1})$. Dann ist $x = x' \circ (x_n) = POSTFIX(x', x_n)$. Nach Induktionsvoraussetzung ist $x' \in M^*$ gemäß (indDef1), also gilt dies auch für x.

Aus a) und b) folgt, daß (aufzDef) und (indDef1) gleichwertig sind. Der Beweis der Gleichwertigkeit von (aufzDef) und (indDef2) verläuft völlig analog. Damit sind alle drei Definitionen untereinander gleichwertig. $\qquad\qquad\square$

Ausgehend von den beiden induktiven Definitionen von M^* definieren wir nun vier weitere (partielle) 1-stellige Folgen-Operationen. Jede dieser Operationen ist nur für nicht-leere Folgen definiert, die gemäß (indDef1) die Gestalt $POSTFIX(x,a)$ bzw. nach (indDef2) die Gestalt $PREFIX(a,x)$ haben. Wir beginnen mit zwei Operationen, die sich auf (indDef2) beziehen.

$$FIRST : M^* \to M, \quad D(FIRST) = M^+,$$
$$FIRST(PREFIX(a,x)) = a,$$
$$REST : M^* \to M^*, \quad D(REST) = M^+,$$
$$REST(PREFIX(a,x)) = x.$$

Die Bedeutung von $FIRST$ und $REST$ ist unmittelbar einsichtig. Für $(x_1, \ldots, x_n) \neq \varepsilon$ gilt offenbar

$$FIRST(x_1, x_2, \ldots, x_n) = x_1,$$
$$REST(x_1, x_2, \ldots, x_n) = (x_2, \ldots, x_n).$$

Analog definieren wir unter Bezugnahme auf (indDef1)

$$LAST : M^* \to M, \quad D(LAST) = M^+,$$
$$LAST(POSTFIX(x,a)) = a,$$
$$LEAD : M^* \to M^*, \quad D(LEAD) = M^+,$$
$$LEAD(POSTFIX(x,a)) = x.$$

Für $(x_1,...,x_n) \neq \varepsilon$ gilt

$$LAST(x_1,...,x_{n-1},x_n) = x_n,$$
$$LEAD(x_1,...,x_{n-1},x_n) = (x_1,...,x_{n-1}).$$

Gemäß den allgemeinen Überlegungen in Abschnitt 1.4 ermöglichen die induktiven Definitionen von M^* vor allem auch rekursive Definitionen von Abbildungen von M^*. Wir werden darauf später noch ausführlich eingehen und begnügen uns hier mit einem sehr einfachen Beispiel. Wir definieren eine Abbildung $L\ddot{A}NGE$, die einer Folge ihre Länge zuordnet, verwenden dabei etwa (indDef2) und beschreiben die "Rückführung" von $PREFIX(a,y)$ auf y mit Hilfe der Abbildung $REST$. (Ganz analog könnte man $L\ddot{A}NGE$ auch unter Zugrundelegung von (indDef1) definieren.)

$$L\ddot{A}NGE : M^* \to \mathbb{N}_0,$$
$$L\ddot{A}NGE(x) = \begin{cases} 0, & \text{falls } x=\varepsilon, \\ 1 + L\ddot{A}NGE(REST(x)) & \text{sonst.} \end{cases}$$

Feststellung 2. *Für alle* $x \in M^*$ *gilt* $L\ddot{A}NGE(x) = |x|$.

Beweis. Durch Induktion nach x gemäß (indDef2): Für $x=\varepsilon$ gilt $L\ddot{A}NGE(x)=0=|x|$. Ist $x=PREFIX(a,y)=(a) \circ y$, so ist $|x|=|(a)|+|y|=1+|y|$ und nach Induktionsvoraussetzung $L\ddot{A}NGE(y)=|y|$. Mit $y=REST(x)$ erhält man somit $L\ddot{A}NGE(x)=1+L\ddot{A}NGE(y)=1+|y|=|x|$.   □

$L\ddot{A}NGE(x)$ ist also eine rekursive Definition der Länge von x. Die Ermöglichung rekursiver (und damit, wie wir schon betont haben, in gewisser Weise "konstruktiver") Definitionen von Abbildungen von Folgen ist ein Charakteristikum der induktiven Definitionen (indDef1) und (indDef2). Wir erwähnen allerdings auch gleich einen "Nachteil" (und Unterschied) gegenüber der aufzählenden Definition. Wenn man zu einer gegebenen nicht-leeren Folge x die i-te Komponente x_i von x ($1 \leq i \leq |x|$) bestimmen will und x als Abbildung $x:I_n \to M$ definiert ist, so ist dieser "Zugriff" auf x_i - wie im vorigen Abschnitt ausgeführt - einfach gegeben durch die Anwendung von x auf i oder (in anderer Beschreibung) durch die Anwendung der Projektion $PROJ$:

$$x_i = x(i) = PROJ(x,i).$$

Diese Art der Bestimmung von x_i aus x heißt **direkter Zugriff**. Ist x gemäß einer der induktiven Definitionen gegeben, so ist ein derartiger Zugriff nicht möglich. Wir können die Zuordnung

$$PROJ : (x,i) \mapsto x_i$$

lediglich rekursiv (nach i, $1 \leq i \leq |x|$) definieren, z.B. als

$$PROJ(x,i) = \begin{cases} FIRST(x), & \text{falls } i=1, \\ PROJ(REST(x),i-1) & \text{sonst.} \end{cases}$$

Der Beweis (durch Induktion nach i) für $PROJ(x,i)=x(i)$ sei dem Leser überlassen.

1.7 Binärbäume

Neben Folgen sind Binärbäume eine weitere Art komplexer Objekte, die in der Informatik eine wichtige Rolle spielen. Sie verallgemeinern die lineare Anordnungsstruktur von Folgen zu einer verzweigten Struktur. Wir geben hier in Anlehnung an die Betrachtungen in Abschnitt 1.6 eine induktive Definition von Binärbäumen und erwähnen noch kurz eine weitere Verallgemeinerung auf p-adische Bäume.

Die in den induktiven Definitionen von M^* zum Ausdruck kommende "induktive Struktur" von Folgen läßt sich leicht verallgemeinern. Gemäß der Definition (indDef2) aus Abschnitt 1.6 (auf die wir uns hier beschränken) ist jede nicht-leere Folge y zusammengesetzt aus einem Element $a \in M$ und einer anderen Folge x:

$$y = PREFIX(a,x).$$

Abstrahiert man von der konkreten Operation $PREFIX$, die die Zusammensetzung leistet, so ist y also bestimmt durch $a \in M$ und $x \in M^*$ oder, kompakter ausgedrückt, durch das Paar (a,x), wobei x selbst wieder derartig bestimmt ist. Dies beschreibt abstrakt die Struktur von Folgen, und wir können diese Struktur nun dadurch verallgemeinern, daß wir Objekte einführen, die aus einem Element a und mehreren - also zunächst etwa zwei - "Resten" bestehen:

$$(a,x,y),$$

wobei induktiv gilt, daß die "Reste" x und y selbst von gleicher Art sind. Solche Objekte heißen **Binärbäume** (über M). Analog zu den Folgen lassen wir einen **leeren Baum** zu, der, da keine Mißverständnisse zu befürchten sind, wieder mit ε bezeichnet wird. Da wir hier keine konkrete Zusammensetzoperation vorgegeben haben, nehmen wir die 3-Tupel (a,x,y) selbst als die neuen Objekte und erhalten somit (M sei gegeben):

Induktive Definition der Menge $M^\wedge$ der Binärbäume über M.
i) $\varepsilon \in M^\wedge$.
ii)   Ist $a \in M$ und $x,y \in M^\wedge$, so ist $(a,x,y) \in M^\wedge$.

a heißt **Wurzel**, x **linker Unterbaum**, y **rechter Unterbaum** eines Binärbaums (a,x,y). Ein Binärbaum der Gestalt $(a,\varepsilon,\varepsilon)$ heißt **Blatt**. Ein von ε verschiedener Binärbaum heißt **nicht-leer**.

Beispiel. Das Objekt

$$(7,(3,\varepsilon,(3,\varepsilon,\varepsilon)),(2,(5,\varepsilon,\varepsilon),(7,(1,\varepsilon,\varepsilon),\varepsilon)))$$

ist ein Binärbaum über $\mathbb{N}$, wobei durch die hinzugefügten Klammern ⌐⌐ die sukzessive Bildung des Objekts gemäß der Definition angedeutet ist.   □

Alle beim induktiven Aufbau eines Binärbaums z ($\neq\varepsilon$) auftretenden Binärbäume – einschließlich z selbst – heißen **Teilbäume** von z. Formal: Der leere Binärbaum hat nur sich selbst als Teilbaum. Ist $z=(a,x,y)$, so sind z und alle Teilbäume von x und alle Teilbäume von y die Teilbäume von z.

Die **Pfade** eines Binärbaums z (über M) sind Folgen über M, die wie folgt definiert sind: Der leere Binärbaum hat nur die leere Folge als Pfad. Ist $z=(a,x,y)$ und ist v ein Pfad von x oder von y, so ist $PREFIX(a,v)$ ein Pfad von z.

Beispiel. Der Binärbaum im vorigen Beispiel hat sich selbst und

$$(3,\varepsilon,(3,\varepsilon,\varepsilon)),$$
$$(2,(5,\varepsilon,\varepsilon),(7,(1,\varepsilon,\varepsilon),\varepsilon)),$$
$$(3,\varepsilon,\varepsilon),$$
$$(5,\varepsilon,\varepsilon),$$
$$(7,(1,\varepsilon,\varepsilon),\varepsilon),$$
$$(1,\varepsilon,\varepsilon),$$
$$\varepsilon$$

als Teilbäume sowie

$$(7,3,3),$$
$$(7,2,5),$$
$$(7,2,7,1)$$

als Pfade.   □

Die durch die Definition gegebene Notation von Binärbäumen wird recht schnell unübersichtlich. Zur Verdeutlichung wählt man daher meist eine graphische Darstellung, deren Grundprinzip darin besteht, daß das Objekt (a,x,y) dargestellt wird durch

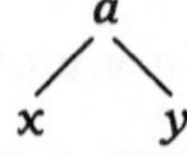

wobei an den Stellen x und y die entsprechenden Darstellungen von x bzw. y angesetzt sind. Zweige, die auf ε führen, läßt man weg.

Beispiel. Der Binärbaum $(7,(3,\varepsilon,(3,\varepsilon,\varepsilon)),(2,(5,\varepsilon,\varepsilon),(7,(1,\varepsilon,\varepsilon),\varepsilon)))$ hat folgende graphische Darstellung:

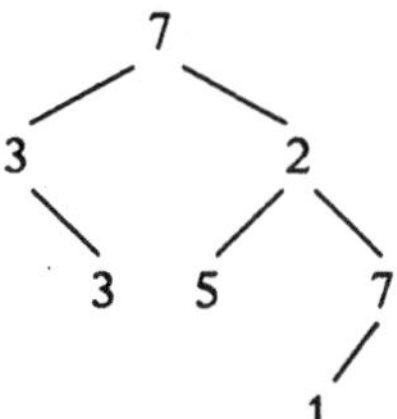

Auch die Bedeutung der Pfade eines Binärbaums z wird in dieser Darstellung recht anschaulich: Pfade sind Folgen von Objekten (Wurzeln von Teilbäumen), die man auf einem "Weg" von der Wurzel von z "entlang ——" bis zu einem Blatt "antrifft".

Man beachte noch, daß etwa

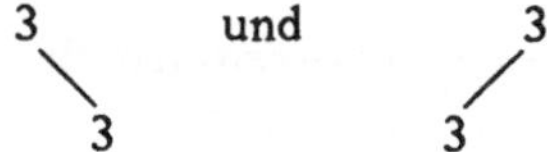

Darstellungen von $(3,\varepsilon,(3,\varepsilon,\varepsilon))$ bzw. $(3,(3,\varepsilon,\varepsilon),\varepsilon)$ und damit verschieden sind.

Das Zusammensetzen von $a\in M$, $x,y\in M^{\wedge}$ zu dem neuen Binärbaum (a,x,y) wollen wir nun doch als Operation kennzeichnen:

$$BUILD:M\times M^{\wedge}\times M^{\wedge}\to M^{\wedge},$$
$$BUILD(a,x,y)=(a,x,y).$$

$BUILD$ entspricht der Operation $PREFIX$ bei Folgen, und ebenso führen wir auch Entsprechungen zu $FIRST$ und $REST$ ein.

$$ROOT:M^{\wedge}\to M,\qquad D(ROOT)=M^{\wedge}\backslash\{\varepsilon\},$$
$$ROOT(a,x,y)=a,$$
$$LEFT:M^{\wedge}\to M^{\wedge},\qquad D(LEFT)=M^{\wedge}\backslash\{\varepsilon\},$$
$$LEFT(a,x,y)=x,$$
$$RIGHT:M^{\wedge}\to M^{\wedge},\qquad D(RIGHT)=M^{\wedge}\backslash\{\varepsilon\},$$
$$RIGHT(a,x,y)=y.$$

Insgesamt ergibt sich, daß ein Binärbaum z entweder leer oder von der Form

$$BUILD(ROOT(z),LEFT(z),RIGHT(z))$$

ist.

Die induktive Definition von Binärbäumen eröffnet wieder die Möglichkeit zur rekursiven Definition von Abbildungen. Auch dazu begnügen wir uns hier mit einem einfachen Beispiel. Analog zur Länge von Folgen bestimmen wir die Anzahl der Knoten eines Binärbaums z. **Knoten** von z

sind die Wurzeln der nicht-leeren Teilbäume von z, mit anderen Worten: diejenigen Objekte aus M, die beim induktiven Aufbau von z benutzt werden. (Gleiche Objekte, die an verschiedenen Stellen in z vorkommen, werden mehrfach gezählt.) Die Knoten von z bilden eine Multimenge, im Beispiel oben etwa $\{7,3,2,3,5,7,1\}$. Die Knotenanzahl wird bestimmt durch:

$$KNOTANZ : M^\wedge \to \mathbb{N}_0,$$

$$KNOTANZ(z) = \begin{cases} 0, & \text{falls } z = \varepsilon, \\ 1 + KNOTANZ(LEFT(z)) + KNOTANZ(RIGHT(z)) & \text{sonst.} \end{cases}$$

Jeder Binärbaum besteht letztlich aus der Multimenge seiner Knoten; anders ausgedrückt, wie Folgen sind auch Binärbäume Multimengen, deren Elemente in einer gewissen Weise "angeordnet" sind. Bei Folgen ist diese "Anordnungsstruktur" *linear*, die Elemente sind wie in einer Linie aufgereiht, bildlich dargestellt etwa durch

$$a_1 \text{---} a_2 \text{---} a_3 \text{---} \ldots \text{---} a_n.$$

Binärbäume beschreiben eine *verzweigte* Struktur, was in der graphischen Darstellung deutlich sichtbar wird. Folgen kann man in gewissem Sinn auch als Spezialfall von Binärbäumen auffassen. Die beiden "entarteten" Binärbäume

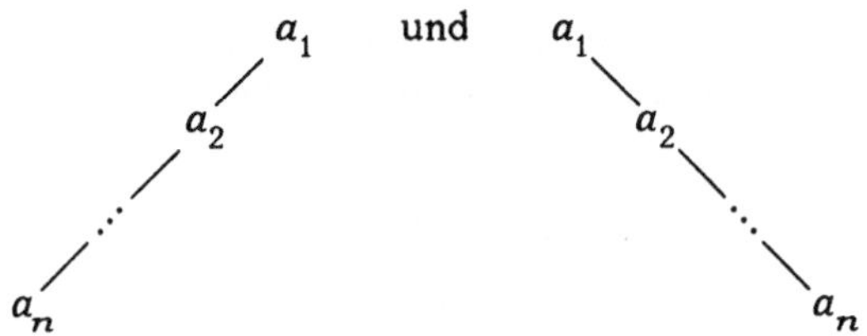

und die Folge

$$a_1 \text{---} a_2 \text{---} \ldots \text{---} a_n$$

sind formal untereinander verschieden, tragen aber doch eine "sehr ähnliche" Struktur. Wir unterlassen hier allerdings eine formale Präzisierung dieser "Ähnlichkeit".

Im weiteren Verlauf dieses Buches werden wir nur Binärbäume betrachten; wir merken aber noch an, daß man diese Objektdefinition in offensichtlicher Weise weiter verallgemeinern kann zur Definition von *p-adischen Bäumen*, die genau p Unterbäume haben, wobei p eine beliebige natürliche Zahl ≥ 2 ist. Formal wird - ausgehend von einer gegebenen Menge M - induktiv definiert:

i) ε ist ein p-adischer Baum über M.

ii) Ist $a \in M$ und sind $x_1,\ldots,x_p$ p-adische Bäume über M, so ist $(a,x_1,\ldots,x_p)$ ein p-adischer Baum über M.

Die Binärbäume sind damit gerade die 2-adischen Bäume.

2 Daten und Algorithmen

2.1 Zeichenreihen

Das gesamte Kapitel 2 soll nun auf das zentrale Thema dieses Buches, den Algorithmusbegriff, hinführen. Dazu ist es nötig, zunächst die Daten, die durch Algorithmen verarbeitet werden, näher zu betrachten. Grundlage für eine (auch maschinelle) Handhabung von Daten ist ihre Darstellung durch Zeichenreihen, die in diesem Abschnitt formal definiert werden.

Kernthema der Informatik ist die "algorithmische Verarbeitung von Daten". Wir analysieren zunächst den Begriff des "Datums" näher, für den wir synonym auch wieder den schon in Kapitel 1 benutzten Begriff "Objekt" verwenden. Typische Daten (Objekte) sind etwa Zahlen, z.B. die natürliche Zahl "drei", die üblicherweise durch

3

notiert wird. Es gibt aber auch andere Möglichkeiten der Darstellung dieser Zahl, z.B.:

> DREI,
> III,
> drei ausgestreckte Finger einer Hand.

Bei einem Objekt sind also zwei Dinge zu unterscheiden: zum einen die Darstellung (Bezeichnung) des Objekts und zum anderen seine "eigentliche" Bedeutung. Letztere ist ein recht abstrakter Begriff, während die Bezeichnung des Objekts konkret (insbesondere maschinell !) handhabbar erscheint. Es ist daher konsequent, Verarbeitung von Daten genauer als Verarbeitung von Datendarstellungen zu verstehen. Einige Darstellungsarten sind für eine maschinelle Verarbeitung allerdings (zumindest derzeit) nicht geeignet, z.B. die Bezeichnung von Objekten durch gesprochenes Wort, durch Handzeichen und ähnliches. Alle grundsätzlich geeigneten Datendarstellungen lassen sich auf ein Grundprinzip zurückführen: die Bezeichnung von Daten durch "Zeichenreihen". (In einem engeren Sinn versteht man unter Daten von vornherein nur derartige Objektdarstellungen. Die Bedeutung eines Objekts bezeichnet man dann auch als "Information".) Wir führen Zeichenreihen nun formal ein.

Ein **Alphabet** ist eine endliche Menge, deren Elemente (in diesem Kontext) **Zeichen** genannt werden.

Beispiele. Folgende Mengen sind typische Alphabete:

$$\{A,B,C,...,Z\} \qquad \text{(Großbuchstaben)},$$
$$\{0,1,2,...,9\} \qquad \text{(Dezimalziffern)},$$
$$\{+,-\} \qquad \text{(Vorzeichen)},$$
$$\{\uparrow,\downarrow\} \qquad \text{(Richtungszeichen, z.B. beim Lift)} \qquad \square$$

Alphabete, die genau zwei Zeichen enthalten, heißen **binär**. Ein häufig vorkommendes binäres Alphabet besteht aus den **Binärziffern** (**Bits**) 0 und 1.

Eine **Zeichenreihe** über einem Alphabet $\mathcal{A}$ ist eine (endliche) Folge über $\mathcal{A}$. Zeichenreihen notieren wir meist nicht in der Form $(x_1,x_2,...,x_n)$, sondern einfach als

$$x_1 x_2 ... x_n.$$

Man beachte, daß dabei auch die Identifizierung des Zeichens x_1 mit der Zeichenreihe (x_1) direkt in die Schreibweise übertragen wird. Die leere Zeichenreihe (d.h. die leere Folge) wird wieder mit ε bezeichnet.

Beispiele. 1) Sei $\mathcal{A}=\{0,1,...,9,+,\cdot,(,)\}$. Dann ist $(2,4,\cdot,(,3,+,1,8,))$ eine Zeichenreihe über $\mathcal{A}$, die wir nun einfach als

$$24\cdot(3+18)$$

notieren.

2) Sei $\mathcal{A}=\{0,1\}$. Die Menge $\mathcal{A}^*$ aller Folgen (d.h. Zeichenreihen) über $\mathcal{A}$ enthält folgende (unendlich vielen) Elemente:

$$\varepsilon,0,1,00,01,10,11,000,001,... \qquad \square$$

Die in Abschnitt 1.5 eingeführte Operation $\circ$ der Konkatenation von Folgen wird im Kontext von Zeichenreihen (und durch die gewählte Schreibweise) besonders sinnfällig. Sie beschreibt das Aneinandersetzen von Zeichenreihen.

Beispiel. Sei $\mathcal{A}=\{A,B,C,...,Z\}$ und $x,y,z \in \mathcal{A}^*$ mit

$$x = \text{INFO}, \quad y = \text{RMATI}, \quad z = \text{K}.$$

Dann ist

$$x \circ y \circ z = \text{INFORMATIK}. \qquad \square$$

Auf Alphabeten ist häufig eine totale Ordnungsrelation erklärt. Ist $\mathcal{A}$ ein Alphabet mit einer totalen Ordnung $\preccurlyeq$, so kann $\preccurlyeq$ zur **lexikographi-**

schen Ordnung auf $\mathcal{A}^*$ ausgedehnt werden. Wir bezeichnen diese Ordnung mit $\preccurlyeq$ und definieren für $x=x_1...x_n$ und $y=y_1...y_m$ aus $\mathcal{A}^*$:

$x \preccurlyeq y \Leftrightarrow$ entweder: (i) $|x| \leq |y|$ und $x_i = y_i$ für alle $i=1,...,|x|$
oder: (ii) es gibt $k \in \mathbb{N}_0$, $1 \leq k \leq MIN(|x|,|y|)$, so daß $x_k < y_k$ und $x_i = y_i$ für alle $i=1,...,k-1$.

(Fall (i) bedeutet, daß x Anfang von y ist.) Man beachte, daß $\leq$ hier die übliche Ordnungsrelation auf $\mathbb{N}_0$ bezeichnet.

Beispiele. In diesen Beispielen sei $\preccurlyeq$ auf $\mathcal{A}$ jeweils durch die Aufschreibungsreihenfolge der Elemente von $\mathcal{A}$ gegeben.

1) Sei $\mathcal{A}=\{A,B,C,...,Z\}$. Es gilt $A \preccurlyeq B \preccurlyeq ... \preccurlyeq Z$ und somit etwa

$\varepsilon \preccurlyeq BXA$ gemäß (i): Mit $y=BXA$ ist $|\varepsilon|=0 \leq 3=|y|$ und $\varepsilon_i = y_i$ für $1 \leq i \leq 0$;

$BAD \preccurlyeq BADEN$ gemäß (i): Mit $x=BAD$, $y=BADEN$ ist $|x|=3 \leq 5=|y|$ und $x_i=y_i$ für $1 \leq i \leq 3$;

$BADEN \preccurlyeq BALL$ gemäß (ii): Mit $x=BADEN$, $y=BALL$ und $k=3$ ist $x_k=D < L=y_k$ sowie $x_1=y_1$ und $x_2=y_2$;

$BAD \preccurlyeq GANG$ gemäß (ii) mit $k=1$.

2) Sei $\mathcal{A}=\{A,+,1\}$. Hier gilt $A \preccurlyeq + \preccurlyeq 1$, also z.B.

$$AA1 \preccurlyeq +,$$
$$1+A \preccurlyeq 1++1,$$
$$+ \preccurlyeq +1A+. \qquad \square$$

Das unter 1) aufgeführte Beispiel illustriert die Grundidee der lexikographischen Ordnung. Diese beschreibt die Reihenfolge, in der Wörter, die aus Buchstaben gebildet sind, üblicherweise in einem Lexikon angeordnet sind. Klar ist auch, daß $\varepsilon \preccurlyeq y$ für beliebiges $y \in \mathcal{A}^*$ (und beliebiges $\mathcal{A}$) gilt.

Wir haben $\preccurlyeq$ schon als Ordnungsrelation auf $\mathcal{A}^*$ bezeichnet und rechtfertigen dies nun noch formal.

Feststellung. *Ist $\mathcal{A}$ ein Alphabet mit totaler Ordnung, so ist die entsprechende lexikographische Ordnung auf $\mathcal{A}^*$ eine totale Ordnung.*

Beweis. Es ist zu zeigen, daß $\preccurlyeq$ reflexiv, transitiv, antisymmetrisch und total ist. Seien $x,y,z \in \mathcal{A}^*$. Mit (i) und (ii) beziehen wir uns im folgenden auf die beiden Fälle in der Definition von $\preccurlyeq$.

a) Es ist $x \preccurlyeq x$ gemäß (i), also ist $\preccurlyeq$ reflexiv.

b) Sei $x \preccurlyeq y$, $y \preccurlyeq z$. Für den Nachweis der Transitivität müssen wir zeigen, daß $x \preccurlyeq z$ gilt.

b1) Sei $x \preccurlyeq y$ gemäß (i), d.h. $|x| \leq |y|$, $x_i=y_i$ für $1 \leq i \leq |x|$ und $y \preccurlyeq z$ gemäß (i), d.h. $|y| \leq |z|$, $y_i=z_i$ für $1 \leq i \leq |y|$.
Dann ist $|x| \leq |z|$ und $x_i=z_i$ für $1 \leq i \leq |x|$, also $x \preccurlyeq z$ gemäß (i).

b2) Sei $x \preccurlyeq y$ gemäß (i) wie unter b1)

und $y \preccurlyeq z$ gemäß (ii), d.h. $y_k < z_k$, $y_i = z_i$ für $1 \le i \le k-1$ und ein $k \in \mathbb{N}_0$.

b2.1) Sei $|x| \le k-1$. Dann ist auch $|x| \le |z|$ und $x_i = z_i$ für $1 \le i \le |x|$, also ist $x \preccurlyeq z$ gemäß (i).

b2.2) Sei $|x| > k-1$. Dann ist $x_i = z_i$ für $1 \le i \le k-1$ und $x_k = y_k < z_k$, also ist $x \preccurlyeq z$ gemäß (ii).

b3) Sei $x \preccurlyeq y$ gemäß (ii), d.h. $x_k < y_k$, $x_i = y_i$ für $1 \le i \le k-1$ und ein $k \in \mathbb{N}_0$ und $y \preccurlyeq z$ gemäß (i) wie unter b1).

Dann ist $x_k < y_k = z_k$ und $x_i = z_i$ für $1 \le i \le k-1$, also ist $x \preccurlyeq z$ gemäß (ii).

b4) Sei $x \preccurlyeq y$ gemäß (ii) wie unter b3)

und $y \preccurlyeq z$ gemäß (ii) d.h. $y_l < z_l$, $y_i = z_i$ für $1 \le i \le l-1$ und ein $l \in \mathbb{N}_0$.

b4.1) Sei $k < l$. Dann ist $x_k < y_k = z_k$ und $x_i = z_i$ für $1 \le i \le k-1$.

b4.2) Sei $k = l$. Dann ist $x_i = z_i$ für $1 \le i \le k-1$. Außerdem ist $x_k < y_k$ und $y_k < z_k$. Wegen der Transitivität von $\preccurlyeq$ folgt daraus zunächst $x_k \preccurlyeq z_k$, und es ist auch $x_k \ne z_k$, denn sonst wäre ja $y_k < x_k$, was zusammen mit $x_k < y_k$ wegen der Antisymmetrie von $\preccurlyeq$ auf den Widerspruch $x_k = y_k$ führen würde. Also ist insgesamt $x_k < z_k$.

b4.3) Sei $k > l$. Dann ist $x_l = y_l < z_l$ und $x_i = z_i$ für $1 \le i \le l-1$.

In allen drei Fällen ist also $x \preccurlyeq z$ gemäß (ii).

c) Sei $x \preccurlyeq y$, $y \preccurlyeq x$. Beides kann offenbar nur gemäß (i) gelten, denn alle anderen Möglichkeiten führt man schnell zum Widerspruch (was der Leser selbst nachprüfen möge). Dann gilt also $|x| \le |y|$, $|y| \le |x|$, d.h. $|x| = |y|$ und $x_i = y_i$ für $1 \le i \le |x|$. Dies bedeutet $x = y$, somit ist $\preccurlyeq$ antisymmetrisch.

d) Sei $k \in \mathbb{N}_0$ größtmöglich so gewählt, daß $x_i = y_i$ für $1 \le i \le k-1$ gilt. Ist $k = |x|+1$, so ist $x \preccurlyeq y$ gemäß (i), und ist $k = |y|+1$, so ist $y \preccurlyeq x$ ebenfalls gemäß (i). Ist $k \le |x|$ und $k \le |y|$, so ist also $x_k \ne y_k$, d.h. $x_k < y_k$ oder $y_k < x_k$, da $\preccurlyeq$ total ist. Somit gilt dann $x \preccurlyeq y$ oder $y \preccurlyeq x$ gemäß (ii). Das bedeutet zusammen, daß $\preccurlyeq$ auch total ist. $\square$

Wir haben die lexikographische Ordnung auf Zeichenreihen eingeführt, da hier ihre Motivation besonders deutlich wird. Offensichtlich kann man diesen Begriff aber auch für allgemeine Folgen (über beliebigen total geordneten Mengen) definieren. Z.B. induziert die übliche Ordnung $\le$ auf $\mathbb{N}_0$ ganz analog wie oben die lexikographische Ordnung $\preccurlyeq$ auf der Menge $\mathbb{N}_0^*$ aller Folgen über $\mathbb{N}_0$. Es gilt dann etwa

$$(3,17,2) \preccurlyeq (4,6),$$
$$(3,17,2) \preccurlyeq (3,17,4,8),$$
$$(3,17,2) \preccurlyeq (3,17,2,20).$$

2.2 Datendarstellung durch Zeichenreihen

Die im vorigen Abschnitt begonnene und durch die formale Definition von Zeichenreihen unterbrochene Diskussion der Darstellung von Daten wird jetzt fortgeführt. Wir betrachten exemplarisch verschiedene Bezeichnungsmöglichkeiten für natürliche Zahlen, insbesondere Zifferndarstellungen. Anschließend legen wir für bisher bereits aufgetretene Objekte Standardbezeichnungen fest, wobei wir noch berücksichtigen, daß Zeichen und Zeichenreihen selbst auch als Objekte vorkommen können.

Gemäß den Erläuterungen im vorigen Abschnitt verwenden wir ausschließlich Zeichenreihen als Bezeichnungen von Daten. Wir betrachten einige mögliche Vorgehensweisen exemplarisch am Fall der Darstellung von Zahlen aus $\mathbb{N}_0$. Die Zahl "dreizehn" etwa läßt sich (u.a.) durch folgende Zeichenreihen bezeichnen:

13	(über $\{0,1,...,9\}$),
DREIZEHN	(über $\{A,B,...,Z\}$),
IIIIIIIIIIIII	(über $\{I\}$).

Nicht alle möglichen Darstellungen sind für den praktischen Gebrauch geeignet. So ist etwa die Zahldarstellung durch natürlichsprachliche Worte (hier DREIZEHN) völlig unbrauchbar für das Rechnen mit den Zahlen. Die **Strichdarstellung** über einem einzigen Zeichen I wäre zum Rechnen teilweise sehr gut geeignet, z.B. wird die Addition von zwei Zahlen einfach durch die Konkatenation ihrer beiden Strichdarstellungen beschrieben. Diese Bezeichnungen werden aber für große Zahlen offensichtlich schnell sehr unhandlich. Am besten geeignet für den praktischen Gebrauch sind **Zifferndarstellungen** der Zahlen, etwa die allgemein geläufige **Dezimaldarstellung** (im Beispiel 13) über dem Alphabet $\{0,1,...,9\}$ der Dezimalziffern. Das allgemeine Prinzip der Zifferndarstellung ist wie folgt definiert:

Sei $p \in \mathbb{N}$, $p \geq 2$ und $\mathcal{A}_p = \{z_0, z_1, ..., z_{p-1}\}$ ein Alphabet mit den p Zeichen (**Ziffern**) $z_0, z_1, ..., z_{p-1}$. Sei

$$Z : \mathcal{A}_p \rightarrow \mathbb{N}_0, \qquad Z(z_i) = i \quad \text{für } i = 0, ..., p-1.$$

Eine Zeichenreihe $x \in \mathcal{A}_p^+$, $x = x_n x_{n-1} ... x_1 x_0$ ($x_i \in \mathcal{A}_p$ für $0 \leq i \leq n$), heißt **p-adische Zahldarstellung** und bezeichnet die Zahl

$$Z^+(x) = p^n \cdot Z(x_n) + p^{n-1} \cdot Z(x_{n-1}) + ... + p \cdot Z(x_1) + Z(x_0) \quad \in \mathbb{N}_0.$$

Zur Verdeutlichung schreiben wir auch x_p statt x.

Beispiele. 1) Mit $p=10$ erhält man die Dezimaldarstellung, wenn man statt $z_0, z_1, ..., z_9$ wieder $0,1,...,9$ schreibt. Z.B. gilt:

$$Z^+(983_{10}) = 10^2 \cdot 9 + 10 \cdot 8 + 3 = \text{"neunhundertdreiundachtzig"}.$$

2) $p=2$, $\mathcal{A}_2=\{0,1\}$ (**Binärdarstellung, direkte Binärcodierung**):

$$Z^+(1111010111_2) = 2^9 \cdot 1 + 2^8 \cdot 1 + 2^7 \cdot 1 + 2^6 \cdot 1 + 2^5 \cdot 0 + 2^4 \cdot 1 + 2^3 \cdot 0 + 2^2 \cdot 1 + 2 \cdot 1 + 1$$
$$= \text{"neunhundertdreiundachtzig"}.$$

3) $p=8$, $\mathcal{A}_8=\{0,1,2,3,4,5,6,7\}$ (**Oktaldarstellung**):

$$Z^+(1727_8) = 8^3 \cdot 1 + 8^2 \cdot 7 + 8 \cdot 2 + 7 = \text{"neunhundertdreiundachtzig"}.$$

4) $p=16$, $\mathcal{A}_{16}=\{0,1,2,3,4,5,6,7,8,9,A,B,C,D,E,F\}$ (**Sedezimal-** oder
Hexadezimaldarstellung):

$$Z^+(3D7_{16}) = 16^2 \cdot 3 + 16 \cdot 13 + 7 = \text{"neunhundertdreiundachtzig"}.$$

1)-4) bedeuten also, daß die Zahl "neunhundertdreiundachtzig" dargestellt wird als

983	in Dezimaldarstellung,
1111010111	in Binärdarstellung,
1727	in Oktaldarstellung,
3D7	in Sedezimaldarstellung.

Wichtig ist, daß tatsächlich jede Zahl aus $\mathbb{N}_0$ (für beliebiges $p\geq2$) in
p-adischer Darstellung bezeichnet werden kann:

Feststellung. *Sei $p\geq2$ beliebig. Zu jeder Zahl $m\in\mathbb{N}_0$ gibt es $x\in\mathcal{A}_p^+$ mit*
$Z^+(x) = m$.

Beweis. Zur Vorbereitung des Beweises (und auch zur späteren Wieder-
verwendung) definieren wir zunächst allgemein zwei Abbildungen

$$DIV \ : \mathbb{N}_0 \times \mathbb{N} \to \mathbb{N}_0,$$
$$MOD : \mathbb{N}_0 \times \mathbb{N} \to \mathbb{N}_0$$

mit folgender Bedeutung: Sind $k\in\mathbb{N}_0$ und $l\in\mathbb{N}$, so kann man k durch l mit
ganzzahligem Ergebnis q teilen, wobei eventuell ein Rest r übrigbleibt.
Formal bedeutet dies, daß es $q\in\mathbb{N}_0$ und $r\in\mathbb{N}_0$ gibt mit $r<l$ und $k=q\cdot l+r$.
Wir setzen

$$DIV(k,l) = q, \quad MOD(k,l) = r.$$

Der Beweis der Feststellung verläuft durch Induktion nach m. Für
$m=0$ kann man $x=z_0$ wählen, denn es ist ja $Z^+(z_0)=Z(z_0)=0$. Sei nun $m>0$
und $s=DIV(m,p)$, $t=MOD(m,p)$. Es ist $s<m$, $t<p$, und nach Induktionsvoraussetzung gibt es $y=y_n...y_1y_0 \in \mathcal{A}_p^+$ mit $Z^+(y)=s$. Dann ist $x=y\circ(z_t)=$
$y_n...y_0z_t$ eine geeignete Darstellung für m, denn es gilt

$$Z^+(x) = p^{n+1} \cdot Z(y_n) + ... + p^2 \cdot Z(y_1) + p \cdot Z(y_0) + Z(z_t)$$
$$= p \cdot [p^n \cdot Z(y_n) + ... + p \cdot Z(y_1) + Z(y_0)] + Z(z_t)$$
$$= p \cdot Z^+(y) + Z(z_t)$$

$$= p \cdot s + t$$
$$= m. \qquad \square$$

Bemerkt sei noch, daß wir in unserer Definition der p-adischen Zahldarstellung sogenannte "führende Nullen" zugelassen haben, in Dezimaldarstellung etwa

$$000983.$$

Es ist offensichtlich, daß diese Zeichenreihe und die Zeichenreihe 983 die gleiche Zahl bezeichnen, allgemein, daß führende Ziffern 0 (genauer: z_0) immer weggelassen werden können (außer bei der Bezeichnung "0" für "null"). Betrachtet man nur Darstellungen ohne führende Nullen, so ist (zu festem $p \geq 2$) die p-adische Zahldarstellung sogar eindeutig. Der Beweis hierfür sei dem Leser überlassen.

Wir werden im folgenden meist gewisse **Standardbezeichnungen** für Objekte benutzen. Dabei orientieren wir uns am Gebrauch in üblichen höheren Programmiersprachen, bei denen die gute Lesbarkeit der Darstellungen für den menschlichen Benutzer im Vordergrund steht. Diese Bezeichnungsweisen sind in der Regel verschieden von der Darstellung der Daten innerhalb einer Rechenanlage. Zur maschinellen Verarbeitung werden dort Objekte allgemein (nicht nur die Zahlen aus $\mathbb{N}_0$) meist durch Zeichenreihen über Ziffernmengen wie den im obigen Beispiel behandelten $\mathcal{A}_2$, $\mathcal{A}_8$, $\mathcal{A}_{16}$ dargestellt.

Für Objekte bisher schon betrachteter Arten verwenden wir folgende Standardbezeichnungen:

- natürliche Zahlen: Dezimaldarstellung (ohne führende Nullen);
- ganze Zahlen: wie natürliche Zahlen, gegebenenfalls mit Vorzeichen "-", z.B. 17, -17;
- reelle Zahlen: **Gleitpunktdarstellung**, z.B. 3.14, 0.173356, -18.0, 1.02E-3 (für $1.02 \cdot 10^{-3}$);
- Wahrheitswerte: *TRUE*, *FALSE* für *WAHR* bzw. *FALSCH*.

Die Gleitpunktdarstellung wird im nächsten Abschnitt genauer definiert. Für viele reelle Zahlen (z.B. $\sqrt{2}$) gibt es allerdings keine derartige Darstellung; die darstellbaren Zahlen heißen **Gleitpunktzahlen**.

Für "komplexere" Objekte wie Mengen, Multimengen, Folgen, Binärbäume verwenden wir die in Kapitel 1 eingeführten Schreibweisen als Standardbezeichnungen. Die leere Folge und der leere Binärbaum haben die Standardbezeichnung *EMPTY*.

Betrachten wir noch einmal eine Dezimaldarstellung, etwa

$$983.$$

Diese Zeichenreihe stellt eine natürliche Zahl dar, die irgendwie verarbeitet (z.B. auf Teilbarkeit durch eine andere Zahl geprüft) werden könnte. Darüber hinaus kann aber auch die Zeichenreihe selbst (und nicht die dargestellte Zahl!) Gegenstand einer Verarbeitung sein, wenn man z.B. die Anzahl der Zeichen bestimmt, aus denen sie zusammengesetzt ist. Dies bedeutet, daß Zeichenreihen (und Zeichen) nicht nur Bezeichnungen von Objekten, sondern selbst Objekte sein können, die dann ebenfalls bezeichnet werden müssen. Zeichenreihen heißen in solchem Zusammenhang *Texte*.

Ein in der Praxis häufig verwendetes Alphabet zur Bildung sowohl von Objektbezeichnungen als auch von Texten ist das **ASCII-*Alphabet***[1], das in folgender Tabelle aufgelistet ist:

NUL	DLE	␣	0	@	P	`	p
SOH	DC1	!	1	A	Q	a	q
STX	DC2	"	2	B	R	b	r
ETX	DC3	#	3	C	S	c	s
EOT	DC4	$	4	D	T	d	t
ENQ	NAK	%	5	E	U	e	u
ACK	SYN	&	6	F	V	f	v
BEL	ETB	'	7	G	W	g	w
BS	CAN	(	8	H	X	h	x
HT	EM	)	9	I	Y	i	y
LF	SUB	*	:	J	Z	j	z
VT	ESC	+	;	K	[	k	{
FF	FS	,	<	L	\	l	|
CR	GS	-	=	M	]	m	}
SO	RS	.	>	N	^	n	~
SI	US	/	?	O	_	o	DEL

Dieses Alphabet ist total geordnet; die Ordnung ist durch die Aufschreibung gegeben (kolonnenweise von links nach rechts, in jeder Kolonne von oben nach unten). Neben den üblichen Groß- und Kleinbuchstaben, Dezimalziffern, Interpunktions- und Sonderzeichen enthält das Alphabet eine Reihe von "nicht-druckbaren" oder "Steuer"-Zeichen, z.B. NUL, SOH, DEL usw. In diesem Buch werden nur die "druckbaren" Zeichen des ASCII-Alphabets als Objekte vorkommen. Zu ihrer Standardbezeichnung schließen wir sie in Apostrophe ein, also z.B.:

$$'␣', '!', '"', ..., '0', '1', '2', ..., 'A', 'B', 'C', ..., 'a', 'b', 'c', ... \ .$$

'␣' ist das *Leerzeichen* ("Zwischenraum").

Ganz analog sind unsere Standardbezeichnungen für Texte: Die Zeichenreihen werden in Apostrophe eingeschlossen, z.B.:

$$'Dies␣ist␣ein␣Text',$$
$$'983' \ .$$

---

[1] ASCII steht für American Standard Code for Information Interchange.

'983' ist also die Standarddarstellung der Zeichenreihe 983. 983 hingegen ist die Standarddarstellung der Zahl "neunhundertdreiundachtzig".

Man beachte, daß auch hier, wie schon an anderen analogen Stellen, Zeichen und Texte, die nur aus einem Zeichen bestehen, gleich bezeichnet werden.

2.3 Syntaxdefinitionen

Objekte werden durch Zeichenreihen dargestellt, und diese Zeichenreihen haben eine bestimmte Gestalt (Syntax), die ohne Bezugnahme auf die Bedeutung der dargestellten Objekte definiert werden kann. Eine allgemein brauchbare Methode ist es, Mengen von Zeichenreihen der gewünschten Gestalt induktiv zu definieren. Einige Schreibkonventionen und -abkürzungen führen auf die sehr handliche Backus-Naur-Form solcher Syntaxdefinitionen.

Die Zahlen "null", "eins", "zwei",... aus $\mathbb{N}_0$ sind Objekte, die in ihrer Standarddarstellung durch

$$0,1,2,...,308,309,...$$

bezeichnet werden. Wenn man von der Bedeutung der dargestellten Zahlen absieht, sind diese Zeichenreihen lediglich durch die Art ihres Aufbaus aus den zugrundeliegenden Zeichen (hier den Dezimalziffern) charakterisiert. Diese "Gestalt" von Zeichenreihen nennt man allgemein ihre **Syntax**. Die Bedeutung der dargestellten Objekte heißt in diesem Zusammenhang die **Semantik** der Zeichenreihen.

Wir gehen nun der Frage nach, wie die **Syntaxdefinition** von (Standard-) Bezeichnungen von Objekten durchgeführt werden kann, d.h. wie die Menge dieser Zeichenreihen ohne Bezugnahme auf ihre Semantik definiert werden kann. Wir illustrieren dies anhand der Standardbezeichnungen für Zahlen aus $\mathbb{N}_0$.

Zunächst sei angemerkt, daß die induktive Definition von $\mathbb{N}_0$ aus Abschnitt 1.4 keinen Beitrag zur Syntaxdefinition von $\{0,1,2,...\}$ liefert. Sie legt die mathematische Bedeutung der natürlichen Zahlen fest: Jede Zahl aus $\mathbb{N}_0$ erhält man durch endlich-oft-malige Anwendung der Nachfolger-Operation auf "null". Selbst wenn man die in der induktiven Definition benutzten Zeichen 0,+,1 als "bedeutungslos" und die Definition daher tatsächlich als Definition einer Menge von Zeichenreihen auffaßt (was durchaus möglich ist), erhält man Zeichenreihen der Gestalt

$$0, 0+1, 0+1+1, 0+1+1+1, ... ,$$

also nicht die gewünschten Standarddarstellungen.

Die Syntax der Standardbezeichnungen für Zahlen aus $\mathbb{N}_0$ ist sehr einfach, und wir haben sie im vorigen Abschnitt auch bereits definiert. Die dortige Festlegung bedeutet, daß die Menge dieser Bezeichnungen gegeben ist durch die Menge aller Zeichenreihen über $\mathcal{A}_{10}=\{0,1,...,9\}$ ohne führende Nullen. Meist ist jedoch eine derart einfache Formulierung nicht möglich, wie etwa schon das Beispiel der Gleitpunktzahlen an gleicher Stelle zeigt. Eine allgemein anwendbare Methode besteht darin, die gewünschten Zeichenreihenmengen induktiv zu definieren. Für den Fall $\mathbb{N}_0$ nennen wir eine Zeichenreihe über $\mathcal{A}_{10}$ ohne führende Nullen jetzt kurz Dezimalzahl. Die Menge der Dezimalzahlen läßt sich induktiv wie folgt definieren (der formale Nachweis sei dem Leser überlassen):

i)   0 ist eine *Dezimalzahl*.

ii)   Jedes $x \in \mathcal{A}_{10}\setminus\{0\}$ ist eine *Nichtnulldarstellung*.

iii) Ist a eine *Nichtnulldarstellung* und $y \in \mathcal{A}_{10}$, so ist $a \circ y$ eine *Nichtnulldarstellung*.

iv)   Jede *Nichtnulldarstellung* ist eine *Dezimalzahl*.

(Man beachte, daß wir in iii) $a \circ y$ statt dem genaueren $a \circ (y)$ geschrieben haben.)

Beispiel. Die Zeichenreihe 308 ist eine Dezimalzahl gemäß folgender Anwendung der Regeln:

$$
\begin{array}{ll}
3 & \text{ist Nichtnulldarstellung gemäß ii),} \\
30 & \text{ist Nichtnulldarstellung gemäß iii),} \\
308 & \text{ist Nichtnulldarstellung gemäß iii),} \\
308 & \text{ist Dezimalzahl gemäß iv).}
\end{array}
$$
$\qquad\qquad\square$

In obiger Definition tritt die eigentliche Induktion (für "Nichtnulldarstellungen") in den Regeln ii) und iii) auf. *Dezimalzahl* und *Nichtnulldarstellung*, die wir durch Kursivschrift hervorgehoben haben, kennzeichnen den zu definierenden Begriff sowie einen Hilfsbegriff und heißen **syntaktische Variablen**. Allgemein können in Syntaxdefinitionen auch mehr syntaktische Variablen (d.h. Hilfsbegriffe) vorkommen, die wir auch weiterhin kursiv notieren werden. Die Zeichen des vorgegebenen Alphabets, die in der Definition auftreten, heißen in diesem Zusammenhang **Terminalzeichen**.

Im weiteren Verlauf dieses Buches werden wir viele Syntaxdefinitionen - nicht nur für Standardbezeichnungen von Objekten, sondern auch für andere Mengen von Bezeichnungen - durchführen. Zur kompakten Notation dieser Definitionen führen wir eine Reihe von Schreibweisen ein, die wir zunächst anhand obiger Regeln erläutern.

a) Eine Regel der Art i) im Beispiel schreiben wir kurz

$$\textit{Dezimalzahl} ::= 0$$

wobei das Zeichen ::= gelesen werden kann als "ist (syntaktisch) gegeben durch". Ganz analog notieren wir Regel iv):

$$\textit{Dezimalzahl} ::= \textit{Nichtnulldarstellung}$$

b) Zwei oder mehr Regeln für die gleiche syntaktische Variable werden zusammengefaßt, hier die beiden Regeln aus a) zu

$$\textit{Dezimalzahl} ::= 0\,|\,\textit{Nichtnulldarstellung}$$

was man lesen kann als "eine Dezimalzahl ist gegeben durch das Zeichen 0 oder durch eine Nichtnulldarstellung".

c) Mit Hilfe von "|" kann man auch leicht die möglichen Alternativen für eine Nichtnulldarstellung gemäß Regel ii) notieren:

$$\textit{Nichtnulldarstellung} ::= 1\,|\,2\,|\,3\,|\,4\,|\,5\,|\,6\,|\,7\,|\,8\,|\,9$$

Regel iii) ergibt analog

$$\textit{Nichtnulldarstellung} ::= \textit{Nichtnulldarstellung}\,\{0\,|\,1\,|\,2\,|\,3\,|\,4\,|\,5\,|\,6\,|\,7\,|\,8\,|\,9\}$$

wobei der auf ::= folgende Ausdruck besagt, daß eines der Zeichen 0,...,9 an eine Nichtnulldarstellung zu konkatenieren ist. Das Konkatenationszeichen ∘ lassen wir in dieser Schreibweise immer weg. Die Klammerung durch { } dient dazu, den ansonsten geltenden Vorrang der Konkatenation vor der Alternativenbildung durch | aufzuheben.

d) Auch die beiden Regeln in c) lassen sich zusammenfassen zu

$$\textit{Nichtnulldarstellung} ::=$$
$$1\,|\,2\,|\,3\,|\,4\,|\,5\,|\,6\,|\,7\,|\,8\,|\,9\,|\,\textit{Nichtnulldarstellung}\,\{0\,|\,1\,|\,2\,|\,3\,|\,4\,|\,5\,|\,6\,|\,7\,|\,8\,|\,9\}$$

Führt man zur besseren Lesbarkeit der Regel in d) noch eine weitere syntaktische Variable *Nichtnullziffer* für 1,2,...,9 ein, so erhält man also insgesamt die Syntaxdefinition:

$$\textit{Dezimalzahl} ::= 0\,|\,\textit{Nichtnulldarstellung}$$
$$\textit{Nichtnulldarstellung} ::= \textit{Nichtnullziffer}\,|$$
$$\textit{Nichtnulldarstellung}\,\{0\,|\,\textit{Nichtnullziffer}\}$$
$$\textit{Nichtnullziffer} ::= 1\,|\,2\,|\,3\,|\,4\,|\,5\,|\,6\,|\,7\,|\,8\,|\,9$$

Diese Definition ist ein einfaches Beispiel für eine Form von Syntaxdefinitionen, die **Backus-Naur-Form** genannt wird. Diese läßt allgemein noch einige weitere Schreibweisen zu und ist formal gegeben durch eine endliche Anzahl von **Syntaxregeln** der Gestalt

$$\alpha ::= \beta$$

Dabei ist α eine syntaktische Variable. Die Gestalt (Syntax!) von β ist wie folgt induktiv erklärt:

i) β hat die Gestalt $\beta_1|\beta_2|...|\beta_n$ $(n\geq 1)$.

ii) β_i hat die Gestalt $\gamma_{i_1}\gamma_{i_2}...\gamma_{im_i}$ $(m_i\geq 1)$ für $i=1,...,n$.

iii) γ_{ij} ist ein Terminalzeichen oder eine syntaktische Variable oder hat eine der drei Gestalten $\{\delta\}$, $\{\delta\}_0^1$ oder $\{\delta\}^*$, wobei δ eine Gestalt hat, die wie die von β definiert ist (für $i=1,...,n$, $j=1,...,m_i$).

Die drei Syntaxregeln für *Dezimalzahl*, *Nichtnulldarstellung* und *Nichtnullziffer* fallen offenbar unter dieses allgemeine Schema (ohne Verwendung von $\{...\}_0^1$ und $\{...\}^*$), wie der Leser leicht nachprüfen kann. Die informelle Bedeutung von $\{\delta\}_0^1$ ist, daß der Bestandteil δ in der insgesamt definierten Zeichenreihenform optional ist, d.h. an der entsprechenden Stelle (genau einmal) vorkommen oder auch fehlen kann. $\{\delta\}^*$ bedeutet informell, daß δ an der Stelle beliebig oft hintereinander (d.h. in der Form δ, $\delta\delta$, $\delta\delta\delta$, ...) oder gar nicht vorkommen darf.

Wegen der formalen Gestalt der Syntaxregeln läßt sich die Menge $\mathscr{L}(\alpha)$ der durch eine syntaktische Variable α mit der Syntaxregel $\alpha ::=\beta$ repräsentierten Zeichenreihen ebenfalls formal definieren. Dazu bemerken wir zunächst, daß α und β selbst als Zeichenreihen aufgefaßt werden können über einem Alphabet, das aus dem Alphabet $\mathscr{A}$ der Terminalzeichen durch Hinzunahme der auftretenden syntaktischen Variablen (als Zeichen!) sowie der Zeichen $|,\{,\},\}_0^1,\}^*$ entsteht. (Dabei ist immer unterstellt, daß diese zusätzlichen Zeichen nicht bereits in $\mathscr{A}$ enthalten sind.) Sind Γ und Δ zwei derartige Zeichenreihen, so heißt Δ **direkt ableitbar** aus Γ, kurz notiert als $\Gamma\rightarrow\Delta$, wenn Δ das Resultat einer der folgenden Ersetzungen in Γ ist (dabei sei δ von der Gestalt $\delta_1|\delta_2|...|\delta_n$ definiert wie oben):

(1) Eine syntaktische Variable α', für die die Regel $\alpha'::=\beta'$ in der Syntaxdefinition vorhanden ist, wird ersetzt durch $\{\beta'\}$.

(2) $\{\delta\}$ wird ersetzt durch δ_i für ein $i=1,...,n$.

(3) $\{\delta\}_0^1$ wird ersetzt durch ε oder δ_i für ein $i=1,...,n$.

(4) $\{\delta\}^*$ wird ersetzt durch ε oder $\{\delta\}\{\delta\}...\{\delta\}$ (mit einer beliebigen endlichen Anzahl von $\{\delta\}$).

Ist $\Gamma_1\rightarrow\Gamma_2$, $\Gamma_2\rightarrow\Gamma_3$, $\Gamma_3\rightarrow\Gamma_4$, ..., so schreiben wir dafür kurz $\Gamma_1\rightarrow\Gamma_2\rightarrow\Gamma_3\rightarrow\Gamma_4\rightarrow...$. Δ heißt **ableitbar** aus Γ, wenn es $\Gamma_1,\Gamma_2,...,\Gamma_m$ $(m\in\mathbb{N}_0)$ gibt, so daß gilt

$$\Gamma\rightarrow\Gamma_1\rightarrow\Gamma_2\rightarrow...\rightarrow\Gamma_m\rightarrow\Delta,$$

d.h. wenn Δ durch eine endliche Anzahl von sukzessiven Ersetzungen (1)–(4) aus Γ entsteht. $\mathscr{L}(\alpha)$ ist definiert als die Menge der aus α ableitbaren Zeichenreihen, die nur Terminalzeichen enthalten, d.h.

$$\mathscr{L}(\alpha) = \{x\,|\,x\in\mathscr{A}^* \text{ und } x \text{ ist ableitbar aus } \alpha\}.$$

Beispiel. Es ist $308 \in \mathcal{L}(Dezimalzahl)$ gemäß folgender "Ableitung" von 308 aus *Dezimalzahl* (wir schreiben zur Abkürzung *Ndar* für *Nichtnulldarstellung* und *Nzif* für *Nichtnullziffer*):

$$Dezimalzahl \rightarrow \{0|Ndar\} \qquad\qquad (\text{mit } (1))$$
$$\rightarrow Ndar \qquad\qquad (\text{mit } (2))$$
$$\rightarrow \{Nzif|Ndar\{0|Nzif\}\} \qquad\qquad (\text{mit } (1))$$
$$\rightarrow Ndar\{0|Nzif\} \qquad\qquad (\text{mit } (2))$$
$$\rightarrow Ndar\,Nzif \qquad\qquad (\text{mit } (2))$$
$$\rightarrow \{Nzif|Ndar\{0|Nzif\}\}Nzif \qquad\qquad (\text{mit } (1))$$
$$\rightarrow Ndar\{0|Nzif\}Nzif \qquad\qquad (\text{mit } (2))$$
$$\rightarrow Ndar\,0\,Nzif \qquad\qquad (\text{mit } (2))$$
$$\rightarrow \{Nzif|Ndar\{0|Nzif\}\}0\,Nzif \qquad\qquad (\text{mit } (1))$$
$$\rightarrow Nzif\,0\,Nzif \qquad\qquad (\text{mit } (2))$$
$$\rightarrow \{1|2|3|4|5|6|7|8|9\}0\,Nzif \qquad\qquad (\text{mit } (1))$$
$$\rightarrow 30\,Nzif \qquad\qquad (\text{mit } (2))$$
$$\rightarrow 30\{1|2|3|4|5|6|7|8|9\} \qquad\qquad (\text{mit } (1))$$
$$\rightarrow 308 \qquad\qquad (\text{mit } (2)). \qquad \square$$

Wir geben nun noch einige weitere

Beispiele. 1) Unter Benutzung der Schreibweise $\{...\}^*$ in der Backus-Naur-Form läßt sich die Syntax der Dezimalzahlen auch wie folgt definieren:

$$Dezimalzahl ::= 0|Nichtnulldarstellung$$
$$Nichtnulldarstellung ::= Nichtnullziffer\{0|Nichtnullziffer\}^*$$
$$Nichtnullziffer ::= 1|2|3|4|5|6|7|8|9$$

Wir geben wieder eine Ableitung von 308, wobei jetzt triviale Schritte zusammengefaßt sind:

$$Dezimalzahl \rightarrow Nichtnulldarstellung$$
$$\rightarrow Nichtnullziffer\{0|Nichtnullziffer\}^*$$
$$\rightarrow Nichtnullziffer\{0|Nichtnullziffer\}\{0|Nichtnullziffer\}$$
$$\rightarrow Nichtnullziffer\,0\,Nichtnullziffer$$
$$\rightarrow 308.$$

Im dritten Ableitungsschritt wird dabei $\{0|Nichtnullziffer\}^*$ ("beliebig oft") durch $\{0|Nichtnullziffer\}\{0|Nichtnullziffer\}$ ("zweimal") ersetzt.

2) Aufbauend auf die Syntaxdefinition der Dezimalzahlen kann die Syntax unserer Standarddarstellungen der ganzen Zahlen (*ganze_Zahl*) und der im vorigen Abschnitt nur durch Beispiele erläuterten Gleitpunktdarstellung für reelle Zahlen (*Gleitpunktzahl*) definiert werden (-,E,. und die Dezimalziffern sind Terminalzeichen):

$$\mathit{ganze\_Zahl} ::= \left\{-\right\}_0^1 \mathit{Dezimalzahl}$$

$$\mathit{Gleitpunktzahl} ::= \left\{-\right\}_0^1 \mathit{Mantisse} \left\{\mathrm{E}\, \mathit{ganze\_Zahl}\right\}_0^1$$

$$\mathit{Mantisse} ::= \mathit{Dezimalzahl} . \mathit{Dezimalstellen}$$

$$\mathit{Dezimalstellen} ::= 0 \mid \mathit{Nichtnullstellen}$$

$$\mathit{Nichtnullstellen} ::= \left\{0 \mid \mathit{Nichtnullziffer}\right\}^* \mathit{Nichtnullziffer}$$

Wir geben eine Ableitung für 1.02E-3 aus *Gleitpunktzahl*, wobei wir die Ableitungen von 1 bzw. 3 aus *Dezimalzahl* nicht mehr explizit durchführen:

$$
\begin{aligned}
\mathit{Gleitpunktzahl} \rightarrow\ & \left\{-\right\}_0^1 \mathit{Mantisse} \left\{\mathrm{E}\, \mathit{ganze\_Zahl}\right\}_0^1 \\
\rightarrow\ & \mathit{Mantisse}\,\mathrm{E}\left\{-\right\}_0^1 \mathit{Dezimalzahl} \\
\rightarrow\ & \mathit{Mantisse}\,\mathrm{E} - \mathit{Dezimalzahl} \\
\rightarrow\ & \mathit{Dezimalzahl} . \mathit{Dezimalstellen}\,\mathrm{E} - \mathit{Dezimalzahl} \\
\rightarrow\ & 1. \mathit{Dezimalstellen}\,\mathrm{E}\text{-}3 \\
\rightarrow\ & 1. \mathit{Nichtnullstellen}\,\mathrm{E}\text{-}3 \\
\rightarrow\ & 1.\left\{0 \mid \mathit{Nichtnullziffer}\right\}^* \mathit{Nichtnullziffer}\,\mathrm{E}\text{-}3 \\
\rightarrow\ & 1.\left\{0 \mid \mathit{Nichtnullziffer}\right\} \mathit{Nichtnullziffer}\,\mathrm{E}\text{-}3 \\
\rightarrow\ & 1.0\,\mathit{Nichtnullziffer}\,\mathrm{E}\text{-}3 \\
\rightarrow\ & 1.02\mathrm{E}\text{-}3\ .
\end{aligned}
$$

Wie im vorigen Abschnitt schon angedeutet, steht das Zeichen E in einer Gleitpunktdarstellung allgemein für "mal 10 hoch". Eine Mantisse ist eine "Dezimalbruch"-Schreibweise, wie sie auch in der Mathematik gebräuchlich ist (dort allerdings häufig mit einem "Dezimalkomma" anstelle des hier verwendeten "Dezimalpunkts"). 1.02E-3 bezeichnet also die Zahl $1.02 \cdot 10^{-3}$ (oder $1{,}02 \cdot 10^{-3}$).

3) Später häufig gebraucht werden **Identifikatoren**, das sind nicht-leere Zeichenreihen über $\{A,...,Z,a,...,z,0,...,9\}$, deren erstes Zeichen ein Buchstabe ist, z.B. a, B, aB, b1, axa17, A2b, ... Ihre Syntaxdefinition ist gegeben durch:

$$\mathit{Identifikator} ::= \mathit{Buchstabe} \left\{\mathit{Buchstabe} \mid \mathit{Ziffer}\right\}^*$$

$$
\begin{aligned}
\mathit{Buchstabe} ::=\ & \mathrm{A} \mid \ddot{\mathrm{A}} \mid \mathrm{B} \mid \mathrm{C} \mid \mathrm{D} \mid \mathrm{E} \mid \mathrm{F} \mid \mathrm{G} \mid \mathrm{H} \mid \mathrm{I} \mid \mathrm{J} \mid \mathrm{K} \mid \mathrm{L} \mid \mathrm{M} \mid \mathrm{N} \mid \mathrm{O} \mid \ddot{\mathrm{O}} \mid \mathrm{P} \mid \\
& \mathrm{Q} \mid \mathrm{R} \mid \mathrm{S} \mid \mathrm{T} \mid \mathrm{U} \mid \ddot{\mathrm{U}} \mid \mathrm{V} \mid \mathrm{W} \mid \mathrm{X} \mid \mathrm{Y} \mid \mathrm{Z} \mid \mathrm{a} \mid \ddot{\mathrm{a}} \mid \mathrm{b} \mid \mathrm{c} \mid \mathrm{d} \mid \mathrm{e} \mid \mathrm{f} \mid \mathrm{g} \mid \\
& \mathrm{h} \mid \mathrm{i} \mid \mathrm{j} \mid \mathrm{k} \mid \mathrm{l} \mid \mathrm{m} \mid \mathrm{n} \mid \mathrm{o} \mid \ddot{\mathrm{o}} \mid \mathrm{p} \mid \mathrm{q} \mid \mathrm{r} \mid \mathrm{s} \mid \mathrm{t} \mid \mathrm{u} \mid \ddot{\mathrm{u}} \mid \mathrm{v} \mid \mathrm{w} \mid \mathrm{x} \mid \mathrm{y} \mid \mathrm{z}
\end{aligned}
$$

$$\mathit{Ziffer} ::= 0 \mid 1 \mid 2 \mid 3 \mid 4 \mid 5 \mid 6 \mid 7 \mid 8 \mid 9$$

Man beachte, daß wir in Identifikatoren demgemäß auch "Nicht-ASCII-Zeichen" (Ä,Ö,...) zulassen.   □

Die Backus-Naur-Form ist eine sehr kompakte und formale Schreibweise von Syntaxdefinitionen. Allerdings läßt sich nicht jede Menge von Zeichenreihen auf diese Weise definieren, oder eine solche Definition wäre zumindest sehr aufwendig. Ein einfaches Beispiel hierfür ist die Menge aller Identifikatoren, in denen kein Zeichen mehr als einmal vorkommt. (Der Identifikator axa17 gehört etwa nicht zu dieser Menge.) In solchen Fällen werden wir die Syntax der zu definierenden Zeichenreihen "soweit möglich bzw. handlich" in Backus-Naur-Form beschreiben und dabei noch nicht erfaßte Eigenschaften zusätzlich verbal angeben. Im Beispiel würden wir also etwa obige Syntaxregeln für Identifikatoren wählen und als Zusatzforderung notieren:

"Kein Zeichen darf (in einem Identifikator) mehr als einmal vorkommen".

Solche zusätzlichen Angaben heißen **Kontextbedingungen.**

Syntaxdefinitionen in Backus-Naur-Form werden häufig auch graphisch durch **Syntaxdiagramme** dargestellt. Wir deuten diese Darstellungsart hier nur kurz an. Syntaktische Variablen werden in Rechtecke, Terminalzeichen in Kreise gesetzt; Rechtecke und Kreise werden durch Pfeile verbunden. Eine Syntaxregel $\alpha ::= \beta$ wird dabei dargestellt durch ein Diagramm

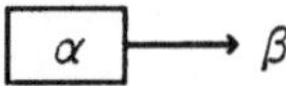

wobei der an der Stelle β anzufügende Diagrammteil in Abhängigkeit von der Gestalt von β in der Syntaxregel induktiv erklärt ist: Die Alternative $\beta_1 | \beta_2 | \ldots | \beta_n$ wird dargestellt durch

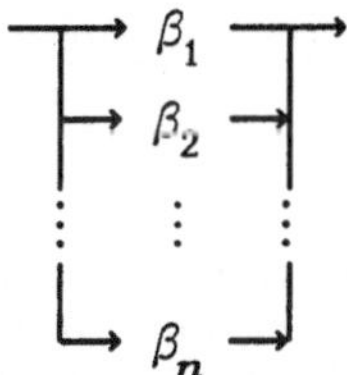

und eine Konkatenation $\gamma_1 \gamma_2 \ldots \gamma_m$ durch

$$\rightarrow \gamma_1 \rightarrow \gamma_2 \rightarrow \cdots \rightarrow \gamma_m \rightarrow$$

Klammerausdrücke $\{\delta\}_0^1$ und $\{\delta\}^*$ werden umgesetzt in

Die Zeichenreihen aus $\mathscr{L}(\alpha)$ erhält man, indem man in dem Diagramm einen beliebigen Weg entlang der Pfeile von dem mit α beschrifteten "Startrechteck" bis zum "Ausgang" wählt und jede dabei auftretende syntaktische Variable α' durch eine entsprechend gefundene Zeichenreihe aus $\mathscr{L}(\alpha')$ ersetzt.

Beispiel. Die oben angegebene Syntaxdefinition der Identifikatoren läßt sich durch folgende Syntaxdiagramme darstellen:

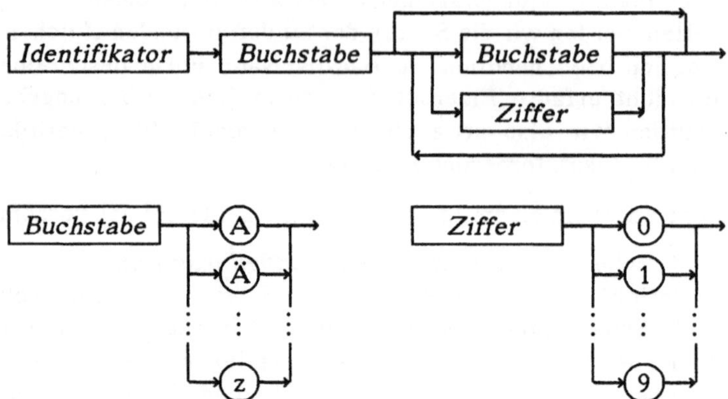

Ein möglicher Weg durch das Diagramm für *Identifikator* durchläuft z.B. die Rechtecke mit den syntaktischen Variablen *Buchstabe*, *Ziffer*, *Buchstabe* (in dieser Reihenfolge) und repräsentiert damit etwa die Zeichenreihe A2b, da A,b $\in \mathcal{L}(Buchstabe)$ und $2 \in \mathcal{L}(Ziffer)$ entsprechend gefunden werden.   □

2.4 Algorithmen

Wir besprechen nun den Algorithmusbegriff. Dieser ist ein Grundbegriff der Informatik, und wir versuchen daher nicht, ihn auf andere Begriffe zurückzuführen und formal zu definieren. Wir erklären ihn informell und illustrieren ihn an einem konkreten Alltagsbeispiel. Die verschiedenen algorithmischen Lösungen der betrachteten Aufgabe zeigen auch die beiden Grundauffassungen von Algorithmen auf, die in den nachfolgenden Kapiteln im Detail verfolgt werden, und sie erlauben zudem einen ersten Blick auf fundamentale algorithmische Konzepte wie Iteration und Rekursion.

Der Begriff Datenverarbeitung im Sinne der Informatik beinhaltet, daß diese Verarbeitung "automatisch", "schematisch", "(auch) von einer Maschine" durchführbar ist. Wir haben daher auch schon von "algorithmischer" Datenverarbeitung gesprochen, die durch Algorithmen "gesteuert" wird. Ein **Algorithmus** ist eine schematisch ausführbare Vorschrift zur Verarbeitung von Daten. Den Datenbegriff haben wir in den vorangegangenen Abschnitten erläutert: Zu verarbeitende Daten sind Zahlen, Zeichen, Folgen, Binärbäume usw. (weitere Datenarten werden später noch hinzukommen) oder lassen sich als derartige Objekte "modellieren", "beschreiben" (wir sagen wieder: "darstellen"). Sie werden durch Zeichenreihen bezeichnet[2].

Noch recht vage ist, was "schematisch ausführbar" und "Verarbeitungsvorschrift" bedeutet. Etwas detaillierter können wir den Algorithmusbegriff beschreiben, indem wir - neben der Forderung nach präziser Datendarstellung - folgende drei grundlegende Eigenschaften von Algorithmen verlangen:

Grundforderungen an einen Algorithmus.

(1)   Endliche Aufschreibung: Ebenso wie Daten müssen auch Algorithmen dargestellt ("aufgeschrieben") werden. Diese Darstellung muß in endlicher Form gegeben sein.

(2)   Präzise Aufschreibung: Ein Algorithmus steuert eine Abfolge einzelner "Verarbeitungsschritte". Die Einzelschritte und ihre Aufeinanderfolge müssen unmißverständlich beschrieben sein.

(3)   Elementare Einzelschritte: Jeder Einzelschritt der Verarbeitung muß von der zugrundeliegenden "Verarbeitungseinheit" (etwa einer Rechenanlage) ausführbar sein.

Neben diesen den Algorithmusbegriff erläuternden Forderungen formulieren wir noch einige weitere interessante Eigenschaften, die Algorithmen haben können:

(4)   Ein Algorithmus heißt *terminierend*, wenn er bei jeder Anwendung nach endlich vielen Verarbeitungsschritten zum Ende kommt.

(5)   Ein Algorithmus heißt *deterministisch*, wenn die Wirkung und die Reihenfolge der Einzelschritte eindeutig festgelegt ist, andernfalls *nicht-deterministisch*.

(6)   Ein Algorithmus heißt *determiniert*, wenn das Ergebnis der Verarbeitung für jede einzelne Anwendung eindeutig bestimmt ist, andernfalls *nicht-determiniert*.

(4) darf nicht mit (1) verwechselt werden. Wir haben die Eigenschaft, terminierend zu sein, nicht zu den Grundforderungen hinzugenommen, da es durchaus Algorithmen gibt, die (zumindest potentiell) "endlos laufen", z.B. Algorithmen zur Steuerung "nichtabbrechender" (etwa chemischer) Prozesse. Außerdem ist gemäß (5) allgemein zugelassen, daß ein Algorithmus Einzelschritte mit mehreren möglichen (gemäß (2) eindeutig beschriebenen) Wirkungen enthält, oder auch, daß er mehrere verschiedene (ebenfalls eindeutig beschriebene) Schritte als mögliche Fortsetzungen

---

[2]   In einem weiteren Sinn könnten auch Bedienungsanleitungen, Kochrezepte u.ä. als Algorithmen aufgefaßt werden, die etwa Kochzutaten als "Daten" verarbeiten.

nach einem bestimmten Verarbeitungsschritt festlegt und offenläßt, welcher davon tatsächlich zu wählen ist. Ein deterministischer Algorithmus, bei dem die Wirkung und Abfolge der Einzelschritte eindeutig festgelegt ist, ist immer auch determiniert. Ein nicht-deterministischer Algorithmus kann allerdings ebenfalls eindeutige Ergebnisse liefern, also auch determiniert sein.

Wir illustrieren die Erklärungen (1)-(6) nun anhand eines einfachen Beispiels. Dazu betrachten wir folgende

Aufgabe. (Wechselgeldbestimmung)
Ein Kunde kauft in einem Geschäft Waren für r DM und bezahlt mit einem 100-DM-Schein; es sei $1 \leq r \leq 100$, und wir nehmen der Einfachheit halber noch an, daß r ein voller DM-Betrag (ohne Pfennig-Anteil) ist. Gesucht ist ein Algorithmus, der zum Rechnungsbetrag r das zurückzugebende Wechselgeld w bestimmt. Dabei soll (wieder zur Vereinfachung) das Wechselgeld nur aus 1-DM-, 2-DM- und 5-DM-Münzen bestehen, und es sollen möglichst wenige Münzen ausgegeben werden (also etwa eine 5-DM-Münze statt fünf 1-DM-Münzen).

Zur Lösung der Aufgabe ist zunächst die Darstellung der relevanten Daten festzulegen. Für r ist dies trivial. Es ist $r \in \mathbb{N}$, und wir nehmen an, daß r in Dezimaldarstellung gegeben ist. w kann auf verschiedene Weise als ein Objekt in unserem Sinn aufgefaßt werden, etwa als Multimenge oder Folge von Werten von Wechselgeldmün en. Ein aus zwei 1-DM-, einer 2-DM- und zwei 5-DM-Münzen bestehendes Wechselgeld könnte z.B. als Multimenge $\{1,1,2,5,5\}$ oder als Folge $(1,1,2,5,5)$ dargestellt sein. Wir legen fest:

Datendarstellung.
r : als Zahl aus $\mathbb{N}$ (in Dezimaldarstellung),
w: als Multimenge von Münzwerten 1, 2 oder 5.

Wir beschreiben nun einen Algorithmus, der die Wechselgeldbestimmung so durchführt, wie sie häufig von "menschlichen Wechslern" an einer Geschäftskasse vollzogen wird: Ausgehend von r zählt man (unter Herausgabe der jeweiligen Münze) sukzessive um 1, 2 oder 5 hoch, bis man bei 100 angelangt ist. Um mit möglichst wenig Münzen (d.h. Zählschritten) auszukommen, bemüht man sich dabei, mit möglichst wenigen Schritten eine durch 5 teilbare Zahl zu erreichen, da man ab dann immer um 5 weiterzählen kann. Für $r=81$ zählt man z.B.

$$81, \ 83, \ 85, \ 90, \ 95, \ 100,$$

was einer Ausgabe von zwei 2-DM- und drei 5-DM-Münzen entspricht. Wir notieren dieses Verfahren wie folgt:

Wechselgeldalgorithmus W1.
Führe folgende Schritte (a)-(e) der Reihe nach aus:
(a) Setze $w = \emptyset$.
(b) **Falls** die letzte Ziffer von r eine 2,4,7 oder 9 ist,
    dann erhöhe r um 1 und nimm 1 zu w hinzu.
(c) **Falls** die letzte Ziffer von r eine 1 oder 6 ist,
    dann erhöhe r um 2 und nimm 2 zu w hinzu.
(d) **Falls** die letzte Ziffer von r eine 3 oder 8 ist,
    dann erhöhe r um 2 und nimm 2 zu w hinzu.
(e) **Solange** $r < 100$: Erhöhe r um 5 und nimm 5 zu w hinzu.

Als Ablaufbeispiel von W1 notieren wir die Abfolge der Änderungen an r und w durch die Schritte (a)-(e) für den Rechnungsbetrag $r = 81$:

	$r = 81$	(Ausgangssituation)
(a):	$r = 81$	$w = \emptyset$
(b):	(keine Änderung, da die letzte Ziffer von 81 keine 2,4,7,9 ist)	
(c):	$r = 83$	$w = \{2\}$
(d):	$r = 85$	$w = \{2,2\}$
(e):	$r = 90$	$w = \{2,2,5\}$
	$r = 95$	$w = \{2,2,5,5\}$
	$r = 100$	$w = \{2,2,5,5,5\}$.

Das allgemeine Verfahrensprinzip von W1 ist leicht zu verstehen: In den Schritten (b)-(d) wird in systematischer Weise von r mit möglichst wenigen Schritten zur nächsten durch 5 teilbaren Zahl hochgezählt, und die entsprechenden Münzwerte werden zur Wechselgeld-Multimenge (die gemäß Schritt (a) zu Beginn leer ist) hinzugenommen ("ausgegeben"). Schritt (e) beschreibt die nachfolgende Ausgabe der 5-DM-Münzen.

Offensichtlich erfüllt W1 das Postulat der endlichen Aufschreibung. Deren Präzision (Forderung (2)) werden wir im nächsten Abschnitt diskutieren. Die verwendeten Einzelschritte sind von folgender Art:

- Prüfung der letzten Ziffer (der Darstellung) von r,
- Erhöhen von r um 1, 2 oder 5,
- Setzen von $w = \emptyset$ und Hinzunahme eines Elements 1, 2 oder 5 zu w.

Wir können diese Schritte als genügend elementar ansehen und annehmen (ohne dies hier zu präzisieren), daß sie tatsächlich auch "von einer Maschine ausführbar" sind.

Schließlich ist leicht einzusehen, daß W1 terminierend, deterministisch und somit auch determiniert ist.

Wir geben nun folgende Variante des Algorithmus W1:

Wechselgeldalgorithmus W2.
Führe folgende Schritte (a), (b) der Reihe nach aus:
(a) Setze $w = \emptyset$.

(b) **Solange** $r<100$: Führe jeweils (wahlweise) einen der Schritte
             (b1)-(b3) aus:
   (b1) **Falls** die letzte Ziffer von r eine 2,4,7 oder 9 ist,
         dann erhöhe r um 1 und nimm 1 zu w hinzu.
   (b2) **Falls** die letzte Ziffer von r eine 1,2,3,6,7 oder 8 ist,
         dann erhöhe r um 2 und nimm 2 zu w hinzu.
   (b3) **Falls** die letzte Ziffer von r eine 0,1,2,3,4 oder 5 ist,
         dann erhöhe r um 5 und nimm 5 zu w hinzu.

W2 arbeitet nach dem gleichen Grundprinzip wie W1, läßt aber bei dem wiederholt auszuführenden Schritt (b) eine gewisse Freiheit in der Auswahl des nächsten Schritts. W2 ist also nicht-deterministisch.

Ein Ablaufbeispiel von W2 wäre etwa (wieder mit $r=81$):

	$r=81$	(Ausgangssituation)
(a):	$r=81$	$w=\emptyset$
(b2):	$r=83$	$w=\{2\}$
(b2):	$r=85$	$w=\{2,2\}$
(b3):	$r=90$	$w=\{2,2,5\}$
(b3):	$r=95$	$w=\{2,2,5,5\}$
(b3):	$r=100$	$w=\{2,2,5,5,5\}$.

Dieser Ablauf entspricht genau dem oben angegebenen Ablauf von W1. W2 könnte mit $r=81$ aber auch anders ablaufen, etwa:

	$r=81$	(Ausgangssituation)
(a):	$r=81$	$w=\emptyset$
(b2):	$r=83$	$w=\{2\}$
(b3):	$r=88$	$w=\{2,5\}$
(b2):	$r=90$	$w=\{2,5,2\}$
(b3):	$r=95$	$w=\{2,5,2,5\}$
(b3):	$r=100$	$w=\{2,5,2,5,5\}$.

Die beiden Abläufe von W2 (und auch alle sonst noch für $r=81$ möglichen) unterscheiden sich in der Abfolge der Schritte (b1)-(b3), übersetzt in das anschauliche Bild des Geldwechselns also in der Reihenfolge, in der die Wechselmünzen ausgegeben werden. Die Ergebnisse $\{2,2,5,5,5\}$ und $\{2,5,2,5,5\}$ sind (als Multimengen, bei denen es auf die Reihenfolge nicht ankommt) gleich. W2 ist determiniert. Hätten wir allerdings Folgen als Darstellung von w gewählt, mit anderen Worten, würde das Ergebnis auch durch die Reihenfolge der Münzausgabe bestimmt sein, wäre der entsprechend modifizierte Algorithmus W2 nicht-determiniert, da er ja bei Anwendung auf die gleiche Ausgangssituation ($r=81$) mindestens zwei verschiedene Ergebnisse, nämlich (2,2,5,5,5) und (2,5,2,5,5) erzeugen könnte.

Diese Diskussion zeigt, daß die Wahl der Datendarstellung Einfluß auf Eigenschaften von Algorithmen haben kann. Tatsächlich nehmen beide

Algorithmen W1 und W2 selbst unmittelbaren Bezug auf die Datendarstellung von r. Wäre r nicht in Dezimal-, sondern etwa in Binärdarstellung gegeben, wären W1 und W2 in der angegebenen Form sinnlos. Die Bezugnahme auf die Datendarstellung kann in vielen Fällen sehr vorteilhaft sein (Näheres hierzu speziell in Kapitel 7), ist im vorliegenden Beispiel allerdings ohne Nutzen. Wir lösen uns jetzt von dieser Abhängigkeit, indem wir die Grundidee von W1 und W2 ein wenig modifizieren: Statt r bis 100 hochzuzählen, berechnen wir die Differenz $100-r$ und teilen diese in möglichst wenige "Teile der Größen 1, 2 und 5" auf. Dieses Verfahren läßt sich wie folgt notieren:

Wechselgeldalgorithmus W3.
Führe folgende Schritte (a)-(e) der Reihe nach aus:
(a) Berechne $d=100-r$ und setze $w=\emptyset$.
(b) **Solange** $d\geq 5$: Vermindere d um 5 und nimm 5 zu w hinzu.
(c) **Falls** $d\geq 2$, **dann** vermindere d um 2 und nimm 2 zu w hinzu.
(d) **Falls** $d\geq 2$, **dann** vermindere d um 2 und nimm 2 zu w hinzu.
(e) **Falls** $d\geq 1$, **dann** vermindere d um 1 und nimm 1 zu w hinzu.

W3 arbeitet gewissermaßen umgekehrt wie W1. Für $r=81$ ergibt sich folgender (eindeutig bestimmter) Ablauf:

	$r=81$		(Ausgangssituation)
(a):	$d=19$	$w=\emptyset$	
(b):	$d=14$	$w=\{5\}$	
	$d=9$	$w=\{5,5\}$	
	$d=4$	$w=\{5,5,5\}$	
(c):	$d=2$	$w=\{5,5,5,2\}$	
(d):	$d=0$	$w=\{5,5,5,2,2\}$	
(e):	(keine Änderung, da $d\geq 1$ nicht gilt).		

Die drei Algorithmen W1-W3 weisen trotz der aufgezeigten Unterschiede eine gemeinsame "operative" Auffassung auf. Sie nehmen deutlich Bezug auf die intuitive Vorstellung, daß das Geldwechseln durch eine Folge von "Handlungen" (Zählen, Münzen ausgeben) vollzogen wird. Diese sind formalisiert durch Veränderungen der Größen r bzw. d (Zählen) und w (Münzausgabe) in den Einzelschritten der Algorithmen. Die Abfolge dieser "Aktionen" wird gesteuert durch charakteristische Konstruktionen, die wir im Druck hervorgehoben haben: Die *Fallunterscheidung*

Falls ..., dann ...

ermöglicht es, die Ausführung von Aktionen vom Erfülltsein gewisser Bedingungen abhängig sein zu lassen. Die Konstruktion

Solange ...: ...

(*Wiederholung, Iteration*) steuert die Wiederholung von Aktionen.

Neben der hier skizzierten operativen Algorithmusauffassung, die in vielen Fällen dem intuitiven Verständnis sowohl der Aufgabenstellung als auch des Lösungsverfahrens nahekommt, gibt es eine Sichtweise von Algorithmen, die durch eine rigorosere mathematische Abstraktion gewonnen wird. In unserem Wechselgeldbeispiel ist zum Rechnungsbetrag r das Wechselgeld w zu bestimmen. Diese Zuordnung von w zu r ist mathematisch nichts anderes als eine Abbildung

$$h: r \mapsto \text{"herauszugebendes Wechselgeld"},$$

und wir können die Aufgabe dann auch so verstehen, daß eine Darstellung von h zu finden ist, die "maschinell auswertbar" ist.

Eine triviale Möglichkeit wäre hier, in einer kompletten Aufstellung alle möglichen Werte für r mit zugeordnetem Wechselgeld $h(r)$ aufzulisten:

r	$h(r)$
1	$\{2,2,5^{(1)},...,5^{(19)}\}$
2	$\{1,2,5^{(1)},...,5^{(19)}\}$
3	$\{2,5^{(1)},...,5^{(19)}\}$
$\vdots$	$\vdots$

(Zur Andeutung der Anzahl der Elemente 5 in $h(r)$ sind diese numeriert wie in Abschnitt 1.1 angegeben.) Dieses Vorgehen ist aber sicher nur für endliche und auch da nur für "kleine" Definitionsbereiche möglich bzw. sinnvoll. Allgemein wird man eine kompakte Darstellung suchen, in der die zu bestimmende Abbildung in geeigneter Weise aus einfachen (elementar auswertbaren) Abbildungen zusammengesetzt ist.

Die Beispielabbildung h können wir solchermaßen unter Verwendung der beiden in Abschnitt 2.2 eingeführten Abbildungen DIV und MOD bestimmen. Gemäß der Idee in Algorithmus W3 ist die Zahl $100-r$ auf 1, 2 und 5 aufzuteilen. Die Forderung nach "möglichst wenig Münzen" läßt sich wie folgt erfüllen: Wir teilen $100-r$ durch 5, der entstehende ganzzahlige Quotient $q_1 = DIV(100-r,5)$ bestimmt die Anzahl der Elemente 5 im Wechselgeld $h(r)$. Der Rest $r_1 = MOD(100-r,5)$ ist der noch verbleibende Wechselbetrag. Es ist $r_1 < 5$, und r_1 muß nun auf 1 und 2 aufgeteilt werden. Wir bilden analog $q_2 = DIV(r_1,2)$ und $r_2 = MOD(r_1,2)$. q_2 bestimmt die Anzahl der Elemente 2 und r_2 die Anzahl der Elemente 1 in $h(r)$. Insgesamt können wir also kompakt schreiben:

Wechselgeldalgorithmus W4.

$$h(r) = \{5^{(1)},...,5^{(DIV(100-r,5))},$$
$$2^{(1)},...,2^{(DIV(MOD(100-r,5),2))},$$
$$1^{(1)},...,1^{(MOD(MOD(100-r,5),2))}\}.$$

(Man beachte, daß in dieser Schreibweise etwa $\{5^{(1)},...,5^{(0)},...\}$ auftreten kann, was bedeuten soll, daß die Multimenge kein Element 5 enthält.)

Für die Beispielanwendung $r=81$ gilt:

$$DIV(100-r,5) = DIV(19,5) = 3,$$
$$MOD(100-r,5) = MOD(19,5) = 4,$$
$$DIV(MOD(100-r,5),2) = DIV(4,2) = 2,$$
$$MOD(MOD(100-r,5),2) = MOD(4,2) = 0.$$

Somit erhält man $h(81)=\{5^{(1)},5^{(2)},5^{(3)},2^{(1)},2^{(2)}\}$, einfacher geschrieben:

$$h(81) = \{5,5,5,2,2\}.$$

Wenn man von der Bildung der Multimenge $h(r)$ aus den berechneten Anzahlen der Elemente 5,2,1 absieht, sind in W4 Auswertungen der Operationen DIV, MOD und $-$ als Einzelschritte anzusehen. Setzt man diese als elementar voraus, so ist die angegebene Definition von h eine Beschreibung des gesuchten Algorithmus. Diese Darstellung nimmt keinen expliziten Bezug mehr auf eine "Abfolge von Aktionen"; sie beschreibt den "funktionalen Zusammenhang" zwischen r und w durch ineinander eingesetzte Anwendungen gewisser elementarer Operationen.

Ein Problem ist dabei allerdings noch, daß sich im Unterschied zu unserem Wechselgeldbeispiel die gesuchte Abbildung in den meisten Fällen nicht in derart einfacher Weise explizit angeben läßt. Ein fundamentales Prinzip für den Allgemeinfall besteht darin, die Abbildung durch eine rekursive Definition darzustellen. Wie schon in Abschnitt 1.4 hervorgehoben, erlauben solche Definitionen schematische Auswertungen der definierten Abbildungen und können somit als Algorithmen aufgefaßt werden.

Auch in unserem Beispiel läßt sich für h sehr leicht eine rekursive Darstellung (unter Einsparung der Operationen DIV und MOD) angeben, die wir demgemäß als Algorithmus W5 notieren können.

Wechselgeldalgorithmus W5.

$$h(r) = \begin{cases} \textbf{falls } r=100, \textbf{ dann } \varnothing, & \text{(a)} \\ \textbf{falls } 100-r \geq 5, \textbf{ dann } \{5\}\cup h(r+5), & \text{(b)} \\ \textbf{falls } 5 > 100-r \geq 2, \textbf{ dann } \{2\}\cup h(r+2), & \text{(c)} \\ \textbf{falls } 2 > 100-r \geq 1, \textbf{ dann } \{1\}\cup h(r+1). & \text{(d)} \end{cases}$$

Ein Beispiel für eine Auswertung von h ist:

$$\begin{aligned}
h(81) &= \{5\}\cup h(86) & \text{(gemäß (b))} \\
&= \{5\}\cup\{5\}\cup h(91) & \text{(gemäß (b))} \\
&= \{5\}\cup\{5\}\cup\{5\}\cup h(96) & \text{(gemäß (b))} \\
&= \{5\}\cup\{5\}\cup\{5\}\cup\{2\}\cup h(98) & \text{(gemäß (c))} \\
&= \{5\}\cup\{5\}\cup\{5\}\cup\{2\}\cup\{2\}\cup h(100) & \text{(gemäß (c))} \\
&= \{5\}\cup\{5\}\cup\{5\}\cup\{2\}\cup\{2\}\cup\varnothing & \text{(gemäß (a))} \\
&= \{5,5,5,2,2\}.
\end{aligned}$$

Trotz der rein funktionalen Darstellung der Zuordnung $r \mapsto w$ in W5 erinnert diese Auswertung doch wieder an die Abfolge der Aktionen im entsprechenden Ablaufbeispiel etwa von Algorithmus W3. Dieser Zusammenhang wird vertieft durch die – den Kreis unserer Betrachtungen schließende – Feststellung, daß das Konzept der Rekursion durchaus auch in der den Algorithmen W1-W3 zugrundeliegenden operativen Auffassung eingerichtet werden kann und dort einen ähnlichen Effekt wie die Iteration erzielt. In einer rekursiven Abbildungsdefinition greift man auf Werte dieser Abbildung für kleinere Argumente zurück. Analog kann in einem Algorithmus A, der die Abfolge gewisser Aktionen in Abhängigkeit von "Eingabewerten" steuert, als eine derartige Aktion auch die Ausführung von A selbst für "kleinere Eingabewerte" auftreten. Der Wechselgeldalgorithmus kann auf diese Weise wie folgt angegeben werden:

Wechselgeldalgorithmus W6.
Setze $w = \emptyset$ und führe anschließend folgenden in Abhängigkeit von der Eingabegröße r rekursiv definierten Algorithmus $A(r)$ aus:

$A(r)$: Führe denjenigen der folgenden Schritte (a)-(c) aus, dessen Bedingung erfüllt ist (ist keine der Bedingungen erfüllt, ist nichts auszuführen):

    (a) **Falls** $100 - r \geq 5$, **dann** nimm 5 zu w hinzu
                    und führe anschließend $A(r+5)$ aus.

    (b) **Falls** $5 > 100 - r \geq 2$, **dann** nimm 2 zu w hinzu
                    und führe anschließend $A(r+2)$ aus.

    (c) **Falls** $2 > 100 - r \geq 1$, **dann** nimm 1 zu w hinzu
                    und führe anschließend $A(r+1)$ aus.

Notieren wir für $m = 1, 2$ oder 5 die Aktion "nimm m zu w hinzu" kurz durch $m \rightsquigarrow w$, so läßt sich eine Ausführung von W6 für $r = 81$ wie folgt skizzieren:

$$w = \emptyset$$
$$A(81): \text{(a)} \ 5 \rightsquigarrow w$$
$$A(86): \text{(a)} \ 5 \rightsquigarrow w$$
$$A(91): \text{(a)} \ 5 \rightsquigarrow w$$
$$A(96): \text{(b)} \ 2 \rightsquigarrow w$$
$$A(98): \text{(b)} \ 2 \rightsquigarrow w$$
$$A(100): \text{(Ende)}$$

Die Ausführung beginnt damit, daß $w = \emptyset$ gesetzt wird, anschließend wird $A(81)$ ausgeführt. Dies bedeutet $5 \rightsquigarrow w$ gemäß (a) und anschließend Ausführung von $A(86)$. Diese bewirkt wieder $5 \rightsquigarrow w$ und anschließend Ausführung von $A(91)$ usw. Die auf $w = \emptyset$ wirksame Aktionenfolge ist also

$$5 \rightsquigarrow w, \ 5 \rightsquigarrow w, \ 5 \rightsquigarrow w, \ 2 \rightsquigarrow w, \ 2 \rightsquigarrow w$$

und liefert wieder $w = \{5,5,5,2,2\}$.

Wir fassen unsere Diskussion kurz zusammen:

- Wir unterscheiden zwei Grundauffassungen: Algorithmen
  - zum einen als Steuerung der Abfolge von Aktionen, die typischerweise Größen verändern,
  - zum anderen als auswertbare Darstellung des funktionalen Zusammenhangs zwischen Eingabe- und Ergebniswerten.

  Diese beiden Ansätze und auch ihr mögliches Zusammenspiel werden in den beiden folgenden Kapiteln detailliert behandelt.
- Grundlegende algorithmische Konzepte (z.T. abhängig von der jeweiligen Algorithmusauffassung) sind:
  - Eingabe- und Ergebnisdaten, insbesondere solche von komplexer Art, müssen geeignet dargestellt werden.
  - Die Ausführung gewisser Aktionen bzw. die Auswertung gewisser Operationen wird als in elementaren Schritten durchführbar vorausgesetzt.
  - Einzelne Schritte können zusammengesetzt werden (z.B. Nacheinanderausführung oder Auswahl von Aktionen, Komposition von Abbildungen).
  - Darüber hinaus ermöglichen Fallunterscheidung, Iteration und Rekursion die Steuerung des durch einen Algorithmus beschriebenen Verfahrens.

2.5 Darstellung von Algorithmen

Wir diskutieren nun noch die im vorigen Abschnitt offengelassene Frage, inwieweit die dortigen Algorithmen genügend "präzise aufgeschrieben" sind. Diese Erörterung führt auf das Konzept der Programmiersprachen, in denen Algorithmen in einer auch maschinell "lesbaren" Weise dargestellt werden können.

Wie schon bei der Einführung des Algorithmusbegriffs im vorigen Abschnitt bemerkt, müssen auch Algorithmen dargestellt ("aufgeschrieben") werden, und an diese Aufschreibung sind gewisse Forderungen gestellt. Tatsächlich können wir die in Abschnitt 2.1 über Daten geführte Diskussion auf Algorithmen übertragen. Auch ein Algorithmus hat, wie ein Objekt, eine Bedeutung (die "Idee" des Verfahrens) und eine Bezeichnung (eben seine Aufschreibung). Mehr noch: Auch ein Algorithmus (der eine Datenverarbeitung definiert) unterliegt selbst einer "Verarbeitung", etwa wenn er ausgeführt wird. Da diese Verarbeitung in der Regel maschinell durchgeführt werden soll, kommt der Darstellung von Algorithmen, ihrer

"Präzision" gemäß der Grundforderung (2) aus dem vorigen Abschnitt besondere Bedeutung zu.

Betrachten wir noch einmal die verschiedenen Wechselgeldalgorithmen im vorigen Abschnitt, so stellen wir fest, daß wir zu deren Notation z.T. übliche mathematische Schreibweisen wie

$$r < 100, \ 100 - r, \ ...,$$

z.T. umgangssprachliche Formulierungen wie

"führe wahlweise aus", ...

verwendet haben. Für einen menschlichen Kommunikationspartner mag eine solche Aufschreibung genügend präzise (d.h. unmißverständlich) sein, wie etwa ein üblicher mathematischer Text, der auch die Umgangssprache mit benutzt, präzise verstanden werden kann. Für eine (auch) maschinelle Handhabung von Algorithmen ist allerdings eine vollkommen "formalisierte" Aufschreibung in einer **algorithmischen Sprache** notwendig. Wie bei Datendarstellungen verwendet man hierzu wieder (neben graphischen Darstellungsweisen, auf die wir nicht näher eingehen) das Grundprinzip der Darstellung durch Zeichenreihen. Einen als Zeichenreihe über einem gewissen Alphabet $\mathcal{A}$ dargestellten Algorithmus nennt man **Programm**. $\mathcal{A}$ zusammen mit den syntaktischen und semantischen Definitionen, die festlegen, welche Zeichenreihen über $\mathcal{A}$ Programme sind und was sie bedeuten, heißt **Programmiersprache**, und man sagt: Ein solches Programm ist "in der betreffenden Programmiersprache geschrieben".

In der Praxis gibt es eine Vielzahl verschiedener Programmiersprachen. Der Aspekt der maschinellen Ausführbarkeit von Programmen wird am direktesten manifestiert in **Maschinensprachen**, in denen Programme über Alphabeten mit sehr wenigen Zeichen, z.B. über Binär- oder Sedezimalziffern, dargestellt werden und für den Menschen kaum lesbar sind. Praktisch handhabbarer (und von einer Maschine mit Hilfe von **Übersetzern** ebenfalls "verstehbar") sind Programmiersprachen, die durch ihre Symbolik und Mnemotechnik die Schreib- und Lesbarkeit von Programmen unterstützen. Neben vielen anderen Unterscheidungsmerkmalen kann man solche Sprachen danach differenzieren, wie **maschinenorientiert** oder **problemorientiert** sie sind. Maschinenorientierte Programmiersprachen nehmen noch Bezug auf Details eines bestimmten Maschinentyps und gestatten es meist nicht, wichtige algorithmische Konstruktionen direkt darzustellen. Selbst ein in den Algorithmen des vorigen Abschnitts als einfacher Einzelschritt aufgefaßtes "berechne $d = 100 - r$" würde in einer typischen solchen Sprache[3] recht aufwendig etwa so dargestellt:

---

[3] INTEL 8086 Assemblersprache

```
MOV AX,100
SUB  AX,r
MOV  d,AX
```

Diese Darstellung appelliert an gewisse (hier noch sehr einfache) Maschinengrundkenntnisse, ohne die das Verständnis zumindest erschwert wird.

Problemorientierte ("höhere") Programmiersprachen (FORTRAN, PASCAL, MODULA, LISP u.v.a.) nehmen Bezug auf wichtige algorithmische Konzepte, erlauben diese möglichst direkt darzustellen, abstrahieren von speziellen Eigenschaften einer konkreten Maschine und verwenden übliche Schreibweisen aus dem Problembereich, für den sie konzipiert sind, z.B. mathematisch orientierte Schreibweisen (in Sprachen für naturwissenschaftlich-technische Aufgaben).

Das obige Beispiel "berechne $d = 100 - r$" wird in vielen dieser Sprachen beschrieben durch

$$d := 100 - r,$$

und dies ist auch ohne (die später noch folgende genaue) Erläuterung recht einfach zu verstehen.

Wir sind in diesem Buch ausschließlich an einer problemorientierten Algorithmusdarstellung interessiert, weil wir gerade die Herausarbeitung grundlegender algorithmischer Konzepte als Ziel haben. Aus diesem Grund gehen wir sogar noch einen Schritt weiter: Wir werden unsere Algorithmen (zunächst) in keiner gängigen Programmiersprache formulieren. Selbst höhere Sprachen sind zwar problem"orientiert" aber doch auch in aller Regel nicht ausschließlich nach algorithmischen Grundkonzepten entworfen. Jede Programmiersprache enthält gewisse Eigenheiten, deren Verwendung in einem Programm wenig oder gar nichts mit der "Idee" des beschriebenen Algorithmus zu tun hat.

Wir werden gleichzeitig mit der Besprechung der Konzepte eine Darstellungssprache entwickeln (und syntaktisch und semantisch präzise definieren), in der wir diese Konzepte möglichst direkt beschreiben können. Diese "algorithmische Konzeptsprache", die wir kurz AKS nennen, orientiert sich in ihrer Symbolik an vorhandenen höheren Programmiersprachen. Es sei aber deutlich betont, daß AKS keine konkrete Programmiersprache ist und auch nicht sein soll. In AKS werden Algorithmen unter größtmöglicher Verdeutlichung der verwendeten algorithmischen Ideen beschrieben. Erst nachträglich (in Kapitel 8) werden wir einen kursorischen Überblick darüber geben, wie Algorithmen in einer konkreten Programmiersprache (hier MODULA-2) beschrieben (und damit auf eine Rechenmaschine gebracht) werden können.

3 Konzepte applikativer Algorithmen

3.1 Grundoperationen

Kapitel 3 behandelt im Detail die Sichtweise von Algorithmen als Abbildungen zwischen Eingabe- und Ergebniswerten, wie sie in den Beispielen W4 und W5 in Abschnitt 2.4 angedeutet wurde. Wir beginnen mit der Festlegung einfacher Datenmengen und ihrer elementaren Operationen.

Algorithmen sind – in einer der in Abschnitt 2.4 herausgearbeiteten Auffassungen – Abbildungen zwischen Mengen von Objekten. Das Ergebnis, das ein solcher Algorithmus aus gegebenen Eingabeobjekten erzeugt, wird dargestellt durch die Anwendung ("Applikation") der Abbildung auf diese Objekte; man spricht daher von einem *applikativen* (oder auch *funktionalen*) Algorithmus.

Für die Daten muß – ebenfalls nach der in Abschnitt 2.4 geführten Diskussion – festgelegt sein, welche "elementar ausführbaren" Operationen (*Grundoperationen*) für sie vorausgesetzt sind. Diese Erörterung formalisieren wir durch folgende Definition: Eine nicht-leere Menge von Objekten heißt *Sorte*. Ein *Modul* ist eine nicht-leere, endliche Menge $\{S_1,...,S_n\}$ von Sorten zusammen mit einer nicht-leeren, endlichen Menge von (eventuell partiellen) Operationen mit Funktionalitäten

$$S_{i_1} \times S_{i_2} \times ... \times S_{i_m} \to S_{i_{m+1}}, \qquad i_1,...,i_{m+1} \in \{1,...,n\}.$$

(Dabei lassen wir auch den Fall $m=0$, d.h. 0-stellige Operationen zu.) Der Modulbegriff wird in den nachfolgenden Kapiteln noch erweitert werden. Moduln der in diesem Kapitel behandelten Art heißen auch *Rechenstrukturen*.

In Kapitel 1 haben wir schon eine Reihe von Sorten besprochen. Für einige dieser Objektmengen führen wir folgende in der Sprache AKS verwendeten Bezeichnungen ein:

boolean   für $\mathbb{B}$,
nat   für $\mathbb{N}_0$,
integer   für $\mathbb{Z}$,

real   für die Menge der Gleitpunktzahlen,
char   für die Menge der druckbaren ASCII-Zeichen.

Es liegt nahe, für boolean die Operationen $\neg$, $\wedge$ und $\vee$ als Grundoperationen vorauszusetzen. Die aus einer einzigen Sorte bestehende Menge
{boolean} zusammen mit $\neg, \wedge, \vee$ ist ein erstes Beispiel eines Moduls, den
wir mit **BOOLEAN** bezeichnen und in AKS vorläufig wie folgt notieren:

module BOOLEAN
   sorts boolean
   functions $\neg$: boolean $\rightarrow$ boolean,   (* Negation *)
            $\wedge$: boolean$\times$boolean $\rightarrow$ boolean,   (* Konjunktion *)
            $\vee$: boolean$\times$boolean $\rightarrow$ boolean   (* Disjunktion *)
endmodule

Die hierbei verwendeten Wörter **module**, **sorts**, **functions**, **endmodule**
(und später auch andere) dienen der besseren Lesbarkeit und heißen
Schlüsselwörter. Unter **sorts** werden die beteiligten Sorten (hier nur
boolean) und unter **functions** die Grundoperationen mit ihren Funktionalitäten aufgelistet. In Klammern (*, *) haben wir informelle Erläuterungen
hinzugefügt. Solchermaßen geklammerte Zusätze dürfen an beliebigen
Stellen in einer AKS-Darstellung auftreten und heißen *Kommentare*.

In der Formulierung von **BOOLEAN** fehlt allerdings noch die Definition der Operationen $\neg, \wedge, \vee$. Diese führen wir nicht explizit durch; wir
charakterisieren die Operationen vielmehr in axiomatischer Weise, wie
wir es in Abschnitt 1.3 gerade an diesem Beispiel mit den Axiomen (B1)-
(B10) schon diskutiert haben. Die in (B1)-(B10) vorkommenden Objekte
TRUE und *FALSE* führen wir - aufgefaßt als 0-stellige Operationen -
auch noch unter **functions** auf und schreiben also nun genauer:

module BOOLEAN
   sorts boolean
   functions $TRUE$: $\rightarrow$ boolean,
          $FALSE$: $\rightarrow$ boolean,
          $\neg$: boolean $\rightarrow$ boolean,   (* Negation *)
          $\wedge$: boolean$\times$boolean $\rightarrow$ boolean,   (* Konjunktion *)
          $\vee$: boolean$\times$boolean $\rightarrow$ boolean   (* Disjunktion *)
   axioms $x \wedge y = y \wedge x,$
        $x \vee y = y \vee x,$
        $x \wedge (y \wedge z) = (x \wedge y) \wedge z,$
        $x \vee (y \vee z) = (x \vee y) \vee z,$
        $x \wedge (y \vee z) = (x \wedge y) \vee (x \wedge z),$
        $x \vee (y \wedge z) = (x \vee y) \wedge (x \vee z),$
        $x \wedge TRUE = x,$
        $x \vee FALSE = x,$
        $x \wedge \neg x = FALSE,$
        $x \vee \neg x = TRUE$
endmodule

Die Axiome (B1)-(B10) sind unter dem Schlüsselwort **axioms** aufgelistet.

Eine derartige "Definition" heißt **Modulvereinbarung**. Eine Rechenstruktur, deren Operationen durch Axiome charakterisiert sind, heißt auch **abstrakter Datentyp**.

Wir geben nun noch Vereinbarungen für Moduln NAT, INTEGER, REAL und CHAR, die die Grundoperationen für die Objekte aus nat, integer, real und char festlegen. Die Auswahl der Operationen ist dabei recht willkürlich und orientiert sich außer an der Situation in gängigen Programmiersprachen hauptsächlich daran, was später in Anwendungsbeispielen gebraucht wird.

```
module NAT
    uses BOOLEAN
    sorts nat,boolean
    functions 0 : → nat,
              SUCC : nat → nat,          (* Nachfolger-Operation *)
              + : nat×nat → nat,         (* Addition *)
              - : nat×nat → nat,         (* Subtraktion, partiell *)
              * : nat×nat → nat,         (* Multiplikation *)
              DIV : nat×nat → nat,       (* Ganzzahlige Division,
                                            partiell *)
              MOD : nat×nat → nat,       (* Rest bei DIV, partiell *)
              = : nat×nat → boolean,     (* gleich *)
              ≠ : nat×nat → boolean,     (* ungleich *)
              ≤ : nat×nat → boolean,     (* kleiner-oder-gleich *)
              < : nat×nat → boolean,     (* kleiner *)
              ≥ : nat×nat → boolean,     (* größer-oder-gleich *)
              > : nat×nat → boolean      (* größer *)
    axioms x + 0 = x,
           x + SUCC(y) = SUCC(x+y),
           x * 0 = 0,
           x * SUCC(y) = x+(x*y),
           (x - y) + y = x,                        falls x≥y,
           DIV(x,y)*y + MOD(x,y) = x,    falls y≠0,
           MOD(x,y) < y = TRUE,          falls y≠0,
           0 ≤ x = TRUE,
           SUCC(x) ≤ 0 = FALSE,
           SUCC(x) ≤ SUCC(y) = x ≤ y,
           x < y = x ≤ y ∧ x≠y,
           x ≥ y = y ≤ x,
           x > y = y < x,
           x = y = x ≤ y ∧ y ≤ x,
           x ≠ y = ¬x=y,
           x - y = ω,          falls x<y,
           DIV(x,y) = ω,       falls y=0,
           MOD(x,y) = ω,       falls y=0
endmodule
```

Die zu NAT gehörenden Sorten sind nat und boolean; in einer zusätzlichen Zeile unter **uses** ist vermerkt, daß die durch BOOLEAN (für boolean,¬,∧,∨) getroffenen Festlegungen mit vorausgesetzt sind. Als einziges Element von nat kommt 0 in den Axiomen vor und ist unter **functions** aufgeführt. Einige der Operationen in NAT sind partiell, was jeweils in dem betreffenden Kommentar vermerkt ist, und in den drei letzten Axiomen ist angegeben, für welche Argumente diese Operationen nicht definiert ($=\omega$) sind. Die übrigen Axiome charakterisieren die Operationen von **NAT** in leicht verständlicher Weise. Man beachte noch die Bezeichnung $*$ für die Multiplikation und die verschiedenartige Verwendung des Gleichheitszeichens $=$ sowohl zur Notation der "Umformungsregeln" als auch zur Bezeichnung der Gleichheitsoperation von **NAT** (vgl. Abschnitt 1.3). Diese Operation ist hier zusammen mit der Ungleichheitsoperation $\neq$ zu den Grundoperationen hinzugenommen. Bei **BOOLEAN** haben wir dies (recht willkürlich) nicht getan.

```
module INTEGER
    uses BOOLEAN
    sorts integer,boolean
    functions 0 : → integer,
              SUCC : integer → integer,
              + : integer × integer → integer,
              - : integer × integer → integer,
              * : integer × integer → integer,
              DIV : integer × integer → integer,
              MOD : integer × integer → integer,
              - : integer → integer,     (* 1-stelliges Minus; -: x ↦ -x *)
              = : integer × integer → boolean,
              ≠ : integer × integer → boolean,
              ≤ : integer × integer → boolean,
              < : integer × integer → boolean,
              ≥ : integer × integer → boolean,
              > : integer × integer → boolean
    axioms (* Nicht ausgeführt *)
endmodule
```

INTEGER enthält alle schon in **NAT** aufgenommenen Operationen und zusätzlich das "1-stellige Minus". Die Subtraktion ("2-stelliges Minus") ist in **INTEGER** allerdings total. DIV und MOD übernehmen wir (der Einfachheit halber) identisch aus **NAT**, d.h. $DIV(x,y)$ und $MOD(x,y)$ sind nur definiert für $x \geq 0$ und $y > 0$. Geeignete Axiome können (gegebenenfalls unter leichter Modifizierung) im wesentlichen von **NAT** übertragen werden und sind hier nicht eigens ausgeführt.

Auch bei **REAL** und **CHAR** verzichten wir auf die Angabe der Axiome, die für **CHAR** zwar einfach, aber aufwendig und für **REAL** recht kompliziert würde. Neben den von **INTEGER** übernommenen Rechen- und Vergleichsoperationen (außer $SUCC$, DIV und MOD) enthält **REAL** die "normale" Division $/$. Man beachte, daß $/$ dennoch nicht die exakte "mathematische" Division darstellt. Diese kann nämlich unendliche Dezimalbrüche erzeugen, die erst durch eine hier unterstellte Rundung zu einer Gleitpunktzahl werden. Solche Effekte machen auch die Schwierigkeit einer axiomatischen Charakterisierung der Operationen von **REAL** aus, auf die hier nicht näher eingegangen werden soll.

```
module REAL
   uses BOOLEAN
   sorts real,boolean
   functions + :real×real → real,
             - :real×real → real,
             * :real×real → real,
             / :real×real → real,      (* Division, nur definiert für y≠0;
                                           / :(x,y) ↦ "x geteilt durch y" *)
             - :real → real,
             = :real×real → boolean,
             ≠ :real×real → boolean,
             ≤ :real×real → boolean,
             < :real×real → boolean,
             ≥ :real×real → boolean,
             > :real×real → boolean
   axioms (* Nicht ausgeführt *)
endmodule
```

(In Axiomen von **REAL** vorkommende Objekte aus real müßten noch unter **functions** aufgenommen werden.)

```
module CHAR
   uses BOOLEAN
   sorts char,boolean
   functions '␣': → char,
             '!': → char,
             (* :
                :
                und so weiter mit allen druckbaren Zeichen des
                hier exemplarisch gewählten ASCII-Alphabets
                :
                :                                               *)
             = :char×char → boolean,
             ≠ :char×char → boolean,
             ≤ :char×char → boolean,
             < :char×char → boolean,
             ≥ :char×char → boolean,
             > :char×char → boolean
   axioms (* Nicht ausgeführt *)
endmodule
```

Die Vergleichsoperationen $\le,<,\ge,>$ beziehen sich hier auf die auf dem ASCII-Alphabet gegebene totale Ordnung.

Für die Anwendungen der Operationen in **BOOLEAN**, **NAT**, **INTEGER**, **REAL** und **CHAR** legen wir Präfixschreibweise für alle 1-stelligen und Infixschreibweise für alle 2-stelligen Operationen (jetzt also auch für *DIV* und *MOD*) fest.

In den eigenständigen Definitionen von **NAT**, **INTEGER** und **REAL** kommt nicht zum Ausdruck, daß die Sorten nat, integer und real miteinander verknüpft sind: nat ist Teilmenge von integer und real, integer ist Teilmenge von real. So kann also z.B. die Zahl $2\in$nat auch als $2.0\in$real aufgefaßt werden (und umgekehrt). Formal wird diese "Inklusion" durch eine Abbildung

$NATREAL$: nat $\rightarrow$ real,

$NATREAL$: natürliche Zahl $x \mapsto$ Gleitpunktzahl x

vollzogen: $NATREAL(2)=2.0$. Die Anwendung von $NATREAL$ (bzw. analoger Abbildungen für die anderen Fälle) heißt **Sortenanpassung**. Wir stellen einige solche Abbildungen in einem eigenen Modul zusammen:

```
module SORTENANPASSUNG
    uses NAT, INTEGER, REAL
    sorts nat, integer, real
    functions NATINTEGER: nat → integer,
              NATREAL: nat → real,
              INTEGERNAT: integer → nat,
              REALNAT: real → nat
    axioms NATINTEGER(x) = x,
           NATREAL(x) = x,
           INTEGERNAT(x) = x,      falls x ∈ nat,
           REALNAT(x) = x,         falls x ∈ nat,
           INTEGERNAT(x) = ω,      falls x ∉ nat,
           REALNAT(x) = ω,         falls x ∉ nat
endmodule
```

Die Operationen $INTEGERNAT$ und $REALNAT$ sind definiert für integer- bzw. real-Zahlen x, die (auch) natürliche Zahlen sind, und "interpretieren" diese als Zahlen aus nat. Die (ersten vier) Axiome besagen, daß die "mathematischen Zahlenwerte" durch die Sortenanpassungsoperationen unverändert bleiben. Analoge Operationen $INTEGERREAL$ und $REALINTEGER$ könnte man leicht noch hinzunehmen.

Abschließend legen wir formal die AKS-Syntax der Vereinbarungen von Moduln fest, wie wir sie in den Beispielen verwendet haben.

Syntaxdefinition.

$$abstrakte\_Modulvereinbarung ::=$$
$$\textbf{module } Modul\text{-}Ident$$
$$\left\{\textbf{uses } Modul\text{-}Ident \left\{, Modul\text{-}Ident\right\}^* \right\}_0^1$$
$$\textbf{sorts } Sorte \left\{, Sorte\right\}^*$$
$$\textbf{functions } Operator : Funktionalität$$
$$\left\{, Operator : Funktionalität\right\}^*$$
$$\textbf{axioms } Axiome$$
$$\textbf{endmodule}$$

$$Modul\text{-}Ident ::= Identifikator$$

$$Sorte ::= \text{boolean} \mid \text{nat} \mid \text{integer} \mid \text{real} \mid \text{char}$$

$$Funktionalität ::= \left\{Sorte \left\{\times Sorte\right\}^*\right\}_0^1 \rightarrow Sorte$$

Diese Definition beschreibt den allgemeinen Rahmen einer Modulvereinbarung für abstrakte Datentypen. Der (optionale) Teil **uses**... enthält mindestens eine, eventuell mehrere jeweils durch Komma voneinander getrennte Modulbezeichnungen. Analoges gilt für die Sortenbezeichnungen unter **sorts** und die Operationsbezeichnungen (***Operatoren***) mit ihren Funktionalitäten unter **functions**. Nach der Auflistung der Operatoren folgen Axiome (unter **axioms**), deren Syntax nicht weiter definiert ist. Wir werden hier jeweils Umformungsregeln angeben, wie dies in **BOOLEAN, NAT** und **SORTENANPASSUNG** exemplarisch aufgezeigt ist. Auch die Operatoren (z.B. $\wedge, +, DIV$ usw.) sind nicht eigens angegeben. Als Modulbezeichnungen werden Identifikatoren verwendet, wie wir sie in Abschnitt 2.3 definiert haben. Klar ist, daß die verwendeten Modulbezeichnungen untereinander verschieden sein müssen. Auf diese und weitere ähnliche Kontextbedingungen werden wir am Ende des nächsten Abschnitts kurz zurückkommen.

3.2 Funktionen

Wir richten innerhalb des Modulkonzepts jetzt die Möglichkeit ein, Abbildungen konkret (nicht axiomatisch) durch Zusammensetzung aus Grundoperationen zu definieren. In dieser Form bilden Moduln einen Sprachrahmen zur Darstellung von Algorithmen.

Der im vorigen Abschnitt eingeführte Begriff des Moduls ist so allgemein gehalten, daß er nicht nur zur Festlegung von Grundoperationen, sondern auch zur präzisen Darstellung von applikativen Algorithmen geeignet ist, da diese ja durch Abbildungen repräsentiert werden. Wir erläutern diesen Sachverhalt anhand eines einfachen Beispiels aus der elementaren Physik:

Aufgabe. Ein frei beweglicher Körper mit der Masse m (>0) werde aus der Ruhelage eine Zeit t lang mit einer auf ihn einwirkenden konstanten Kraft k bewegt. Gesucht ist ein Algorithmus, der (in Abhängigkeit von m, t und k) die Strecke s bestimmt, um die der Körper aus seiner ursprünglichen Lage fortbewegt wird.

Die Datendarstellung ist in diesem Beispiel sehr einfach. Wir können die Größen m, t, k, s als real-Zahlen (mit $m > 0$ und zusätzlich $t \geq 0$) annehmen. {real} ist also die Menge der hier relevanten Sorten und bildet mit der noch zu bestimmenden Abbildung

$$S : \text{real} \times \text{real} \times \text{real} \rightarrow \text{real},$$
$$S : (m, t, k) \mapsto s$$

einen Modul, den wir - wieder vorläufig - etwa so notieren können:

```
module STRECKE
   uses REAL
   sorts real
   functions  S:real×real×real→real
endmodule
```

Diese Situation unterscheidet sich von derjenigen bei der Vereinbarung von **BOOLEAN, NAT** usw. im vorigen Abschnitt nur insoweit, als S hier nicht axiomatisch beschrieben, sondern mit Hilfe der vorausgesetzten Grundoperationen konkret definiert werden soll, da dies ja gerade den gesuchten Algorithmus liefert. (Moduln mit konkret definierten Abbildungen heißen **konkret**.) Die Idee hierfür ergibt sich aus folgenden einfachen physikalischen Gesetzen: Die auf den Körper einwirkende Kraft erzeugt eine konstante Beschleunigung

$$b = \frac{k}{m}.$$

Der in der Zeit t zurückgelegte Weg bei einer Bewegung mit konstanter Beschleunigung b ist

$$s = \tfrac{1}{2} \cdot b \cdot t^2.$$

Einsetzen liefert somit

$$S(m,t,k) = \frac{k \cdot t \cdot t}{2 \cdot m}.$$

Dies beschreibt, wie man s durch Anwendung der Grundoperationen $*$ und $/$ auf m,k,t bestimmen kann, löst somit die Aufgabe und wird in AKS wie folgt notiert:

```
module STRECKE
   uses REAL,NAT,SORTENANPASSUNG
   sorts real,nat
   functions  S
   defined by
      function  S(m:real, t:real, k:real)→real
         pre  m>0, t≥0
         result Bewegte Strecke eines Körpers mit Masse m
                bei Krafteinwirkung k nach Zeit t
         body  (k*t*t)/(NATREAL(2)*m)
      endfunction
endmodule
```

Eine wie in **STRECKE** durch die *Funktionsvereinbarung*

```
function  S(m:real, t:real, k:real)→real
   pre  m>0, t≥0
   result Bewegte Strecke eines Körpers mit Masse m
          bei Krafteinwirkung k nach Zeit t
   body  (k*t*t)/(NATREAL(2)*m)
endfunction
```

definierte Abbildung nennen wir **Funktion**; m,t,k heißen (**formale**) **Parameter** (von S). Die in Klammern eingeschlossene **Parametervereinbarung**

$$m{:}\mathsf{real},\, t{:}\mathsf{real},\, k{:}5\mathsf{real}$$

(auch **formale Parameterliste** von S genannt) schreiben wir meist kompakter

$$m,t,k{:}\mathsf{real}$$

Sie bestimmt die **Sorten von** m,t,k (hier jeweils real) und beschreibt zusammen mit dem angefügten "→real" die Funktionalität real×real×real → real von S, weshalb diese bei der Angabe von S unter **functions** weggelassen ist. In der Funktionsvereinbarung folgen zwei Kommentare, die wir ausnahmsweise nicht in (*, *) einklammern, da sie durch die beiden Schlüsselwörter **pre** und **result** schon besonders ausgezeichnet sind. Unter **pre** wird die Einschränkung des Definitionsbereichs (**Vorbedingung**) angegeben. Dieser Kommentar entfällt, wenn keine derartige Einschränkung gemacht werden muß. Unter **result** ist die Wirkung der Funktion beschrieben. Wir werden in nachfolgenden Beispielen diese Art Kommentar der Kürze halber auch manchmal weglassen oder nur stichwortartig angeben, eine derartige **Dokumentation** (auch durch weitere Kommentare) ist jedoch vor allem bei umfangreichen Algorithmen von großem praktischen Nutzen. Unter **body** folgt schließlich der (**Funktions-**) **Rumpf**

$$(k * t * t)/(NATREAL(2) * m)$$

von S, der den eigentlichen Algorithmus beschreibt. Dabei ist die Sortenanpassung $2 \mapsto 2.0$ notwendig, da die Multiplikation von "zwei" mit m offenbar die Multiplikation aus **REAL** ist. (Statt dessen hätten wir natürlich auch gleich "2.0*m" schreiben können. Wegen $2 \in$ nat ist auch **NAT** unter **uses** und nat unter **sorts** angegeben.) Wir werden solche Sortenanpassungen in Zukunft nicht mehr explizit notieren, sondern bei Bedarf als implizit gegeben unterstellen. Im Beispiel schreiben wir also auch einfach $(k * t * t)/(2 * m)$ und unterlassen die Auflistung von **SORTENANPASSUNG** unter **uses**.

Gemäß der allgemeinen Definition können in einem Modul auch mehrere Funktionen (d.h. Algorithmen) zusammengefaßt werden. Unser Beispiel **STRECKE** könnte etwa erweitert werden zu einem Modul **BEWEGUNG** mit Funktionen, die außer der zurückgelegten Strecke s auch die erreichte Endgeschwindigkeit $u = b \cdot t$ sowie die bei der Bewegung verrichtete Arbeit $a = k \cdot s$ zu berechnen erlauben:

```
module BEWEGUNG
    uses REAL,NAT
    sorts real,nat
    functions S, U, A
```

```
        defined by
          function S(m,t,k:real)→real
             pre m>0, t≥0
             result Strecke
             body (k*t*t)/(2*m)
          endfunction,
          function U(m,t,k:real)→real
             pre m>0, t≥0
             result Endgeschwindigkeit
             body (k/m)*t
          endfunction,
          function A(m,t,k:real)→real
             pre m>0, t≥0
             result Arbeit
             body k*S(m,t,k)
          endfunction
        endmodule
```

Beachtenswert ist hierbei, daß in Funktionen außer Grundoperationen auch andere Funktionen verwendet (*aufgerufen*) werden dürfen, hier in A die Funktion S. Allgemein sagen wir für Funktionen $F1, F2,...$: $F1$ **stützt sich direkt** auf $F2$, wenn $F2$ in $F1$ aufgerufen wird. Stützt sich $F2$ ihrerseits direkt auf $F3$, $F3$ auf $F4$ usw., so **stützt sich $F1$ indirekt** auch auf $F3$, $F4$ usw.

Die formale AKS-Syntax von Modulvereinbarungen, wie wir sie bisher entwickelt haben, ist folgendermaßen gegeben:

Syntaxdefinition.

$$Modulvereinbarung ::= abstrakte\_Modulvereinbarung \mid konkrete\_Modulvereinbarung$$

$$konkrete\_Modulvereinbarung ::=$$
$$\textbf{module } Modul\text{-}Ident$$
$$\left\{\textbf{uses } Modul\text{-}Ident \left\{, Modul\text{-}Ident\right\}^*\right\}_0^1$$
$$\textbf{sorts } Sorte \left\{, Sorte\right\}^*$$
$$\textbf{functions } Fkt\text{-}Ident \left\{, Fkt\text{-}Ident\right\}^*$$
$$\textbf{defined by } explizite\_Fkt\text{-}Definitionen$$
$$\textbf{endmodule}$$

$$Fkt\text{-}Ident ::= Identifikator$$

$$explizite\_Fkt\text{-}Definitionen ::=$$
$$Fkt\text{-}Vereinbarung \left\{, Fkt\text{-}Vereinbarung\right\}^*$$

Außer als abstrakte Datentypen gemäß der Definition im vorigen Abschnitt können Moduln demnach als konkrete Moduln vereinbart werden; in diesen folgen nach der Auflistung der Funktionen (ohne Funktionalitäten) unter **defined by** Funktionsvereinbarungen gemäß der weiteren

Syntaxdefinition.

$Fkt\text{-}Vereinbarung ::=$
        function $Fkt\text{-}Ident$ $\{(Param\text{-}Vereinbarung)\}_0^1 \to Sorte$
        $\{$**pre** $Kommentartext\}_0^1$
        $\{$**result** $Kommentartext\}_0^1$
        body $Fkt\text{-}Rumpf$
    endfunction

$Param\text{-}Vereinbarung ::= Parameter \{, Parameter\}^*$

$Parameter ::= Parameter\text{-}Ident \{, Parameter\text{-}Ident\}^* : Sorte$

$Parameter\text{-}Ident ::= Identifikator$

Die Syntax von Parametervereinbarungen erlaubt die schon in den Beispielen angedeutete Schreibweise, in der Parameter gleicher Sorte zusammengefaßt werden, z.B.:

$$x1, y43 : \text{real}, i : \text{nat}, a, b, c : \text{char}$$

0-stellige Funktionen haben keine Parameter, die Parametervereinbarung (zusammen mit den umgebenden Klammern) entfällt, z.B.:

```
function PI →real
    body 3.14159265
endfunction
```

Für Kommentartexte geben wir keine weitere Definition, zugelassen sind beliebige Anmerkungen in Umgangs- oder auch formalisierter Sprache. Die Syntax von Funktionsrümpfen wird im folgenden Abschnitt entwickelt.

Wir schließen mit drei allgemeinen Bemerkungen zu diesen Syntaxdefinitionen: Alle zur Bezeichnung von Moduln, Funktionen und Parametern benutzten Identifikatoren sind frei wählbar, wobei man allerdings - als Kontextbedingung - auf "Konsistenz" zu achten hat. Z.B. sollte eine Parameterbezeichnung nicht gleichzeitig Bezeichnung einer Funktion sein u.ä. (In verschiedenen Funktionen können jedoch gleiche Parameterbezeichnungen auftreten, wie in unserem Beispiel ja auch geschehen.) Wir unterstützen solche Konventionen, die sich an den üblichen mathematischen Gebrauch symbolischer Schreibweisen anlehnen, durch unterschiedliche Buchstaben- und Druckarten, wie es in den Beispielen angedeutet ist: In Identifikatoren für Parameter verwenden wir nur Kleinbuchstaben, für Moduln und Funktionen nur Großbuchstaben in verschiedener Druckart. Kontextbedingungen dieser Art (zu der auch die bei der Syntaxdefinition im vorigen Abschnitt angegebene gehört) werden wir im folgenden meist nicht eigens (oder nur sehr knapp) notieren.

Die Aufnahme von beliebigen weiteren Kommentaren in der Form

$$(* \; Kommentartext \; *)$$

ist in den Syntaxdefinitionen nicht explizit berücksichtigt. Sie ist, wie
schon im vorigen Abschnitt erwähnt, an beliebiger Stelle (zwischen einzelnen durch syntaktische Variablen und Schlüsselwörter repräsentierten
"syntaktischen Einheiten") erlaubt. Gleiches gilt auch für alle noch folgenden Syntaxdefinitionen.

Beliebige Zwischenräume und Zeilenwechsel zwischen syntaktischen
Einheiten sind erlaubt und dienen der optischen Auflockerung von AKS-
Zeichenreihen.

3.3 Terme

Wir vervollständigen in diesem Abschnitt unsere (bisherige) Syntaxdefinition von
Funktionsvereinbarungen durch die Festlegung, welche Gestalt der Rumpf, d.h. die
eigentliche Algorithmusdarstellung, von Funktionen haben kann. Das Grundprinzip
applikativer Algorithmen kommt dadurch zum Ausdruck, daß diese durch "einfache" bzw. "bedingte Terme" beschrieben werden.

Die Rümpfe der Funktionen im Beispiel des vorigen Abschnitts sind ineinander eingesetzte Anwendungen von Grundoperationen und definierten
Funktionen auf Objekte (z.B. die Zahl 2 in S) und Parameter (z.B. m,t,k
in S) und heißen *einfache Terme*. Wir legen fest:

Syntaxdefinition.

$$Fkt\text{-}Rumpf ::= Term$$

$$Term ::= Objektbezeichnung\,|$$
$$Parameter\text{-}Ident\,|$$
$$Op\text{-}Anwendung\,|$$
$$Fkt\text{-}Aufruf\,|$$
$$(Term)$$

$$Op\text{-}Anwendung ::= Operator\ Term\,|\,Term\ Operator\ Term$$
$$Fkt\text{-}Aufruf ::= Fkt\text{-}Ident\,\{(Termliste)\}_0^1$$
$$Termliste ::= Term\,\{,Term\}^*$$

Objektbezeichnungen sind in den Abschnitten 2.2 und 2.3 festgelegt.
Die fünfte Alternative in der Definition von Termen beschreibt die Möglichkeit, diese zu klammern. Operationen werden - in Präfix- bzw. Infixschreibweise - auf Terme angewendet. Diese heißen ebenso wie die Terme, die als Argumente bei Funktionsaufrufen eingesetzt werden, *aktuelle*
Parameter (der Anwendung bzw. des Aufrufs). Das durch *Termliste* re-

präsentierte Tupel der Aufrufargumente heißt **aktuelle Parameterliste** des betreffenden Funktionsaufrufs. Sie entfällt (zusammen mit den umgebenden Klammern) beim Aufruf einer parameterlosen Funktion.

Beispiel. $(a+F(7,-b))*3$ ist ein Term gemäß folgender Ableitung:

$$
\begin{aligned}
Term &\to Op\text{-}Anwendung \\
&\to Term\ Operator\ Term \\
&\to (\,Term\,)*Objektbezeichnung \\
&\to (\,Op\text{-}Anwendung)*3 \\
&\to (\,Term\ Operator\ Term\,)*3 \\
&\to (\,Parameter\text{-}Ident + Fkt\text{-}Aufruf\,)*3 \\
&\to (\,Identifikator + Fkt\text{-}Ident(\,Termliste))*3 \\
&\to (\,a + Identifikator(\,Term,Term\,))*3 \\
&\to (\,a + F(\,Objektbezeichnung, Op\text{-}Anwendung\,))*3 \\
&\to (\,a + F(7\,, Operator\ Term\,))*3 \\
&\to (\,a + F(7\,, -Parameter\text{-}Ident\,))*3 \\
&\to (\,a + F(7\,, -Identifikator\,))*3 \\
&\to (\,a + F(7\,, -b\,))*3 \ . \qquad\qquad\qquad\qquad\square
\end{aligned}
$$

Bei Operationsanwendungen und Funktionsaufrufen muß auf Konsistenz mit den Funktionalitäten geachtet werden, wie allgemein in Abschnitt 1.1 erklärt wurde. Z.B. ist

$$S(TRUE,4.7,10.0)$$

kein korrekter Aufruf der Funktion S des vorigen Abschnitts, da $TRUE \notin$ real. (Ein Aufruf $S(3,4.7,10.0)$ ist mit implizit unterstellter Sortenanpassung $3 \mapsto 3.0$ zugelassen.)

Ebenfalls klar ist, daß in einem Term t, der Rumpf einer Funktion F ist, nur Aufrufe von "bekannten" (d.h. vereinbarten) Funktionen vorkommen dürfen. Die in t auftretenden Parameter müssen formale Parameter von F sein. Wenn man für die Parameter Objektbezeichnungen (passender Sorten) einsetzt, so entsteht ein Ausdruck, der gemäß der Bedeutung der in t auftretenden Operationen und Funktionen[1] "auswertbar" ist und dabei einen Wert $W(t)$ einer Sorte $S(t)$ ergibt. Dieser Vorgang, der informell das "Ergebnis" des Algorithmus F für die betreffenden "Eingabeobjekte" beschreibt und dessen mathematische Bedeutung sich schon unter dem Stichwort "Komposition von Abbildungen" in Kapitel 1 findet, ist intuitiv recht einfach. Wir präzisieren ihn aber im jetzigen Kontext der Darstellung von Funktionen und Termen und vor allem auch im Hinblick auf noch folgende, nicht mehr so einfache Erweiterungen noch einmal neu.

---

[1] Präziser müßten wir wieder von "Identifikatoren für" Operationen und Funktionen sprechen. Der Einfachheit halber unterlassen wir (auch im folgenden und ebenso für andere analoge Begriffe) diese penible Unterscheidung, wenn keine Mißverständnisse zu befürchten sind.

Eine Abbildung V mit einer Menge formaler Parameter als Definitionsbereich D(V), die jedem $x \in$ D(V) ein Objekt V(x) passender Sorte zuordnet, heißt **Parameterbelegung**. Für die Definition von W(t) (in Abhängigkeit von V) und S(t) bietet sich ein rekursives Vorgehen an, da die syntaktische Definition von t induktiv ist.

Rekursive Definition des **Wertes** W(t) **von** t bezüglich einer gegebenen Parameterbelegung V und der **Sorte** S(t) **von** t.

i)   Ist t eine Objektbezeichnung, so ist W(t) das durch t bezeichnete Objekt, und S(t) ist die Sorte des Objekts.

ii) Ist t ein Parameter x, so ist S(t) die Sorte von x. Ist $x \in$ D(V), so ist W(t)=V(x). Andernfalls ist W(t) undefiniert.

iii) Sei t Anwendung einer Operation O mit den aktuellen Parametern $t_1,...,t_n$. S(t) ist der Wertebereich von O. Sind alle Werte W(t_1),..., W(t_n) von $t_1,...,t_n$ bezüglich V definiert und ist O(W(t_1),...,W(t_n)) definiert, so ist W(t) = O(W(t_1),...,W(t_n)). Andernfalls ist W(t) undefiniert.

iv) Sei t ein Funktionsaufruf $F(t_1,...,t_n)$. $x_1,...,x_n$ seien die formalen Parameter, r der Rumpf von F. S(t) ist der Wertebereich von F. Ist mindestens einer der Werte W(t_1),...,W(t_n) von $t_1,...,t_n$ bezüglich V undefiniert, so ist W(t) undefiniert. Andernfalls sei V' Parameterbelegung mit D(V')=$\{x_1,...,x_n\}$ und V'(x_i) = W(t_i) für i=1,...,n. Ist der Wert W(r) von r bezüglich V' definiert, so ist W(t)=W(r). Andernfalls ist W(t) undefiniert.

v)   Sei t ein geklammerter Term (u). Es ist S(t)=S(u), und ist der Wert W(u) von u bezüglich V definiert, so ist W(t) = W(u). Andernfalls ist W(t) undefiniert.

Man beachte noch, daß in Regel iii) zum Ausdruck kommt, daß alle Grundoperationen strikt sind. Regel iv) besagt, daß dies auch für Funktionen gilt. Wir werden darauf gleich noch zurückkommen.

Beispiel. F sei wie folgt vereinbart:

```
function F(x,y:integer)→integer
    body x*(-y)
endfunction
```

t sei der Term $(a + F(7,-b))*3$ des vorigen Beispiels. Unter der Annahme, daß + und * Operationen aus **INTEGER** sind, ist integer die Sorte von t. Der Wert von t bezüglich der Parameterbelegung $a \mapsto 4$, $b \mapsto -6$ berechnet sich wie folgt:

1) $\begin{aligned} W(t) &= W(a+F(7,-b)) \cdot W(3) \qquad &\text{(gemäß iii))} \\ &= [W(a)+W(F(7,-b))] \cdot 3 \qquad &\text{(gemäß iii) und i))} \\ &= [4+W(F(7,-b))] \cdot 3 \qquad &\text{(gemäß ii)).} \end{aligned}$

2) Bezüglich der Parameterbelegung $x \mapsto W(7)=7$, $y \mapsto W(-b)=-W(b)= -(-6)=6$ gilt

$$W(x*(-y)) = W(x) \cdot W(-y) \qquad \text{(gemäß iii))}$$
$$= 7 \cdot (-W(y)) \qquad \text{(gemäß ii) und iii))}$$
$$= 7 \cdot (-6) \qquad \text{(gemäß ii))}$$
$$= -42.$$

3) Gemäß iv) ist dann $W(F(7,-b)) = -42$; Einsetzen in 1) ergibt
$$W(t) = [4+(-42)] \cdot 3$$
$$= -114. \qquad \square$$

Parameterbelegungen wie etwa $a \mapsto 4$, $b \mapsto -6$ in diesem Beispiel werden wir im folgenden auch einfach in der Form $a=4$, $b=-6$ schreiben.

In der Mathematik ist es üblich, bei Präfix- und Infixschreibweise durch die Festlegung gewisser Prioritätsregeln für die Operationen Klammern einzusparen und damit die Lesbarkeit (für den Menschen!) zu erhöhen. Wir verfahren auch in AKS so und ordnen die Operationen gemäß folgender Tabelle in Prioritätsklassen:

Priorität	Operation
5	$\neg$, $-$ (1-stellig)
4	$*$, $/$, *DIV*, *MOD*
3	$+$, $-$ (2-stellig)
2	$=$, $\neq$, $\leq$, $<$, $\geq$, $>$
1	$\wedge$, $\vee$

Dazu legen wir fest, daß Operationen mit größerer Priorität stärker binden als solche mit kleinerer Priorität. Operationen mit gleicher Priorität binden umso stärker, je weiter links sie im Term stehen.

Beispiele. Wir schreiben

$$3+7*11 \qquad \text{für} \quad 3+(7*11),$$
$$a/b*c \qquad \text{für} \quad (a/b)*c.$$

In dem Beispielterm $(k*t*t)/(2*m)$ des vorigen Abschnitts haben wir schon bei $k*t*t$ ein Klammernpaar weggelassen (was auch ohne Prioritätsregel wegen der Assoziativität von $*$ gefahrlos ist). Den gesamten Term könnten wir jetzt noch etwas einfacher in der Form

$$k*t*t/(2*m)$$

schreiben. $\qquad \square$

Neben den einfachen Termen gibt es eine weitere Art von Termen, die das schon in Abschnitt 2.4 illustrierte Konzept der Fallunterscheidung formalisieren und **bedingte Terme** heißen. Wir erweitern also die Syntaxdefinition von Termen:

Syntaxdefinition.

$$\left.\begin{array}{l} Term ::= Objektbezeichnung| \\ \quad\quad\quad \vdots \\ \quad\quad (Term)| \\ \quad\quad bedingter\_Term \end{array}\right\} \text{wie bisher}$$

Die Syntax bedingter Terme ist gegeben durch:

Syntaxdefinition.

$$bedingter\_Term ::= \textbf{if } Bedingung \textbf{ then } Term$$
$$\big\{ \square \; Bedingung \textbf{ then } Term \big\}^*$$
$$\textbf{else } Term \textbf{ endif}$$

$$Bedingung ::= Term$$

Ein bedingter Term hat - anders ausgedrückt - die allgemeine Gestalt

$$(*) \qquad\qquad \begin{array}{l} \textbf{if } b_1 \textbf{ then } t_1 \\ \square \; b_2 \textbf{ then } t_2 \\ \quad \vdots \\ \square \; b_n \textbf{ then } t_n \\ \textbf{else } t_{n+1} \textbf{ endif} \end{array}$$

mit $n > 0$. Die Bedingungen $b_1,...,b_n$ sind dabei Terme der Sorte boolean; die Terme $t_1,...,t_{n+1}$ heißen **Zweige** des bedingten Terms und müssen alle von gleicher Sorte sein.

Eine weitere Zusatzforderung an bedingte Terme heben wir besonders heraus. Diese wird in Abschnitt 6.6 noch weiter diskutiert werden.

Zusatzforderung. Alle Bedingungen $b_1,...,b_n$ eines bedingten Terms t der Gestalt (*) schließen sich gegenseitig aus, d.h. bezüglich jeder Parameterbelegung V ist $W(b_i) = TRUE$ für höchstens ein $i = 1,...,n$.

Im Fall $n > 1$ heißt der Term (*) **bewachte Fallunterscheidung**, die Bedingungen $b_1,...,b_n$ heißen **Wächter**. Im Fall $n = 1$ hat (*) die Gestalt

$$\textbf{if } b \textbf{ then } t_1 \textbf{ else } t_2 \textbf{ endif}$$

und heißt **alternative Fallunterscheidung**.

Die Bedeutung eines Terms t der Gestalt (*) läßt sich informell wie folgt verstehen:

$$\text{Wert von } t = \begin{cases} W(t_1), & \text{falls } W(b_1) = TRUE, \\ \quad \vdots & \\ W(t_n), & \text{falls } W(b_n) = TRUE, \\ W(t_{n+1}) & \text{sonst.} \end{cases}$$

Beispiele. 1) Für $x \in$ integer ist der **Absolutbetrag** von x bestimmt durch die Funktion

```
function ABS(x: integer)→nat
  result Absolutbetrag
  body if x≥0 then x else -x endif
endfunction
```

(Man beachte, daß in beiden Zweigen des bedingten Terms eine Sortenanpassung mit *INTEGERNAT* unterstellt ist.)

2) Die folgende Funktion bestimmt die der Größe nach mittlere Zahl der drei (paarweise verschiedenen) Zahlen x,y,z:

```
function MITTE(x,y,z: integer)→integer
  pre x≠y, y≠z, x≠z
  result Die mittlere der Zahlen x,y,z
  body if x<y ∧ y<z then y
     ▯ x<z ∧ z<y then z
     ▯ y<x ∧ x<z then x
     ▯ y<z ∧ z<x then z
     ▯ z<x ∧ x<y then x
     else y endif
endfunction
```

3) Der 14. Februar ist der 45. Tag eines Jahres. Der folgende Algorithmus bestimmt allgemein zu einer Datumsangabe (Tag und Monat), der wievielte Tag in einem (Nicht-Schalt-) Jahr dadurch gegeben ist:

```
function TAG(t,m: nat)→nat
  pre t (Tag) und m (Monat, 1≤m≤12) stellen ein korrektes Datum
       eines Nicht-Schaltjahres dar; z.B.: t=14, m=2 stellt den
       14. Februar dar
  result Ist TAG(t,m)=k, so ist der durch t,m gegebene
         Tag der k-te Tag des Jahres
  body if m=1 then t
     ▯ m=2 then t+31
     ▯ 3≤m≤8 then t+59+((m-2)DIV 2)*31+((m-3)DIV 2)*30
     else t+59+((m-1)DIV 2)*31+((m-4)DIV 2)*30 endif
endfunction
```

(Von der Richtigkeit der Berechnung kann sich der Leser durch Betrachtung der möglichen Fälle leicht selbst überzeugen.)								▯

Zur formalen Bedeutungserklärung von bedingten Termen erweitern wir die rekursive Definition von W(t) und S(t) um folgende zusätzliche Regel:

Erweiterung der rekursiven Definition von W(t) (bezüglich V) und S(t).
vi) Sei t von der Form (∗). S(t) ist die Sorte der Zweige von t. W(b_1),...,
     W(b_n),W(t_1),...,W(t_{n+1}) seien die Werte (eventuell undefiniert) von
     $b_1,...,b_n$, $t_1,...,t_{n+1}$ bezüglich V.

a) Falls alle $W(b_i)$, $i=1,...,n$, definiert sind und $W(b_k)=TRUE$ ist für
    ein $k=1,...,n$, so ist $W(t)=W(t_k)$.
b) Falls $W(b_i)=FALSE$ ist für alle $i=1,...,n$, so ist $W(t)=W(t_{n+1})$.
c) Falls $W(b_k)$ für ein $k=1,...,n$ undefiniert ist, so ist $W(t)$ undefi-
    niert.

Diese formale Definition bestimmt $W(t)$ insbesondere auch für eventuell undefinierte $W(b_i)$ und $W(t_i)$. Ist ein $W(b_i)$ undefiniert, so ist $W(t)$
auch undefiniert. Ist dagegen ein $W(t_i)$ undefiniert, so kann $W(t)$ dennoch
definiert sein, wenn nämlich alle $W(b_j)$ definiert und $W(b_k)=TRUE$ für ein
$k \neq i$ ist. Die oben eingeführte Zusatzforderung gewährleistet, daß in Fall
a) der Definition die Auswahl des b_k mit $W(b_k)=TRUE$ eindeutig (deterministisch) ist.

Beispiele. 1) Sei t der Rumpf von *MITTE* aus dem vorigen Beispiel. Für
$x=17$, $y=5$, $z=-21$ ergibt sich $W(t)$ wie folgt: Für alle in t vorkommenden
Wächter b gilt $W(b)=FALSE$, z.B.:

$$W(y<x \wedge x<z) = W(5<17) \wedge W(5<-21) = TRUE \wedge FALSE = FALSE.$$

Damit ist $W(t)=W(y)=5$. Die Sorte von t ist integer.
   2) Sei t der Term

$$\textbf{if } x>0 \textbf{ then } x \textbf{ else } y/z \textbf{ endif}.$$

Für $x=5.1$, $y=3.7$, $z=0.0$ erhält man wegen $W(x>0)=TRUE$

$$W(t) = W(x) = 5.1.$$

Für $x=-5.1$, $y=3.7$, $z=0.0$ dagegen ist $W(x>0)=FALSE$ und $W(y/z)$ undefiniert, da $\frac{3.7}{0.0}$ nicht definiert ist. Somit ist hier auch $W(t)$ undefiniert. $\square$

Bedingte Terme beinhalten offenbar eine gewisse Nicht-Striktheit.
Wir nutzen dies zur Definition der beiden Operationen der sequentiellen
Konjunktion und Disjunktion:

```
module SBOOLEAN
    uses BOOLEAN
    sorts boolean
    functions SEQUND, SEQODER
    defined by
        function SEQUND(x,y:boolean)→boolean
            result Sequentielle Konjunktion
            body if x then y else FALSE endif
        endfunction,
        function SEQODER(x,y:boolean)→boolean
            result Sequentielle Disjunktion
            body if x then TRUE else y endif
        endfunction
endmodule
```

SEQUND und *SEQODER* sind gemäß der Termauswertungsregel iv)
jedoch zunächst strikte Funktionen. Der Wert etwa eines Aufrufs
SEQUND(t_1,t_2) ist undefiniert, wenn $W(t_2)$ undefiniert ist. Um die in den
Rümpfen der beiden Funktionen enthaltene Nicht-Striktheit zur Geltung
zu bringen, legen wir fest, daß - ausschließlich - zur Auswertung von
Aufrufen von *SEQUND* und *SEQODER* die Regel iv) ersetzt wird durch
folgende Regel iv'):

Erweiterung der Regel iv) der Definition von $W(t)$ (bezüglich V) und $S(t)$.
iv') Sei t ein Aufruf von *SEQUND* oder *SEQODER* mit aktuellen Parametern t_1,t_2. Es ist $S(t)=$boolean. r sei der Rumpf der Funktion, und
$W(t_1),W(t_2)$ seien die Werte (eventuell undefiniert) von t_1,t_2 bezüglich
V. V' sei Parameterbelegung mit $x \in D(V')$ und $V'(x)=W(t_1)$, falls $W(t_1)$
definiert ist, und $y \in D(V')$ und $V'(y)=W(t_2)$, falls $W(t_2)$ definiert ist.
Ist der Wert $W(r)$ von r bezüglich V' definiert, so ist $W(t)=W(r)$.
Andernfalls ist $W(t)$ undefiniert.

Daß *SEQUND* und *SEQODER* mit dieser zusätzlichen Festlegung
tatsächlich die Operationen $\otimes$ und $\oslash$ nachbilden, wird formal ausgedrückt durch folgende

Feststellung. *Für beliebige Terme* t_1, t_2 *der Sorte* boolean *(und beliebige
Parameterbelegung) gilt*

$$W(\textit{SEQUND}(t_1,t_2)) \; = W(t_1) \otimes W(t_2) \,,$$
$$W(\textit{SEQODER}(t_1,t_2)) = W(t_1) \oslash W(t_2) \,.$$

Beweis. Sei t der Term *SEQUND*(t_1,t_2). Ist $W(t_1)=FALSE$, so ergibt die
Auswertung von **if** x **then** y **else** *FALSE* **endif** für $x=W(t_1)$ den Wert
FALSE, gemäß Regel iv') gilt dann also $W(t)=FALSE$. Ist $W(t_1)=TRUE$,
so erhält man $W(t)=W(t_2)$, falls dies definiert ist, andernfalls ist $W(t)$ undefiniert. Ist $W(t_1)$ undefiniert, so ist auch $W(t)$ undefiniert. Dies entspricht genau der Definition von $W(t_1) \otimes W(t_2)$ in Abschnitt 1.2. Der Beweis für den zweiten Teil der Behauptung verläuft analog.   □

Der Modul **SBOOLEAN** kann als Erweiterung von **BOOLEAN** um die
Operationen *SEQUND* und *SEQODER* verstanden werden. Wir werden
diese Operationen häufig benutzen und zur besseren Lesbarkeit dabei
statt den Funktions-Identifikatoren *SEQUND* und *SEQODER* (unter ge-
ringfügiger Umgehung der Syntaxregeln) die Operatoren $\otimes$ bzw. $\oslash$ verwenden. Wir schreiben diese in Infixschreibweise und ordnen ihnen die
Priorität 1 zu.

Auf ähnliche Weise könnte man bei Bedarf auch andere Erweiterungen an den Moduln **BOOLEAN, NAT, INTEGER, REAL, CHAR** vornehmen.
Z.B. könnte man die nicht als Grundoperationen ausgezeichneten Operationen = und ≠ auf boolean einführen, die Gleichheit etwa als

```
function BOOLGLEICH(x,y:boolean)→boolean
   result BOOLGLEICH(x,y) ⇔ x=y
   body if x then y else ¬y endif
endfunction
```

Wir schließen diesen Abschnitt mit drei Bemerkungen zum Gebrauch von bedingten Termen. Die Funktion *ABS* aus einem vorhergehenden Beispiel hätte man auch mit einem anderen Rumpf definieren können:

$$\text{body if } x<0 \text{ then } -x \text{ else } x \text{ endif}$$

Allgemein gilt: Kehrt man die Bedingung in einer alternativen Fallunterscheidung in ihr "Gegenteil" und vertauscht die beiden Zweige, so erhält man einen gleichwertigen Term, d.h. es gilt (für beliebige Parameterbelegungen)

$$\text{W(if } b \text{ then } t_1 \text{ else } t_2 \text{ endif)} = \text{W(if } \neg b \text{ then } t_2 \text{ else } t_1 \text{ endif)}.$$

Eine andere, häufig anwendbare Wertgleichheit ist:

$$\text{W(if } b \text{ then } TRUE \text{ else } FALSE \text{ endif)} = \text{W}(b).$$

So kann z.B. die Funktion

```
function TEILBAR(x,y:nat)→boolean
   pre y≠0
   result TEILBAR(x,y) ⇔ x ist durch y teilbar
   body if x MOD y = 0 then TRUE else FALSE endif
endfunction
```

auch einfacher wie folgt angegeben werden:

```
function TEILBAR(x,y:nat)→boolean
   pre y≠0
   result TEILBAR(x,y) ⇔ x ist durch y teilbar
   body x MOD y = 0
endfunction
```

Gemäß unserer Syntaxdefinition können die Terme in einem bedingten Term selbst wieder bedingt sein. Dies führt zu "Schachtelungen" von Fallunterscheidungen, z.B.:

```
if x<y then if y<z then y
            ▯ y>z ∧ x<z then z
            else x endif
       else if x<z then x
            ▯ x>z ∧ y<z then z
            else y endif
endif
```

```
if x<y then if y<z then y
            else if x<z then z else x endif
            endif
```

```
                    else  if x<z then x
                          else if y<z then z else y endif
                          endif
        endif
```

Diese Terme sind (für paarweise verschiedene x,y,z) beide gleichwertig zum Rumpf der weiter oben definierten Funktion *MITTE*.

Der einfache Nachweis für die hier genannten Wertgleichheiten sei dem Leser überlassen.

3.4 Rekursion

Die Rekursion ist - insbesondere innerhalb des applikativen Algorithmusansatzes - das wichtigste algorithmische Konzept. Sie kann ohne zusätzliche syntaktische Erweiterungen im Rahmen der bisherigen Festlegungen beschrieben werden und führt zum Begriff der "rekursiven Funktion".

An vielen Stellen in den Kapiteln 1 und 2 ist bereits die besondere Bedeutung der Rekursion zur Konzeption von Algorithmen hervorgehoben. In Abschnitt 1.4 haben wir in mathematischem Kontext rekursive Abbildungsdefinitionen dadurch charakterisiert, daß dabei auf Anwendungen der zu definierenden Abbildung zurückgegriffen wird. Ein typisches Beispiel war die Fakultät ($n \in \mathbb{N}_0$):

$$n! = \begin{cases} 1, & \text{falls } n=0, \\ n \cdot (n-1)! & \text{sonst.} \end{cases}$$

Übertragen auf den jetzigen Kontext ist dieses Konzept bereits innerhalb des bisherigen Aufbaus von AKS beschreibbar. Im Rumpf einer Funktionsvereinbarung können Funktionsaufrufe stehen, und wir lassen auch zu, daß dabei die vereinbarte Funktion selbst aufgerufen wird, die Funktion sich also (direkt) auf sich selbst stützt. Dies entspricht gerade dem "Rückgriff" in obigem Sinne. Eine Funktion, die sich (direkt oder auch indirekt) auf sich selbst stützt, heißt **rekursiv**. Die Funktion *FAK* zur Berechnung von $n!$ für gegebenes $n \in$ nat läßt sich leicht als rekursive Funktion formulieren; man hat nur die obige Definition in AKS-Form zu übertragen:

```
function FAK(n:nat)→nat
    result FAK(n) = n!
    body if n=0 then 1 else n*FAK(n-1) endif
endfunction
```

Daß eine solche Vereinbarung nicht nur als Definition, sondern tatsächlich als Algorithmus zur Berechnung der vereinbarten Funktion angesehen werden kann, ist dadurch gerechtfertigt, daß die im vorigen Abschnitt definierte Auswertung einer Funktion für konkrete Parameterbelegungen auch in dieser Situation greift und "schematisch" durchführbar ist. Im Beispiel ist das "Ergebnis" (der Anwendung) von FAK für eine "Eingabe" $k \in \mathbb{N}_0$ gegeben durch

$$W(FAK(n)) \quad \text{bezüglich der Parameterbelegung } n=k$$

oder – gleichbedeutend – einfach durch $W(FAK(k))$. (Dieser Wert ist unabhängig von einer Parameterbelegung.) $W(FAK(3))$ errechnet sich z.B. wie folgt:

1) $W(FAK(3))$
$= W($if $n=0$ then 1 else $n * FAK(n-1)$ endif$)$ für $n=3$
$= W(n * FAK(n-1))$ für $n=3$ (da $W(n=0)=FALSE$ für $n=3$)
$= W(n) \cdot W(FAK(n-1))$ für $n=3$
$= 3 \cdot W(FAK(2))$.

2) $W(FAK(2))$
$= W($if $n=0$ then 1 else $n * FAK(n-1)$ endif$)$ für $n=2$
$= W(n * FAK(n-1))$ für $n=2$ (da $W(n=0)=FALSE$ für $n=2$)
$= W(n) \cdot W(FAK(n-1))$ für $n=2$
$= 2 \cdot W(FAK(1))$.

3) $W(FAK(1))$
$= W($if $n=0$ then 1 else $n * FAK(n-1)$ endif$)$ für $n=1$
$= W(n * FAK(n-1))$ für $n=1$ (da $W(n=0)=FALSE$ für $n=1$)
$= W(n) \cdot W(FAK(n-1))$ für $n=1$
$= 1 \cdot W(FAK(0))$.

4) $W(FAK(0))$
$= W($if $n=0$ then 1 else $n * FAK(n-1)$ endif$)$ für $n=0$
$= W(1)$ (da $W(n=0)=TRUE$ für $n=0$)
$= 1$.

5) Einsetzen des Ergebnisses von 4) in 3) ergibt: $W(FAK(1))=1 \cdot 1=1$.
6) Einsetzen des Ergebnisses von 5) in 2) ergibt: $W(FAK(2))=2 \cdot 1=2$.
7) Einsetzen des Ergebnisses von 6) in 1) ergibt: $W(FAK(3))=3 \cdot 2=6$.

Diese Auswertung von $FAK(3)$ zeigt eine charakteristische Systematik: In 1) wird zunächst $FAK(3)$ ausgewertet, bis man auf den Aufruf $FAK(n-1)$ für $n=3$, d.h. $FAK(2)$ stößt, der in einer neuen Rechnung 2) ausgewertet wird. Auch 2) ist zunächst nicht bis zu Ende zu führen, man braucht eine Auswertung von $FAK(1)$ in 3), und diese benötigt selbst noch eine Auswertung von $FAK(0)$ in 4). Verschiedene Aufrufe einer Funktion nennt man in solchem Zusammenhang **Inkarnationen** der Funktion; die in 1)-4) ausgedrückte "Aufrufreihenfolge" der Inkarnationen $FAK(3),...,$ $FAK(0)$ von FAK läßt sich anschaulich so darstellen:

$$FAK(3) \rightarrow FAK(2) \rightarrow FAK(1) \rightarrow FAK(0).$$

In Schritt 5) der Auswertung wird dann das Ergebnis von $FAK(0)$ zurückübertragen in die unterbrochene Auswertung von $FAK(1)$ in 3) und diese
zu Ende geführt. Das Ergebnis von $FAK(1)$ wird eingesetzt in 2) zur
Beendigung der Auswertung von $FAK(2)$; Einsetzen dieses Ergebnisses in
1) bringt schließlich die gesamte Auswertung zu Ende. Die "Übertragung
der Ergebnisse" der Inkarnationen $FAK(3),...,FAK(0)$ verläuft gerade in
umgekehrter Reihenfolge wie die Aufrufe, bildlich festgehalten durch:

$$FAK(3) \longleftarrow FAK(2) \longleftarrow FAK(1) \longleftarrow FAK(0).$$

Auf diese Beobachtung werden wir in Abschnitt 6.4 noch ausführlicher
zurückkommen.

Wir geben zwei weitere Beispiele rekursiver Funktionen. Man vergleiche dazu die entsprechenden mathematischen Definitionen in Abschnitt 1.4, die auch wieder lediglich "in AKS übersetzt" werden.

Beispiele. 1) Ein Algorithmus zur Berechnung der Summe $\sum_{i=m}^{n} i$ für $m,n \in \mathbb{N}_0$, $m \leq n$, ist gegeben durch die rekursive Funktion

```
function SUM(m,n:nat)→nat
   pre m ≤ n
   result Summe der Zahlen von m bis n
   body if m=n then m else m+SUM(m+1,n) endif
endfunction
```

2) Die Fibonacci-Abbildung wird durch folgende rekursive Funktion
berechnet:

```
function FIB(n:nat)→nat
   result n-te Fibonacci-Zahl
   body if n=0 ∨ n=1 then 1 else FIB(n-1) + FIB(n-2) endif
endfunction                                                          □
```

Eine Funktion ist, wie oben erklärt, auch rekursiv, wenn sie sich
nicht direkt, sondern nur indirekt auf sich selbst stützt. Eine derartige
verschränkte Rekursion tritt etwa auf, wenn zwei Funktionen F und G so
vereinbart sind, daß F sich auf G und G sich auf F (jeweils direkt) stützt.
Wir geben hierfür ein einfaches

Beispiel. Auf der Menge $\mathbb{N}_0 \times \mathbb{N}_0$ läßt sich auf vielfältige Weise eine totale Ordnung definieren; z.B. kann man die Paare wie folgt anordnen:

$$(0,0), \; (1.0), \; (0,1), \; (2,0), \; (1,1), \; (0,2), \; (3,0), \; (2,1), \; (1,2), \; (0,3), \; ... \; .$$

Die Unterklammerung deutet das Bildungsgesetz an: Nach dem Anfangspaar $(0,0)$ folgt die Gruppe der Paare (x,y) mit $x+y=1$, danach die Gruppe der (x,y) mit $x+y=2$, dann mit $x+y=3$ usw. Jede Gruppe mit $x+y=m$
beginnt mit $(m,0)$ und zählt dann m sukzessive um 1 bis 0 herunter. Wir

wollen nun zu gegebenem $n \in \mathbb{N}_0$ die beiden Komponenten des n-ten Paares $(x,y)_n$ in dieser Aufzählung bestimmen (wobei wir $(0,0)$ als 0-tes Paar zählen). Dies wird geleistet durch zwei Funktionen *PAAR1* und *PAAR2* mit der Funktionalität nat→nat, für die also gelten soll: $(x,y)_n =$ $(PAAR1(n), PAAR2(n))$. Für $n=0$ hat man

$$PAAR1(0) = PAAR2(0) = 0.$$

Für $n>0$ bestimmen sich die Komponenten wie folgt aus dem $(n-1)$-ten Paar: Ist $PAAR1(n-1)=0$, so ist $(x,y)_n$ das erste Paar einer neuen Gruppe, d.h.

$$PAAR1(n) = PAAR2(n-1)+1 \quad\text{und}\quad PAAR2(n) = 0.$$

Andernfalls ist gemäß der Reihenfolge innerhalb einer Gruppe

$$PAAR1(n) = PAAR1(n-1)-1 \quad\text{und}\quad PAAR2(n) = PAAR2(n-1)+1.$$

Das gesamte Verfahren läßt sich demnach als Modul mit den beiden verschränkt rekursiven Funktionen *PAAR1* und *PAAR2* darstellen:

```
module PAARORDNUNG
    uses NAT, SBOOLEAN
    sorts nat, boolean
    functions PAAR1, PAAR2
    defined by
        function PAAR1(n:nat)→nat
            result Erste Komponente des n-ten Paares
            body if n=0 then 0
                 [] n≠0 Ⓐ PAAR1(n-1)=0 then PAAR2(n-1)+1
                 else PAAR1(n-1)-1 endif
        endfunction,
        function PAAR2(n:nat)→nat
            result Zweite Komponente des n-ten Paares
            body if n=0 then 0
                 [] n≠0 Ⓐ PAAR1(n-1)=0 then 0
                 else PAAR2(n-1)+1 endif
        endfunction
endmodule                                                        □
```

Man beachte, daß außer der "Verschränkung" (*PAAR1* stützt sich auf *PAAR2*, und *PAAR2* stützt sich auf *PAAR1*) jede der beiden Funktionen sich zusätzlich direkt auf sich selbst stützt.

Dieses Beispiel illustriert auch erstmals eine Anwendung der sequentiellen Operation Ⓐ. Die Bedingung $n \neq 0$ Ⓐ $PAAR1(n-1)=0$ beschreibt den Fall, daß $n \neq 0$ "und" $PAAR1(n-1)=0$ gilt. Würde man dies naiv als

$$n \neq 0 \land PAAR1(n-1)=0$$

notieren, so wäre der Wert dieses Terms für $n=0$ undefiniert: $W(n-1)$ und damit gemäß unserer Auswertungsdefinition für bedingte Terme auch $W(PAAR1(n-1))$ sind nicht definiert. Nach dieser Definition wären dann die gesamten Rümpfe der beiden Funktionen für $n=0$ undefiniert. Die Wahl von Ⓐ anstelle von ∧ gewährleistet, daß für $n=0$ der betreffende Wächter den Wert *FALSE* und der gesamte Rumpf in beiden Funktionen somit den gewünschten Wert 0 erhalten.

Die aufgezeigte Anwendung - "Abschneiden" von eventuell undefinierten Teilauswertungen in Bedingungen - macht eine wesentliche Bedeutung der beiden Operationen Ⓐ und Ⓥ aus und wird im folgenden häufig in ähnlicher Weise vorkommen.

Erwähnt sei allerdings noch, daß man die Rümpfe von *PAAR1* und *PAAR2* auch ohne Verwendung von Ⓐ wertgleich durch geschachtelte alternative Fallunterscheidungen ausdrücken kann, z.B. in *PAAR1*:

```
if n=0 then 0
else if PAAR1(n-1)=0 then PAAR2(n-1)+1
        else PAAR1(n-1)-1
    endif
endif
```

Der einfache Beweis sei dem Leser überlassen.

3.5 Terminierung und Korrektheit rekursiver Funktionen

Bei Vereinbarung einer rekursiven Funktion ist nicht immer leicht einsichtig, daß damit überhaupt eine - und darüber hinaus auch noch die intendierte - Abbildung definiert ist. Derartige Korrektheits-Eigenschaften von Algorithmen können im Zweifelsfall nur durch formale Beweise präzise festgestellt werden. Dafür geben wir in diesem Abschnitt einige Beispiele.

Im vorigen Abschnitt haben wir eine Beispielauswertung der Funktion

```
function FAK(n:nat)→nat
    result FAK(n) = n!
    body if n=0 then 1 else n*FAK(n-1) endif
endfunction
```

für $n=3$ betrachtet. Es ist leicht einzusehen, daß die Auswertung für jede beliebige Parameterbelegung $n=k$, $k \in \mathbb{N}_0$, nach dem gleichen Schema verläuft und nach endlich vielen Auswertungsschritten ein Ergebnis - eben $k!$ - liefert. *FAK* beschreibt einen terminierenden Algorithmus; in mathematischer Sprechweise bedeutet dies, daß die Fakultätsabbildung ! durch die entsprechende rekursive Definition, die in *FAK* verwendet ist, für alle Argumente $n \in \mathbb{N}_0$ "wohldefiniert" ist. Nicht immer jedoch liefert eine Gleichung zwischen verschiedenen Anwendungen einer Abbildung not-

wendigerweise eine sinnvolle Definition. Ändert man z.B. die Definition
von ! geringfügig ab zu

$$n? = \begin{cases} 1, & \text{falls } n=0, \\ n\cdot(n+1)? & \text{sonst,} \end{cases}$$

so wird dadurch keine Abbildung (mit $\mathbb{N}_0$ als Definitionsbereich) definiert.
Dies erkennt man deutlich an der entsprechenden Funktion

```
function ENDLOS(n:nat)→nat
    body if n=0 then 1 else n*ENDLOS(n+1) endif
endfunction
```

die für $n=0$ zwar das Ergebnis 1 liefert, für beliebiges $n=k>0$ aber offenbar nicht auswertbar ist: Bei einer Auswertung würden endlos Inkarnationen

$$ENDLOS(k), \; ENDLOS(k+1), \; ENDLOS(k+1+1) \; \text{usw.}$$

erzeugt, ohne daß jemals ein Wert zurückgeliefert würde.

Allgemein definieren wir, daß eine Funktion F mit dem Rumpf t für
eine gegebene Parameterbelegung V *terminiert*, wenn die Bestimmung von
W(t) bezüglich V nach endlich vielen Anwendungen der Auswertungsre-
geln i)-vi) aus Abschnitt 3.3 einen definierten Wert ergibt.

Die Terminierung ist eine wichtige Anforderung an Funktionen, die
allerdings nicht immer so einfach einzusehen ist wie im Beispiel *FAK*.
Der strenge Formalismus bei der Definition von W(t) eröffnet die Möglichkeit, Terminierung in komplizierten Fällen formal zu beweisen. Ein
solcher Beweis verläuft in natürlicher Weise durch Induktion und könnte
für das einfache Beispiel *FAK* wie folgt durchgeführt werden: Die Behauptung, daß *FAK* für beliebiges $n=k$, $k\in\mathbb{N}_0$, terminiert, läßt sich formulieren als

W($FAK(k)$) *ergibt sich für beliebiges* $k\in\mathbb{N}_0$ *in endlich vielen Auswertungsschritten.*

Der Beweis hierfür erfolgt durch Induktion nach k: Für $k=0$ ist

$$\begin{aligned} W(FAK(k)) &= W(\text{if } n=0 \text{ then } 1 \text{ else } n*FAK(n-1)\text{endif}) \quad \text{für } n=0 \\ &= W(1) \\ &= 1 \end{aligned}$$

die endliche Auswertung von W($FAK(k)$). Sei nun $k>0$. Dann ist

$$\begin{aligned} W(FAK(k)) &= W(\text{if } n=0 \text{ then } 1 \text{ else } n*FAK(n-1)\text{endif}) \quad \text{für } n=k \\ &= W(n*FAK(n-1)) \quad \text{für } n=k \\ &= k\cdot W(FAK(k-1)). \end{aligned}$$

Nach Induktionsvoraussetzung läßt sich W($FAK(k-1)$) in endlich vielen
Schritten bestimmen. Nach Einsetzen muß nur noch eine Multiplikation

ausgeführt werden. Insgesamt ist $W(FAK(k))$ also in endlich vielen Schritten auswertbar.

Wir geben noch einige weitere nicht-triviale

Beispiele. 1) Die ***Ackermann-Funktion*** ist gegeben durch

```
function ACK(x,y:nat)→nat
    body if x=0 then y+1
        ▯ x≠0 ∧ y=0 then ACK(x-1,1)
        else ACK(x-1,ACK(x,y-1)) endif
endfunction
```

und terminiert für beliebiges $x=m$, $y=n$. Der Beweis hierfür verläuft durch Induktion nach m: Für $m=0$ ist die Behauptung trivial. Sei nun $m>0$. Zu zeigen ist, daß ACK für $x=m$, $y=n$ terminiert, und wir können als Induktionsvoraussetzung annehmen, daß gilt:

(*) ACK terminiert für $x=m-1$ und beliebiges $y=k$.

Wir wenden nun Induktion nach n an: ACK terminiert für $x=m$, $y=n=0$ nach (*), denn es ist $W(ACK(m,0)) = W(ACK(m-1,1))$. Im Fall $n>0$ ist $W(ACK(m,n)) = W(ACK(m-1,ACK(m,n-1)))$. Nach der Induktionsvoraussetzung (bezüglich n) terminiert ACK für $x=m$, $y=n-1$, und nach (*) terminiert ACK auch für $x=m-1$, $y=W(ACK(m,n-1))$.

2) Die beiden im vorigen Abschnitt vereinbarten Funktionen

```
function PAAR1(n:nat)→nat
    body if n=0 then 0
        ▯ n≠0 Ⓐ PAAR1(n-1)=0 then PAAR2(n-1)+1
        else PAAR1(n-1)-1 endif
endfunction,
function PAAR2(n:nat)→nat
    body if n=0 then 0
        ▯ n≠0 Ⓐ PAAR1(n-1)=0 then 0
        else PAAR2(n-1)+1 endif
endfunction
```

rühren nicht von einer mathematischen (rekursiven) Abbildungsdefinition her, sondern beschreiben eine "rekursive Beziehung" zwischen den Komponenten der aufgelisteten Paare aus $\mathbb{N}_0 \times \mathbb{N}_0$, die aus der Aufgabenstellung erst entwickelt wurde. Zumindest für den im Umgang mit Rekursionen Ungeübten ist es nicht offensichtlich, daß beide Funktionen (für beliebiges $n=k$) auch tatsächlich terminieren. Ein formaler Beweis läßt sich durch Induktion nach k erbringen. Für $k=0$ ist die Terminierung beider Funktionen klar. Für $k>0$ terminiert zunächst die Auswertung des Wächters $n≠0$ Ⓐ $PAAR1(n-1)$, da nach Induktionsvoraussetzung $PAAR1$ für $n=k-1$ terminiert. Da nach Induktionsvoraussetzung auch noch $PAAR2$ für $n=k-1$ terminiert, ist in beiden Funktionen die Auswertung des jeweils auszuwählenden Zweiges in endlich vielen Schritten gewährleistet. Damit terminieren $PAAR1$ und $PAAR2$ für $n=k$.

3) Für folgende Funktion ist die Terminierungsfrage nicht nur nicht-trivial, sondern sogar (bisher) ungelöst:

```
function UNKLAR(n:nat)→nat
   body if n=0 ∨ n=1 then 1
        ▯ n>1 ∧ n MOD 2 =1 then UNKLAR(3*n+1)
        else UNKLAR(n DIV 2) endif
endfunction
```

Schreiben wir kurz "$UNKLAR(k)=...$" statt "$W(UNKLAR(k))=...$", so gilt etwa:

$$
\begin{aligned}
UNKLAR(7) &= UNKLAR(22) = UNKLAR(11) = UNKLAR(34) \\
&= UNKLAR(17) = UNKLAR(52) = UNKLAR(26) \\
&= UNKLAR(13) = UNKLAR(40) = UNKLAR(20) \\
&= UNKLAR(10) = UNKLAR(5)\ \ = UNKLAR(16) \\
&= UNKLAR(8)\ \ = UNKLAR(4)\ \ = UNKLAR(2) \\
&= UNKLAR(1)\ \ = 1.
\end{aligned}
$$

Es ist jedoch ein offenes Problem, ob $UNKLAR$ für jedes $n=k$, $k\in\mathbb{N}_0$ terminiert.   □

Terminierung von Funktionen ist ein Teilaspekt des allgemeinen Begriffs der **Korrektheit** von Algorithmen. Dabei geht es nicht nur darum, daß eine Funktion überhaupt eine wohldefinierte Abbildung beschreibt, sondern ob sie auch tatsächlich die gewünschte darstellt. Im Fall der Funktion FAK ist dies offenbar keine Frage, denn die zu berechnende Abbildung ! ist ja gerade rekursiv so definiert, wie FAK es beschreibt. Im allgemeinen ist jedoch die Aufgabenstellung nicht schon in rekursiver Form gegeben; diese muß aus der nicht-rekursiven Definition erst entwickelt werden. Ein typisches Beispiel hierfür sind die beiden Funktionen $PAAR1$ und $PAAR2$ und ihre leicht nachvollziehbare Begründung im vorigen Abschnitt. In komplizierteren Fällen kann die Gewißheit, daß eine gefundene rekursive Fassung mit der nicht-rekursiven Definition übereinstimmt, wieder mit Hilfe formalen Beweisens erzielt werden. Die Feststellung von Terminierung bzw. Korrektheit von (auch nicht-rekursiven) Algorithmen nennt man allgemein deren **Verifikation**.

Einen einfachen Korrektheitsnachweis haben wir bereits in Abschnitt 3.3 für die nicht-rekursive Funktion $SEQUND$ durchgeführt. Als Beispiel für einen rekursiven Algorithmus betrachten wir die Berechnung des größten gemeinsamen Teilers $g(m,n)$ zweier Zahlen $m,n\in\mathbb{N}$. $g(m,n)$ ist definiert als die größte Zahl $k\in\mathbb{N}$, für die $k|m$ und $k|n$ gilt. Für g hat man

$$
(*)\qquad g(m,n) = \begin{cases} m, & \text{falls } m=n, \\ g(m-n,n), & \text{falls } m>n, \\ g(m,n-m), & \text{falls } m<n, \end{cases}
$$

was sich direkt in AKS formulieren läßt:

```
function GGT(m,n :nat)→nat
  pre m>0, n>0
  result GGT(m,n) = größter gemeinsamer Teiler von m und n
  body if m=n then m
       [] m>n then GGT(m-n,n)
          else GGT(m,n-m) endif
endfunction
```

Die Beziehung (∗) ist nicht trivial und sollte bewiesen werden. Den Beweis führen wir allerdings nicht für (∗), sondern gleich für die AKS-Fassung. Dieses Vorgehen ist auch allgemein wegen der präzisen Syntax und Semantik von Funktionsvereinbarungen sinnvoll. Bezeichnen wir der Einfachheit halber die möglichen Werte der formalen Parameter m und n ebenfalls mit m und n, so lautet die Behauptung: Für beliebige $m,n \in \mathbb{N}$ ist $GGT(m,n)$ der größte gemeinsame Teiler von m und n, d.h. es gilt $GGT(m,n)|m$ und $GGT(m,n)|n$, und es gibt kein $k>GGT(m,n)$ mit $k|m$ und $k|n$. (Wie im vorigen Beispiel schreiben wir hier und in späteren analogen Situationen $GGT(m,n)$ statt dem präziseren $W(GGT(m,n))$.) Man beachte, daß in dieser Behauptung die Terminierung von GGT eingeschlossen ist, denn es wird ja implizit mit behauptet, daß $GGT(m,n)$ für alle $m,n \in \mathbb{N}$ definiert (insbesondere in endlich vielen Schritten auswertbar) ist.

Wir beweisen die Behauptung durch Induktion nach $m+n$. Der kleinstmögliche Wert von $m+n$ ist 2 für $m=n=1$. Wegen $GGT(1,1)=1$ gilt die Behauptung in diesem Fall offensichtlich. Sei nun $m+n>2$. Wir unterscheiden die drei Fälle $m=n$, $m>n$ und $m<n$. Für $m=n$ ist $GGT(m,n)=m$, es gilt dann $m|m$ und $m|n$, und es gibt keine größere Zahl als m, die Teiler von m ist. Also gilt die Behauptung in diesem Fall. Ist $m>n$, so ist $GGT(m,n)=l$, wobei $l=GGT(m-n,n)$. Wegen $(m-n)+n=m<m+n$ können wir gemäß Induktionsvoraussetzung annehmen, daß gilt:

$$l|m-n, \quad l|n, \text{ und es gibt kein } k>l \text{ mit } k|m-n \text{ und } k|n.$$

Teilt eine Zahl zwei andere Zahlen, so teilt sie auch deren Summe. Also gilt $l|m-n+n$, d.h. $l|m$. Gäbe es ein $k>l$ mit $k|m$ und $k|n$, so würde dieses k mit m und n auch deren Differenz teilen, d.h. man hätte auch $k|m-n$ im Widerspruch zu obiger Eigenschaft von l. Somit hat man

$$l|m, \quad l|n, \text{ und es gibt kein } k>l \text{ mit } k|m \text{ und } k|n,$$

d.h. die Behauptung gilt auch in diesem Fall. Der verbleibende Fall $m<n$ erledigt sich ganz analog, womit die Korrektheit von GGT gezeigt ist.

Es sei noch angemerkt, daß Aussagen über die Daten, die in solchen Argumentationen verwendet werden (z.B.: ”Falls $k|m$ und $k|n$, so $k|m-n$”), in einem vollkommen formalen Beweis aus den Axiomen der entsprechenden abstrakten Datentyp-Definition gefolgert werden könnten.

3.6 Konstanten

Die in den Abschnitten 3.2-3.4 besprochenen Konzepte - Einsetzung von Operationen und Funktionen ineinander, Fallunterscheidung und Rekursion - sind, abgesehen von weiteren Datenstrukturierungen, die grundlegenden Bausteine applikativer Algorithmen. Jede überhaupt "algorithmisch berechenbare" Abbildung läßt sich
prinzipiell durch geeignete Anwendung dieser drei Mechanismen definieren. Wir
besprechen nun noch eine Ergänzung, die eher darstellungstechnischer Natur ist.
Der hier eingeführte Begriff der Konstanten ist zudem eine Art "Nahtstelle" zu
dem im folgenden Kapitel behandelten imperativen Algorithmuskonzept.

Wollte man im physikalischen Beispiel von Abschnitt 3.2 allein die verrichtete Arbeit a bestimmen, so könnte dies geschehen gemäß

$$a = k \cdot s = \frac{k \cdot k \cdot t \cdot t}{2 \cdot m} = \frac{(k \cdot t)^2}{2 \cdot m}.$$

Nehmen wir - als Modifizierung der Aufgabe - an, daß die Kraft k
durch drei Kräfte k_1, k_2 (gleichgerichtet) und k_3 (entgegengesetzt gerichtet) zusammengesetzt ist. Die Berechnung von a in Abhängigkeit von m, t,
k_1, k_2, k_3 ergibt sich dann gemäß

$$a = \frac{[(k_1 + k_2 - k_3) \cdot t]^2}{2 \cdot m},$$

in AKS-Notation also durch:

```
function ARB1(m, t, k1,k2,k3:real)→real
    pre m>0, t≥0
    result Verrichtete Arbeit bei Bewegung eines Körpers mit Masse
           m bei Einwirkung der Kräfte k1,k2 (gleichgerichtet) und
           k3 (gegengerichtet) nach Zeit t
    body (k1+k2-k3)*t*(k1+k2-k3)*t/(2*m)
endfunction
```

Im Rumpf von *ARB1* kommt zweimal der (Teil-) Term $(k1+k2-k3)*t$
vor. Dies ist allein schon schreibtechnisch aufwendig. In vergleichbarem
mathematischen Kontext würde man wohl für $(k1+k2-k3)*t$ eine abkürzende Bezeichnung einführen, etwa

$$z = (k1+k2-k3)*t$$

und den Ergebnisterm in *ARB1* dann so schreiben:

$$z*z/(2*m).$$

Zum schreibtechnischen Aspekt kommt noch hinzu, daß ein Term ja
den entsprechenden Berechnungsvorgang (auch bei einer maschinellen
Abarbeitung) widerspiegelt. Wir haben in Abschnitt 3.3 eine formale Definition der Termauswertung gegeben, die eine Abstraktion der Vorgehensweise darstellt, wie auch eine maschinelle Auswertung ablaufen

könnte: Alle in Termen vorkommenden Anwendungen von Operationen (und Funktionen) werden ausgewertet, im Ergebnisterm von *ARB1* also insgesamt 9 Operationen +,-,* bzw. /. Berechnet man zunächst mit drei Operationsanwendungen das "Zwischenergebnis" z wie oben angegeben, so erhält man das Ergebnis mit nur noch drei weiteren Anwendungen von * und /. Durch eine solche Bündelung der Berechnung wird deren reale Geschwindigkeit (***Effizienz***) erhöht. Die Effizienz von Algorithmen werden wir in Kapitel 7 noch ausführlich diskutieren. Die Vermeidung von Mehrfachauswertungen gleicher (Teil-) Terme ist ein erstes einfaches Beispiel für eine "Verbesserung" von Algorithmen hinsichtlich ihrer Effizienz.

Wir nehmen die Möglichkeit zur Einführung von "Zwischenberechnungen" in AKS auf und schreiben im Beispiel:

```
function ARB2(m,t,k1,k2,k3:real)→real
    pre m>0, t≥0
    result Arbeit
    body const z:real = (k1+k2-k3)*t;
        z*z/(2*m)
endfunction
```

Die Einführung der ***Konstanten*** z (mit Sortenangabe) geschieht in der ***Konstantenvereinbarung***

$$\text{const } z\text{:real} = (k1+k2-k3)*t$$

und auf diese folgt dann, durch ";" getrennt, die Berechnung des "End"-Ergebnisses wie bisher. Wir erweitern unsere syntaktische Definition von Funktionsrümpfen also noch einmal:

Syntaxdefinition.

$Fkt\text{-}Rumpf ::= \left\{ Vereinbarungsfolge; \right\}_0^1 Term$

$Vereinbarungsfolge ::= Konst\text{-}Vereinbarung \left\{ ;Konst\text{-}Vereinbarung \right\}^*$

$Konst\text{-}Vereinbarung ::= \textbf{const } Konstanten \left\{ ,Konstanten \right\}^* = Termliste$

$Konstanten ::= Konst\text{-}Ident \left\{ ,Konst\text{-}Ident \right\}^* : Sorte$

$Konst\text{-}Ident ::= Identifikator$

$Term ::= Objektbezeichnung \mid$
$\qquad \vdots$
$\qquad bedingter\_Term \mid \qquad \qquad \left. \right\} \text{ wie bisher}$
$\qquad Konst\text{-}Ident$

Gemäß dieser Definition ist es auch möglich, mehrere (paarweise verschiedene) Konstanten "simultan" zu vereinbaren, z.B.:

$$\text{const } a,b\text{:nat},c\text{:boolean} = 50\,DIV\,8,1000,x<y$$

Die Sortenangaben können dabei (analog wie bei Parametervereinbarungen) für mehrere Konstanten zusammengefaßt werden. Die rechts von ”=” stehenden Terme müssen von passenden Sorten sein (und in ihrer Anzahl mit den Konstanten übereinstimmen). Soll ein Term, für den eine Konstante b eingeführt wird, selbst eine andere Konstante a enthalten, so müssen a und b allerdings ”nacheinander” (durch ”;” getrennt) vereinbart werden, z.B.:

$$\textbf{const } a\text{:nat} = 50\,DIV\,8;$$
$$\textbf{const } b\text{:nat} = a*a$$

Auf derartige aufeinanderfolgende Berechnungen werden wir im nächsten Kapitel in größerem Zusammenhang zurückkommen.

Schließlich haben wir in die Syntaxdefinition noch aufgenommen, daß Konstanten nun auch Terme oder Bestandteile von Termen sein können. Der Wert $W(c)$ einer Konstanten c ist der Wert des Terms t, für den c eingeführt ist, die Sorte $S(c)$ von c ist in der Vereinbarung von c gegeben. Für $\textbf{const } a,b\text{:nat},c\text{:boolean} = 50\,DIV\,8,1000,x<y$ gilt z.B.:

$$W(a)=6,\ W(b)=1000,\ W(c)=W(x<y),$$
$$S(a)=\text{nat},\ S(b)=\text{nat},\ S(c)=\text{boolean}.$$

4 Konzepte imperativer Algorithmen

4.1 Prozeduren, Variablen, Zuweisungen

Nach der Diskussion grundlegender applikativer Konzepte im vorigen Kapitel behandelt Kapitel 4 nun die in Abschnitt 2.4 durch die Algorithmen W1, W2, W3 und W6 angedeutete operative Auffassung von Algorithmen als "Steuerung von Aktionen". Wir beginnen mit der Einführung dreier Grundkonzepte dieser Sichtweise: Prozeduren, die den Funktionen der applikativen Programmierung entsprechen, sowie Variablen und Zuweisungen als Verallgemeinerung von Konstanten und deren Vereinbarung.

Eine Funktionsvereinbarung wie etwa

```
function ARB1(m,t,k1,k2,k3:real)→real
    pre m>0, t≥0
    body (k1+k2-k3)*t*(k1+k2-k3)*t/(2*m)
endfunction
```

(vgl. Abschnitt 3.6) stellt den funktionalen Zusammenhang zwischen Eingabe- und Ergebniswerten dar. Sie könnte intuitiv gelesen werden als:

$$\text{"Der Ergebniswert (des Algorithmus } ARB1 \text{) für}$$
$$\text{Eingabewerte } m,t,k1,k2,k3 \text{ ist } \frac{[(k1+k2-k3)\cdot t]^2}{2\cdot m} \text{."}$$

Das in Abschnitt 3.6 besprochene Konzept von "Zwischenberechnungen" beinhaltet gewisse "operative" Aspekte: In der Funktion

```
function ARB2(m,t,k1,k2,k3:real)→real
    pre m>0, t≥0
    body const z:real = (k1+k2-k3)*t;
        z*z/(2*m)
endfunction
```

(ebenfalls aus Abschnitt 3.6) kann die Vereinbarung der Konstanten z als eine "Aktion" (Berechnung des Zwischenergebnisses $(k1+k2-k3)\cdot t$ und Bezeichnung dieses Wertes durch z) aufgefaßt werden. Zudem ist - syntaktisch ausgedrückt durch ";" - explizit eine Reihenfolge zwischen dieser Aktion und der Bestimmung des Gesamtergebnisses festgehalten. Die Vereinbarung von $ARB2$ kann informell gelesen werden als:

"Berechne $(k1+k2-k3)\cdot t$ (mit den Eingabewerten $k1,k2,k3,t$)
und bezeichne das Ergebnis mit z;
dann gilt: Der Ergebniswert (des Algorithmus $ARB2$) für
Eingabewerte $m,t,k1,k2,k3$ ist $\dfrac{z\cdot z}{2\cdot m}$."

In dieser Sichtweise liegt es nahe, die Bestimmung des Ergebniswertes nicht als "mathematische Definition", sondern ebenfalls als eine Aktion von gleicher Art wie die Zwischenberechnung von $(k1+k2-k3)\cdot t$ zu notieren:

"Berechne $(k1+k2-k3)\cdot t$ (mit den Eingabewerten $k1,k2,k3,t$)
und bezeichne das Ergebnis mit z;
(anschließend:) berechne $\dfrac{z\cdot z}{2\cdot m}$ (mit Eingabewert m)
und bezeichne das Ergebnis mit a."

Diese ("zeitliche") Abfolge von Berechnungsschritten beschreibt den Algorithmus in seiner - in Abschnitt 2.4 als Alternative zur applikativen Auffassung genannten - *imperativen* (oder auch: *prozeduralen*) Form. Wir stellen ihn in AKS durch eine *Prozedur ARB3* dar:

```
procedure ARB3(m,t,k1,k2,k3:real,out a:real)
   pre m>0, t≥0,
   result a = verrichtete Arbeit bei Bewegung eines Körpers mit
              Masse m bei Einwirkung der Kräfte k1,k2 (gleichgerichtet)
              und k3 (gegengerichtet) nach Zeit t
   body const z:real = (k1+k2-k3)*t;
        a := z*z/(2*m)
endprocedure
```

Die Schlüsselwörter **pre**, **result** und **body** werden in dieser *Prozedurvereinbarung* in analoger Weise benutzt wie bei Funktionen; **body** leitet den (*Prozedur-*) *Rumpf* ein. Die Größe a, die in der informellen Fassung noch mit z zu vergleichen ist, spielt eine Sonderrolle: Unter a ist das Endergebnis von $ARB3$ "hinterlegt". a heißt (*formaler*) *Ausgabeparameter* und ist mit spezieller Kennzeichnung durch das Schlüsselwort **out** (und Sortenangabe) in die *Parametervereinbarung* (formale Parameterliste) von $ARB3$ aufgenommen. Die übrigen Parameter heißen jetzt (*formale*) *Eingabeparameter*.

Die "Berechnung von $\dfrac{z\cdot z}{2\cdot m}$ und Bezeichnung durch a" geschieht in einer neuen Form

$$a := z*z/(2*m)$$

Dies ist eine (*Wert-*) *Zuweisung* (des Terms $z*z/(2*m)$ an a), die das Konzept der Konstantenvereinbarung verallgemeinert und nun zusammen mit einem weiteren Grundkonzept imperativer Algorithmen erläutert werden soll. Dazu betrachten wir als Beispiel die Berechnung von $f(x)$ für gegebenes $x \neq -1$, wobei $f: \mathbb{R} \to \mathbb{R}$ definiert sei durch:

$$f(x) = \left(x + 1 + \frac{1}{x+1} \right)^2 \qquad \text{für } x \neq -1.$$

Eine naheliegende Aufteilung der Berechnung des Terms $\left(x + 1 + \frac{1}{x+1} \right)^2$ können wir mit den bisher eingeführten Konzepten wie folgt beschreiben:

```
const y1:real = x+1;
const y2:real = y1+1/y1;
const y3:real = y2*y2
```

Diesen Berechnungsvorgang kann man sich anschaulich so vorstellen: $y1,y2,y3$ repräsentieren drei "Zettel", auf die der Reihe nach die einzelnen Rechenergebnisse geschrieben werden und von denen bei Bedarf der betreffende Wert abgelesen wird[1]. Dabei bemerken wir folgende Eigentümlichkeit: Sobald der (in der ersten Zeile berechnete) Wert von $y1$ zur Berechnung von $y1+1/y1$ benutzt ist, wird er im folgenden nicht mehr benötigt. In unserem Bild: Nach dem Ablesen (und der Verwendung) des Wertes von Zettel $y1$ kann dieser Zettel "radiert" und statt eines neuen Zettels $y2$ auch zur Niederschrift des Wertes von $y1+1/y1$ verwendet werden. Gleiches gilt für den folgenden Schritt: Insgesamt kommt man mit einem einzigen Zettel y aus, auf dem nacheinander die drei Rechenergebnisse aufgeschrieben und (außer dem letzten) wieder gelöscht werden. Formal heißt y eine **Variable** (im Gegensatz zu den "nicht radierbaren" Konstanten $y1,y2,y3$); die drei Berechnungsschritte notieren wir in der neuen Form in AKS wie folgt:

$$
\begin{aligned}
y &:= x+1; \\
y &:= y+1/y; \\
y &:= y*y
\end{aligned}
$$

Dies sind drei Zuweisungen, und die informelle Bedeutung etwa von $y := y+1/y$ ist wie folgt gegeben:

- Der Term $y+1/y$ wird mit dem "derzeitigen" Wert von y ausgewertet (Terme dürfen jetzt auch Variablen enthalten);
- das Ergebnis der Auswertung wird neuer Wert von y.

Damit ist auch die Wirkungsweise der Zuweisung

$$a := z*z/(2*m)$$

im vorangegangenen Beispiel erklärt, wenn wir noch hinzufügen, daß Ausgabeparameter in ihrer Handhabung als "Zettel" mit Variablen gleichzusetzen sind. Eine formale Bedeutungserklärung wird im nächsten Abschnitt angegeben.

---

[1] Dieses Bild entspricht durchaus der Realität in einer Rechenanlage. Dort werden "Zettel" durch Speicherzellen realisiert.

Variablen werden in **Variablenvereinbarungen** unter dem Schlüsselwort **var** mit Sortenangabe, jedoch - anders als Konstanten - ohne gleich-
zeitige (erste) Wertfestlegung vereinbart; die gesamte Prozedur zur obigen Berechnung der Abbildung f kann in AKS wie folgt notiert werden:

```
procedure FBERECHN(x:real,out erg:real)
   pre x≠-1
   result erg = f(x)
   body var y:real;    (* Vereinbarung der Variablen y *)
        y := x+1;
        y := y+1/y;
        y := y*y;
        erg := y
endprocedure
```

In der letzten Zeile des Rumpfs von *FBERECHN* wird das Ergebnis
der Berechnung, das ja dann der Wert von y ist, an den Ausgabeparameter *erg* zugewiesen. Da *erg* - wie eben gesagt - hinsichtlich Zuweisungen
von Werten völlig gleichartig benutzt werden kann wie die Variable y,
könnten wir hier sogar noch einen Schritt weitergehen, den "Hilfszettel"
y auch vermeiden und *erg* als einzigen Zettel benutzen:

```
procedure FBERECHN1(x:real,out erg:real)
   pre x≠-1
   result erg = f(x)
   body erg := x+1;
        erg := erg+1/erg;
        erg := erg*erg
endprocedure
```

Offensichtlich ist, daß Variablen immer auch statt Konstanten verwendet werden können, z.B.:

```
procedure ARB4(m,t,k1,k2,k3:real,out a:real)
   pre m>0, t≥0
   result Arbeit
   body var z:real;
        z := (k1+k2-k3)*t;
        a := z*z/(2*m)
endprocedure
```

Das Konzept der Zuweisung läßt sich noch ein wenig erweitern. Analog zur simultanen Vereinbarung von Konstanten lassen wir **Mehrfachzuweisungen** an Variablen $x_1,...,x_n$ in der Form

$$x_1,...,x_n := ...$$

zu. Ein Beispiel ist

$$x,y := x+1,x+y$$

Die Wirkung besteht - in unserem anschaulichen Bild - darin, daß aus
den Werten $\hat{x}$ und $\hat{y}$, die auf den Zetteln x bzw. y stehen, die Werte $\hat{x}+1$

und $\hat{x}+\hat{y}$ berechnet und die neuen Werte von x bzw. y werden. Man beachte, daß sich diese Wirkung von dem Effekt der beiden aufeinander folgenden Einzelzuweisungen

$$x := x+1;$$
$$y := x+y$$

unterscheidet. Stehen zu Beginn wieder $\hat{x}$ und $\hat{y}$ auf den Zetteln, so wird auch hier $\hat{x}+1$ neuer Wert von x. Dieser Wert wird bei der Berechnung von $x+y$ in der nachfolgenden Zuweisung benutzt; y erhält somit $\hat{x}+\hat{y}+1$ als neuen Wert.

Wir geben nun präzise Syntaxdefinitionen für die eingeführten Konzepte (wobei wir einige bisherige Definitionen erweitern bzw. modifizieren müssen):

Syntaxdefinition.

$$Proz\text{-}Vereinbarung ::=$$
$$\textbf{procedure } Proz\text{-}Ident\left\{(Param\text{-}Vereinbarung)\right\}_0^1$$
$$\left\{\textbf{pre } Kommentartext\right\}_0^1$$
$$\left\{\textbf{result } Kommentartext\right\}_0^1$$
$$\textbf{body } Proz\text{-}Rumpf$$
$$\textbf{endprocedure}$$

$$Proz\text{-}Ident ::= Identifikator$$

$$Param\text{-}Vereinbarung ::= Parameter\left\{, Parameter\right\}^* \quad \text{(wie bisher)}$$

$$Parameter ::= \left\{\textbf{out}\right\}_0^1 Parameter\text{-}Ident\left\{, Parameter\text{-}Ident\right\}^*:Sorte$$

Man beachte, daß eine formale Parameterliste mehr als einen Ausgabeparameter enthalten kann. In der Prozedur

```
procedure POT234(x:real, out x2,x3,x4:real)
    result x2 = x², x3 = x³, x4 = x⁴
    body x2 := x*x;
         x3,x4 := x2*x, x2*x2
endprocedure
```

werden z.B. für gegebenes x die Werte von x^2, x^3 und x^4 berechnet und "auf $x2,x3,x4$ hinterlegt".

Die Definition von Prozedurrümpfen lassen wir noch offen (bis Abschnitt 4.3). Gemäß den bisherigen Beispielen können sie außer Konstantenvereinbarungen (eventuell mehrere) Variablenvereinbarungen und Zuweisungen enthalten, die jeweils durch ";" getrennt werden und wie folgt definiert sind:

Syntaxdefinition.

$$Var\text{-}Vereinbarung ::= \textbf{var } Var\text{-}Ident\left\{, Var\text{-}Ident\right\}^*: Sorte$$

$$Var\text{-}Ident ::= Identifikator$$

$$\begin{aligned}
&Zuweisung ::= Ziel\left\{,Ziel\right\}^* := Termliste \\
&Ziel ::= Var\text{-}Ident\,|\,Parameter\text{-}Ident \\
&Term ::= Objektbezeichnung\,| \\
&\qquad\quad\vdots \\
&\qquad Konst\text{-}Ident\,| \\
&\qquad Var\text{-}Ident
\end{aligned}\right\}\ \text{wie bisher}$$

Dabei dürfen nur solche Parameter auf der linken Seite einer Zuweisung
(als Ziel) auftreten, die in einer formalen Parameterliste unter **out** aufgeführt sind. Diese können bereits nach den bisherigen Syntaxregeln in
Termen vorkommen. Neu hinzugefügt ist noch, daß Terme jetzt auch Variablen (in "sortenkonsistenter" Weise) enthalten können. In einer Zuweisung müssen die Ziele paarweise verschieden sein und in Anzahl und Sorten (unter eventueller impliziter Sortenanpassung) mit den zugewiesenen
Termen übereinstimmen. Die Sorten von Variablen und Ausgabeparametern sind durch die betreffenden Vereinbarungen gegeben. Die Erweiterung der Definition der Sorte eines Terms auf die neue Situation ist offensichtlich. Die Auswertung von Termen im jetzigen Kontext wird im
nächsten Abschnitt in allgemeinerem Rahmen besprochen.

4.2 Prozeduraufrufe

Im vorigen Abschnitt ist definiert, wie Prozeduren vereinbart (definiert) werden.
Jetzt besprechen wir, wie Prozeduren angewendet werden können. Zur Präzisierung unserer informellen Vorstellungen geben wir auch - durch Einführung eines
Zustandsbegriffs - eine formale Beschreibung der Berechnungsvorgänge, die durch
imperative Konzepte repräsentiert werden.

Prozeduren beschreiben Algorithmen in imperativer Form, wie Funktionen
dies im applikativen Sinne tun. Es muß nun noch geklärt werden, wie Prozeduren **aufgerufen** werden, d.h. wie solche Algorithmen (mit gewissen
Eingabewerten) ablaufen und was sie bewirken. Wir wollen dies sowohl in
unserem anschaulichen "Zettelbild" des vorigen Abschnitts als auch - zur
Präzisierung - formal beschreiben und beginnen mit einer formalen Be-
deutungsbestimmung für die bereits eingeführten Konzepte. Dazu definieren wir zunächst:

Ein **Zustand** ist eine Menge η von Paaren $\zeta = (x,d)$ mit folgenden Eigenschaften:

- x ist ein formaler Parameter, eine Konstante oder eine Variable und
  heißt **Name** von ζ.

- d ist ein Objekt der Sorte von x oder undefiniert und heißt **Inhalt** von ζ.
- η enthält keine zwei verschiedenen Paare (x,d_1), (x,d_2) mit gleichem Namen x.

Ein Paar (x,d) formalisiert das Bild eines "Zettels x, auf dem der Wert d steht". (x,ω) kann als "leerer Zettel" verstanden werden. (ω steht wieder für "undefiniert".) In Anlehnung an diese informelle Vorstellung stellen wir die Paare (x,d) eines Zustands häufig bildlich dar in der Form

$$x \;\boxed{\quad d \quad}\;,$$

falls x Variable oder Ausgabeparameter ist, und als

$$x \;\boxed{\boxed{\quad d \quad}}\;,$$

falls x Konstante oder Eingabeparameter ist. Zur einheitlichen Behandlung sind nun auch Eingabeparameter unter den Zustandsbegriff subsumiert; die unterschiedlichen Bilder sollen an vorhandene bzw. nicht vorhandene "Radierbarkeit" erinnern.

Es sei nun η ein Zustand und t ein Term. η definiert eine Parameterbelegung V_η (für Eingabeparameter) im Sinne von Abschnitt 3.3: $D(V_\eta)$ ist die Menge der Eingabeparameter y mit $(y,d)\in\eta$, $d\neq\omega$, und für diese y ist $V_\eta(y)=d$. Damit läßt sich der **Wert** $W_\eta(t)$ **von** t **im Zustand** η definieren, indem man die rekursive Definition von $W(t)$ (bezüglich V_η) aus Abschnitt 3.3 für $W_\eta(t)$ übernimmt und um die folgende Regel ergänzt ($N(\eta)$ bezeichne die Menge aller Namen von Elementen von η):

Erweiterung der rekursiven Definition von $W(t)$ (jetzt $W_\eta(t)$).

vii) Ist t eine Variable, Konstante oder ein Ausgabeparameter x und $(x,d)\in\eta$, $d\neq\omega$, so ist $W_\eta(t)=d$. Ist $(x,\omega)\in\eta$ oder $x\notin N(\eta)$, so ist $W_\eta(t)$ undefiniert.

Sei nun $\mathfrak{a}$ eine Variablen- oder Konstantenvereinbarung oder eine Zuweisung. $\mathfrak{a}$ bewirkt eine "Zustandsänderung": Ist η ein Zustand, so ist der **Nachfolgezustand** $\Phi(\eta,\mathfrak{a})$ von η bezüglich $\mathfrak{a}$ festgelegt wie folgt:

- Ist $\mathfrak{a}$ eine Vereinbarung von Variablen $x_1,...,x_n$, $n\geq1$, so ist $\Phi(\eta,\mathfrak{a})=\eta\cup\{(x_1,\omega),...,(x_n,\omega)\}$. Dabei sei angenommen, daß $x_1,...,x_n\notin N(\eta)$ gilt.
- Sei $\mathfrak{a}$ eine Vereinbarung von Konstanten $c_1,...,c_m$, $m\geq1$, die für Terme $t_1,...,t_m$ eingeführt werden. Sind alle Werte $W_\eta(t_1),...,W_\eta(t_m)$ definiert, so ist $\Phi(\eta,\mathfrak{a})=\eta\cup\{(c_1,W_\eta(t_1)),...,(c_m,W_\eta(t_m))\}$; andernfalls ist $\Phi(\eta,\mathfrak{a})$ undefiniert. Dabei sei angenommen, daß $c_1,...,c_m\notin N(\eta)$ gilt.
- Seien $\mathfrak{a}$ eine Zuweisung von Termen $t_1,...,t_k$, $k\geq1$, an Variablen oder Ausgabeparameter $x_1,...,x_k$ und $\zeta_1,...,\zeta_k$ Elemente in η mit Namen $x_1,...,x_k$ (es sei angenommen, daß η für jedes $i=1,...,k$ ein - und damit genau ein - solches ζ_i enthält). Sind alle Werte $W_\eta(t_1),...,W_\eta(t_k)$ defi-

niert, so ist $\Phi(\eta,\mathfrak{a}) = (\eta \setminus \{\zeta_1,...,\zeta_k\}) \cup \{(x_1,W_\eta(t_1)),...,(x_k,W_\eta(t_k))\}$; andernfalls ist $\Phi(\eta,\mathfrak{a})$ undefiniert.

Ist $\Phi(\eta,\mathfrak{a}) = \eta'$, so schreiben wir auch

$$\eta \xrightarrow{\ \mathfrak{a}\ } \eta'$$

und sagen: "Die Ausführung von $\mathfrak{a}$ im Zustand η ergibt den Zustand η'".

Ist $\mathfrak{r}$ eine (durch ";" getrennte) Folge $\mathfrak{a}_1;\mathfrak{a}_2;...;\mathfrak{a}_l$ ($l \geq 1$) von Variablen- und Konstantenvereinbarungen und Zuweisungen (wie sie gemäß unseren Beispielen als Rumpf einer Prozedur auftreten kann) und gilt

$$\eta \xrightarrow{\ \mathfrak{a}_1\ } \eta_1, \quad \eta_1 \xrightarrow{\ \mathfrak{a}_2\ } \eta_2, \quad \eta_2 \xrightarrow{\ \mathfrak{a}_3\ } \eta_3, \quad ..., \quad \eta_{l-1} \xrightarrow{\ \mathfrak{a}_l\ } \eta_l,$$

so heißt η_l **Nachfolgezustand** von η bezüglich $\mathfrak{r}$. Wir schreiben $\eta_l = \Phi(\eta,\mathfrak{r})$ oder

$$\eta \xrightarrow{\ \mathfrak{r}\ } \eta_l$$

mit einer analogen Sprechweise wie oben. Ist einer der Zustände η_1,η_2, ...,η_l nicht definiert, so ist die Ausführung von $\mathfrak{r}$ in η nicht definiert.

Beispiele. 1) $\mathfrak{r}$ sei der Rumpf

```
var y:real;
y := x+1;
y := y+1/y;
y := y*y;
erg := y
```

der Prozedur *FBERECHN* aus dem vorigen Abschnitt. Die Ausführung von $\mathfrak{r}$ im Zustand $\eta = \{(x,1.5),(erg,\omega)\}$ ergibt einen Zustand $\eta_5 = \Phi(\eta,\mathfrak{r})$ gemäß folgendem Bild:

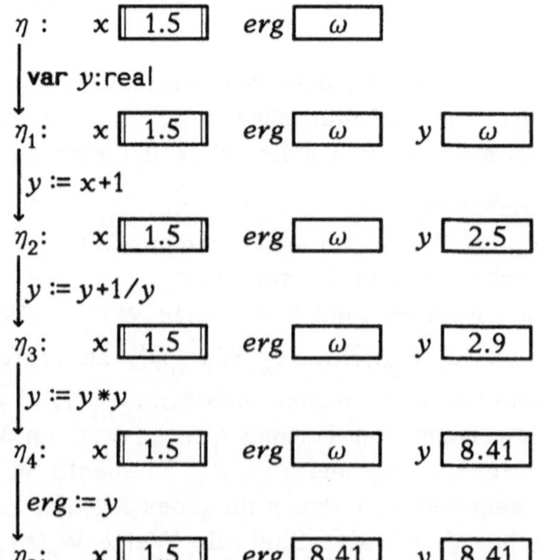

$$
\begin{array}{llll}
\eta: & x\ \boxed{1.5} & erg\ \boxed{\omega} & \\
\ \big\downarrow \textbf{var } y\text{:real} & & & \\
\eta_1: & x\ \boxed{1.5} & erg\ \boxed{\omega} & y\ \boxed{\omega} \\
\ \big\downarrow y := x+1 & & & \\
\eta_2: & x\ \boxed{1.5} & erg\ \boxed{\omega} & y\ \boxed{2.5} \\
\ \big\downarrow y := y+1/y & & & \\
\eta_3: & x\ \boxed{1.5} & erg\ \boxed{\omega} & y\ \boxed{2.9} \\
\ \big\downarrow y := y*y & & & \\
\eta_4: & x\ \boxed{1.5} & erg\ \boxed{\omega} & y\ \boxed{8.41} \\
\ \big\downarrow erg := y & & & \\
\eta_5: & x\ \boxed{1.5} & erg\ \boxed{8.41} & y\ \boxed{8.41}
\end{array}
$$

Dies formalisiert die Bedeutung von *FBERECHN*, daß für den Parameterwert $x=1.5$ der Wert $f(x)=8.41$ errechnet und als Inhalt von *erg* hinterlegt wird.

In der Vorbedingung von *FBERECHN* ist $x \neq -1$ gefordert. Enthielte η statt $(x,1.5)$ das Element $(x,-1.0)$, so wäre die Ausführung von r in η nicht definiert, da dann $W_{\eta_2}(y+1/y)$ undefiniert wäre.

2) Die ebenfalls im vorigen Abschnitt betrachtete Mehrfachzuweisung $x,y := x+1,x+y$ verändert den Zustand $\eta=\{(x,17),(y,3)\}$ wie folgt:

$$\eta: \quad x \boxed{17} \quad y \boxed{3}$$
$$\downarrow \; x,y := x+1,x+y$$
$$\eta': \quad x \boxed{18} \quad y \boxed{20} \qquad\qquad \square$$

Nach diesen Vorbereitungen sind wir nun auch in der Lage festzulegen, wie Aufrufe von Prozeduren geschehen können und was sie bewirken. Eine Prozedur wie etwa

```
procedure ARB3(m,t,k1,k2,k3:real, out a:real)
    pre m>0, t≥0
    body const z:real = (k1+k2-k3)*t;
         a := z*z/(2*m)
endprocedure
```

kann man sich vorstellen als "schwarzen Kasten", der bei Eingabe von Werten für $m,t,k1,k2,k3$ ein Ergebnis berechnet und dies – gemäß unserem bisherigen anschaulichen Bild – auf einen Zettel schreibt. Dieser Zettel ist im Inneren des schwarzen Kastens unter der Bezeichnung a zugänglich. Das Ergebnis erhält man außerhalb von *ARB3* gemäß folgendem Bild: Der Prozedur wird der Zettel, den sie unter der Bezeichnung a ansprechen kann, bei der Eingabe der Werte für $m,t,k1,k2,k3$ (**Parameterübergabe**) "unterlegt", indem ein außerhalb bereitgestellter (leerer) Zettel, etwa b, mit "in den Kasten gesteckt" (formal: als aktueller Parameter für a mit übergeben) wird. Nach Beendigung der Prozeduraktionen kann der Zettel, auf dem sich dann der von der Prozedur berechnete Wert befindet, wieder aus dem Kasten "herausgezogen" und unter der Bezeichnung b weiterverwendet werden.

Formal definieren wir:

Syntaxdefinition.

$$Proz\text{-}Aufruf ::= Proz\text{-}Ident \left\{(Termliste)\right\}_0^1$$

Als aktuelle Parameter eines Prozeduraufrufs, die zu formalen Ausgabeparametern korrespondieren, sind dabei nur (Identifikatoren für) Variablen oder – wie wir noch sehen werden – selbst wieder formale Ausgabeparameter erlaubt. Aktuelle Parameter für Eingabeparameter sind nach wie vor beliebige Terme. Insgesamt müssen wieder Anzahl und Sorten der aktuellen und der formalen Parameter übereinstimmen.

Beispiel. Sind y und b Variablen der Sorte real, so ist

$$ARB3(2.5, y+6.8, 1.3, 3.2, 4.1, b)$$

ein möglicher Aufruf von *ARB3*.

$$ARB3(2.5, y+6.8, 1.3, 3.2, 4.1, 7.0)$$

ist dagegen nicht zulässig.   □

Sei nun P eine Prozedur mit den formalen Eingabeparametern $x_1,\ldots,$ x_n, Ausgabeparametern $a_1,\ldots,a_m$ und Rumpf $\mathfrak{r}$. $t_1,\ldots,t_n$ bzw. $b_1,\ldots,b_m$ seien dazu passende aktuelle Parameter. Die Wirkung eines Aufrufs $\mathfrak{a}$ von P mit diesen Parametern ist formal wieder eine Zustandsänderung: Ist η ein Zustand (der Elemente mit $b_1,\ldots,b_m$ als Namen enthält), so ist der Nachfolgezustand $\Phi(\eta,\mathfrak{a})$ von η bezüglich des Aufrufs $\mathfrak{a}$ gegeben wie folgt:

Seien $\zeta_1=(b_1,d_1),\ldots,\zeta_m=(b_m,d_m)$ die Elemente mit den Namen $b_1,\ldots,b_m$ in η, und für $i=1,\ldots,m$ entstehe ζ_i' aus ζ_i durch Ersetzen von d_i durch ω. Sei $\eta' = \{(x_1,W_\eta(t_1)),\ldots,(x_n,W_\eta(t_n)),\zeta_1',\ldots,\zeta_m'\}$ und $\eta' \xrightarrow{\mathfrak{r}} \eta''$, wobei bei der Bildung von η'' aus η' die Namen a_i und b_i (für $i=1,\ldots,m$) jeweils miteinander identifiziert, d.h. $\zeta_1',\ldots,\zeta_m'$ als Elemente mit den Namen $a_1,\ldots,a_m$ benutzt werden. $\xi_1,\ldots,\xi_m$ seien die Elemente mit den Namen $b_1,\ldots,b_m$ in η''. Dann ist $\Phi(\eta,\mathfrak{a}) = (\eta \setminus \{\zeta_1,\ldots,\zeta_m\}) \cup \{\xi_1,\ldots,\xi_m\}$. Ist einer der Werte $W_\eta(t_i)$, $i=1,\ldots,n$, oder die Ausführung von $\mathfrak{r}$ in η' undefiniert, so ist $\Phi(\eta,\mathfrak{a})$ undefiniert.

Der Zustand η' in dieser Definition ist der "Anfangszustand" für die Ausführung des Prozedurrumpfs nach Übergabe der aktuellen Parameter. (Der Übergang $\eta \longrightarrow \eta'$ beschreibt die Parameterübergabe.) Für die Eingabeparameter werden die Werte der entsprechenden Terme übergeben, für die Ausgabeparameter "Zettel", die innerhalb der Prozedur unter den Namen $a_1,\ldots,a_m$ benutzt werden. Diese beiden Arten der Parameterübergabe heißen **Wert-** bzw. *Referenzübergabe*; die betreffenden Parameter heißen **Wert-** bzw. *Referenzparameter*. Aus der Definition der Referenzübergabe ergibt sich eine wichtige Forderung an aktuelle Referenzparameter einer Prozedur: Um eventuelle Widersprüche zu vermeiden, müssen sie paarweise verschieden sein, da sie innerhalb der Prozedur mit verschiedenen Namen identifiziert werden. Der Übergang $\eta'' \longrightarrow \Phi(\eta,\mathfrak{a})$ beschreibt die Beendigung des Prozeduraufrufs (*Aufrufende*).

Beispiel. Wir betrachten den Aufruf $ARB3(2.5, y+6.8, 1.3, 3.2, 4.1, b)$ aus dem vorigen Beispiel und den Zustand $\eta=\{(y,13.2),(b,7.0)\}$. Die Parameterübergabe überführt η in den Zustand

$$\eta' = \{(m,2.5),(t,20.0),(k1,1.3),(k2,3.2),(k3,4.1),(b,\omega)\}.$$

Die Benutzung von (b,ω) unter dem *ARB3*-internen Namen a, im Bild:

$$a \equiv b \boxed{\quad \omega \quad} ,$$

ergibt folgende Änderungen:

$$\eta': \begin{cases} m\boxed{2.5} \quad t\boxed{20.0} \quad k1\boxed{1.3} \quad k2\boxed{3.2} \quad k3\boxed{4.1} \\ a\equiv b\boxed{\quad\omega\quad} \end{cases}$$

const z:real $= (k1+k2-k3)*t$

$$\eta'_1: \begin{cases} m\boxed{2.5} \quad t\boxed{20.0} \quad k1\boxed{1.3} \quad k2\boxed{3.2} \quad k3\boxed{4.1} \\ a\equiv b\boxed{\quad\omega\quad} \quad z\boxed{8.0} \end{cases}$$

$a := z*z/(2*m)$

$$\eta'_2: \begin{cases} m\boxed{2.5} \quad t\boxed{20.0} \quad k1\boxed{1.3} \quad k2\boxed{3.2} \quad k3\boxed{4.1} \\ a\equiv b\boxed{12.8} \quad z\boxed{8.0} \end{cases}$$

Das Aufrufende erzeugt aus η'_2 den Zustand $\bar{\eta} = (\eta \setminus \{(b,7.0)\}) \cup \{(b,12.8)\} = \{(y,13.2),(b,12.8)\}$. $\bar{\eta}$ ist der Nachfolgezustand von η bezüglich des betrachteten Aufrufs, im Bild:

$$\eta: \quad y\boxed{13.2} \quad b\boxed{7.0}$$

$$ARB3(2.5,y+6.8,1.3,3.2,4.1,b)$$

$$\bar{\eta}: \quad y\boxed{13.2} \quad b\boxed{12.8} \qquad \square$$

Dieses Beispiel ermöglicht noch eine weitere Beobachtung: Wir haben Prozeduren bisher in (allzu) großer Analogie zu Funktionen betrachtet und die formalen Parameter in Eingabe- und Ausgabeparameter unterteilt. Charakteristisch für die Verwendung von Ausgabeparametern ist, daß der Wert der zugehörigen aktuellen Parameter zum Zeitpunkt des Aufrufs (in der formalen Definition: im Zustand η) nicht relevant ist. Er wird bei der Parameterübergabe auf ω gesetzt (und könnte im übrigen auch in η schon undefiniert sein). Der Vorgang der Referenzübergabe läßt sich aber leicht dahingehend variieren, daß mit einem aktuellen Referenzparameter auch dessen Wert in die Prozedur eingebracht und in ihr verarbeitet wird. Im anschaulichen Bild: Auf dem Zettel b, der im "schwarzen Kasten" als Zettel a gilt, steht bei der Eingabe ein Wert, der in der Prozedur abgelesen und verwendet wird. Nach Beendigung der Prozedur wird b mit einem (in der Regel) geänderten Inhalt zurückgegeben. Parameter, die derart benutzt werden, heißen **Transientparameter**. Sie sind auch Referenzparameter, mit folgender Variante der oben beschriebenen Referenzübergabe:

Der Zustand η' nach Parameterübergabe ist $\eta' = \{(x_1, W_\eta(t_1)), \ldots,$ $(x_n, W_\eta(t_n)), \zeta_1, \ldots, \zeta_m\}$.

Statt $(b_1, \omega), \ldots, (b_m, \omega)$ werden also die $b_1, \ldots, b_m$ mit ihren in η aktuellen Inhalten übergeben.

Wir legen fest, daß Transientparameter in der Parameterliste einer Prozedur durch das Schlüsselwort **trans** gekennzeichnet werden, und erweitern die Syntaxdefinition von Parametern noch einmal:

Syntaxdefinition.

$Parameter ::= \{\textbf{out} \mid \textbf{trans}\}_0^1 \, Parameter\text{-}Ident \, \{, Parameter\text{-}Ident\}^* : Sorte$

Die syntaktischen Festlegungen für aktuelle Ausgabeparameter gelten für aktuelle Transientparameter in gleicher Weise.

Ein einfaches Beispiel für die Verwendung von Transientparametern ist die Prozedur

```
procedure VERTAUSCHE(trans x,y:integer)
    result Vertauschung von x und y
    body x,y := y,x
endprocedure
```

die die beiden Werte der für x und y eingegebenen Parameter vertauscht, z.B.:

$$\eta : \quad a \;\boxed{\; 17 \;} \quad b \;\boxed{\; 3 \;}$$
$$\Big\downarrow VERTAUSCHE(a,b)$$
$$\eta' : \quad a \;\boxed{\; 3 \;} \quad b \;\boxed{\; 17 \;}$$

4.3 Kombinierbarkeit applikativer und imperativer Konzepte

Applikative und imperative Darstellung von Algorithmen schließen sich nicht aus, sondern können in vielfältiger Weise miteinander kombiniert werden. Dies betrifft sowohl die gegenseitigen Aufrufmöglichkeiten von Funktionen und Prozeduren als auch die Verwendung von Variablen und (bis jetzt) Zuweisungen in Funktionen.

Die separate Einführung der applikativen Konzepte in Kapitel 3 und der bisherigen imperativen Konzepte hat vielleicht den Eindruck erweckt, daß diese beiden Arten der Algorithmenentwicklung streng alternativ sind. Das ist nicht der Fall: Die Konzepte sind kombinierbar.

Tatsächlich treten in Zuweisungen und Prozeduraufrufen ja bereits Terme im Sinne von Abschnitt 3.3 auf, die auch Funktionsaufrufe enthalten dürfen. Das bedeutet zunächst, daß Funktionen und Prozeduren nebeneinander "existent" sein können, und führt zu einer ersten – in Abschnitt 3.1 schon angekündigten – Erweiterung des Modulbegriffs. Wir lassen nun zu, daß ein konkreter Modul (außer Sorten und Funktionen) auch Prozeduren enthalten darf, und modifizieren die syntaktische Festlegung für (konkrete) Modulvereinbarungen aus Abschnitt 3.2 wie folgt:

Syntaxdefinition.

$$konkrete\_Modulvereinbarung ::=$$
$$\textbf{module}\ Modul\text{-}Ident$$
$$\left\{\textbf{uses}\ Modul\text{-}Ident\left\{,Modul\text{-}Ident\right\}^*\right\}_0^1$$
$$\textbf{sorts}\ Sorte\left\{,Sorte\right\}^*$$
$$\left\{\textbf{functions}\ Fkt\text{-}Ident\left\{,Fkt\text{-}Ident\right\}^*\right\}_0^1$$
$$\left\{\textbf{procedures}\ Proz\text{-}Ident\left\{,Proz\text{-}Ident\right\}^*\right\}_0^1$$
$$\textbf{defined by}\ explizite\_FP\text{-}Definitionen$$
$$\textbf{endmodule}$$

$$explizite\_FP\text{-}Definitionen ::=$$
$$FP\text{-}Vereinbarung\ \left\{,FP\text{-}Vereinbarung\right\}^*$$

$$FP\text{-}Vereinbarung ::= Fkt\text{-}Vereinbarung\,|\,Proz\text{-}Vereinbarung$$

In einem konkreten Modul können demnach nur Funktionen, nur Prozeduren oder beide Arten von Algorithmen enthalten sein. (Die beiden optionalen Teile "**functions**..." und "**procedures**..." dürfen nicht gleichzeitig fehlen.)

Ein Modul, der die Prozedur $ARB4$ aus Abschnitt 4.1 enthält, wird z.B. wie folgt dargestellt:

```
module ARBEIT
   uses REAL,NAT
   sorts real,nat
   procedures ARB4
   defined by
      procedure ARB4(m,t,k1,k2,k3:real,out a:real)
         pre m>0, t≥0
         result Arbeit
         body var z:real;
             z := (k1+k2−k3)*t;
             a := z*z/(2*m)
      endprocedure
endmodule
```

In Abschnitt 3.2 ist ein Modul **BEWEGUNG** angegeben, den wir – ohne die Funktion U – noch einmal notieren:

```
module BEWEGUNG1
   uses REAL,NAT
   sorts real,nat
   functions S,A
```

```
    defined by
       function S(m,t,k:real)→real
          pre m>0, t≥0
          result Strecke
          body k∗t∗t/(2∗m)
       endfunction,
       function A(m,t,k:real)→real
          pre m>0, t≥0
          result Arbeit
          body k∗S(m,t,k)
       endfunction
endmodule
```

Anhand dieses einfachen Beispiels illustrieren wir nun Möglichkeiten der Kombinierbarkeit der verschiedenen Konzepte. Dabei ist zunächst auch zu klären, wie die beiden Teilalgorithmen S und A in ihren imperativen Fassungen als Prozeduren zusammenwirken. Die Streckenberechnung könnte als

```
procedure S1(m,t,k:real,out s:real)
   pre m>0, t≥0
   result Strecke
   body s := k∗t∗t/(2∗m)
endprocedure
```

geschrieben werden. Die Berechnung der Arbeit in einer Prozedur $A1$ soll die Streckenberechnung durch $S1$ verwenden. Dazu muß $A1$ eine Variable (die ebenfalls mit s bezeichnet sein kann) für einen Aufruf (zur "Abholung" des Ergebnisses) von $S1$ bereitstellen, und dieser Aufruf kann - analog einer Zuweisung - als eine "Aktion" im Rumpf von $A1$ auftreten:

```
procedure A1(m,t,k:real,out a:real)
   pre m>0, t≥0
   result Arbeit
   body var s:real;
        S1(m,t,k,s);
        a := k∗s
endprocedure
```

Ist b eine real-Variable, so würde z.B. ein Aufruf $A1(1.0,3.0,4.0,b)$ in einem Zustand $\eta = \{(b,\omega)\}$ folgendermaßen zu einem neuen Zustand $\bar{\eta}$ führen: Zunächst ergibt die Parameterübergabe den Zustand $\eta_1 = \{(m,1.0),(t,3.0),(k,4.0),(b,\omega)\}$, und dann ist:

$$\eta_1: \quad m\ \boxed{1.0} \quad t\ \boxed{3.0} \quad k\ \boxed{4.0} \quad a\equiv b\ \boxed{\omega}$$

$$\big\downarrow\ \text{var } s\text{:real}$$

$$\eta_2: \quad m\ \boxed{1.0} \quad t\ \boxed{3.0} \quad k\ \boxed{4.0} \quad a\equiv b\ \boxed{\omega} \quad s\ \boxed{\omega}$$

Zur Bestimmung der Wirkung des Aufrufs $S1(m,t,k,s)$ im Zustand η_2 ist - als Parameterübergabe - der Zustand $\eta_2' = \{(m,1.0),(t,3.0),(k,4.0),(s,\omega)\}$ zu bilden und die Wirkung des Rumpfs von $S1$ (mt "s aus $S1$" als Synonym für "s aus $A1$") zu betrachten:

$$\eta_2': \quad m\ \boxed{1.0} \quad t\ \boxed{3.0} \quad k\ \boxed{4.0} \quad s{\equiv}s\ \boxed{\omega}$$

$$\Big\downarrow s := k*t*t/(2*m)$$

$$\eta_3': \quad m\ \boxed{1.0} \quad t\ \boxed{3.0} \quad k\ \boxed{4.0} \quad s{\equiv}s\ \boxed{18.0}$$

Aus η_3' ergibt sich der Nachfolgezustand η_3 von η_2 und der Abschluß der Berechnung durch einen weiteren Zustandsübergang vermöge der Zuweisung $a := k*s$ in $A1$:

$$\eta_2: \quad m\ \boxed{1.0} \quad t\ \boxed{3.0} \quad k\ \boxed{4.0} \quad a{\equiv}b\ \boxed{\omega} \quad s\ \boxed{\omega}$$

$$\Big\downarrow S1(m,t,k,s)$$

$$\eta_3: \quad m\ \boxed{1.0} \quad t\ \boxed{3.0} \quad k\ \boxed{4.0} \quad a{\equiv}b\ \boxed{\omega} \quad s\ \boxed{18.0}$$

$$\Big\downarrow a := k*s$$

$$\eta_4: \quad m\ \boxed{1.0} \quad t\ \boxed{3.0} \quad k\ \boxed{4.0} \quad a{\equiv}b\ \boxed{72.0} \quad s\ \boxed{18.0}$$

Das Aufrufende von $A1(1.0,3.0,4.0,b)$ ist der Übergang von η_4 zu $\bar{\eta}=\{(b,72.0)\}$, d.h. insgesamt gilt:

$$\eta: \quad b\ \boxed{\omega}$$

$$\Big\downarrow A1(1.0,3.0,4.0,b)$$

$$\bar{\eta}: \quad b\ \boxed{72.0}$$

Daß in Termen, die in Prozeduren vorkommen, Funktionsaufrufe möglich sind, haben wir schon zu Beginn dieses Abschnitts bemerkt. Man könnte also in einer Prozedur wie $A1$ auch eine durch die Funktion S (hier als $S2$ wiederholt) berechnete Strecke verwenden:

```
function S2(m,t,k:real)→real
    pre m>0, t≥0
    result Strecke
    body k*t*t/(2*m)
endfunction,
procedure A2(m,t,k:real,out a:real)
    pre m>0, t≥0
    result Arbeit
    body a := k*S2(m,t,k)
endprocedure
```

Umgekehrt kann auch eine Prozedur in einer Funktion aufgerufen werden:

```
procedure S3(m,t,k:real,out s:real)
   pre m>0, t≥0
   result Strecke
   body s := k*t*t/(2*m)
endprocedure,
function A3(m,t,k:real)→real
   pre m>0, t≥0
   result Arbeit
   body var s:real;
        S3(m,t,k,s);
        k*s
endfunction
```

Der Berechnung des Endergebnisses im Term $k*s$ ist dabei in $A3$ die Vereinbarung einer Variablen und der Aufruf von $S3$ vorangestellt. Prozeduraufrufe und Zuweisungen sind von gleicher Art (sie verändern Zustände) und heißen allgemein **Anweisungen**. (In den folgenden Abschnitten werden noch andere Anweisungen hinzukommen.) Folgen von Vereinbarungen und Anweisungen (durch ";" getrennt) bilden den Rumpf einer Prozedur, und solche Folgen können nun auch in Funktionsrümpfen vor dem Ergebnisterm stehen.

Die zuletzt genannte Erweiterung des Funktionskonzepts erlaubt es auch häufig, Prozeduren als Funktionen mit im wesentlichen gleichen Rumpf darzustellen. (Eine der Bedeutungen von Prozeduren liegt in der Verwendung von Transientparametern, die sich nicht direkt nachbilden läßt.) Ein Beispiel ist die Funktion

```
function ARB5(m,t,k1,k2,k3:real)→real
   pre m>0, t≥0
   result Arbeit
   body var z:real;
        z := (k1+k2-k3)*t;
        z*z/(2*m)
endfunction
```

die analog zur Prozedur $ARB4$ aus Abschnitt 4.1 definiert ist. Die Angabe des Ergebnisterms $z*z/(2*m)$ ersetzt die entsprechende Zuweisung an den Ausgabeparameter a in $ARB4$. (Parameter wie im Beispiel $m,t,k1,k2,$ $k3$ nennen wir zur Vereinheitlichung der Sprechweisen jetzt auch bei Funktionen Eingabeparameter.) Die Vereinbarung der Variablen z und die Zuweisung $z := (k1+k2-k3)*t$ verallgemeinern die in diesem Fall (wegen der Einmalverwendung von z) ebenfalls mögliche Konstantenvereinbarung **const** z:real $= (k1+k2-k3)*t$, wie sie in der applikativen Fassung $ARB2$ beschrieben wurde.

Der Wert des Ergebnisterms ergibt sich (auch allgemein) durch seine Auswertung in dem nach der letzten Anweisung erreichten Zustand. Genauer: Hat der Rumpf einer Funktion F mit den formalen Parametern $x_1,...,x_n$ die Gestalt

$$r;r$$

mit einer Folge r von Vereinbarungen und Anweisungen und einem Term r und ist t ein Aufruf $F(t_1,...,t_n)$, so bestimmt sich der Wert $W(t)$ von t bezüglich einer gegebenen Parameterbelegung V in Erweiterung der entsprechenden Definition in Abschnitt 3.3 wie folgt:

Ist mindestens einer der Werte $W(t_1),...,W(t_n)$ bezüglich V undefiniert, so ist $W(t)$ undefiniert. Andernfalls sei $\eta=\{(x_1,W(t_1)),...,(x_n,W(t_n))\}$ und $\eta'=\Phi(\eta,r)$. Sind η' und $W_\eta(r)$ definiert, so ist $W(t)=W_\eta(r)$. Andernfalls ist $W(t)$ undefiniert.

Die gemachten Festlegungen lassen sich wie folgt in die Syntax von AKS einbringen (wobei die bisherigen Definitionen von Funktionsrümpfen aus Kapitel 3 neu gefaßt werden):

Syntaxdefinition.

$Proz\text{-}Rumpf ::= \left\{Vereinbarungsfolge;\right\}_0^1 Anweisungsfolge$

$Fkt\text{-}Rumpf ::= \left\{Vereinbarungsfolge;\right\}_0^1 \left\{Anweisungsfolge;\right\}_0^1 Term$

$Vereinbarungsfolge ::= Vereinbarung\left\{;Vereinbarung\right\}^*$

$Vereinbarung ::= Konst\text{-}Vereinbarung \mid Var\text{-}Vereinbarung$

$Anweisungsfolge ::= Anweisung\left\{;Anweisung\right\}^*$

Konstanten- und Variablenvereinbarungen sind definiert in den Abschnitten 3.6 und 4.1. Anweisungen sind (bisher) die in den Abschnitten 4.1 bzw. 4.2 definierten Zuweisungen und Prozeduraufrufe:

Syntaxdefinition.

$Anweisung ::= Zuweisung \mid Proz\text{-}Aufruf$

Es gibt auch hier wieder zusätzliche Kontextbedingungen, z.B., daß alle in Anweisungen verwendeten Variablen vereinbart sein müssen, daß verschiedene Variablen (in einer Funktion oder Prozedur) nicht mit gleichem Identifikator bezeichnet sein dürfen, daß die Sorten "zusammenpassen" u.ä. Diese offensichtlichen Regeln gewährleisten auch, daß die in Abschnitt 4.2 bei der formalen Definition der Zustandsänderungen gemachten Annahmen immer erfüllt sind.

4.4 Bedingte Anweisungen und Rekursion

Im Wechselgeldbeispiel in Abschnitt 2.4 haben wir anhand des Algorithmus W6 aufgezeigt, daß auch bei Prozeduren Rekursion - d.h. Aufruf der zu vereinbarenden Prozedur P im Rumpf von P - möglich ist. Wir definieren in diesem Abschnitt zunächst eine weitere Art von Anweisungen (bedingte Anweisungen) und bringen dann das Konzept der Rekursion in den Rahmen von AKS ein.

Ebenso wie Funktionen können auch Prozeduren rekursiv sein. Um sinnvolle **rekursive Prozeduren** konstruieren zu können - und nicht nur hierzu -, führen wir zunächst ein Analogon zu bedingten Termen ein: **bedingte Anweisungen** als weitere Anweisungsart. Wir geben gleich die Syntaxdefinition (zusammen mit der Erweiterung der Definition von Anweisungen):

Syntaxdefinition.

$$Anweisung ::= Zuweisung \mid Proz\text{-}Aufruf \mid \qquad \text{(wie bisher)}$$
$$bedingte\_Anweisung$$

$$bedingte\_Anweisung ::= \textbf{if } Bedingung \textbf{ then } Anweisungsfolge$$
$$\left\{ \Box\ Bedingung \textbf{ then } Anweisungsfolge \right\}^{*}$$
$$\left\{ \textbf{else } Anweisungsfolge \right\}_{0}^{1} \textbf{ endif}$$

Eine bedingte Anweisung hat demnach die allgemeine Gestalt

$(*)$

$$\textbf{if } b_1 \textbf{ then } \alpha_1$$
$$\Box\ b_2 \textbf{ then } \alpha_2$$
$$\vdots$$
$$\Box\ b_n \textbf{ then } \alpha_n$$
$$\textbf{else } \alpha_{n+1} \textbf{ endif}$$

($n \geq 1$), wobei "**else** α_{n+1}" auch fehlen kann. Bedingungen sind Terme wie bisher, und wir übernehmen auch die Zusatzforderung, daß diese sich ausschließen müssen. Im jetzigen Kontext heißt dies: Bei Ausführung der bedingten Anweisung im Zustand η ist $W_\eta(b_i) = TRUE$ für höchstens ein $i = 1,...,n$. Die Anweisungsfolgen $\alpha_1,...,\alpha_{n+1}$ heißen wieder **Zweige** (der bedingten Anweisung). Im Fall $n > 1$ heißt $(*)$ **bewachte Anweisung.**

Die informelle Bedeutung einer Anweisung der Gestalt $(*)$ ist, daß (falls alle Bedingungen definiert sind) diejenige Anweisungsfolge α_i ausgeführt wird, deren zugehörige Bedingung b_i den Wert $TRUE$ hat. Haben alle b_i den Wert $FALSE$, wird α_{n+1} ausgeführt. Fehlt dieser Zweig, so wird in diesem Fall nichts ausgeführt (der Zustand bleibt unverändert). Ist der Wert mindestens einer der Bedingungen undefiniert, so ist auch die Wirkung der bedingten Anweisung nicht definiert.

Beispiele. 1) Eine Funktion zur Berechnung der Abbildung $h:\mathbb{R}\to\mathbb{R}$ mit

$$h(x) = \begin{cases} x^3 + x^2, & \text{falls } x \le -1, \\ x^2 - 1, & \text{falls } -1 < x < 1, \\ x^8 + 1, & \text{falls } x \ge 1 \end{cases}$$

ist gegeben durch

```
function HBERECHN(x:real)→real
   result HBERECHN(x) = h(x)
   body var y:real;
        y := x*x;
        if x ≤ -1 then y := y*(x+1)
        ☐ -1<x ∧ x<1 then y := y-1
        else y := y*y;
             y := y*y+1
        endif;
             y
endfunction
```

2) Die folgende Prozedur mit den Transientparametern x und y ord-net die beiden Werte von x und y (genauer: die Werte der an x und y übergebenen aktuellen Parameter) in der Weise an, daß nach Beendigung der Prozedur der Wert von x kleiner oder gleich dem Wert von y ist, kurz, daß $x \le y$ gilt.

```
procedure ORDNEN(trans x,y:integer)
   result Eventuelle Vertauschung der Werte
          von x und y, so daß x ≤ y gilt
   body if x > y then x,y := y,x endif
endprocedure                                            ☐
```

Zur formalen Bedeutungserklärung einer bedingten Anweisung der Gestalt (∗) – die jetzt mit $\mathfrak{b}$ bezeichnet sei – erweitern wir die Definition der Abbildung Φ aus Abschnitt 4.2: Sei η ein Zustand. $W_\eta(b_1),...,W_\eta(b_n)$ seien die Werte der Bedingungen in η gemäß der Definition von Abschnitt 4.2. Der Zustand $\eta' = \Phi(\eta,\mathfrak{b})$, der sich durch Ausführung von $\mathfrak{b}$ in η ergibt, ist bestimmt durch:

a) Falls alle $W_\eta(b_i)$, $i=1,...,n$, definiert sind und $W_\eta(b_k) = TRUE$ ist für ein $k=1,...,n$, so ist $\eta' = \Phi(\eta,a_k)$, falls dies definiert ist, andernfalls ist η' undefiniert.

b) Falls $W_\eta(b_i) = FALSE$ ist für alle $i=1,...,n$, so gilt: $\eta' = \Phi(\eta,a_{n+1})$, falls a_{n+1} in $\mathfrak{b}$ vorhanden und $\Phi(\eta,a_{n+1})$ definiert ist; η' ist undefiniert, falls a_{n+1} in $\mathfrak{b}$ vorhanden und $\Phi(\eta,a_{n+1})$ undefiniert ist; $\eta' = \eta$, falls a_{n+1} in $\mathfrak{b}$ nicht vorhanden ist.

c) Falls $W_\eta(b_k)$ für ein $k=1,...,n$ undefiniert ist, so ist η' undefiniert.

Beispiel. Für die bedingte Anweisung

$$\mathfrak{b}: \quad \textbf{if } x{>}y \textbf{ then } x,y := y,x \textbf{ endif}$$

des vorigen Beispiels gilt:

$$\eta: \quad x\;\boxed{\;7\;} \quad y\;\boxed{\;3\;}$$
$$\Big\downarrow \mathfrak{b}$$
$$\eta': \quad x\;\boxed{\;3\;} \quad y\;\boxed{\;7\;}$$

denn es ist $W_\eta(x{>}y) = TRUE$. Einen Zustand η mit $W_\eta(x{>}y) = FALSE$ läßt $\mathfrak{b}$ dagegen unverändert:

$$\eta: \quad x\;\boxed{\;7\;} \quad y\;\boxed{\;18\;}$$
$$\Big\downarrow \mathfrak{b}$$
$$\eta': \quad x\;\boxed{\;7\;} \quad y\;\boxed{\;18\;} \qquad\qquad \square$$

Wir wenden uns nun dem Rekursionskonzept zu. Rekursivität entsteht, wenn im Rumpf einer Prozedur diese selbst wieder aufgerufen wird. Die Möglichkeit dazu ist syntaktisch durch die bisherigen Definitionen bereits abgedeckt. Wir illustrieren das Konzept anhand der Prozedur-Fassung der Fakultät-Berechnung, die wir in Abschnitt 3.4 als Funktion angegeben haben:

```
procedure FAK1(n:nat,out erg:nat)
    result erg = n!
    body if n=0 then erg := 1
         else FAK1(n-1,erg);
              erg := n*erg
         endif
endprocedure
```

Informell kann man diese Vereinbarung so verstehen: Bei Eingabe $n=0$ wird *erg* das Ergebnis 1 zugewiesen. Ist die Eingabe $n>0$, so wird durch einen rekursiven Aufruf von *FAK1* die Fakultät von $n-1$ berechnet und auf *erg* "abgeholt". *erg* muß dann noch mit n multipliziert werden, um das endgültige Ergebnis $n!$ zu ergeben. Man beachte, daß hier - wie in der Syntax bereits allgemein vorgesehen - ein formaler Referenzparameter selbst als aktueller Parameter eines Aufrufs (hier der gleichen Prozedur) vorkommt.

Formal betrachten wir (als Beispiel) einen Aufruf $FAK1(3,z)$ in einem Zustand $\eta=\{(z,\omega)\}$. $\mathfrak{r}$ bezeichne den Rumpf von *FAK1* und $\mathfrak{a}$ die Anweisungsfolge

$$FAK1(n-1,erg);$$
$$erg := n*erg$$

des **else**-Zweiges. Wie bei Funktionen nennen wir verschiedene Aufrufe **Inkarnationen**, und zur Verdeutlichung schreiben wir $FAK1^{(1)}(3,z)$ ("erste Inkarnation von $FAK1$") für den betrachteten Aufruf.

1) Aus η ist gemäß der Parameterübergabe der Zustand $\eta_1^{(1)}=\{(n,3),$ $(z,\omega)\}$ zu bilden und die Wirkung von $\mathfrak{r}$ auf $\eta_1^{(1)}$ zu bestimmen. Da n in $\eta_1^{(1)}$ den Wert 3 hat, ist also $\mathfrak{a}$ in $\eta_1^{(1)}$ auszuführen, was auf einen Zustand $\eta_2^{(1)}$ führt:

$$\eta_1^{(1)}: \qquad n^{(1)}\;\boxed{\;3\;} \qquad erg^{(1)}\equiv z\;\boxed{\;\omega\;}$$
$$\Big\downarrow \mathfrak{a}^{(1)}$$
$$\eta_2^{(1)}$$

In diesem Bild haben wir zur Verdeutlichung auch $\mathfrak{a}$, n und erg durch Numerierung als "aus $FAK1^{(1)}$ stammend" gekennzeichnet.

2) $\mathfrak{a}^{(1)}$ beginnt in $\eta_1^{(1)}$ mit einer zweiten Inkarnation von $FAK1$ mit den aktuellen Parametern n-1 und erg "aus $FAK1^{(1)}$", verdeutlichend geschrieben als $FAK1^{(2)}(n^{(1)}\text{-}1,erg^{(1)})$. Parameterübergabe liefert den Zustand $\eta_1^{(2)}=\{(n^{(2)},2),(erg^{(1)},\omega)\}$, und analog zu 1) ist $\eta_2^{(2)}$ zu bestimmen gemäß

$$\eta_1^{(2)}: \qquad n^{(2)}\;\boxed{\;2\;} \qquad erg^{(2)}\equiv erg^{(1)}\equiv z\;\boxed{\;\omega\;}$$
$$\Big\downarrow \mathfrak{a}^{(2)}$$
$$\eta_2^{(2)}$$

3) $\mathfrak{a}^{(2)}$ beginnt in $\eta_1^{(2)}$ mit dem Aufruf $FAK1^{(3)}(n^{(2)}\text{-}1,erg^{(2)})$. Zu bestimmen ist dann $\eta_2^{(3)}$ in:

$$\eta_1^{(3)}: \qquad n^{(3)}\;\boxed{\;1\;} \qquad erg^{(3)}\equiv erg^{(2)}\equiv erg^{(1)}\equiv z\;\boxed{\;\omega\;}$$
$$\Big\downarrow \mathfrak{a}^{(3)}$$
$$\eta_2^{(3)}$$

4) Parameterübergabe für den Aufruf $FAK1^{(4)}(n^{(3)}\text{-}1,erg^{(3)})$ liefert $\eta_1^{(4)}=\{(n^{(4)},0),(erg^{(3)},\omega)\}$, und da $n^{(4)}$ in $\eta_1^{(4)}$ den Wert 0 hat, ist also $erg:=1$ (genauer: $erg^{(4)}:=1$) auszuführen:

$$\eta_1^{(4)}: \qquad n^{(4)}\;\boxed{\;0\;} \qquad erg^{(4)}\equiv erg^{(3)}\equiv erg^{(2)}\equiv erg^{(1)}\equiv z\;\boxed{\;\omega\;}$$
$$\Big\downarrow erg^{(4)}:=1$$
$$\eta_2^{(4)}: \qquad n^{(4)}\;\boxed{\;0\;} \qquad erg^{(4)}\equiv erg^{(3)}\equiv erg^{(2)}\equiv erg^{(1)}\equiv z\;\boxed{\;1\;}$$

5) $\mathfrak{a}^{(3)}$ ist die Anweisungsfolge $FAK1^{(4)}(n^{(3)}\text{-}1,erg^{(3)})$; $erg^{(3)}:=n^{(3)}*erg^{(3)}$. Gemäß 4) erzeugt $FAK1^{(4)}(n^{(3)}\text{-}1,erg^{(3)})$ aus $\eta_1^{(3)}$ den Zustand

$$\hat{\eta}_1^{(3)}: \qquad n^{(3)} \boxed{\quad 1 \quad} \qquad erg^{(3)} \equiv erg^{(2)} \equiv erg^{(1)} \equiv z \boxed{\quad 1 \quad}$$

Ausführung von $erg^{(3)} := n^{(3)} * erg^{(3)}$ ergibt den Zustand

$$\eta_2^{(3)}: \qquad n^{(3)} \boxed{\quad 1 \quad} \qquad erg^{(3)} \equiv erg^{(2)} \equiv erg^{(1)} \equiv z \boxed{\quad 1 \quad}$$

6) Analog erzeugt $\mathfrak{a}^{(2)}$ zunächst den Zustand

$$\hat{\eta}_1^{(2)}: \qquad n^{(2)} \boxed{\quad 2 \quad} \qquad erg^{(2)} \equiv erg^{(1)} \equiv z \boxed{\quad 1 \quad}$$

und mit $erg^{(2)} := n^{(2)} * erg^{(2)}$ dann

$$\eta_2^{(2)}: \qquad n^{(2)} \boxed{\quad 2 \quad} \qquad erg^{(2)} \equiv erg^{(1)} \equiv z \boxed{\quad 2 \quad}$$

7) Analog erzeugt $\mathfrak{a}^{(1)}$ den Zustand

$$\eta_2^{(1)}: \qquad n^{(1)} \boxed{\quad 3 \quad} \qquad erg^{(1)} \equiv z \boxed{\quad 6 \quad}$$

8) Die Wirkung des Aufrufs $FAK1(3,z)$ im Zustand η ist somit die Überführung in den Zustand

$$\eta': \qquad z \boxed{\quad 6 \quad}$$

In z steht das Endergebnis.

Diese Beispielberechnung (die der Leser mit dem Auswertungsbeispiel der Funktion FAK in Abschnitt 3.4 vergleichen sollte) ist noch einmal - etwas kompakter - dargestellt in der Übersicht auf der nächsten Seite.

Wie Funktionen können auch Prozeduren verschränkt rekursiv sein. Als Beispiel übertragen wir die ebenfalls in Abschnitt 3.4 behandelten Funktionen $PAAR1$ und $PAAR2$ in ihre Prozedur-Fassungen. Dabei ist es allerdings günstig, die bewachten Fallunterscheidungen von $PAAR1$ und $PAAR2$ in geschachtelte bedingte Anweisungen aufzulösen:

```
procedure PAAR1P(n:nat,out p1:nat)
    result p1 = erste Komponente des n-ten Paares
    body var h:nat;     (* Hilfsvariable für Aufruf
                           von PAAR1P mit n-1 *)
        if n=0 then p1 := 0
        else PAAR1P(n-1,h);
            if h=0 then PAAR2P(n-1,p1);
                    p1 := p1+1
            else p1 := h-1
            endif
        endif
endprocedure,          (* Fortsetzung Seite 118 *)
```

$\eta:\quad z\;\boxed{\quad\omega\quad}$

$FAK1^{(1)}(3,z)\qquad$ (Parameterübergabe)

$\eta_1^{(1)}:\quad n^{(1)}\;\boxed{\quad 3\quad}\qquad erg^{(1)}\equiv z\;\boxed{\quad\omega\quad}$

$FAK1^{(2)}(n\text{-}1,erg)\qquad$ (Parameterübergabe)

$\eta_1^{(2)}:\quad n^{(2)}\;\boxed{\quad 2\quad}\qquad erg^{(2)}\equiv erg^{(1)}\equiv z\;\boxed{\quad\omega\quad}$

$FAK1^{(3)}(n\text{-}1,erg)\qquad$ (Parameterübergabe)

$\eta_1^{(3)}:\quad n^{(3)}\;\boxed{\quad 1\quad}\qquad erg^{(3)}\equiv erg^{(2)}\equiv erg^{(1)}\equiv z\;\boxed{\quad\omega\quad}$

$FAK1^{(4)}(n\text{-}1,erg)\qquad$ (Parameterübergabe)

$\eta_1^{(4)}:\quad n^{(4)}\;\boxed{\quad 0\quad}\qquad erg^{(4)}\equiv erg^{(3)}\equiv erg^{(2)}\equiv erg^{(1)}\equiv z\;\boxed{\quad\omega\quad}$

$erg^{(4)}:=1\quad$ (Rumpf von $FAK1^{(4)}$)

$\eta_2^{(4)}:\quad n^{(4)}\;\boxed{\quad 0\quad}\qquad erg^{(4)}\equiv erg^{(3)}\equiv erg^{(2)}\equiv erg^{(1)}\equiv z\;\boxed{\quad 1\quad}$

Aufrufende von $FAK1^{(4)}$, Rückkehr zu $FAK1^{(3)}$

$\hat{\eta}_1^{(3)}:\quad n^{(3)}\;\boxed{\quad 1\quad}\qquad erg^{(3)}\equiv erg^{(2)}\equiv erg^{(1)}\equiv z\;\boxed{\quad 1\quad}$

$erg^{(3)}:=n^{(3)}*erg^{(3)}\quad$ (Rest des Rumpfs von $FAK1^{(3)}$)

$\eta_2^{(3)}:\quad n^{(3)}\;\boxed{\quad 1\quad}\qquad erg^{(3)}\equiv erg^{(2)}\equiv erg^{(1)}\equiv z\;\boxed{\quad 1\quad}$

Aufrufende von $FAK1^{(3)}$, Rückkehr zu $FAK1^{(2)}$

$\hat{\eta}_1^{(2)}:\quad n^{(2)}\;\boxed{\quad 2\quad}\qquad erg^{(2)}\equiv erg^{(1)}\equiv z\;\boxed{\quad 1\quad}$

$erg^{(2)}:=n^{(2)}*erg^{(2)}\quad$ (Rest des Rumpfs von $FAK1^{(2)}$)

$\eta_2^{(2)}:\quad n^{(2)}\;\boxed{\quad 2\quad}\qquad erg^{(2)}\equiv erg^{(1)}\equiv z\;\boxed{\quad 2\quad}$

Aufrufende von $FAK1^{(2)}$, Rückkehr zu $FAK1^{(1)}$

$\hat{\eta}_1^{(1)}:\quad n^{(1)}\;\boxed{\quad 3\quad}\qquad erg^{(1)}\equiv z\;\boxed{\quad 2\quad}$

$erg^{(1)}:=n^{(1)}*erg^{(1)}\quad$ (Rest des Rumpfs von $FAK1^{(1)}$)

$\eta_2^{(1)}:\quad n^{(1)}\;\boxed{\quad 3\quad}\qquad erg^{(1)}\equiv z\;\boxed{\quad 6\quad}$

Aufrufende von $FAK1^{(1)}(3,z)$

$\eta':\quad z\;\boxed{\quad 6\quad}$

Aufrufbeispiel der Prozedur $FAK1$

```
procedure PAAR2P(n:nat,out p2:nat)
   result p2 = zweite Komponente des n-ten Paares
   body var h:nat;      (* wie bei PAAR1P *)
         if n=0 then p2 := 0
         else PAAR1P(n-1,h);
              if h=0 then p2 := 0
              else PAAR2P(n-1,p2);
                   p2 :=p2+1
              endif
         endif
endprocedure
```

Die Darstellung der den hier behandelten Beispielen zugrundeliegenden Algorithmen als rekursive Funktionen ist wegen deren "Klarheit" den Prozedur-Fassungen vorzuziehen. Erst später (etwa in den Abschnitten 5.3 und 7.2) werden wir Beispiele für adäquatere Anwendungen rekursiver Prozeduren (z.B. mit Transientparametern) betrachten.

4.5 Iteration

Im Rahmen der imperativen Programmierung gibt es noch ein algorithmisches "Steuerungs"-Konzept, das keine direkte Entsprechung unter den applikativen Konzepten hat: die Iteration von Anweisungen. Diese wurde in den Wechselgeldalgorithmen W1-W3 in Abschnitt 2.4 informell verwendet, wird nun in AKS formal eingeführt und beschließt die Reihe der imperativen Konzepte der "Ablaufsteuerung".

In den Wechselgeldalgorithmen W1-W3 in Abschnitt 2.4 haben wir (informell) Konstruktionen wie etwa

(*)   **Solange** $r<100$: Erhöhe r um 5 und nimm 5 zu w hinzu

verwendet. Dabei können wir jetzt

"Erhöhe r um 5 und nimm 5 zu w hinzu"

als Anweisung a auffassen (die wir allerdings in AKS bisher noch nicht vollständig beschreiben können; nur der Teil "Erhöhe r um 5" wird offenbar durch die Zuweisung $r:=r+5$ formalisiert). (*) bedeutet, daß a so lange zu iterieren (wiederholen) ist, wie $r<100$ gilt. (*) ist selbst eine Anweisung, die in AKS durch die zu der bisherigen Syntaxdefinition von Anweisungen hinzuzunehmenden **Wiederholungsanweisungen** (*Schleifen*) formal nachgebildet wird:

Syntaxdefinition.

$$
Anweisung ::= \left. \begin{array}{l} \textit{Zuweisung} | \\ \textit{Proz--Aufruf} | \\ \textit{bedingte\_Anweisung} | \\ \textit{Wiederholungsanweisung} \end{array} \right\} \text{wie bisher}
$$

Iterationen können in verschiedenen Ausprägungen beschrieben werden. Wir unterscheiden hier drei Formen von Wiederholungsanweisungen und besprechen diese nun der Reihe nach.

Die Berechnung der Fakultät ist im vorigen Abschnitt als rekursive Prozedur *FAK1* mit dem Rumpf

if $n=0$ **then** $erg := 1$ **else** $FAK1(n-1, erg); erg := n*erg$ **endif**

angegeben. Aus der detailliert dargestellten Beispielberechnung erkennt man, daß etwa beim Aufruf von *FAK1* für $n=3$ ab dem Zustand $\eta_1^{(4)}$ sukzessive das Endergebnis errechnet wird. Dies geschieht durch die Folge von Zuweisungen

$$
\begin{aligned}
erg^{(4)} &:= 1; \\
erg^{(3)} &:= n^{(3)}*erg^{(3)}; \\
erg^{(2)} &:= n^{(2)}*erg^{(2)}; \\
erg^{(1)} &:= n^{(1)}*erg^{(1)}
\end{aligned}
$$

wobei $erg^{(4)}, erg^{(3)}, erg^{(2)}, erg^{(1)}$ als Synonyme gebraucht werden und $n^{(3)}=1$, $n^{(2)}=2$, $n^{(1)}=3$ ist. In vereinfachter Form wird dieser Berechnungsvorgang also wiedergegeben durch eine Anweisungsfolge

$$
\begin{aligned}
erg &:= 1; \\
erg &:= 1*erg; \\
erg &:= 2*erg; \\
erg &:= 3*erg
\end{aligned}
$$

Für $n \in \mathbb{N}_0$ ergibt sich $n!$ allgemein durch

$$
\begin{aligned}
erg &:= 1; \\
erg &:= 1*erg; \\
erg &:= 2*erg; \\
&\ \ \vdots \\
erg &:= n*erg
\end{aligned}
$$

(Im Fall $n=0$ besteht diese Folge nur aus der Zuweisung $erg:=1$.) Die Veränderungen von erg nach der "Vorbesetzung" $erg:=1$ sind alle von gleicher Bauart:

$$
erg := i*erg \qquad \text{für } i=1,\ldots,n.
$$

Diese Zuweisung ist für die angegebenen i zu iterieren in der Form

"Führe für $i=1,\ldots,n$ nacheinander aus: $erg := i*erg$", in AKS formal dargestellt durch

$$\textbf{for } i \textbf{ from } 1 \textbf{ to } n \textbf{ do } erg := i*erg \textbf{ enddo}$$

Insgesamt können wir also einen *iterativen* Algorithmus zur Berechnung der Fakultät durch folgende Prozedur angeben:

```
procedure FAK2(n:nat,out erg:nat)
   result erg = n!
   body erg := 1;
        for i from 1 to n do erg := i*erg enddo
endprocedure
```

Eine Fassung als Funktion wäre entsprechend:

```
function FAK3(n:nat)→nat
   result FAK3(n) = n!
   body var erg:nat;
        erg := 1;
        for i from 1 to n do erg := i*erg enddo;
        erg
endfunction
```

Charakteristisch für die hier benutzte *Laufanweisung* (*gezählte Wiederholungsanweisung*)

$$\textbf{for } i \textbf{ from } 1 \textbf{ to } n \textbf{ do } erg := i*erg \textbf{ enddo}$$

ist, daß ein (ganzzahliger) *Zähler* (hier i) mitgeführt wird, der von einem *Startwert* (hier 1) pro Iterationsschritt um jeweils 1 (*Schrittweite*) bis zu einem *Endwert* (hier Wert von n) durchgezählt wird und auf diese Weise insbesondere die Anzahl der Wiederholungen bestimmt. Der Zähler ist keine Variable, wird also auch nicht vereinbart. Er darf nicht als Zuweisungsziel oder aktueller Referenzparameter und nicht außerhalb der Wiederholungsanweisung verwendet werden. Er kann allerdings Teil eines Terms innerhalb der Schleife sein; damit kann sein jeweiliger Wert (wie im Beispiel) in den Rechenvorgang eingebracht werden. Die allgemeine Form der Laufanweisung ist gegeben durch folgende vorläufige Syntaxfestlegung:

$$\textit{Wiederholungsanweisung} ::= \textbf{for } \textit{Zähler} \textbf{ from } \textit{Startwert}$$
$$\textbf{to } \textit{Endwert}$$
$$\left\{\textbf{by } \textit{Schrittweite}\right\}_0^1$$
$$\textbf{do } \textit{Anweisungsfolge} \textbf{ enddo}$$

Dabei gilt:

Syntaxdefinition.

$$\textit{Zähler} ::= \textit{Identifikator}$$
$$\textit{Startwert} ::= \textit{Term}$$

$$\textit{Endwert} ::= \textit{Term}$$

$$\textit{Schrittweite} ::= \textit{Term}$$

Die Terme, die Startwert, Endwert und Schrittweite bestimmen, müssen von der Sorte integer sein. Fehlt der Teil

by *Schrittweite*

(wie im Beispiel), wird Schrittweite 1 genommen. Für die Zulassung von Zählern in Termen muß deren Definition noch einmal erweitert werden:

Syntaxdefinition.

$$\textit{Term} ::= \textit{Objektbezeichnung}| \quad\left.\begin{array}{l} \\ \vdots \\ \textit{Var-Ident}| \\ \textit{Zähler} \end{array}\right\} \text{wie bisher}$$

Zur formalen Bedeutungserklärung einer Wiederholungsanweisung α der Form

for z **from** s **to** e **by** sw **do** $\mathfrak{b}$ **enddo**

erweitern wir den Zustandsbegriff ein wenig: Namen von Zustandselementen können jetzt auch Zähler sein. Die Inhalte der Elemente bestimmen die entsprechenden Werte: Ist η ein Zustand, z' ein Zähler und $(z',d)\in\eta$, so ist $W_\eta(z')=d$. Die Sorte von z' ist integer.

Sei nun η ein Zustand (der kein Element mit Namen z enthält) und $s_0=W_\eta(s)$, $e_0=W_\eta(e)$, $sw_0=W_\eta(sw)$. Ist einer dieser Werte undefiniert oder $sw_0=0$, so ist die Ausführung von α undefiniert. Andernfalls sei weiter

$$s_1=s_0+sw_0,\ s_2=s_0+2\cdot sw_0,\ s_3=s_0+3\cdot sw_0,\ ...,\ s_k=s_0+k\cdot sw_0.$$

s_k sei die erste Zahl in der Folge $s_0,s_1,s_2,...$ mit der Eigenschaft

$$s_k>e_0 \quad (\text{falls } sw_0>0) \qquad \text{bzw.} \qquad s_k<e_0 \quad (\text{falls } sw_0<0).$$

Die Zustände $\eta_0,\eta_1,...,\eta_k$ seien gegeben durch

$$\eta_0 = \eta \cup \{(z,s_0)\},$$

$$\eta_0 \xrightarrow{\ \mathfrak{b}\ } \eta_1' ,\quad \eta_1 = (\eta_1'\setminus\{(z,s_0)\})\cup\{(z,s_1)\},$$

$$\eta_1 \xrightarrow{\ \mathfrak{b}\ } \eta_2' ,\quad \eta_2 = (\eta_2'\setminus\{(z,s_1)\})\cup\{(z,s_2)\},$$

$$\vdots$$

$$\eta_{k-1} \xrightarrow{\ \mathfrak{b}\ } \eta_k' ,\quad \eta_k = (\eta_k'\setminus\{(z,s_{k-1})\})\cup\{(z,s_k)\}.$$

(Man beachte, daß η_k auch η_0 sein kann.) Die Ausführung von α im Zustand η bewirkt den Übergang $\eta \xrightarrow{\ \alpha\ } \eta'$ mit

$$\eta' = \eta_k\setminus\{(z,s_k)\}.$$

Ist eine der Ausführungen von $\mathfrak{b}$ nicht definiert, so ist auch die Ausführung von $\mathfrak{a}$ in η undefiniert.

Beispiel. Sei $\mathfrak{a}$ wieder die Anweisung

$$\textbf{for } i \textbf{ from } 1 \textbf{ to } n \textbf{ do } erg := i * erg \textbf{ enddo}$$

und $\eta = \{(n,3),(erg,1)\}$. Dann ist $\eta_0 = \{(n,3),(erg,1),(i,1)\}$ und

$$\eta_0: \quad n\ \boxed{3} \qquad erg\ \boxed{1} \qquad i\ \boxed{1}$$
$$\downarrow erg := i * erg$$
$$\eta_1': \quad n\ \boxed{3} \qquad erg\ \boxed{1} \qquad i\ \boxed{1}$$

Daraus ergibt sich $\eta_1 = \{(n,3),(erg,1),(i,2)\}$ und

$$\eta_1: \quad n\ \boxed{3} \qquad erg\ \boxed{1} \qquad i\ \boxed{2}$$
$$\downarrow erg := i * erg$$
$$\eta_2': \quad n\ \boxed{3} \qquad erg\ \boxed{2} \qquad i\ \boxed{2}$$

Mit $\eta_2 = \{(n,3),(erg,2),(i,3)\}$ erhält man analog $\eta_3' = \{(n,3),(erg,6),(i,3)\}$ und $\eta_3 = \{(n,3),(erg,6),(i,4)\}$. Es gilt $s_3 = 4 > 3 = e_0$, und somit ist $\eta' = \{(n,3),(erg,6)\}$, d.h.:

$$\eta: \quad n\ \boxed{3} \qquad erg\ \boxed{1}$$
$$\downarrow \mathfrak{a}$$
$$\eta': \quad n\ \boxed{3} \qquad erg\ \boxed{6} \qquad\qquad \square$$

Wir geben noch ein weiteres Beispiel für die Benutzung von Laufanweisungen:

Beispiel. Für beliebige $m,n \in \mathbb{Z}$ soll $\sum_{i=m}^{n} i^2$ berechnet werden. (Wir lassen hier auch $m > n$ zu; in diesem Fall soll die Summe 0 sein.) Eine ähnliche Summationsaufgabe haben wir in Abschnitt 3.4 rekursiv gelöst. Dies wäre ganz analog auch hier möglich, und wir könnten daraus wie im Beispiel mit der Fakultät wieder eine iterative Fassung gewinnen. Die "iterative Lösungsidee" läßt sich aber auch ohne diesen Rückgriff auf den rekursiven Ansatz direkt angeben; man hat sukzessive "Teilsummen" zu bilden:

$$ts_0 = 0;$$
$$ts_1 = ts_0 + m^2;$$
$$ts_2 = ts_1 + (m+1)^2;$$
$$\vdots$$
$$erg = ts_{n-m} + n^2$$

Unter Verwendung einer einzigen Variablen ts für $ts_0,...,ts_{n-m}$,erg kann diese Berechnung wie folgt formuliert werden:

```
function QUADSUM(m,n:integer)→nat
    result Summe der Quadrate der Zahlen von m bis n
    body var ts:nat;
        ts := 0;
        for i from m to n do ts := ts + i*i enddo;
        ts
endfunction
```

Man beachte, daß die Schleife ts für $m>n$ gar nicht verändert, was das in diesem Fall erwünschte Ergebnis 0 liefert.

In $QUADSUM$ werden die einzelnen Quadrate in der Reihenfolge m^2, $(m+1)^2,...,n^2$ aufaddiert. Ebenso ist die umgekehrte Additionsfolge möglich; sie wird erreicht, wenn man in der Schleife die Zählung umkehrt:

```
function QUADSUM1(m,n:integer)→nat
    result Summe der Quadrate der Zahlen von m bis n
    body var ts:nat;
        ts := 0;
        for i from n to m by -1 do ts := ts + i*i enddo;
        ts
endfunction                                                          □
```

Zur Einführung einer weiteren Iterationsform betrachten wir als Beispiel einen Modul, in dem eine Funktion Q mit der Funktionalität nat→boolean (d.h. ein Algorithmus zur Auswertung eines 1-stelligen Prädikats $q:\mathbb{N}_0\to\mathbb{B}$) vereinbart sei. Gesucht ist eine weitere Funktion $EXISTQ$, die für $m,n\in\mathbb{N}_0$ bestimmt, ob es (mindestens) eine natürliche Zahl x mit $m\le x\le n$ gibt, für die $Q(x)=TRUE$ ist (d.h. für die $q(x)$ gilt). Mit einer Laufanweisung können wir $EXISTQ$ wie folgt formulieren:

```
function EXISTQ(m,n:nat)→boolean
    result EXISTQ(m,n) ⇔ Es gibt x mit m≤x≤n und q(x)
    body var gefunden:boolean;
        gefunden := FALSE;
        for i from m to n do
            if Q(i) then gefunden := TRUE endif
        enddo;
        gefunden
endfunction
```

Nach Beendigung der Laufanweisung hat $gefunden$ genau dann den Wert $TRUE$, wenn es ein x mit der angegebenen Eigenschaft gibt. Dieser Algorithmus leistet also das Gewünschte, ist aber offenbar ungünstig in folgendem Sinn: Die Zahlen von m bis n werden komplett durchlaufen, obwohl man nach dem ersten Auffinden einer Zahl i mit $Q(i)=TRUE$ die restlichen Zahlen gar nicht mehr durchsuchen müßte. Hier liegt wieder eine Situation vor, in der die Effizienz eines Algorithmus durch geeignete Maßnahmen gesteigert werden kann. Dazu benötigen wir allerdings eine

Erweiterung des bisherigen Konzepts der Wiederholungsanweisung, ausgedrückt in folgender (immer noch vorläufigen) Syntaxfestlegung:

$$\textit{Wiederholungsanweisung} ::= \textbf{for } \textit{Zähler} \textbf{ from } \textit{Startwert}$$
$$\textbf{to } \textit{Endwert}$$
$$\{\textbf{by } \textit{Schrittweite}\}_0^1$$
$$\textbf{while } \textit{Bedingung}$$
$$\textbf{do } \textit{Anweisungsfolge} \textbf{ enddo}$$

Eine Schleife dieser Bauart heißt **allgemeine Wiederholungsanweisung**. Ihre Wirkung ist analog zur Wirkung einer Laufanweisung mit dem
Zusatz, daß vor jeder neuerlichen Ausführung der zu iterierenden Anweisungsfolge zusätzlich die zwischen **while** und **do** stehende **Schleifenbedingung** ausgewertet wird und die Iteration bereits vor dem Erreichen des
Endwerts der Zählung abgebrochen wird, wenn diese Bedingung erstmals
FALSE als Wert hat.

Dies kann leicht als Erweiterung in die formale Bedeutungsdefinition
von Laufanweisungen eingebracht werden. Bezeichnen wir die Schleifenbedingung mit b, so ist hier die Zahl s_k die erste Zahl in der Folge s_0, s_1,
$s_2, \ldots$, für die (mindestens) eine der beiden folgenden ("Abbruch"-) Bedingungen erfüllt ist:

i) $s_k > e_0$ (falls $sw_0 > 0$) bzw. $s_k < e_0$ (falls $sw_0 < 0$),
ii) $W_{\eta_i}(b)$ ist definiert für $0 \leq i \leq k$, und $W_{\eta_k}(b) = \textit{FALSE}$.

Ist einer der auftretenden Werte $W_{\eta_i}(b)$ nicht definiert, so ist auch die
Ausführung der Schleife undefiniert.

Auf den Algorithmus *EXISTQ* können wir dieses allgemeine Schlei-
fenkonzept wie folgt anwenden:

```
function EXISTQ1(m,n:nat)→boolean
    result EXISTQ1(m,n) ⇔ Es gibt x mit m≤x≤n und q(x)
    body var gefunden:boolean;
        gefunden := FALSE;
        for i from m to n while ¬gefunden do
            if Q(i) then gefunden := TRUE endif
        enddo;
        gefunden
endfunction
```

Da ¬*gefunden* den Wert *FALSE* erhält, wenn *gefunden*:=*TRUE* ausgeführt worden ist, bricht die Schleife in *EXISTQ1* ab, sobald das erste i
mit der gewünschten Eigenschaft gefunden ist.

Eine Laufanweisung ist offenbar ein Spezialfall der allgemeinen
Wiederholungsanweisung, in dem auf einen möglichen Schleifenabbruch
vermöge einer zusätzlichen Bedingung verzichtet wird. Dies ist formal
ausdrückbar durch die Feststellung, daß eine Laufanweisung

$$\textbf{for } z \textbf{ from } s \textbf{ to } e \textbf{ by } sw \textbf{ do } b \textbf{ enddo}$$

die gleiche Wirkung hat wie die allgemeine Wiederholungsanweisung

$$\textbf{for } z \textbf{ from } s \textbf{ to } e \textbf{ by } sw \textbf{ while } TRUE \textbf{ do } \mathfrak{b} \textbf{ enddo}$$

Eine andere Spezialisierung besteht darin, auf die Zählung zu verzichten und den Abbruch der Iteration allein durch die Schleifenbedingung zu steuern. In der Aufschreibung wird der Teil **for...from...to...by...** weggelassen und man erhält eine Anweisung der Form

(∗)   **while** b **do** $\mathfrak{b}$ **enddo**

Diese Schleifenart heißt **bedingte Wiederholungsanweisung** (while-*Schleife*) und formalisiert gerade das informelle

Solange ... : ...

aus Abschnitt 2.4.

Die formale Bedeutungserklärung ist wieder leicht anzupassen: Die Zahlen $s_0, s_1, \ldots$ sind hier nicht relevant. Zur Bestimmung der Wirkung einer Schleife (∗) bei Ausführung in einem Zustand η betrachtet man die Folge $\eta_0, \eta_1, \eta_2, \ldots$ der Zustände mit

$$\eta_0 = \eta,$$
$$\eta_i \xrightarrow{\ \mathfrak{b}\ } \eta_{i+1} \qquad \text{für } i=0,1,2,\ldots \ .$$

Ist η_k der erste Zustand in dieser Folge mit $W_{\eta_k}(b) = FALSE$, so ist η_k der Nachfolgezustand von η bezüglich der Schleife (∗). Analog wie bei den bisherigen Festlegungen ist die Schleifenausführung undefiniert, wenn eine der auftretenden Auswertungen von b oder Ausführungen von $\mathfrak{b}$ nicht definiert ist. Zusätzlich kann es nun aber auch geschehen, daß ein solches η_k nicht existiert (die Schleifenausführung ist dann ebenfalls undefiniert), weil (bei Definiertheit aller Iterationen von $\mathfrak{b}$) die Auswertung von b fortwährend $TRUE$ ergibt. Auf dieses Problem werden wir im nächsten Abschnitt eingehen.

Beispiele. 1) Unter Verwendung einer while-Schleife kann der in der Funktion GGT in Abschnitt 3.5 rekursiv repräsentierte **Euklidische Algorithmus** zur Bestimmung des größten gemeinsamen Teilers zweier Zahlen $m, n \in \mathbb{N}$ iterativ wie folgt beschrieben werden:

```
function GGT1(m,n:nat)→nat
   pre m>0, n>0
   result GGT1(m,n) = größter gemeinsamer Teiler von m und n
   body var x,y:nat;
        x,y := m,n;
        while x≠y do
           if x>y then x := x-y else y := y-x endif
        enddo;
        x
endfunction
```

Die Beziehung zwischen *GGT1* und *GGT* ist sehr ähnlich zu der zwischen *FAK3* und *FAK* (bzw. *FAK1*). Auf solche Beziehungen zwischen Rekursion und Iteration werden wir allgemein in Kapitel 6 zurückkommen.

2) Eine Variante des Euklidischen Algorithmus (die sogar $m=0$ und $n=0$ zuläßt) ist wie folgt gegeben:

```
function GGT2(m,n:nat)→nat
    result GGT2(m,n) = größter gemeinsamer Teiler von m und n
    body var x,y,k:nat;
        x,y := m,n;
        while y>0 do
            k := x;
            while k≥y do k := k-y enddo;
            x,y := y,k
        enddo;
        x
endfunction
```

GGT2 illustriert die Schachtelung von Schleifen, die beliebig (auch für die anderen Schleifenformen) möglich ist. Die Wirkungsweise von *GGT2* werden wir im nächsten Abschnitt diskutieren.   □

Wir haben **while**-Schleifen als Spezialfall der allgemeinen Wiederholungsanweisung eingeführt. Tatsächlich ist dieser Spezialfall so ausdrucksstark, daß man damit allgemeine Schleifen (und somit auch Laufanweisungen) "simulieren" kann. Die Wirkung einer Anweisung

$$\textbf{for } z \textbf{ from } s \textbf{ to } e \textbf{ by } sw \textbf{ while } b \textbf{ do } \text{b} \textbf{ enddo}$$

wird gleichwertig beschrieben durch

```
const e0,sw0:integer = e,sw;
var zvar:integer;       (* Der Zähler z wird durch
                           eine Variable simuliert *)
zvar := s;
while if sw0>0 then zvar≤e0 else zvar≥e0 endif ⊗ b do
    b;
    zvar := zvar+sw0
enddo
```

Da nicht ausgeschlossen ist, daß die Werte von e oder sw in b verändert werden (etwa durch Zuweisungen an in e oder sw enthaltene Variablen), sind allgemein die für die Iterationssteuerung maßgeblichen Werte zu Beginn der Schleife in Konstanten $e0$ und $sw0$ festzuhalten. Werden e und sw in b nicht verändert, können diese Terme selbst statt $e0$ und $sw0$ verwendet werden. Die sequentielle Konjunktion ⊗ ist im allgemeinen nötig, da b nach Überschreitung des Endwerts der Zählung eventuell nicht definiert ist. Im Fall einer Laufanweisung (d.h. ohne "**while** b") entfällt "⊗ b".

Beispiele. 1) Die weiter oben angegebene Funktion *EXISTQ1* läßt sich umformen zu

```
function EXISTQ2(m,n:nat)→boolean
    result EXISTQ2(m,n) ⇔ Es gibt x mit m≤x≤n und q(x)
    body var gefunden:boolean;
         var i:nat;
         gefunden := FALSE;
         i := m;
         while i≤n ∧ ¬gefunden do
               if Q(i) then gefunden := TRUE endif;
               i := i+1
         enddo;
         gefunden
endfunction
```

Die Terme n (Endwert) und 1 (Schrittweite) bleiben hier unverändert, brauchen also nicht durch Konstanten festgeschrieben zu werden. Die Variable i, die den Zähler i von *EXISTQ1* simuliert, nimmt nur Werte aus $\mathbb{N}_0$ an und ist daher mit der Sorte nat vereinbart. Die Schleifenbedingung **if** $1>0$ **then** $i≤n$ **else** $i≥n$ **endif**, die man durch Einsetzen im allgemeinen Schema erhalten würde, läßt sich (gleichwertig) auf $i≤n$ reduzieren, und statt Ⓐ kann gefahrlos ∧ verwendet werden.

2) Die iterative Berechnung der Fakultät wird mit einer **while**-Schleife wie folgt beschrieben:

```
function FAK4(n:nat)→nat
    result FAK4(n) = n!
    body var erg,i:nat;
         erg,i := 1,1;
         while i≤n do erg,i := i*erg,i+1 enddo;
         erg
endfunction                                                          □
```

Wir beschließen diesen Abschnitt mit der nun endgültigen syntaktischen Definition der Wiederholungsanweisungen. Da sich Laufanweisungen und bedingte Schleifen syntaktisch durch Weglassen gewisser Teile der allgemeinen Wiederholungsanweisung ergeben, kann diese Definition kompakt wie folgt gegeben werden:

Syntaxdefinition.

Wiederholungsanweisung ::=
$$\left\{\text{for } \textit{Zähler} \text{ from } \textit{Startwert} \text{ to } \textit{Endwert} \left\{\text{by } \textit{Schrittweite}\right\}_0^1\right\}_0^1$$
$$\left\{\text{while } \textit{Bedingung}\right\}_0^1$$
do *Anweisungsfolge* **enddo**

(Dabei dürfen nicht beide optionalen Teile ''**for**...'' und ''**while**...'' gleichzeitig fehlen.)

Die in einer Wiederholungsanweisung zwischen **do** und **enddo** stehende (zu iterierende) Anweisungsfolge heißt ***Schleifenrumpf***.

4.6 Terminierung und Korrektheit rekursiver Prozeduren und Schleifen

Wie bei rekursiven Funktionen sind Terminierung und Korrektheit auch bei imperativen Algorithmen im Zusammenhang mit rekursiven Prozeduren und Iterationen nicht immer einfach einsichtig. Wir übertragen diese Begriffe auf den jetzigen Kontext und geben einige Beispiele für formale Nachweise.

In Abschnitt 3.5 haben wir das Problem der Terminierung rekursiver Funktionen besprochen. Dieses ist in gleicher Weise auch bei rekursiven Prozeduren vorhanden: Die nicht endende Auswertung der Funktion *ENDLOS* aus Abschnitt 3.5 wird etwa durch die Prozedur

```
procedure ENDLOS1(n:nat,out erg:nat)
    body if n=0 then erg := 1
            else ENDLOS1(n+1,erg); erg := n*erg endif
endprocedure
```

nachgebildet. Bei einem Aufruf von *ENDLOS1* mit einem aktuellen Parameter $n>0$ werden endlos neue Inkarnationen erzeugt, und es wird kein Endzustand erreicht. Darüber hinaus tritt dieses Problem - wie im vorigen Abschnitt schon angedeutet - auch bei iterativen Algorithmen mit (**while**-) Schleifen auf. Die Funktion

```
function ENDLOS2(n:nat)→nat
    body var erg,i:nat;
            erg,i := 1,n;
            while i≠0 do erg,i := i*erg,i+1 enddo;
            erg
endfunction
```

etwa liefert für $n>0$ keinen Wert: Die **while**-Schleife erreicht keinen Endzustand, da $i≠0$ nach jeder Iteration zu *TRUE* ausgewertet wird.

Formal definieren wir: Sei α ein Prozeduraufruf (mit gewissen aktuellen Parametern) oder eine Wiederholungsanweisung. Die Ausführung von α in einem Zustand η *terminiert*, wenn sie gemäß den betreffenden Zustandsübergangsdefinitionen (nach endlich vielen "Zwischenzuständen") zu einem definierten Nachfolgezustand $\Phi(\eta,\alpha)$ führt. Jede Laufanweisung oder allgemeine Wiederholungsanweisung (mit Schrittweite ≠0) terminiert, wenn die dabei vorkommenden Termauswertungen definiert sind und alle Iterationen des Schleifenrumpfs terminieren, da die Anzahl der Iterationen ja durch die Zählung beschränkt ist. Für die Terminierung von **while**-Schleifen muß, wie oben gesehen, die Schleifenbedingung im Laufe der Iteration einmal den Wert *FALSE* erhalten.

Auch die Korrektheit von imperativen Algorithmen (d.h. in Analogie zu Abschnitt 3.5 die Eigenschaft, daß tatsächlich die gegebene Aufgabe gelöst wird) ist wegen der oftmals schwer überschaubaren rekursiven oder iterierten Abläufe nicht immer leicht einsichtig. Im Zweifelsfall kann die Verifikation eines Algorithmus wieder durch formales Beweisen erbracht werden. Solche Terminierungs- oder Korrektheitsnachweise sind – wie schon bei rekursiven Funktionen – typischerweise induktiv. Wir geben zur Illustration einige Beispiele.

Der Beweis der Terminierung für die Prozedur

```
procedure FAK1(n:nat,out erg:nat)
    result erg = n!
    body if n=0 then erg := 1
            else FAK1(n-1,erg); erg := n*erg endif
endprocedure
```

aus Abschnitt 4.4 verläuft ganz analog zu dem entsprechenden Nachweis für die Funktion FAK in Abschnitt 3.5. Dabei muß lediglich die Beweisidee vom dortigen Mechanismus der Termauswertung (als Bedeutung eines Funktionsaufrufs) auf die Bedeutung eines Prozeduraufrufs als Zustandsübergang übertragen werden. Die Behauptung lautet:

Sei η ein Zustand, der ein Element mit Namen z enthält, und $k \in \mathbb{N}_0$. Die Ausführung des Aufrufs $FAK1(k,z)$ in η ergibt einen definierten Nachfolgezustand η'.

(Kurz: "$FAK1(k,z)$ terminiert für beliebiges $k \in \mathbb{N}_0$.") Der Beweis erfolgt durch Induktion nach k. Für $k=0$ erhält man, ausgehend von η, nach Parameterübergabe, Ausführung von $erg := 1$ und Aufrufende offenbar einen definierten Nachfolgezustand η' des Aufrufs. Sei nun $k > 0$ und η_1 der Zustand nach Parameterübergabe für den Aufruf $FAK1(k,z)$. η_1 enthält ein Element mit Namen z. In η_1 wird der Aufruf $FAK1(k-1,erg)$ ausgeführt. Dieser terminiert nach Induktionsvoraussetzung und ergibt den Nachfolgezustand η_2. Ausführung von $erg := n*erg$ in η_2 und anschließendes Aufrufende führen zu einem definierten Zustand η'.

Die Korrektheit von $FAK1$ ist – wenn auch leicht einzusehen – formal nicht so unmittelbar gegeben wie bei der Funktion FAK, die ja die mathematische Abbildungsdefinition viel direkter einfängt. Die Behauptung ist hier:

Sei η ein Zustand, der ein Element mit Namen z enthält, und $k \in \mathbb{N}_0$. Die Ausführung des Aufrufs $FAK1(k,z)$ in η ergibt einen Nachfolgezustand η' mit $(z,k!) \in \eta'$.

(Kurz: "$FAK1(k,z)$ terminiert für beliebiges $k \in \mathbb{N}_0$ und liefert das Ergebnis $z=k!$.") Diese Behauptung läßt sich mit dem gleichen Induktionsschema wie oben beweisen: Für $k=0$ bewirkt Parameterübergabe, Ausführung von $erg := 1$ und Aufrufende das Erreichen von η', und η' enthält $(z,1)$, d.h. $(z,0!)$. Für $k > 0$ existiert (mit obigen Bezeichnungen) η_2, und es gilt nach der jetzigen Induktionsvoraussetzung $\zeta \in \eta_2$ für $\zeta = (z,(k-1)!)$. η_2 enthält au-

ßerdem von der Parameterübergabe ein Element (n,k). Ausführung von
$erg:=n*erg$ (mit z als Synonym für erg) verändert den Inhalt von ζ zu $k!$,
somit gilt dann $(z,k!)\in\eta'$.

In der Funktion *GGT1* des vorigen Abschnitts tritt die Schleife

```
a:  while x≠y do
        if x>y then x := x-y else y := y-x endif
    enddo
```

auf. Die Terminierungsbehauptung für a lautet:

*Sei $m>0$, $n>0$, η ein Zustand mit $(x,m),(y,n)\in\eta$. Die Ausführung von
a in η ergibt einen definierten Nachfolgezustand η'.*

(Aus dieser Behauptung folgt offenbar, daß ein Aufruf $GGT1(m,n)$ mit
$m>0$, $n>0$ einen definierten Wert ergibt.) Bezeichnet $\mathfrak{b}$ den Schleifenrumpf

if $x>y$ **then** $x := x-y$ **else** $y := y-x$ **endif**

so ist zu zeigen, daß es in der Folge $\eta_0,\eta_1,\eta_2,...$ der Zustände mit

$$\eta_0 = \eta,$$
$$\eta_i \xrightarrow{\mathfrak{b}} \eta_{i+1} \quad \text{für } i = 0,1,2,...$$

einen Zustand η_k gibt mit $W_{\eta_k}(x{\neq}y)=FALSE$. Wir führen den Beweis hierfür durch Induktion nach $m+n$. Der kleinstmögliche Wert von $m+n$ ist 2
für $m=1$ und $n=1$. In diesem Fall ist $W_\eta(x{\neq}y)=FALSE$, also ist η_0 ein ge-
eignetes η_k. Sei nun $m+n>2$. Ist $m=n$, so hat $x{\neq}y$ wie eben bereits in η_0
den Wert *FALSE*. Ist $m{\neq}n$, so ergibt die Ausführung von $\mathfrak{b}$ in $\eta_0=\eta$ einen
Zustand η_1 mit $(x,m-n),(y,n)\in\eta_1$ oder $(x,m),(y,n-m)\in\eta_1$. Wegen $m-n+n=$
$m<m+n$ bzw. $m+n-m=n<m+n$ kann in beiden Fällen die Induktionsvoraussetzung angewendet werden: In der Folge

$$\eta_0' = \eta_1,$$
$$\eta_i' \xrightarrow{\mathfrak{b}} \eta_{i+1}' \quad \text{für } i = 0,1,2,...$$

gibt es einen Zustand η_k', in dem $x{\neq}y$ den Wert *FALSE* hat. Offenbar ist
$\eta_k'=\eta_{k+1}$ und existiert somit in der Folge $\eta_0,\eta_1,\eta_2,...$.
Dieser Beweis nimmt - wie auch die vorherigen - auf die formalen
Bedeutungsdefinitionen Bezug. Wir wollen ihn - ohne allzu großen Ver-
lust an formaler Präzision - auch noch ein wenig anschaulicher formulieren. Die etwas informeller gefaßte Behauptung ist, daß, beginnend mit
$x=m$ und $y=n$, nach endlich vielen "Schleifendurchläufen" (d.h. iterierten
Ausführungen des Schleifenrumpfs) $x=y$ gilt. In der Induktion nach $m+n$
ist dies für $m=1$ und $n=1$ nach 0 Schleifendurchläufen erfüllt. Im Indukti-
onsschritt findet man, daß nach einer Ausführung von $\mathfrak{b}$ $x=m-n$, $y=n$ oder
$x=m$, $y=n-m$ gilt. Von hier aus gilt gemäß Induktionsvoraussetzung nach

endlich vielen (etwa k) weiteren Iterationen $x=y$. Somit ist (ausgehend von $x=m$, $y=n$) $x=y$ nach $k+1$ (d.h. endlich vielen) Schleifendurchläufen.

Als letztes Beispiel betrachten wir den Algorithmus

```
function GGT2(m,n:nat)→nat
   result GGT2(m,n) = größter gemeinsamer Teiler von m und n
   body var x,y,k:nat;
         x,y := m,n;
         while y>0 do
            k := x;
            while k≥y do k := k-y enddo;
            x,y := y,k
         enddo;
         x
endfunction
```

der ebenfalls im vorigen Abschnitt angegeben ist. Die Korrektheit von $GGT2$, d.h. daß $GGT2$ für beliebige $m,n \in \mathbb{N}_0$ den größten gemeinsamen Teiler $g(m,n)$ von m und n berechnet, ist nicht auf den ersten Blick ersichtlich. (Die Erweiterung der Definition von g aus Abschnitt 3.5 auf $m=0$ und $n=0$ ist gegeben durch $g(0,x)=g(x,0)=x$.)

Wir führen den Beweis wieder in informeller Sprechweise. Bezeichnet $\mathfrak{a}$ die ''äußere'' Schleife

$$\textbf{while } y>0 \textbf{ do } \ldots \textbf{ enddo}$$

und $\mathfrak{b}$ den Schleifenrumpf von $\mathfrak{a}$, so ist zu zeigen, daß, beginnend mit $x=m$ und $y=n$ ($m,n \in \mathbb{N}_0$), nach endlich vielen Iterationen von $\mathfrak{b}$ $y \leq 0$ und $x = g(m,n)$ gilt. Ein Induktionsbeweis nach bisherigen Mustern für diese Korrektheitsaussage wäre wegen der hier geschachtelten Schleifenkonstruktion recht unübersichtlich. Wir trennen den Beweis daher: Zunächst zeigen wir nur die Terminierung, d.h. daß nach endlich vielen Schleifendurchläufen $y \leq 0$ gilt. Dies geschieht in ähnlicher Weise wie bisher durch Induktion nach dem Wert n von y (dieser ist offenbar immer aus $\mathbb{N}_0$). Für $n=0$ ist ohne Ausführung von $\mathfrak{b}$ (d.h. nach 0 Schleifendurchläufen) $y \leq 0$. Für $n>0$ ist zu zeigen, daß gilt:

(a) *Nach Ausführung von $\mathfrak{b}$ ist $y<n$.*

Aus (a) folgt der Rest mit der Induktionsvoraussetzung.

$\mathfrak{c}$ bezeichne nun die ''innere'' Schleife

$$\textbf{while } k \geq y \textbf{ do } k := k-y \textbf{ enddo}$$

Zum Nachweis von (a) zeigen wir die Terminierung von $\mathfrak{c}$:

(b) *Beginnend mit $y>0$ gilt nach endlich vielen Schleifendurchläufen von $\mathfrak{c}$: $k<y$.*

Aus (b) folgt (a): Beginnend mit $x=m$, $y=n$, $n>0$ gilt $y>0$ nach Ausführung von $k:=x$. Gemäß (b) führt dann $\mathfrak{c}$ zu $k<y=n$. Nach Ausführung von $x,y:=y,k$ hat y den Wert von k, d.h. es ist $y<n$.

(b) wird leicht durch Induktion nach dem Wert k_0 von k zu Beginn der Schleifendurchläufe gezeigt: Ist $k_0<y$, so ist $k<y$ nach 0 Schleifendurchläufen. Für $k_0 \geq y$ ist nach einem Schleifendurchlauf $k=k_0-y<k_0$, also folgt (b) mit der Induktionsvoraussetzung.

Wir können nun die Terminierung von $\mathfrak{a}$ (für beliebige Ausgangswerte $x=m$, $y=m$) und $\mathfrak{c}$ (beginnend mit $y>0$) voraussetzen. Zu zeigen bleibt noch, daß $x=g(m,n)$ nach Ausführung von $\mathfrak{a}$ gilt, und wir beweisen dies jetzt mit einer etwas anderen Beweistechnik. Zu Beginn der Ausführung von $\mathfrak{a}$ gilt $x=m$, $y=n$, also auch $g(x,y)=g(m,n)$. Wir zeigen:

(c)   *Nach Ausführung von $\mathfrak{a}$ gilt $g(x,y)=g(m,n)$.*

Aus (c) folgt die behauptete Korrektheit, denn nach Ausführung von $\mathfrak{a}$ gilt außerdem $y \leq 0$, d.h. (da $y \in \mathbb{N}_0$) $y=0$, mit (c) also $x=g(x,0)=g(x,y)=g(m,n)$.

Der Beweis von (c) kann durch Induktion nach der (bereits als endlich bewiesenen) Anzahl r der Schleifendurchläufe von $\mathfrak{a}$ erbracht werden. Für $r=0$ ist nichts mehr zu zeigen. Sei $r>0$. Wir betrachten die erste Ausführung von $\mathfrak{b}$ (beginnend mit $g(x,y)=g(m,n)$): Nach Ausführung von $k:=x$ hat k den Wert von x, also gilt $g(k,y)=g(m,n)$. Da in diesem Fall auch $y>0$ ist, terminiert $\mathfrak{c}$, und es gilt weiter:

(d)   *Nach Ausführung von $\mathfrak{c}$ (beginnend mit $g(k,y)=g(m,n)$) gilt $g(k,y)=$*
      $g(m,n)$.

Die auf $\mathfrak{c}$ folgende Ausführung von $x,y:=y,k$ führt dann offenbar zur Gültigkeit von $g(x,y)=g(m,n)$. Insgesamt gilt also nach dem ersten Durchlauf von $\mathfrak{a}$ wieder die Ausgangsbedingung $g(x,y)=g(m,n)$. Für die verbleibenden $r-1$ Iterationen von $\mathfrak{b}$ kann die Induktionsvoraussetzung angewendet werden, und man findet, daß nach Ausführung dieser und damit aller Schleifendurchläufe $g(x,y)=g(m,n)$ gilt.

Ganz analog beweisen wir schließlich (d) durch Induktion nach der Anzahl s der Schleifendurchläufe von $\mathfrak{c}$. Nach dem gleichen Schema genügt es offenbar zu zeigen, daß nach einmaliger Ausführung des Rumpfs $k:=k-y$ von $\mathfrak{c}$ (beginnend mit $g(k,y)=g(m,n)$) wieder $g(k,y)=g(m,n)$ gilt. Der Rest folgt dann mit der Induktionsvoraussetzung. Nun ist (für $k \geq y$) $g(k,y)=g(k-y,y)$, wie man leicht der Argumentation des Korrektheitsnachweises der Funktion *GGT* in Abschnitt 3.5 entnehmen kann. Mit $g(k,y)=$ $g(m,n)$ ist also auch $g(k-y,y)=g(m,n)$ zu Beginn der Ausführung von $k:=k-y$. Nach dieser Zuweisung hat k gerade den "alten" Wert von $k-y$, also gilt dann wieder $g(k,y)=g(m,n)$.

Dieser Korrektheitsbeweis nimmt durch die Induktionen nach r bzw. s explizit Bezug auf die zuvor bewiesene Terminierung der Schleifen $\mathfrak{a}$ und $\mathfrak{c}$. Die Grundidee des Beweises ist dabei, für gewisse Eigenschaften der beteiligten Werte ($g(x,y)=g(m,n)$ bei a und $g(k,y)=g(m,n)$ bei c) zu zeigen, daß sie durch die (einmalige) Ausführung des betreffenden Schleifenrumpfs nicht zerstört werden. Solche Eigenschaften heißen **Schleifeninvarianten** (der jeweiligen Schleifen). Die Korrektheit, die man allein auf diese Weise nachweist, ist also relativ zu der vorausgesetzten Terminierung zu verstehen, heißt genauer **partielle Korrektheit** und ist allgemein (auch für applikative Algorithmen) gegeben durch eine Aussage der Art

> "Falls der Algorithmus terminiert,
> so liefert er das gewünschte Ergebnis".

Die bisherigen Korrektheitsformulierungen der Art

> "Der Algorithmus terminiert
> und liefert das gewünschte Ergebnis"

besagen in dieser Terminologie die **totale Korrektheit** von Algorithmen. Sie folgen aus den entsprechenden Terminierungs- und partiellen Korrektheitsaussagen.

5 Datenstrukturen

5.1 Sequenzen

In den vorangegangenen Kapiteln 3 und 4 haben wir die grundlegenden (applikativen bzw. imperativen) Konzepte zur "Ablaufsteuerung" von Algorithmen vorgestellt, dabei jedoch nur "elementare" Daten wie Zahlen und Wahrheitswerte betrachtet. Bei der Verarbeitung von "Datenmengen" spielt deren innere Struktur eine wichtige Rolle. Wir diskutieren in diesem Kapitel einige solche Datenstrukturen und beginnen mit der Behandlung von Folgen von Objekten. Dabei legen wir zunächst eine Sichtweise zugrunde, die in typischer Weise zu rekursiven Algorithmen (zur Verarbeitung von Folgen) führt.

Die Daten, die in Algorithmen der Kapitel 3 und 4 verarbeitet wurden, sind in Abschnitt 3.1 durch die Moduln **BOOLEAN**, **NAT**, **INTEGER** und **REAL** festgelegt. (CHAR haben wir bisher noch nicht benutzt.) Charakteristisch ist dabei, daß als Ein- und Ausgabe der Algorithmen jeweils nur "Einzel"-Daten aufgetreten sind. Im Algorithmus *GGT* z.B. wird in Abhängigkeit von zwei natürlichen Zahlen eine weitere natürliche Zahl als Ergebnis berechnet.

In vielen Anwendungen sind statt dessen Datenmengen (oder allgemeiner Datenmultimengen) zu verarbeiten. Einfache Beispiele hierfür sind Adressenkarteien, Reihen von Meßdaten, Ranglisten oder etwa auch das "herauszugebende Wechselgeld" in unserer einführenden Algorithmusdiskussion in Abschnitt 2.4. Im Zusammenhang mit diesem Beispiel haben wir schon bemerkt, daß solche komplexe Daten durch Objekte, wie sie in Kapitel 1 behandelt wurden, "modelliert" (dargestellt) werden müssen. Derartige (formale) Objekte heißen im jetzigen Kontext *Datenstrukturen*, und wir haben ebenfalls schon erwähnt, daß die Art der Darstellung (Datenstrukturierung) auf die "Güte" (d.h. Effizienz) der Verarbeitungsalgorithmen erheblichen Einfluß haben kann. Wesentliche Kriterien für die Auswahl einer geeigneten Darstellung sind dabei zum einen eventuell bereits vorhandene Strukturierungsmerkmale der Daten, zum anderen die Art der beabsichtigten Verarbeitung. (Letzteres werden wir in Kapitel 7 detaillierter besprechen.)

Ein sehr häufig vorkommendes Strukturierungsmerkmal von konkreten Daten(multi)mengen ist, daß deren Objekte in irgendeiner Reihenfolge
angeordnet sind und somit eine Darstellung als Folge nahelegen. Wie in
den Abschnitten 1.5 und 1.6 ausführlich diskutiert, können Folgen mathematisch auf verschiedene Weise definiert werden; dementsprechend unterscheiden wir jetzt auch zwei verschiedene Datenstrukturierungen: Folgen gemäß ihrer aufzählenden Definition (in Abschnitt 1.5) und Folgen,
die wir uns (wie in Abschnitt 1.6) induktiv definiert vorstellen.

Wir behandeln in diesem Abschnitt die zuletzt genannte Auffassung:
Gegeben sei eine Sorte σ. Induktiv – etwa durch (indDef1) oder (indDef2)
von Abschnitt 1.6 – definierte Folgen über σ nennen wir jetzt *Sequenzen*
(über σ). Die Menge (Sorte) σ^* aller Sequenzen über σ bezeichnen wir
mit

$$\textbf{sequ } \sigma.$$

Durch die Art der Definition der Folgen wird in charakteristischer
Weise die Auswahl von Grundoperationen für deren Handhabung induziert. Orientiert man sich z.B. an (indDef1), so wird dadurch nahegelegt,
die leere Sequenz *EMPTY*, die Operation *POSTFIX* und die unmittelbar
auf diese "Konstruktionswerkzeuge" für Sequenzen Bezug nehmenden
Operationen *LAST* und *LEAD* als Grundoperationen vorauszusetzen. Analog induziert die Definition (indDef2) die Grundoperationen *EMPTY*,
PREFIX, *FIRST* und *REST*. Wir vereinigen der Einfachheit halber zunächst diese beiden verschiedenen Ansätze und zeichnen alle genannten
Operationen als Grundoperationen aus. Außerdem nehmen wir noch die
Konkatenation $\circ$ (*PREFIX* und *POSTFIX* sind in gewisser Weise Spezialfälle von $\circ$) und eine für die algorithmische Handhabung von Sequenzen
nützliche Operation

$$ISEMPTY : \textbf{sequ } \sigma \to \text{boolean},$$
$$ISEMPTY(x) \Leftrightarrow x = EMPTY$$

hinzu. Die Zusammenfassung von **sequ** σ mit diesen Operationen ergibt
(für gegebenes σ) den Modul SEQUσ, der wie folgt als abstrakter Datentyp angegeben werden kann:

```
module SEQUσ
    uses SIGMA,BOOLEAN
    sorts sequ σ,σ,boolean
    functions EMPTY: → sequ σ,
            ISEMPTY: sequ σ → boolean,
            POSTFIX: sequ σ × σ → sequ σ,
            LAST: sequ σ → σ,
            LEAD: sequ σ → sequ σ,
            PREFIX: σ × sequ σ → sequ σ,
            FIRST: sequ σ → σ,
            REST: sequ σ → sequ σ,
            ∘: sequ σ × sequ σ → sequ σ
```

$$\begin{aligned}
\textbf{axioms}\quad & ISEMPTY(EMPTY) = TRUE, \\
& ISEMPTY(x \circ y) = ISEMPTY(x) \wedge ISEMPTY(y), \\
& POSTFIX(x,a) = x \circ a, \\
& LAST(POSTFIX(x,a)) = a, \\
& LEAD(POSTFIX(x,a)) = x, \\
& PREFIX(a,x) = a \circ x, \\
& FIRST(PREFIX(a,x)) = a, \\
& REST(PREFIX(a,x)) = x, \\
& x \circ EMPTY = x, \\
& EMPTY \circ x = x, \\
& x \circ (y \circ z) = (x \circ y) \circ z, \\
& LAST(EMPTY) = \omega, \\
& LEAD(EMPTY) = \omega, \\
& FIRST(EMPTY) = \omega, \\
& REST(EMPTY) = \omega
\end{aligned}$$

endmodule

SIGMA bezeichne (hier und im folgenden) den "zu σ gehörigen" abstrakten Datentyp, also z.B. NAT, falls σ=nat ist.

Im dritten Axiom von SEQUσ ist wieder die einfachere Schreibweise $x \circ a$ statt dem genaueren $x \circ (a)$ benutzt. Analoges gilt für das sechste Axiom. Die letzten vier Axiome geben an, daß *LAST*, *LEAD*, *FIRST* und *REST* für leere Sequenzen nicht definiert sind.

Abgesehen von *ISEMPTY* haben alle Grundoperationen von SEQUσ eine Funktionalität mit **sequ** σ oder σ als Wertebereich. Erstere erzeugen ("konstruieren") Sequenzen und heißen ***Konstruktor-Operationen***. Letztere greifen auf ein Element der Sequenz zu ("wählen es aus") und heißen ***Selektor-Operationen***. Eine analoge Sprechweise werden wir auch bei den weiteren noch zu behandelnden Datenstrukturen verwenden.

Die Operationen von SEQUσ zählen in AKS selbstverständlich zu den Objektbezeichnungen (*EMPTY*) bzw. Operatoren, wie sie in der Syntax von Termen zugelassen sind. Außer $\circ$, das in Infixschreibweise (mit Priorität 3, vgl. Abschnitt 3.3) verwendet wird, benutzen wir die übrigen Operationen in Funktionsschreibweise, was wir noch – zusammen mit einer Erweiterung der Definition von Sorten – in die Syntaxfestlegungen aufnehmen müssen:

Syntaxdefinition.

$$\begin{array}{ll}
\textit{Op-Anwendung} ::= & \textit{Operator Term} \mid \\
& \textit{Term Operator Term} \mid \qquad \Big\} \text{ wie bisher} \\
& \textit{Operator}(\textit{Termliste})
\end{array}$$

$$\begin{array}{ll}
\textit{Sorte} ::= & \textbf{boolean} \mid \\
& \vdots \qquad\qquad\qquad \Big\} \text{ wie bisher} \\
& \textbf{char} \mid \\
& \textbf{sequ } \textit{Sorte}
\end{array}$$

Neben den in SEQUσ aufgenommenen Grundoperationen gibt es eine Reihe weiterer "Grund-Algorithmen" mit Sequenzen. Ein einfaches Bei-

spiel ist die Bestimmung der Länge einer Sequenz, die (für beliebiges σ)
wie folgt explizit definiert werden kann (man vergleiche die rekursive
Definition in Abschnitt 1.6):

```
function LÄNGE(x:sequ σ)→nat
   result LÄNGE(x) = Länge der Sequenz x
   body if ISEMPTY(x) then 0 else 1+LÄNGE(REST(x)) endif
endfunction
```

Wie schon in Kapitel 1 erläutert, korrespondiert die Rekursivität solcher Algorithmen in natürlicher Weise mit der induktiven Struktur der
Sequenzen. Wir geben noch einige weitere Beispiele solcher Grundalgorithmen:

Beispiele. 1) Der folgende Algorithmus definiert die (komponentenweise)
Gleichheit von Sequenzen über σ. Dabei sei vorausgesetzt, daß auf σ die
Gleichheitsrelation (als Grundoperation oder zusätzlich definiert) gege-
ben und durch "=" bezeichnet ist.

```
function SEQUGLEICH(x,y:sequ σ)→boolean
   result SEQUGLEICH(x,y) ⇔ x und y sind
                             komponentenweise gleich
   body if ISEMPTY(x) ∧ ISEMPTY(y) then TRUE
        [] ISEMPTY(x) ∧ ¬ISEMPTY(y) then FALSE
        [] ¬ISEMPTY(x) ∧ ISEMPTY(y) then FALSE
        else (* Fall: x und y sind nicht-leer *)
            FIRST(x)=FIRST(y) ∧ SEQUGLEICH(REST(x),REST(y))
               (* Die beiden ersten Komponenten und die
                  Reste von x und y müssen übereinstimmen *)
        endif
endfunction
```

2) Auf σ sei = gegeben. Der folgende Algorithmus stellt fest, ob ein
bestimmtes Objekt a in einer Sequenz x enthalten ist:

```
function ENTHALTEN(x:sequ σ,a:σ)→boolean
   result ENTHALTEN(x,a) ⇔ a ist in x enthalten
   body if ISEMPTY(x) then FALSE
        else FIRST(x)=a ∨ ENTHALTEN(REST(x),a)
            (* a ist in x enthalten ⇔ a ist das erste Element von x
                  oder in REST(x) enthalten *)
        endif
endfunction
```

3) Es sei angenommen, daß für σ eine totale Ordnungsrelation $\leq$ (sowie =) gegeben ist. Der folgende Algorithmus bestimmt für $x,y \in$ sequ σ, ob
$x \leq y$ gilt ($\leq$ ist die durch $\leq$ induzierte lexikographische Ordnung).

```
function LEXORD(x,y:sequ σ)→boolean
   result LEXORD(x,y) ⇔ x ≤ y
   body if ISEMPTY(x) then TRUE
        [] ¬ISEMPTY(x) ∧ ISEMPTY(y) then FALSE
```

```
          else if  FIRST(x)=FIRST(y)
               then LEXORD(REST(x),REST(y))
               else  FIRST(x)≤FIRST(y)
               endif
          endif
     endfunction
```

4) Es sei wieder angenommen, daß für σ eine totale Ordnungsrelation $\le$ gegeben ist. Eine Folge $x=(x_1,...,x_n)$ über σ heißt **sortiert**, wenn $x_i \le x_{i+1}$ für $i=1,...,n-1$ gilt. Das "Umordnen" der Elemente einer Folge derart, daß die umgeordnete Folge sortiert ist, heißt **Sortieren** der Folge. Sortieren der integer-Folge

$$(7,-3,8,7,-5,1)$$

ergibt z.B.

$$(-5,-3,1,7,7,8).$$

Wir beschreiben einen Algorithmus $LINSORT$ ("lineares Sortieren"), der eine Sequenz über σ sortiert. $LINSORT$ stützt sich auf eine weitere Funktion $EINSORT$, die ein Objekt der Sorte σ in eine sortierte Sequenz "einsortiert", d.h. so einfügt, daß die entstehende Sequenz wieder sortiert ist.

```
     function LINSORT(x:sequ σ)→sequ σ
        result LINSORT(x) enthält genau die Objekte von x
               (mit gleicher Vielfachheit) und ist sortiert
        body if ISEMPTY(x) then x
             else EINSORT(LINSORT(LEAD(x)),LAST(x))
                  (* LAST(x) wird in das sortierte LEAD(x) einsortiert *)
             endif
     endfunction,
     function EINSORT(x:sequ σ,a:σ)→sequ σ
        pre x ist sortiert
        result Einsortieren von a in x
        body if ISEMPTY(x) then a
             [] ¬ISEMPTY(x)Ⓐa≤FIRST(x) then PREFIX(a,x)
                else PREFIX(FIRST(x),EINSORT(REST(x),a)) endif
     endfunction
```

Man beachte die in $EINSORT$ (im Fall $ISEMPTY(x)$) benutzte Notation für die nur aus a bestehende Sequenz (a). In der Sprechweise von Abschnitt 3.2 liegt dabei streng genommen eine wieder nur implizit angewendete Sortenanpassung

$$\sigma \rightarrow \text{sequ } \sigma$$

zugrunde. Die Verwendung von Ⓐ (statt $\wedge$) ist hier notwendig, weil $a\le FIRST(x)$ im Falle $\neg ISEMPTY(x)=FALSE$ nicht definiert ist.   □

Es ist offensichtlich, daß alle diese Algorithmen terminieren: Die Rekursionen werden von Sequenzen x jeweils auf $REST(x)$ oder $LEAD(x)$

zurückgeführt. Die eingestreuten Kommentare sollten auch die Korrekt-heit der Algorithmen leicht einsichtig erscheinen lassen. Lediglich bei *LEXORD* ist vielleicht nicht sofort klar, daß dieser Algorithmus die (in Abschnitt 2.1) nicht-rekursiv definierte Ordnung $\leqq$ bestimmt. Wir geben einen formalen Beweis für die Korrektheitsbehauptung

$$LEXORD(x,y)=TRUE \Leftrightarrow x \leqq y.$$

Es sei $LEXORD(x,y)=TRUE$. Wir zeigen durch Induktion nach x, daß dann $x \leqq y$ gilt. Gemäß der Definition von *LEXORD* folgt aus $LEXORD(x,y)=TRUE$, daß gilt:

(i) $x = \varepsilon$

oder: (ii) $x \neq \varepsilon$, $y \neq \varepsilon$, $FIRST(x)=FIRST(y)$,
$LEXORD(REST(x),REST(y))=TRUE$

oder: (iii) $x \neq \varepsilon$, $y \neq \varepsilon$, $FIRST(x) \neq FIRST(y)$, $FIRST(x) \leqq FIRST(y)$
(das bedeutet: $FIRST(x)<FIRST(y)$).

In den Fällen (i) und (iii) gilt $x \leqq y$ direkt nach Definition. Im Fall (ii) gilt nach Induktionsvoraussetzung $REST(x) \leqq REST(y)$. Zusammen mit $FIRST(x)=FIRST(y)$ erhält man daraus ebenfalls leicht $x \leqq y$: Ist $x' = REST(x)$ Anfang von $y'=REST(y)$, so ist x Anfang von y. Stimmen x' und y' bis zu einem Index $k-1$ überein und ist $x'_k<y'_k$, so stimmen x und y bis zum Index k überein, und es ist $x_{k+1}<y_{k+1}$. Ganz analog zeigt man: Ist $LEXORD(x,y)=FALSE$, so gilt nicht $x \leqq y$. Zusammen hat man dann $LEXORD(x,y)=TRUE \Leftrightarrow x \leqq y$.

Neben derartigen allgemeinen Grundaufgaben gibt es eine Vielzahl konkreter Anwendungen von Sequenzen. Auch dafür geben wir einige

Beispiele. 1) Ein **Polynom** n-ten Grades ($n \in \mathbb{N}_0$) ist eine Abbildung

$$P:\mathbb{R}^{n+2} \to \mathbb{R},$$
$$P(a_n,a_{n-1},...,a_0,x) = a_n \cdot x^n + a_{n-1} \cdot x^{n-1} + ... + a_2 \cdot x^2 + a_1 \cdot x + a_0.$$

Wir beschreiben einen Algorithmus zur Berechnung eines solchen Poly-nomwertes für gegebene $a_n,...,a_0,x$. Falls $n=0$, so ist a_0 der gesuchte Wert; für $n>0$ gilt:

$$a_n \cdot x^n + a_{n-1} \cdot x^{n-1} + ... + a_2 \cdot x^2 + a_1 \cdot x + a_0 = (a_n \cdot x^{n-1} + ... + a_2 \cdot x + a_1) \cdot x + a_0.$$

Stellen wir die "Koeffizienten" $a_n,...,a_0$ durch eine (nicht-leere) Sequenz $a=(a_n,...,a_0)$ aus **sequ** real dar, so läßt sich das durch diese Gleichung aus-gedrückte Berechnungsschema (**Hornerschema**) direkt in eine rekursive AKS-Funktion umsetzen:

```
function POLYNOM(a:sequ real, x:real) → real
    pre ¬ISEMPTY(a)
    result Polynomberechnung
```

```
        body if ISEMPTY(LEAD(a))       (* Fall n=0 *)
             then LAST(a)
             else POLYNOM(LEAD(a),x)*x + LAST(a) endif
   endfunction
```

2) Zeichenreihen sind Folgen über einem Alphabet. Zeichenreihen
über char können daher als Elemente aus **sequ** char dargestellt werden.
Wir geben einen Algorithmus an, der feststellt, ob eine derartige Zeichenreihe Dezimaldarstellung (mit eventuellen führenden Nullen) einer
ganzen Zahl ist. Solche Darstellungen können syntaktisch etwa wie folgt
definiert werden:

$$Dezdarst ::= Vorzeichen\ Ziffolge\ |\ Ziffolge$$
$$Vorzeichen ::= +\ |\ -$$
$$Ziffolge ::= Ziffer\ |\ Ziffer\ Ziffolge$$
$$Ziffer ::= 0\ |\ 1\ |\ 2\ |\ 3\ |\ 4\ |\ 5\ |\ 6\ |\ 7\ |\ 8\ |\ 9$$

Die Aufgabe wird gelöst durch eine Funktion *DEZDARST*, die sich auf
drei weitere Funktionen *VORZEICHEN*, *ZIFFOLGE* und *ZIFFER* stützt.
Wir formulieren den kompletten Modul mit diesen Funktionen:

```
module SYNTAXANALYSE
    uses CHAR,SEQUchar,BOOLEAN,SBOOLEAN
    sorts char,sequ char,boolean
    functions ZIFFER,ZIFFOLGE,VORZEICHEN,DEZDARST
    defined by
        function ZIFFER(x:sequ char)→boolean
            result ZIFFER(x) ⟺ x ist nicht-leer,  das erste Zeichen
                               von x ist eine Ziffer '0','1',...,'9'
            body ¬ISEMPTY(x) ⋀ ('0' ≤ FIRST(x) ⋀ FIRST(x) ≤ '9')
                    (* Man beachte: ≤ ist hier die Ordnung auf char;
                       zwischen '0' und '9' liegen  in char genau die
                       anderen Ziffernzeichen *)
        endfunction,
        function ZIFFOLGE(x:sequ char)→boolean
            result ZIFFOLGE(x) ⟺ x ist eine Ziffernfolge gemäß
                                  der Definition für Ziffolge
            body ZIFFER(x) ⋀
                 (ISEMPTY(REST(x)) ⋁ ZIFFOLGE(REST(x)))
        endfunction,
        function VORZEICHEN(x:sequ char)→boolean
            result VORZEICHEN(x) ⟺ x ist nicht-leer, das erste
                                  Zeichen von x ist '+' oder '-'
            body ¬ISEMPTY(x) ⋀ (FIRST(x)='+' ⋁ FIRST(x)='-')
        endfunction,
        function DEZDARST(x:sequ char)→boolean
            result DEZDARST(x) ⟺ x ist Zeichenreihe gemäß
                                  der Definition für Dezdarst
            body if VORZEICHEN(x) then ZIFFOLGE(REST(x))
                 else ZIFFOLGE(x) endif
        endfunction
endmodule
```

Die beiden Funktionen *ZIFFER* und *VORZEICHEN* sind trivial. *ZIFFOLGE* und *DEZDARST* folgen direkt der jeweiligen syntaktischen (d.h. induktiven) Definition.   □

Die zuletzt betrachtete Verarbeitung von Zeichenreihen ist (in einem sehr einfachen Beispiel) eine Anwendung, die aus der Informatik selbst kommt. Bei der maschinellen Ausführung eines Algorithmus wird - wie schon in Abschnitt 2.5 erwähnt - die Zeichenreihe, die den Algorithmus darstellt (d.h. das betreffende Programm), gelesen und in Aktionen der Rechenmaschine übersetzt. Dabei muß insbesondere die "syntaktische Korrektheit" des Programms überprüft ("analysiert") werden.

Neben dieser Informatik-eigenen Anwendung ist die "Textverarbeitung" ein wichtiger Anwendungsbereich, der sich hier einordnen läßt. Darunter fallen (unter anderem) Algorithmen, wie sie etwa in einem Bildschirm-Editor enthalten sind, mit dem Texte geschrieben und verändert werden können. Wir geben auch hierfür ein einfaches

Beispiel. In einem Text t soll ein bestimmter (nicht-leerer) Teiltext x an allen Stellen, an denen er in t vorkommt, durch einen neuen Text y ersetzt werden. Ersetzt man z.B. in

> *Dieser nicht gerade hervorragende Text*
> *sollte vorzugsweise geändert werden.*

'vor' durch 'aus', so erhält man:

> *Dieser nicht gerade herausragende Text*
> *sollte auszugsweise geändert werden.*

(Verschiedene Vorkommen von x in t können sich auch "überlappen", z.B. $x=$'bb' in $t=$'abbba'. In solch einem Fall soll nur das - "von links nach rechts gelesen" - vordere Vorkommen von x ersetzt werden. Ist im Beispiel x etwa durch 'c' zu ersetzen, ergibt sich also 'acba'.)

Texte sind Zeichenreihen und lassen sich als Sequenzen über char darstellen. Wir geben einen Algorithmus *ERSETZEN* an, der die beschriebene Aufgabe löst. Dazu definieren wir zunächst eine Funktion

$$ABSPALTEN: \text{sequ char} \times \text{sequ char} \rightarrow \text{sequ char},$$

die für zwei Zeichenreihen u und s prüft, ob u Anfang von s ist, ob es also ein $v \in$ sequ char gibt, so daß $s = u \circ v$ gilt. Wenn dies der Fall ist, soll v das Ergebnis von *ABSPALTEN* sein. Ist u nicht Anfang von s, soll *ABSPALTEN* eine ausgezeichnete Zeichenreihe, etwa '#', als Ergebnis haben, wobei vorgegeben sei, daß '#' in dem zu verarbeitenden Text nicht vorkommt.

```
function ABSPALTEN(u,s:sequ char) → sequ char
   result Falls s = u∘v, so ABSPALTEN(u,s) = v;
          ist u kein Anfang von s, so ABSPALTEN(u,s) = '#'
```

```
        body if ISEMPTY(u) then s        (* Es ist s=EMPTY∘s *)
              else if ISEMPTY(s)⊻FIRST(u)≠FIRST(s)
                    then '#'    (* u ist nicht Anfang von s, da s leer und
                                   u nicht-leer ist oder die ersten Zeichen
                                   von u und s nicht übereinstimmen *)
                  else ABSPALTEN(REST(u),REST(s))
                         (* Die ersten Zeichen von u und s
                            stimmen überein; dann ist
                            s=u∘v⟺REST(s)=REST(u)∘v *)
              endif
          endif
    endfunction
```

Mit Hilfe von *ABSPALTEN* und der weiter oben definierten Funktion *SEQUGLEICH* (mit σ = char) läßt sich auch *ERSETZEN* leicht angeben:

```
    function ERSETZEN(t,x,y:sequ char)→sequ char
        pre ¬ISEMPTY(x), '#' ist nicht in t enthalten
        result Ersetzen von x durch y in t
        body const v:sequ char = ABSPALTEN(x,t);
            if ISEMPTY(t) then t
            else if ¬SEQUGLEICH(v,'#')
                then y∘ERSETZEN(v,x,y)
                   (* Es ist v≠'#'; x ist also Anfang von t;
                      x wird durch y ersetzt; das Ergebnis besteht
                      dann aus y gefolgt von dem Ergebnis der
                      Ersetzung von x durch y in v *)
                else PREFIX(FIRST(t),ERSETZEN(REST(t),x,y))
                   (* x ist nicht Anfang von t; das Ergebnis ist das
                      unveränderte erste Zeichen von t gefolgt von
                      von dem Ergebnis der Ersetzung von x durch
                      y in REST(t) *)
            endif
          endif
    endfunction                                                    □
```

Diese konkreten Anwendungsbeispiele sind ebenfalls applikativ und rekursiv formuliert. Das besonders gute Zusammenspiel von applikativen rekursiven Algorithmen mit dem Sequenzen-Konzept bedeutet aber nicht, daß Sequenzen nicht auch in imperativen Algorithmen benutzt werden können. Wir zeigen eine solche Verwendung anhand des Wechselgeldalgorithmus W3 aus Abschnitt 2.4. Wenn wir das Wechselgeld nicht als Multimenge, sondern – wie dort auch kurz diskutiert – als Folge von Münzwerten darstellen, so können wir den entsprechenden Algorithmus jetzt formal wie folgt beschreiben:

```
    procedure WECHSELGELD(r:nat,out w:sequ nat)
        pre 1≤r≤100
        result Wechselgeld
        body var d:nat;
            d,w := 100-r,EMPTY;
            while d≥5 do d,w := d-5,POSTFIX(w,5) enddo;
```

$$\textbf{if } d \geq 2 \textbf{ then } d, w := d-2, POSTFIX(w,2) \textbf{ endif;}$$
$$\textbf{if } d \geq 2 \textbf{ then } d, w := d-2, POSTFIX(w,2) \textbf{ endif;}$$
$$\textbf{if } d \geq 1 \textbf{ then } d, w := d-1, POSTFIX(w,1) \textbf{ endif}$$

endprocedure

w repräsentiert hier im anschaulichen Zettel-Bild von Abschnitt 4.1 einen Zettel, auf dem Folgen natürlicher Zahlen stehen können. Die Ausführung etwa von $d, w := d-2, POSTFIX(w,2)$ in einem Zustand η mit (kurz geschrieben:) $d=2$, $w=(5,5,2)$ bewirkt folgenden Zustandsübergang:

$$\eta : \quad d \boxed{\quad 2 \quad} \quad w \boxed{\quad (5,5,2) \quad}$$
$$\Big\downarrow \quad d, w := d-2, POSTFIX(w,2)$$
$$\eta' : \quad d \boxed{\quad 0 \quad} \quad w \boxed{\quad (5,5,2,2) \quad}$$

5.2 Stapel und Schlangen

Wir definieren noch zwei Arten von "Teilstrukturen" der Datenstrukturen der Sequenzen, die man durch Reduzierung der Grundoperationen erhält. Diese Strukturen sind in bestimmten Anwendungsbereichen von großer Bedeutung. Darauf werden wir allerdings erst später zurückkommen.

Bei der Einführung der Sequenzen im vorigen Abschnitt haben wir der Einfachheit halber relativ viele Grundoperationen ausgewählt. In Anwendungen (auch in hier bisher aufgezeigten Beispielen) kommt man häufig mit weniger Operationen aus, anders ausgedrückt: Man benutzt eigentlich nur "Teilstrukturen" von **SEQU**σ. (Typische) Reduzierungen der Grundoperationen sind dabei auf verschiedene Weise möglich. Wir besprechen hier kurz zwei wichtige Ansätze.

Eine recht naheliegende Einschränkung von **SEQU**σ ergibt sich, wenn man nur die etwa durch (indDef2) induzierten Operationen

(∗)   *EMPTY, ISEMPTY, FIRST, REST, PREFIX*

auswählt. Charakteristisch hierbei ist, daß die Konstruktor- und Selektoroperationen *FIRST*, *REST* und *PREFIX* alle "am gleichen Ende" einer Folge wirken:

- *FIRST* greift auf das erste Element der Folge zu,
- *REST* spaltet das erste Element der Folge ab,
- *PREFIX* fügt ein neues erstes Element zur Folge hinzu.

Symmetrisch zu (∗) wäre – gemäß (indDef1) – die Wahl von

(∗∗)   *EMPTY, ISEMPTY, LAST, LEAD, POSTFIX*

als Grundoperationen. *LAST*, *LEAD* und *POSTFIX* wirken alle am "hinteren Ende" einer Folge. Folgen über einer gegebenen Sorte σ, die mit den Grundoperationen (∗) oder (∗∗) versehen sind, heißen **Stapel** (über σ). Diese Bezeichnung erinnert an das Bild etwa eines Papierstapels, auf den man weitere Papiere legen und von dem man das jeweils "oberste" Papier entfernen kann. Für die Sorte aller Stapel über σ führen wir eine neue Bezeichnung

$$\textbf{stack } \sigma$$

ein.

Für die Verwendung von Stapeln ist es nicht wichtig, welche Auswahl (∗) oder (∗∗) tatsächlich getroffen ist, charakteristisch ist eben nur, daß Zugriffe und Veränderungen an Stapeln "am gleichen Ende" geschehen. Um diese Abstraktion von (∗) und (∗∗) nachzuvollziehen, führen wir auch noch neue ("neutrale") Bezeichnungen für die Operationen *FIRST*, *REST*, *PREFIX* bzw. *LAST*, *LEAD*, *POSTFIX* ein, nämlich:

$$\textbf{\textit{TOP, POP, PUSH.}}$$

Für gegebenes σ bildet **stack** σ zusammen mit diesen drei Operationen sowie *EMPTY* und *ISEMPTY* den abstrakten Datentyp STACKσ. Dieser ist zu verstehen als der in der Verfügbarkeit von Grundoperationen gemäß (∗) oder (∗∗) eingeschränkte Modul SEQUσ (mit neu gewählten Bezeichnungen). STACKσ kann aber auch ohne Bezugnahme auf SEQUσ für sich definiert werden:

```
module STACKσ
uses SIGMA,BOOLEAN
   sorts stack σ,σ,boolean
   functions EMPTY: →stack σ,
             ISEMPTY:stack σ →boolean,
             TOP:stack σ → σ,
             POP:stack σ → stack σ,
             PUSH:σ×stack σ → stack σ
   axioms ISEMPTY(EMPTY) = TRUE,
          ISEMPTY(PUSH(a,x)) = FALSE,
          TOP(PUSH(a,x)) = a,
          POP(PUSH(a,x)) = x,
          TOP(EMPTY) = ω,
          POP(EMPTY) = ω
endmodule
```

Eine andere wichtige Datenstruktur ergibt sich, wenn man Zugriff (und Abspalten) und Anfügen von Objekten auf "verschiedene Enden" einer Folge verteilt, etwa durch die Wahl von

$$FIRST,\ REST,\ POSTFIX$$

oder symmetrisch

$$LAST,\ LEAD,\ PREFIX$$

als Grundoperationen (zusammen mit *EMPTY* und *ISEMPTY*). Auch hier kommt es auf die tatsächliche Wahl nicht an, als neue Bezeichnungen verwenden wir

$$HEAD,\ TAIL,\ APPEND.$$

Folgen mit diesen Operationen heißen **Schlangen**. (Dieser Ausdruck rührt her vom Bild einer Warteschlange, an der man sich an einem Ende anstellt und die man am anderen Ende wieder verläßt.) Die Sorte aller Schlangen über einer Sorte σ bezeichnen wir mit

$$\text{queue } \sigma.$$

Der entsprechende Modul QUEUEσ läßt sich wieder als "Teilmodul" von SEQUσ auffassen oder direkt definieren:

```
module QUEUEσ
    uses SIGMA,BOOLEAN
    sorts queue σ,σ,boolean
    functions EMPTY: →queue σ,
              ISEMPTY:queue σ →boolean,
              HEAD:queue σ → σ,
              TAIL:queue σ → queue σ,
              APPEND:σ×queue σ → queue σ
    axioms ISEMPTY(EMPTY) = TRUE,
           ISEMPTY(APPEND(a,x)) = FALSE,
           HEAD(APPEND(a,x)) = a,              falls x = EMPTY,
           HEAD(APPEND(a,x)) = HEAD(x),   falls x ≠ EMPTY,
           TAIL(APPEND(a,x)) = EMPTY,        falls x = EMPTY,
           TAIL(APPEND(a,x)) = APPEND(a,TAIL(x)),
                                             falls x ≠ EMPTY,
           HEAD(EMPTY) = ω,
           TAIL(EMPTY) = ω
endmodule
```

Die Axiome von QUEUEσ sind nicht so leicht einsichtig wie die von STACKσ, da die Operationen eben nicht ganz "zusammenpassen". Betrachten wir etwa das sechste Axiom: Ist $x = (x_1,...,x_n)$ nicht-leer und $a \in \sigma$, so beschreibt $APPEND(a,x)$ die Folge y, die aus x durch Anfügen von a (etwa am "linken Ende") entsteht; $TAIL(APPEND(a,x))$ ist y ohne das Element "ganz rechts":

$$\underbrace{\underbrace{a, x_1,...,x_{n-1}, \overbrace{x_n}}_{x}}_{APPEND(a,x)}$$
$$\underbrace{\phantom{a, x_1,...,x_{n-1}}}_{TAIL(APPEND(a,x))}$$

Das Axiom besagt, daß $TAIL(APPEND(a,x))$ auch dadurch entsteht, daß man a an $TAIL(x)$ anfügt:

$$\underbrace{a, x_1, \ldots, x_{n-1}, x_n}$$

Die anderen Axiome lassen sich analog illustrieren.

Die neuen Sortenbezeichnungen erfordern noch eine weitere Ergänzung der AKS-Syntax:

Syntaxdefinition.

$$Sorte ::= \mathbf{boolean}|$$

wie bisher

$$\mathbf{sequ}\ Sorte|$$
$$\mathbf{stack}\ Sorte|$$
$$\mathbf{queue}\ Sorte$$

Wie bemerkt, haben wir schon in Algorithmen in Abschnitt 5.1 nicht immer alle Grundoperationen von **SEQU**σ benutzt. Wir hätten diese Algorithmen also gegebenenfalls auch mit Stapeln oder Schlangen anstelle von Sequenzen formulieren können. Das einfachste Beispiel ist wohl die Prozedur $WECHSELGELD$, die nur die $POSTFIX$-Operation verwendet. Das Wechselgeld w könnte auch als Stapel oder Schlange dargestellt sein, etwa:

```
procedure WECHSELGELD1(r:nat,out w:stack nat)
    pre 1≤r≤100
    result Wechselgeld
    body var d:nat;
        d,w := 100-r,EMPTY;
        while d≥5 do d,w := d-5,PUSH(5,w) enddo;
        if d≥2 then d,w := d-2,PUSH(2,w) endif;
        if d≥2 then d,w := d-2,PUSH(2,w) endif;
        if d≥1 then d,w := d-1,PUSH(1,w) endif
endprocedure
```

Bei Darstellung von w als Ausgabeparameter der Sorte **queue** nat ist in $WECHSELGELD1$ lediglich $PUSH$ durch $APPEND$ zu ersetzen.

Die besondere Bedeutung von Stapeln und Schlangen in bestimmten Anwendungsbereichen werden wir erst später (in den Abschnitten 6.5 und 7.5) kennenlernen. Wir begnügen uns vorläufig mit einem sehr einfachen Beispiel zur Illustration der speziellen Handhabung dieser Datenstrukturen.

Dazu betrachten wir die Aufgabe, eine Zeichenreihe $x = x_1 \ldots x_n$ zu "spiegeln", d.h. aus x die Zeichenreihe $\overline{x} = x_n \ldots x_1$ zu erzeugen. Aus

'LEBEN' entsteht z.B. auf diese Weise 'NEBEL'. Stellt man x und $\overline{x}$ als Sequenzen dar, so ist ein entsprechender Algorithmus sowohl rekursiv als auch iterativ leicht anzugeben (wovon sich der Leser selbst überzeugen möge). Stellt man x und $\overline{x}$ als Schlangen dar, so ist immer noch eine rekursive Lösung leicht ersichtlich:

```
function SPIEGELN(x:queue char)→queue char
    result Spiegeln von x
    body if ISEMPTY(x) then x
            else APPEND(HEAD(x),SPIEGELN(TAIL(x)))
                    (* TAIL(x) wird gespiegelt und
                        HEAD(x) am "anderen Ende" angefügt *)
        endif
endfunction
```

Für eine iterative Lösung bedienen wir uns eines kleinen "Tricks", der durch folgendes Bild anschaulich dargestellt ist:

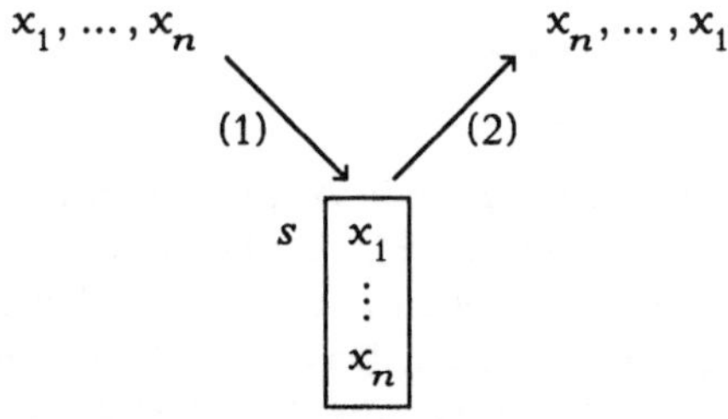

x wird zunächst (Schritt (1)) zeichenweise auf einen Stapel s (den wir zur Verdeutlichung senkrecht gezeichnet haben) "abgelegt". Werden die Zeichen dann (Schritt (2)) einzeln aus s "herausgeholt", so geschieht dies gemäß den Stapeloperationen gerade in umgekehrter Reihenfolge: Ist $x_n = HEAD(x)$, so werden die Zeichen in der Reihenfolge $x_n, x_{n-1}, ..., x_1$ in s gebracht. Das zuletzt abgelegte Zeichen x_1 wird als erstes wieder aus s geholt ("last-in-first-out"); insgesamt werden die Zeichen in der Reihenfolge $x_1, ..., x_n$ durch $APPEND$ zu der zu x gespiegelten Zeichenreihe aufgebaut. Dieser Algorithmus läßt sich formal wie folgt angeben:

```
function SPIEGELN1(x:queue char)→queue char
    result Spiegeln von x
    body var xvar,erg:queue char;
        var s:stack char;
        xvar,s := x,EMPTY;        (* Vorbesetzung für
                                        "Umspeicherung" nach s *)
        while ¬ISEMPTY(xvar) do
            s,xvar := PUSH(HEAD(xvar),s),TAIL(xvar)
                    (* Nächstes Zeichen von x in s
                        und Fortschreiten in x *)
        enddo;            (* Jetzt ist x auf s gebracht;
                            ab jetzt wird erg aufgebaut *)
```

```
        erg := EMPTY;
        while ¬ISEMPTY(s) do
          erg,s := APPEND(TOP(s),erg),POP(s)
        enddo;
        erg
    endfunction
```

Die Variable *xvar* dient in *SPIEGELN1* der Aufnahme des jeweils noch zu verarbeitenden Restes von *x*. Für *x*='LEBEN' etwa durchläuft *xvar* nach der Vorbesetzung mit 'LEBEN' in der ersten Schleife nacheinander die Werte 'LEBE', 'LEB', 'LE', 'L', *EMPTY* (wenn der "Kopf" der Schlange "rechts" ist[1]). *HEAD(xvar)* greift somit sukzessive auf die Buchstaben 'N', 'E', 'B', 'E' und 'L' zu.

5.3 Reihungen

Nach der induktiven Sichtweise von Folgen und der damit korrespondierenden Rekursivität von Folgen-Algorithmen in Abschnitt 5.1 betrachten wir jetzt Folgen gemäß der aufzählenden Definitionsweise. Diese induziert vor allem den direkten Zugriff als Grundoperation und führt typischerweise zu iterativen Algorithmen.

In Abschnitt 5.1 haben wir Sequenzen, d.h. Folgen in der Sichtweise induktiver Definitionen betrachtet. Im Gegensatz dazu heißen Folgen über einer gegebenen Sorte σ, die in aufzählender Definition (aufzDef) als Abbildungen $I_n \to \sigma$ definiert sind (vgl. Abschnitt 1.5), **Reihungen** (über σ). Die Sorte σ^* aller Reihungen über σ bezeichnen wir mit

$$\textbf{array}\ \sigma\ ,$$

was zu einer nochmaligen Erweiterung der allgemeinen Sortendefinition führt:

Syntaxdefinition.

$$
\textit{Sorte} ::= \begin{array}{l} \textbf{boolean}| \\ \vdots \\ \textbf{queue } \textit{Sorte}| \\ \textbf{array } \textit{Sorte} \end{array} \left.\vphantom{\begin{array}{l}1\\1\\1\\1\end{array}}\right\} \text{wie bisher}
$$

Aus der Diskussion in Abschnitt 5.1 sollte klar sein, daß der wesentliche Unterschied zu den Sequenzen darin besteht, daß durch die aufzäh-

---

[1] Diese schon bei der vorangegangenen Erläuterung eines Modulaxioms zugrundegelegte Vorstellung stimmt nicht mit den bisher benutzten informellen Bezeichnungen "vorn" (links) und "hinten" (rechts) bei Folgen überein, paßt hier aber recht gut zu dem skizzierten Schaubild.

lende Definition ganz andere (charakteristische) Grundoperationen induziert werden. Ist $x \in$ **array** σ eine Reihung mit der Indexmenge I_n, $n \in \mathbb{N}_0$, so bestimmt die Operation UPB die **obere Grenze** (des Indexbereichs) von x:

$$UPB: \textbf{array}\, \sigma \to \text{nat},$$
$$UPB(x) = n.$$

Wie in den Abschnitten 1.5 und 1.6 ausgeführt, ist außerdem durch die aufzählende Definition unmittelbar die Operation des direkten Zugriffs gegeben:

$$PROJ: \textbf{array}\, \sigma \times \text{nat} \to \sigma,$$
$$PROJ(x,i) = x(i) \qquad (\text{für } 1 \le i \le UPB(x)).$$

$PROJ$ ist eine Selektoroperation. Als Konstruktoroperationen wählen wir folgende zwei Abbildungen:

$$INIT: \text{nat} \times \sigma \to \textbf{array}\, \sigma,$$
$$INIT(n,a) = (a,a,\dots,a) \in \sigma^n,$$

$$ALT: \textbf{array}\, \sigma \times \text{nat} \times \sigma \to \textbf{array}\, \sigma,$$
$$ALT(x,i,a) = (x_1,\dots,x_{i-1},a,x_{i+1},\dots,x_n)$$
$$(\text{für } x=(x_1,\dots,x_{i-1},x_i,x_{i+1},\dots,x_n) \text{ und } 1 \le i \le n).$$

$INIT$ dient dazu, überhaupt Reihungen (mit lauter gleichen Komponenten) zu erzeugen. Die Operation ALT erlaubt es, in einer Reihung eine einzelne Komponente zu verändern.

Die Sorte **array** σ (für gegebenes σ) zusammen mit diesen Grundoperationen bildet den Modul ARRAYσ, der sich wie folgt definieren läßt:

```
module ARRAYσ
    uses SIGMA,NAT
    sorts array σ,σ,nat
    functions UPB:array σ →nat,
            PROJ:array σ×nat→σ,
            INIT:nat×σ→array σ,
            ALT:array σ×nat×σ→array σ
    axioms UPB(INIT(n,a)) = n,
            PROJ(INIT(n,a),i) = a,      falls 1≤i≤n,
            UPB(ALT(x,i,a)) = UPB(x),
            PROJ(ALT(x,i,a),i) = a,     falls 1≤i≤UPB(x),
            PROJ(ALT(x,j,a),i) = PROJ(x,i),
                                falls 1≤i,j≤UPB(x) und i≠j,
            PROJ(x,i) = ω,      falls i<1 oder i>UPB(x),
            ALT(x,i,a) = ω,     falls i<1 oder i>UPB(x)
endmodule
```

Die Axiome von ARRAYσ sind leicht verständlich; die beiden letzten geben an, für welche i die partiellen Operationen $PROJ$ und ALT nicht definiert sind.

Wir übertragen nun einige der in Abschnitt 5.1 beschriebenen Algorithmen auf Reihungen.

Beispiele. 1) Suchen eines Objekts a in einer Reihung x (auf σ sei die Gleichheitsrelation = gegeben):

```
function ENTHALTEN1(x:array σ,a:σ)→boolean
   result ENTHALTEN1(x,a) ⟺ a ist in x enthalten
   body var gefunden:boolean;
        gefunden := FALSE;
        for i from 1 to UPB(x) while ¬gefunden do
           if PROJ(x,i)=a then gefunden := TRUE endif
        enddo;
        gefunden
endfunction
```

Man vergleiche *ENTHALTEN1* mit dem Algorithmus *EXISTQ* in Abschnitt 4.5 und beachte auch noch, daß im Fall der leeren Reihung $UPB(x)=0$ gilt und *ENTHALTEN1* somit *FALSE* als Ergebnis liefert.

2) Komponentenweise Gleichheit von Reihungen (auf σ sei = gegeben):

```
function REIHGLEICH(x,y:array σ)→boolean
   result REIHGLEICH(x,y) ⟺ x und y sind
                                  komponentenweise gleich *)
   body var erg:boolean;    (* Zur Aufnahme des Ergebnisses *)
        if UPB(x) ≠ UPB(y) then erg := FALSE
        else erg := TRUE;
             for i from 1 to UPB(x) while erg do
                 if PROJ(x,i) ≠ PROJ(y,i) then erg := FALSE endif
             enddo
        endif;
        erg
endfunction
```

3) Polynomberechnung gemäß Hornerschema (iterativ): Es gilt

$$a_n \cdot x^n + a_{n-1} \cdot x^{n-1} + \ldots + a_2 \cdot x^2 + a_1 \cdot x + a_0 =$$
$$((\ldots((a_n \cdot x + a_{n-1}) \cdot x + a_{n-2}) \cdot x + \ldots) + a_1) \cdot x + a_0 .$$

Die (nicht-leere) Koeffizientenfolge $(a_n,\ldots,a_0)$ sei als Reihung $b = (b_1,\ldots,b_{n+1})$ dargestellt (d.h. $b_1 = a_n, \ldots, b_{n+1} = a_0$).

```
function POLYNOM1(b:array real, x:real)→real
   pre UPB(b) ≥1
   result Polynomberechnung
   body var erg:real;       (* Zur sukzessiven Berechnung
                                des Ergebnisses *)
        erg := PROJ(b,1);    (* Vorbesetzung mit a_n *)
        for i from 2 to UPB(b) do erg := erg*x+PROJ(b,i) enddo;
        erg
endfunction                                                          □
```

Die Terminierung dieser Algorithmen ist aufgrund der verwendeten Schleifenarten direkt gegeben. Ihre Korrektheit ist leicht einsichtig.

Im Gegensatz zu den rekursiven Sequenzen-Algorithmen sind die hier vorgestellten Algorithmen in charakteristischer Weise iterativ. Der "iterative Durchlauf" durch eine Reihung korrespondiert dabei zu der "Aufzählung" der Folgenelemente, repräsentiert durch die direkten Zugriffe

$$PROJ(x,1),\ PROJ(x,2),\ ...,\ PROJ(x,UPB(x)).$$

Wir haben den Satz an Grundoperationen in **ARRAY**σ bewußt kleingehalten, um vor allem diesen Zusammenhang und den Unterschied zu Sequenzen aufzuzeigen. Nur mit den gewählten Operationen sind rekursive Algorithmen für Reihungen zumindest nicht so "direkt" wie bei Sequenzen formulierbar. Zwar sind Operationen wie *ISEMPTY*, *FIRST* und *LAST* leicht durch *UPB* und *PROJ* ausdrückbar (z.B. ist $FIRST(x)=PROJ(x,1)$), typische weitere Operationen für die rekursive Behandlung von Folgen wie *REST* oder *LEAD* fehlen jedoch und sind nur mit einiger Mühe definierbar[2].

Allerdings gibt es noch einen "Umweg", um auch Reihungen in ihrer hier vorliegenden Fassung rekursiv zu behandeln. Wir erläutern diese Vorgehensweise anhand der Funktion *ENTHALTEN1* aus obigem Beispiel. Statt der Aufgabe, a in $x=(x_1,...,x_n)$ zu suchen, betrachten wir die Aufgabe, a für ein $m \in \mathbb{N}$, $m \le n+1$, in dem mit x_m beginnenden "Rest" von x, d.h. in der Teilfolge $(x_m,x_{m+1},...,x_n)$ von x zu suchen. (Für $m=n+1$ ist diese Teilfolge leer.) Letztere Aufgabe ist offenbar allgemeiner; sie enthält die ursprüngliche als einen Spezialfall (mit $m=1$) und wird durch folgenden rekursiven Algorithmus gelöst, der wieder stark an die Funktion *ENTHALTEN* aus dem vorigen Abschnitt erinnert:

```
function ENTHALLG(x:array σ,m:nat,a:σ)→boolean
    pre 1≤m≤UPB(x)+1
    result ENTHALLG(x,m,a)⇔a ist in (xm,...,xUPB(x)) enthalten
    body if m=UPB(x)+1 then FALSE
        else PROJ(x,m)=a ∨ ENTHALLG(x,m+1,a) endif
endfunction
```

Die Rekursion verläuft hier nach $UPB(x)+1-m$, was die Terminierung von *ENTHALLG* garantiert. Unter Abstützung auf *ENTHALLG* ist die ursprüngliche Suchaufgabe wie folgt definierbar:

---

[2] Aus dem gleichen Grund - Herausstellen der konzeptuellen Zusammenhänge - haben wir umgekehrt den direkten Zugriff nicht zu den Grundoperationen bei Sequenzen hinzugenommen und seine durchaus mögliche rekursive Definition mit Hilfe der vorhandenen Grundoperationen (siehe Abschnitt 1.6) nicht weiter verfolgt.

```
function ENTHALTEN2(x:array σ,a:σ)→boolean
    result ENTHALTEN2(x,a) ⇔ a ist in x enthalten
    body ENTHALLG(x,1,a)
endfunction
```

Die hier verwendete Technik, von einer zu lösenden Aufgabe zu einer allgemeineren überzugehen, heißt **Einbettung**. Sie spielt bei der Entwicklung von Algorithmen eine wichtige Rolle und wird uns im nächsten Kapitel noch ausführlicher begegnen. Im vorliegenden Fall liefert die Einbettung durch die Einführung des zusätzlichen Parameters m die Möglichkeit, die Abbildung $ENTHALLG$ rekursiv nach $UPB(x)+1-m$ zu definieren.

Die bisher vorgestellten Beispiel-Algorithmen benutzen nur die Grundoperationen UPB und $PROJ$ von ARRAY$σ$. Demgemäß sind es "inspizierende" Algorithmen, die Reihungen lediglich als Eingabedaten verwenden (und "untersuchen"). Zur Illustration von Algorithmen, die Reihungen auch "manipulieren" (und als Ergebnis haben), betrachten wir die schon in Abschnitt 5.1 behandelte Aufgabe "Lineares Sortieren" einer Folge über einer Sorte $σ$ (mit totaler Ordnungsrelation $\leq$). Eine Teilaufgabe besteht darin, ein Objekt $a \epsilon σ$ in eine sortierte Folge $x \epsilon σ^*$ einzusortieren. x sei nun als Reihung dargestellt. In einem ersten Lösungsansatz suchen wir also eine Funktion mit folgender Wirkung ($x = (x_1,...,x_n)$):

$$((x_1,...,x_n), a) \mapsto (x_1,...,x_{i-1},a,x_i,...,x_n)$$

mit $x_{i-1} < a$, $x_i \geq a$. Die Idee für einen (iterativen) Algorithmus ist einfach: Zunächst sucht man durch sukzessiven Vergleich von a mit $x_1,x_2,x_3,...$ die "passende Stelle" i, an der a eingefügt werden muß. Bezeichnet $y = (y_1,...,y_{n+1})$ das Ergebnis der Funktion, so sind $x_1,...,x_{i-1}$ die ersten $i-1$ Komponenten von y und können simultan mit den Vergleichen komponentenweise "aufgebaut" werden. Dann wird a als i-te Komponente von y eingesetzt, und anschließend müssen noch $x_i,...,x_n$ auf die Stellen $i+1,...,$ $n+1$ von y übertragen werden. Dies läßt sich wie folgt formulieren:

```
function EINSORT1(x:array σ,a:σ)→array σ
    pre x ist sortiert
    result Einsortieren von a in x
    body var y:array σ;        (* Zum Aufbau des Ergebnisses *)
         var i :nat;
         const m:nat = UPB(x)+1;   (* Obere Grenze von y *)
         y := INIT(m,d);       (* d sei irgendein Objekt aus σ; es wird
                                  eine Reihung der Länge m (mit den
                                  Komponenten d) erzeugt und y damit
                                  initialisiert *)
         i := 1;
         while i ≤ UPB(x) ⊗ a>PROJ(x,i) do
             y,i := ALT(y,i,PROJ(x,i)),i+1
                  (* Übertragen der Komponenten x₁,x₂,... nach y *)
         enddo;  (* Nun ist entweder i=m (d.h. a>xᵢ für alle i=1,...,n)
                    oder i<m und a≤xᵢ *)
```

```
     y := ALT(y,i,a);    (* Einfügen von a *)
     for j from i+1 to m do
        y := ALT(y,j,PROJ(x,j-1))
              (* Übertragen der Komponenten x_i,...,x_n nach y *)
     enddo;
        y
endfunction
```

Man beachte, daß die Verwendung der **while**-Schleife in *EINSORT1* notwendig ist. Ihre Wirkung würde zwar auch durch eine Schleife der Art

```
     for i from 1 to UPB(x) while a>PROJ(x,i) do
        y := ALT(y,i,PROJ(x,i))
     enddo
```

beschrieben, der Zähler i wäre aber dann (im Gegensatz zu der Variablen i in *EINSORT1*) außerhalb der Schleife nicht verwendbar.

Der hier dargestellte Einsortier-Algorithmus ist sehr allgemein. Im Zusammenhang mit der eigentlich vorangestellten Sortier-Aufgabe kann er auch ein wenig einfacher organisiert werden. Die Idee für das (iterative) Sortieren einer Reihung $x=(x_1,...,x_n)$ ist wie folgt: In der Ausgangssituation kann der Anfang (x_1) von x als sortiert angesehen werden. In jedem Iterationsschritt soll dieser Anfang von x um eine Indexstelle weiter sortiert werden, bis zuletzt alle Indexstellen erfaßt sind. Ein einzelner Iterationsschritt soll also folgende Abbildung realisieren:

$$(x_1,...,x_{k-1},x_k,x_{k+1},...,x_n) \mapsto (x_1,...,x_k,...,x_{k-1},x_{k+1},...,x_n).$$

Dabei ist $(x_1,...,x_{k-1})$ bereits sortiert, und im Ergebnis ist dann x_k in $(x_1,...,x_{k-1})$ einsortiert, die Reihung also bis zur k-ten Stelle sortiert. Das Einsortieren von x_k in den Anfang $(x_1,...,x_{k-1})$ kann durch sukzessives Vertauschen mit der jeweils davorstehenden Komponente (bis die richtige Stelle erreicht ist) erzielt werden. Dieser Vorgang kann zudem "auf der eingegebenen Reihung" durchgeführt werden, was die Erzeugung immer neuer Reihungen vermeidet und formal durch die Verwendung eines Transientparameters (für x) beschrieben wird:

```
procedure LINSORT1(trans x:array σ)
     result x enthält genau die gleichen Objekte wie vorher
           (mit gleicher Vielfachheit) und ist sortiert
     body for i from 2 to UPB(x) do EINSORT2(x,i) enddo
endprocedure,
procedure EINSORT2(trans x:array σ,k:nat)
     pre x ist bis zur Indexstelle k-1 sortiert; 1≤k≤UPB(x)
     result x_k ist so in (x_1,...,x_{k-1}) einsortiert,
           daß x bis zur Indexstelle k sortiert ist
     body if k≠1 ∧ PROJ(x,k)<PROJ(x,k-1)
                 (* Dies ist der Fall, daß x_k "nach vorne getauscht"
                       werden muß; andernfalls ist x_k=x_1 oder x_k≥x_{k-1},
                  und es ist nichts zu tun *)
```

    then $TAUSCH(x,k\text{-}1,k);$ (* Vertauschen von x_{k-1} und x_k *)
           $EINSORT2(x,k\text{-}1)$ (* Rekursiver Aufruf: Einsortieren
         des jetzt an der Stelle $k\text{-}1$ ste-
         henden Objekts in den davor-
         liegenden Teil *)
    endif
endprocedure,
procedure $TAUSCH(\mathbf{trans}\ x{:}\mathbf{array}\ \sigma,i,j{:}\mathrm{nat})$
    pre $1 \le i,j \le UPB(x)$
    result Vertauschung von x_i und x_j in x
    body $x := ALT(ALT(x,i,PROJ(x,j)),j,PROJ(x,i))$
endprocedure

Das "sukzessive Vertauschen" innerhalb von $EINSORT2$ ist hier rekursiv (nach k) beschrieben. Es könnte leicht auch iterativ durch folgenden Prozedurrumpf formuliert werden:

    for l **from** k **to** 2 **by** -1 **while** $PROJ(x,l) < PROJ(x,l\text{-}1)$ **do**
        $TAUSCH(x,l\text{-}1,l)$
    enddo

Umgekehrt wäre durch Einbettung (analog wie bei $ENTHALTEN1$)
$LINSORT1$ (und ebenso auch $EINSORT1$) rekursiv beschreibbar.

    Konkrete und typische Anwendungen von Reihungen (und ihrer "di-
rekten" iterativen Behandlung) finden sich auch bei Aufgaben mit Matri-
zen. Eine Matrix etwa der Form

$$x = \begin{pmatrix} x_{1,1} & x_{1,2} & \cdots & x_{1,n} \\ \vdots & \vdots & & \vdots \\ x_{m,1} & x_{m,2} & \cdots & x_{m,n} \end{pmatrix}$$

ist gemäß Abschnitt 1.5 eine Folge $x = (x_1,\ldots,x_m)$ von Zeilen $x_i =$
$(x_{i,1},\ldots,x_{i,n})$. Sind die Matrixelemente $x_{i,j}$ aus einer Sorte σ, so ist also x
darstellbar als Element von

array array σ .

Elemente einer solchen Sorte heißen ***zweistufige*** Reihungen, die bisher behandelten dagegen ***einstufig*** (wobei jeweils vorauszusetzen ist, daß
σ nicht selbst schon **array**-Sorte ist). Allgemein können natürlich auch
noch höher-stufige Reihungen, d.h. Objekte der Sorte

array array ... array σ

betrachtet werden.

    Ist $x \in \mathbf{array\,array}\,\sigma$, so ist $PROJ(x,i)$ die i-te Zeile von x.
$PROJ(PROJ(x,i),j)$ beschreibt den Zugriff auf das Matrixelement $x_{i,j}$.
Die obere Grenze für die Zeile x_i ist gegeben durch $UPB(PROJ(x,i))$.

Als Anwendungsbeispiel geben wir einen Algorithmus zur Multiplikation einer $m{\times}n$-Matrix x reeller Zahlen mit einem reellen Vektor a der Länge n $(m,n \geq 1)$:

$$\begin{pmatrix} x_{1,1} & \cdots & x_{1,n} \\ \vdots & & \vdots \\ x_{m,1} & \cdots & x_{m,n} \end{pmatrix} \cdot \begin{pmatrix} a_1 \\ \vdots \\ a_n \end{pmatrix} = \begin{pmatrix} b_1 \\ \vdots \\ b_m \end{pmatrix}$$

Das Ergebnis b ist ein Vektor der Länge m mit

$$b_i = \sum_{j=1}^{n} x_{i,j} \cdot a_j \qquad \text{für } i=1,...,m.$$

x, a und b lassen sich als Elemente aus **array array** real bzw. **array** real darstellen. Der Algorithmus kann wie folgt formuliert werden:

```
function MATVEK(x:array array real,a:array real)→array real
    pre UPB(x)≥1, UPB(a)≥1; für 1≤i,j≤UPB(x) gilt:
        UPB(PROJ(x,i)) = UPB(PROJ(x,j)) = UPB(a)
        (d.h.: Alle Zeilen von x und a sind gleich lang)
    result MATVEK(x,a) = x·a
    body var b:array real;           (* Ergebnisvektor *)
         var ts:real;                (* Zur Teilsummenbildung *)
         b := INIT(UPB(x),0);        (* Initialisierung von b durch
                                        eine Reihung der Länge
                                        UPB(x) mit lauter Nullen *)
         for i from 1 to UPB(x) do       (* Berechnung von b_i *)
            ts := 0;
            for j from 1 to UPB(a) do    (* Iteratives Aufsummieren
                                            gemäß Definition von b_i *)
               ts := ts + PROJ(PROJ(x,i),j)*PROJ(a,j)
            enddo;
            b := ALT(b,i,ts)         (* Eintragen des errechneten
                                        Wertes in b *)
         enddo;
         b
endfunction
```

Wir beenden diesen Abschnitt mit der Einführung einer Schreibweise in AKS, die an das Konzept der Konstantenvereinbarungen in Abschnitt 3.6 erinnert. In Algorithmen wie dem zuletzt beschriebenen kann es bei der Darstellung günstig sein, für Sorten abkürzende oder auch mnemotechnisch hilfreiche Bezeichnungen einzuführen. Wir ermöglichen dies in AKS in der Form von *Sortenvereinbarungen*, z.B.:

```
sort matrix = array array real,
sort vektor = array real
```

Zur Bezeichnung der zugehörigen Moduln (im Beispiel **ARRAYarrayreal** und **ARRAYreal**) verwenden wir dann einfach die gleichen Abkürzungen in Großbuchstaben. Ein kompletter Modul mit der Matrix-Vektor-Multiplikation könnte wie folgt notiert werden:

```
module MATVEKMULT
   uses MATRIX,VEKTOR,REAL
   sorts matrix,vektor,real
   functions MATVEK
   defined by
      sort matrix = array array real,
      sort vektor = array real,
      function MATVEK(x:matrix,a:vektor)→vektor
         pre (Wie oben)
         result (Wie oben)
         body var b:vektor;
               (* Weiter wie oben *)
      endfunction
endmodule
```

Die Sorten (-bezeichnungen) werden unter **sorts** aufgeführt und unter **defined by** vereinbart. Die notwendigen Erweiterungen der bisherigen Syntaxdefinitionen sind gegeben durch:

Syntaxdefinition.

$$konkrete\_Modulvereinbarung ::=$$
$$\textbf{module}\ Modul\text{-}Ident$$
$$\left\{\textbf{uses}\ Modul\text{-}Ident\left\{,Modul\text{-}Ident\right\}^{*}\right\}_{0}^{1}$$
$$\textbf{sorts}\ Sorte\left\{,Sorte\right\}^{*}$$
$$\left\{\textbf{functions}\ (\text{wie bisher})\right\}_{0}^{1}$$
$$\left\{\textbf{procedures}\ (\text{wie bisher})\right\}_{0}^{1}$$
$$\textbf{defined by}$$
$$\left\{Sortenvereinbarung,\right\}^{*}$$
$$explizite\_FP\text{-}Definitionen$$
$$\textbf{endmodule}$$

$$Sortenvereinbarung ::= \textbf{sort}\ Sorten\text{-}Ident = Sorte$$

$$Sorte ::= \textbf{boolean}|$$
$$\vdots \qquad\qquad \Big\}\ \textbf{wie bisher}$$
$$\textbf{array}\ Sorte|$$
$$Sorten\text{-}Ident$$

$$Sorten\text{-}Ident ::= Identifikator$$

5.4 Tupel

In den vorangegangenen Abschnitten haben wir - auf (im wesentlichen) zwei verschiedene Weisen - die Datenstruktur "Folge" betrachtet. Eine verwandte und ebenfalls in vielen Anwendungen vorkommende Strukturierung von Daten ist die Tu-
pel-Bildung, die wir in diesem Abschnitt behandeln.

Sequenzen und Reihungen (d.h. Folgen) sind komplexe **homogene** Objekte:
Die Komponenten sind alle von gleicher Sorte. In vielen Anwendungen ist
es ebenso wünschenswert, zusammengesetzte Daten der Art

$$(x_1,...,x_n)$$

zu betrachten, wobei die einzelnen Komponenten nicht notwendig von
gleicher Sorte sind. Solche (**inhomogenen**) Datenstrukturen sind **Tupel**
(im Sinne von Abschnitt 1.5), ein Beispiel ist etwa

$$y = ('Meier','Karl',678503,'Informatik',5)$$

als Darstellung eines Objekts "Student" mit der Angabe von Namen, Vor-
namen, Matrikelnummer, Studienfach und Anzahl der Studiensemester.
x ist ein Element des kartesischen Produkts

$$\textbf{sequ}\,char \times \textbf{sequ}\,char \times nat \times \textbf{sequ}\,char \times nat,$$

das wir in AKS durch

$$\textbf{tupel sequ}\,char,\textbf{sequ}\,char,nat,\textbf{sequ}\,char,nat\ \textbf{endtupel}$$

bezeichnen. Sind allgemein $\sigma_1,...,\sigma_n$ $(n{\geq}1)$ Sorten, so bezeichnet

$$\textbf{tupel}\ \sigma_1,...,\sigma_n\ \textbf{endtupel}$$

die Sorte aller Tupel aus $\sigma_1{\times}...{\times}\sigma_n$. Für solche Tupel ist - wie für Reihungen - in natürlicher Weise der direkte Zugriff auf die einzelnen Kom-
ponenten durch die (gegenüber der Definition in Abschnitt 1.5 geringfügig
modifizierte) Projektion

$$PROJ:\textbf{tupel}\ \sigma_1,...,\sigma_n\ \textbf{endtupel} \times nat \to \sigma_1 \cup...\cup \sigma_n,$$
$$PROJ((x_1,...,x_n),i) = x_i \quad \text{für } 1{\leq}i{\leq}n$$

gegeben. Die eigentlich naheliegende Wahl von $PROJ$ als Grundoperation
für Tupel birgt jedoch die Schwierigkeit, daß der Wertebereich $\sigma_1 \cup...\cup \sigma_n$
in unserem AKS-Rahmen nicht als Sorte definiert ist. Statt $PROJ$ ver-
wenden wir daher n einzelne Abbildungen

$$PROJ1:\textbf{tupel}\ \sigma_1,...,\sigma_n\ \textbf{endtupel} \to \sigma_1,$$
$$\vdots$$
$$PROJn:\textbf{tupel}\ \sigma_1,...,\sigma_n\ \textbf{endtupel} \to \sigma_n$$

mit den Bedeutungen $(x \in \textbf{tupel}\ \sigma_1,...,\sigma_n\ \textbf{endtupel})$:

$$PROJ1(x) = PROJ(x,1),$$
$$\vdots$$
$$PROJn(x) = PROJ(x,n).$$

Für das obige Objekt y gilt also z.B.:

$$PROJ1(y) = \text{'Meier'},$$
$$PROJ4(y) = \text{'Informatik'}.$$

Neben diesen Selektor-Operationen wählen wir eine Konstruktor-Grundoperation $COMP$, die – als Analogon zu $INIT$ bei Reihungen – aus Objekten $x_1,...,x_n$ das Tupel $(x_1,...,x_n)$ "zusammensetzt"[3]:

$$\textbf{COMP}: \sigma_1 \times ... \times \sigma_n \rightarrow \textbf{tupel } \sigma_1,...,\sigma_n \textbf{ endtupel},$$
$$COMP(x_1,...,x_n) = (x_1,...,x_n).$$

($COMP$ ist – mathematisch gesehen – einfach die Identitätsabbildung auf $\sigma_1 \times ... \times \sigma_n$.) Eine zusätzliche Grundoperation, die – wie ALT bei Reihungen – die Abänderung einzelner Tupelkomponenten ermöglicht, ist hier nicht erforderlich. Solche Wirkungen lassen sich, wie wir gleich erläutern werden, durch Anwendung von $COMP$ und $PROJ1,...,PROJn$ erzielen.

Der entstehende abstrakte Datentyp ist (für gegebene $\sigma_1,...,\sigma_n$ mit entsprechenden Moduln $\textsf{SIGMA}_1,...,\textsf{SIGMA}_n$) wie folgt definiert:

```
module TUPELσ₁...σₙ
   uses SIGMA₁,...,SIGMAₙ
   sorts tupel σ₁,...,σₙ endtupel,σ₁,...,σₙ
   functions PROJ1:tupel σ₁,...,σₙ endtupel → σ₁,
                  ⋮
             PROJn:tupel σ₁,...,σₙ endtupel → σₙ,
             COMP:σ₁×...×σₙ → tupel σ₁,...,σₙ endtupel
   axioms PROJ1(COMP(x₁,...,xₙ)) = x₁,
                  ⋮
          PROJn(COMP(x₁,...,xₙ)) = xₙ
endmodule
```

Die Bedeutung der n Axiome von $\textsf{TUPEL}\sigma_1...\sigma_n$ ist offensichtlich. Wir notieren die wieder notwendige Erweiterung der Syntaxdefinition und geben anschließend einige Anwendungsbeispiele für Tupel:

Syntaxdefinition.

$$\textit{Sorte} ::= \textbf{boolean} \mid$$
$$\vdots$$
$$\textit{Sorten-Ident} \mid \qquad \Big\} \text{ wie bisher}$$
$$\textbf{tupel } \textit{Sorte} \{,\textit{Sorte}\}^* \textbf{ endtupel}$$

---

[3] $COMP$ rührt her von "composition".

Beispiele. 1) Ein Datum sei ein Paar aus Tag- und Monatsangabe, z.B. (12,2) für den 12. Februar. Ein Termin (in einem Terminkalender) sei gegeben durch die Angabe von Datum, Uhrzeit und ein Stichwort, z.B.:

$$((12,2), 9.30, \text{'Zahnarzt'}).$$

Ein solcher Termin ist Element der Sorte

> **tupel tupel** nat,nat **endtupel**,real,**sequ** char **endtupel**

Unter Verwendung von Sortenvereinbarungen könnten wir auch definieren:

> **sort** datum = **tupel** nat,nat **endtupel**,
> **sort** termin = **tupel** datum,real,**sequ** char **endtupel**

Der folgende Algorithmus legt einen Termin $t\in$termin auf eine neue Uhrzeit u (am gleichen Tag mit gleichbleibendem Stichwort):

> **function** $TERMINVERLEGUNG(t\!:\text{termin}, u\!:\text{real}) \to \text{termin}$
>   **result** Verlegung von t auf neue Uhrzeit u
>   **body** $COMP(PROJ1(t), u, PROJ3(t))$
>   (∗ Der neue Termin ist zusammengesetzt aus dem Datum
>   von t, der Uhrzeit u und dem Stichwort von t ∗)
> **endfunction**

An diesem einfachen Beispiel ist leicht zu sehen, wie die Abänderung einer Tupelkomponente mit Hilfe von $COMP$ und den Operationen $PROJ1$, $PROJ2$,... ausgedrückt werden kann.

2) Ein "Kontoblatt" bestehe aus einer fortlaufend numerierten Folge von "Buchungen" zusammen mit den Angaben der betreffenden Kontonummer und des Kontostandes. Eine Buchung ist bestimmt durch ein Datum, einen Text, der den Buchungsgrund angibt, sowie einem Soll- oder Haben-Betrag. Anschaulich läßt sich ein Kontoblatt etwa wie folgt skizzieren:

```
KONTONUMMER           63-785336

BUCHUNGSEINTRÄGE
```

LFDNR	DATUM	VORGANG	SOLL	HABEN
1	1.1.89	Saldo		3758.40
2	3.1.89	Krankenkasse	279.37	
3	3.1.89	Mitgliedsbeitrag TSV	40.00	
4	4.1.89	Stromrechnung	267.30	
5	9.1.89	Dienstreiseabrechn.		568.20
6	12.1.89	Telefonrechnung	174.21	

```
KONTOSTAND            3565.72
```

Formal kann es durch folgende Sortenvereinbarungen dargestellt werden:

```
sort buchung = tupel nat,          (* Laufende Nummer *)
                sequ char,         (* Datum *)
                sequ char,         (* Vorgang *)
                real,              (* Soll *)
                real               (* Haben *)
           endtupel,
sort buchungsfolge = sequ buchung,
sort kontoblatt = tupel sequ char,     (* Kontonummer *)
                  buchungsfolge,       (* Buchungseinträge *)
                  real                 (* Kontostand *)
           endtupel
```

Ein Datum ist hier – anders als im ersten Beispiel – als Zeichenreihe dargestellt. (Mit den Zahlen muß nicht gerechnet werden.) Bezeichnet y das skizzierte Kontoblatt, so gilt z.B.:

$$PROJ1(y) = \text{'}63\text{-}785336\text{'},$$
$$PROJ5(FIRST(PROJ2(y))) = 3758.40.$$

Die Aufnahme einer neuen Kontobewegung – gegeben durch ein Datum *datum*, einen Vorgangstext *vorgang* und einen Betrag *betrag* – in ein Kontoblatt *ktoblatt* wird durch folgenden Algorithmus beschrieben:

```
function BUCHEN(ktoblatt:kontoblatt, datum,vorgang:sequ char,
                betrag:real) → kontoblatt
  result Aufnahme einer Kontobewegung in ktoblatt
  body const soll,haben:real =
              if betrag≥0 then 0 else -betrag endif,
              if betrag≥0 then betrag else 0 endif;
       (* soll und haben sind die Beträge (gegebenenfalls 0),
          die in der Buchung unter "Soll" und "Haben" er-
          scheinen; ist betrag<0, so wird -betrag die ent-
          sprechende Sollbuchung *)
       const eintr:buchungsfolge = PROJ2(ktoblatt);
       (* Buchungseinträge in ktoblatt *)
       const lfdnr:nat = if ISEMPTY(eintr) then 0
                         else PROJ1(LAST(eintr)) endif;
       (* Letzte laufende Nummer in ktoblatt; falls keine
          Buchungseinträge vorhanden sind, ist lfdnr=0 *)
       const buchg:buchung =
          COMP(lfdnr+1,datum,vorgang,soll,haben);
       (* Neuer Buchungseintrag *)
       COMP(PROJ1(ktoblatt),
            POSTFIX(eintr,buchg),
            PROJ3(ktoblatt)+betrag)
       (* Ergebnis: unveränderte Kontonummer, neue
          Buchungsfolge und angepaßter Kontostand *)
  endfunction
```

3) In einer Bücherkartei seien für jedes Buch Autor (Nachname, Vorname), Buchtitel, Verlagsangaben (Verlag, Erscheinungsort und -jahr, Nummer der Auflage) und Standortsignatur registriert, anschaulich etwa:

<table>
<tr><td>AUTOR</td><td>Knuth
Donald E.</td></tr>
<tr><td>TITEL</td><td>The Art of Computer Programming, Vol. 3</td></tr>
<tr><td colspan="2">VERLAGSANGABEN

Addison-Wesley Publishing Comp.
Reading, Mass.
1975
2</td></tr>
<tr><td>SIGNATUR</td><td>I3.275.a12</td></tr>
</table>

Typische Operationen in einer solchen Kartei sind die Aufnahme eines
neuen Buches (wobei die Kartei etwa nach Autornamen alpabetisch angeordnet ist), Veränderungen gewisser Eintragungen auf einer Karteikarte
u.ä. Wir deuten ein derartiges "Bibliothekssystem" an:

```
module BIBLIOTHEK
    uses BOOLEAN,SBOOLEAN,NAT,SEQUchar,
         AUTORNAME,VERLAGSANG,KARTEIKARTE,KARTEI
    sorts boolean,nat,sequ char,
          autorname,verlagsang,karteikarte,kartei
    functions AUFNAHME, ...  (* usw. *)
    defined by
        sort autorname = tupel sequ char,        (* Nachname *)
                              sequ char          (* Vorname *)
                         endtupel,
        sort verlagsang = tupel sequ char,       (* Verlag *)
                              sequ char,         (* Ort *)
                              nat,               (* Jahr *)
                              nat                (* Auflage *)
                         endtupel,
        sort karteikarte = tupel autorname,
                              sequ char,         (* Titel *)
                              verlagsang,
                              sequ char          (* Signatur *)
                         endtupel,
        sort kartei = sequ karteikarte,
        function VOR(kk1,kk2:karteikarte)→boolean
                     (* Hilfsfunktion, die die Reihenfolge
                        der Karteikarten beschreibt *)
        result VOR(kk1,kk2) ⇔ kk1 kommt in der Anordnung
                              bezüglich Autornamen vor kk2
        body const nachn1,nachn2,vorn1,vorn2: sequ char =
                        PROJ1(PROJ1(kk1)),
                        PROJ1(PROJ1(kk2)),
                        PROJ2(PROJ1(kk1)),
                        PROJ2(PROJ1(kk2));
            if ¬SEQUGLEICH(nachn1,nachn2)
            then LEXORD(nachn1,nachn2)
```

```
                    else LEXORD(vorn1,vorn2) endif
                      (* Hier werden die in Abschnitt 5.1 allgemein
                         formulierten Funktionen SEQUGLEICH und
                         LEXORD mit σ=sequ char benutzt; letztere
                         beschreibt die lexikographische Ordnung auf
                         den Nach- bzw. Vornamen der Autoren *)
          endfunction,
          function AUFNAHME(k:kartei,
                                nachn,vorn,titel,verlag,ort,sign:sequ char,
                                jahr,auflage:nat) → kartei
              pre k ist bezüglich der durch VOR gegebenen Ordnung
                  sortiert
              result Aufnahme eines neuen Buches in die Kartei k
              body const a:autorname,v:verlagsang =
                                COMP(nachn,vorn),
                                COMP(verlag,ort,jahr,auflage);
                    const kk:karteikarte = COMP(a,titel,v,sign);
                      (* kk ist die in k einzufügende Karteikarte;
                         das Einfügen geschieht durch eine weitere
                         (Hilfs-) Funktion *)
                    EINFÜGEN(k,kk)
          endfunction,
          function EINFÜGEN(k:kartei,kk:karteikarte)→kartei
              pre k ist bezüglich der durch VOR gegebenen Ordnung
                  sortiert
              result Einfügen von kk in k
              body (* EINFÜGEN ist eine Anwendung des in Abschnitt
                    5.1 allgemein angegebenen Algorithmus EINSORT
                    (mit σ=karteikarte und VOR als Ordnung ≤) *)
                  if ISEMPTY(k) then kk
                  ▯ ¬ISEMPTY(k) ⊗ VOR(kk,FIRST(k))
                      then PREFIX(kk,k)
                  else PREFIX(FIRST(k),EINFÜGEN(REST(k),kk))
                  endif
          endfunction,
              ⋮

          (* usw. *)
          endmodule                                                    □
```

Die hier betrachteten Beispiel-Algorithmen sind applikativ. Selbstverständlich können Tupel auch wieder in imperativen Algorithmen verwendet werden. In dem Kontoblatt-Beispiel etwa könnte der Algorithmus
BUCHEN als Prozedur mit dem zu bearbeitenden Kontoblatt als Transientparameter formuliert werden:

```
          procedure BUCHEN1(trans ktoblatt:kontoblatt,
                                datum,vorgang:sequ char,betrag:real)
              ⋮
```

Das gewünschte Ergebnis wird im Rumpf von *BUCHEN1* dann durch die
Zuweisung

$$ktoblatt := COMP(\ PROJ1(ktoblatt),$$
$$POSTFIX(eintr,buchg),$$
$$PROJ3(ktoblatt)+betrag\ )$$

erzielt.

5.5 Binärbäume

Nach den "linearen" Datenstrukturen in den vorausgegangenen Abschnitten behandeln wir nun Binärbäume, wie wir sie in Abschnitt 1.7 definiert haben. Diese weisen eine "verzweigte" Struktur auf und sind - ähnlich wie Sequenzen - induktiv definiert. Algorithmen zur Verarbeitung von Binärbäumen können daher wieder in natürlicher Weise rekursiv definiert werden.

In Abschnitt 1.7 haben wir - in Verallgemeinerung von induktiv definierten Folgen - Binärbäume definiert. Diese spielen in der Informatik als (homogene) Datenstrukturen ebenfalls eine wichtige Rolle und zwar sowohl als Modellierung komplexer Daten, die in natürlicher Weise eine entsprechende "Verzweigungsstruktur" besitzen, als auch wegen der Möglichkeit, die Effizienz gewisser Algorithmen durch die Baumdarstellung der betreffenden Daten günstig zu beeinflussen. (Auf diesen Aspekt werden wir in Abschnitt 7.3 zurückkommen.)

Ist σ eine Sorte, so bezeichnen wir die Sorte $\sigma^\wedge$ aller Binärbäume über σ mit

$$\textbf{bintree } \sigma\ .$$

Als Grundoperationen für Binärbäume wählen wir die in Abschnitt 1.7 eingeführten (und durch die induktive Definition von $\sigma^\wedge$ induzierten) Operationen $ROOT$, $LEFT$, $RIGHT$ und $BUILD$ zusammen mit dem leeren Binärbaum $EMPTY$ und der analog wie bei Sequenzen definierten Operation $ISEMPTY$. Der damit festgelegte Modul läßt sich (für gegebenes σ) wie folgt vereinbaren:

```
module BINTREEσ
    uses SIGMA,BOOLEAN
    sorts bintree σ,σ,boolean
    functions EMPTY: →bintree σ,
            ISEMPTY:bintree σ→boolean,
            ROOT:bintree σ → σ,
            LEFT:bintree σ →bintree σ,
            RIGHT:bintree σ →bintree σ,
            BUILD:σ × bintree σ × bintree σ →bintree σ
    axioms ISEMPTY(EMPTY) = TRUE,
            ISEMPTY(BUILD(a,x,y)) = FALSE,
```

$$ROOT(BUILD(a,x,y)) = a,$$
$$LEFT(BUILD(a,x,y)) = x,$$
$$RIGHT(BUILD(a,x,y)) = y,$$
$$ROOT(EMPTY) = \omega,$$
$$LEFT(EMPTY) = \omega,$$
$$RIGHT(EMPTY) = \omega$$

endmodule

Die Axiome von **BINTREE**σ spiegeln die Definitionen der Operationen in offensichtlicher Weise wider.

Die neuen Sorten **bintree** σ erfordern nochmals eine Erweiterung der AKS-Syntax:

Syntaxdefinition.

$$\textit{Sorte} ::= \text{boolean}\,|$$
$$\vdots$$
$$\textbf{tupel}\,\textit{Sorte}\,\{,\textit{Sorte}\}^*\,\textbf{endtupel}\,| \qquad \Big\}\ \text{wie bisher}$$
$$\textbf{bintree}\,\textit{Sorte}$$

Auch für Binärbäume gibt es eine Reihe von Grundalgorithmen. Wir geben einige

Beispiele. 1) Die Anzahl der Knoten eines Binärbaums haben wir in Abschnitt 1.7 (rekursiv) definiert. Sie wird demgemäß berechnet durch die Funktion

```
function KNOTANZ(z:bintree σ)→nat
    result Anzahl der Knoten von z
    body if ISEMPTY(z) then 0
        else 1 + KNOTANZ(LEFT(z)) + KNOTANZ(RIGHT(z)) endif
endfunction
```

2) Die Anzahl der Blätter, die (als Teilbäume) in einem Binärbaum auftreten, wird bestimmt durch:

```
function BLATTANZ(z:bintree σ)→nat
    result Anzahl der Blätter in z
    body if ISEMPTY(z) then 0
        [] ISTBLATT(z) then 1
        else BLATTANZ(LEFT(z)) + BLATTANZ(RIGHT(z)) endif
endfunction
```

Die Funktion *ISTBLATT* ist dabei gegeben durch:

```
function ISTBLATT(z:bintree σ)→boolean
    result ISTBLATT(z) ⇔ z ist ein Blatt
    body ¬ISEMPTY(z) ⊗
        (ISEMPTY(LEFT(z)) ∧ ISEMPTY(RIGHT(z)))
endfunction
```

3) Ist auf σ die Gleichheit = gegeben, so läßt sich die Gleichheit von Binärbäumen über σ definieren wie folgt:

```
function BBGLEICH(z1,z2:bintree σ)→boolean
   result BBGLEICH(z1,z2) ⇔ z1 und z2 sind gleich
   body if ISEMPTY(z1) ∧ ISEMPTY(z2) then TRUE
      ▯ ¬ISEMPTY(z1) ∧ ISEMPTY(z2) then FALSE
      ▯ ISEMPTY(z1) ∧ ¬ISEMPTY(z2) then FALSE
      else ROOT(z1)=ROOT(z2) ∧
            BBGLEICH(LEFT(z1),LEFT(z2)) ∧
            BBGLEICH(RIGHT(z1),RIGHT(z2))
      endif
endfunction
```

4) Der folgende Algorithmus stellt fest, ob ein Objekt $a\epsilon\sigma$ in einem Binärbaum z als Knoten enthalten ist (auf σ sei = gegeben):

```
function ENTHALTEN3(z:bintree σ,a:σ)→boolean
   result ENTHALTEN3(z,a) ⇔ a ist Knoten in z
   body if ISEMPTY(z) then FALSE
      else a=ROOT(z) ∨
            ENTHALTEN3(LEFT(z),a) ∨
            ENTHALTEN3(RIGHT(z),a)
      endif
endfunction                                                        □
```

Wie bei Sequenzen nehmen diese rekursiven Algorithmen direkten Bezug auf die induktive Struktur von Binärbäumen. Ihre jeweilige Terminierung und Korrektheit ist offensichtlich.

Die Funktion *ENTHALTEN3* ist ein einfaches Beispiel eines Algorithmus, mit dem ein Binärbaum "durchlaufen" wird: *ENTHALTEN3* inspiziert die Knoten von z und vergleicht sie mit a. Die Inspektion der Knoten geschieht in einer Reihenfolge, die durch die Form der Rekursion von *ENTHALTEN3* gegeben ist. Nehmen wir an, daß die drei Disjunktionsglieder im **else**-Zweig des Funktionsrumpfs in der angegebenen Reihenfolge ausgewertet werden, so werden z.B. die Knoten eines Binärbaums z der Gestalt

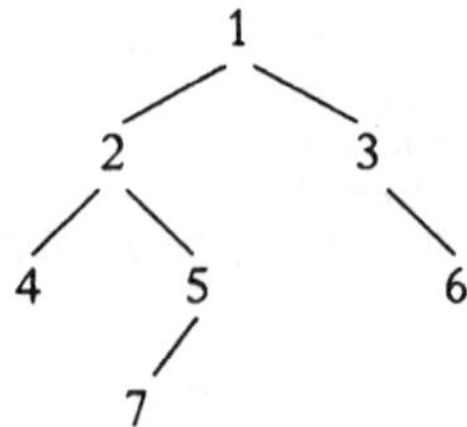

in der Reihenfolge

$$1,2,4,5,7,3,6$$

durchlaufen (mit a verglichen). Zunächst wird die Wurzel untersucht ($a=ROOT(z)$ ausgewertet), anschließend der linke Unterbaum (1U) und dann der rechte Unterbaum (rU) von z. Die Reihenfolge innerhalb (1U)

und (rU) ergibt sich (rekursiv) nach dem gleichen Prinzip, angewendet
auf $LEFT(z)$ bzw. $RIGHT(z)$.

Formal induziert der Durchlauf durch einen Binärbaum z gemäß
ENTHALTEN3 also eine totale Ordnung auf der Multimenge der Knoten
von z. Diese Relation heißt **Vorordnung** bezüglich z, sei mit $\leq_z$ bezeichnet
und ist definiert wie folgt: a und b seinen Knoten von z. Dann gilt

$$a \leq_z b \Leftrightarrow \quad \text{(i)} \ a = ROOT(z)$$

$$\text{oder (ii)} \ a \text{ ist Knoten in } LEFT(z), \text{ und}$$
$$b \text{ ist Knoten in } RIGHT(z)$$
$$\text{oder (iii)} \ a \text{ und } b \text{ sind Knoten in } LEFT(z), \text{ und}$$
$$\text{es gilt } a \leq_{LEFT(z)} b$$
$$\text{oder (iv)} \ a \text{ und } b \text{ sind Knoten in } RIGHT(z), \text{ und}$$
$$\text{es gilt } a \leq_{RIGHT(z)} b.$$

Sozusagen der "Urtyp" aller Algorithmen, die die Knoten eines Binärbaums z "in Vorordnung" (d.h. in der durch $\leq_z$ gegebenen Reihenfolge)
durchlaufen, ist die **Linearisierung** von z in Vorordnung. Diese Funktion
erzeugt aus z die durch $\leq_z$ gegebene Folge der Knoten, im Beispiel also

$$(1,2,4,5,7,3,6),$$

und läßt sich (für gegebenes σ) wie folgt angeben:

```
function LINVOR(z:bintree σ)→sequ σ
   result LINVOR(z) = Folge der Knoten von z gemäß
                      Vorordnung bezüglich z
   body if ISEMPTY(z) then EMPTY
        else ROOT(z)∘LINVOR(LEFT(z))∘LINVOR(RIGHT(z))
        endif
endfunction
```

Wir haben hier die Schreibweise $ROOT(z) \circ \ldots$ (mit Sortenanpassung!)
statt $PREFIX(ROOT(z),\ldots)$ gewählt, weil sie das informelle Durchlauf-
prinzip

"Wurzel - linker Unterbaum - rechter Unterbaum"

deutlicher zum Ausdruck bringt.

Es ist offensichtlich, daß sich in analoger Weise auch andere Knoten-
Reihenfolgen für Binärbäume bestimmen lassen. Wichtig sind vor allem
noch die informell durch

"linker Unterbaum - Wurzel - rechter Unterbaum" und
"linker Unterbaum - rechter Unterbaum - Wurzel"

induzierten Ordnungen. Diese heißen **symmetrische Ordnung** bzw. **Nachordnung** bezüglich dem betreffenden Binärbaum und lassen sich leicht
analog zu $\leq_z$ definieren. Die entsprechenden Linearisierungs-Algorithmen
sind gegeben durch:

```
function LINSYM(z:bintree σ) → sequ σ
  result LINSYM(z) = Folge der Knoten von z gemäß
                      symmetrischer Ordnung bezüglich z
  body if ISEMPTY(z) then EMPTY
       else LINSYM(LEFT(z))∘ROOT(z)∘LINSYM(RIGHT(z))
       endif
endfunction,
function LINNACH(z:bintree σ) → sequ σ
  result LINNACH(z) = Folge der Knoten von z gemäß
                      Nachordnung bezüglich z
  body if ISEMPTY(z) then EMPTY
       else LINNACH(LEFT(z))∘LINNACH(RIGHT(z))∘ROOT(z)
       endif
endfunction
```

Für den oben als Beispiel betrachteten Binärbaum z gilt

$$LINVOR(z) \quad = (1,2,4,5,7,3,6),$$
$$LINSYM(z) \quad = (4,2,7,5,1,3,6),$$
$$LINNACH(z) = (4,7,5,2,6,3,1).$$

Wir illustrieren nun eine konkrete Anwendung der Funktion *LINNACH*. Terme, die nur mit 2-stelligen Operationen gebildet werden, lassen sich leicht als Binärbäume darstellen. Z.B. wird der in Infixschreibweise notierte Term

$$(3.7+1.1)*(4.8-2.6/5.3)$$

dargestellt durch

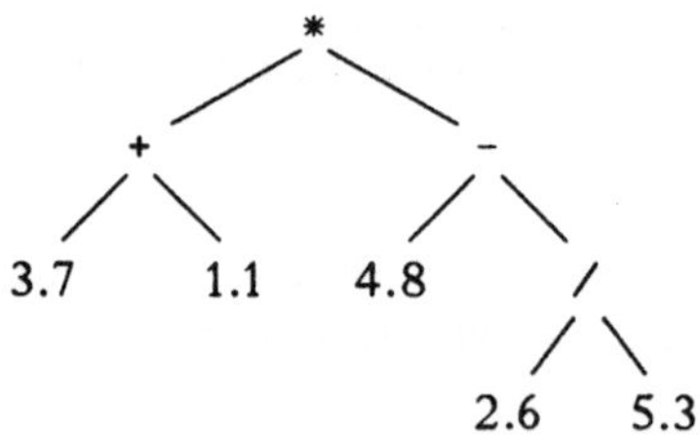

Dieser Binärbaum heißt **Syntaxbaum** des Terms; seine Bedeutung liegt darin, daß er dessen syntaktische Struktur widerspiegelt. Der induktive Aufbau von Termen der Gestalt

(*) $Term^{(1)}$ $Operator$ $Term^{(2)}$

wird allgemein beschrieben durch die Binärbaumstruktur

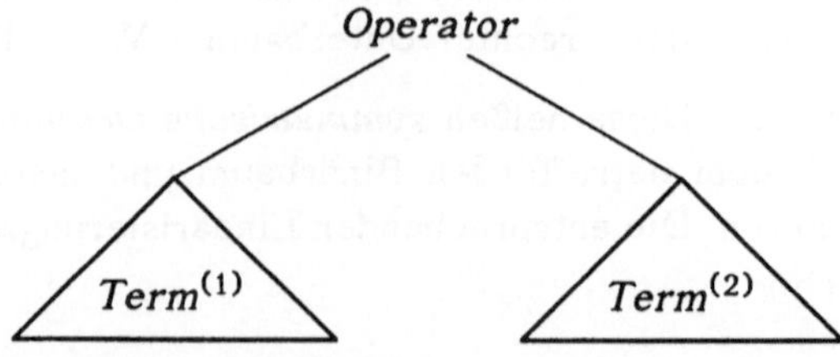

(Zur Verdeutlichung haben wir die beiden Vorkommen von *Term* numeriert). Ein Übersetzer-Algorithmus, der Terme zur maschinellen Auswertung aufbereitet, muß diese gemäß ihrer syntaktischen Definition "erkennen". Die Binärbaum-Darstellung beschreibt mithin in gewisser Weise formal die "Sicht", die der Übersetzer eines Programms von (solchen)
Termen hat.

Für die maschinelle Termauswertung ist die Binärbaumdarstellung
allerdings nicht (direkt) geeignet. Maschinennah ist eine Termdarstel-
lung, in der alle Operatoren in Postfixschreibweise verwendet werden.
Die syntaktische Gestalt eines Terms in solcher Darstellung ist im Gegensatz zu (∗) offenbar gegeben durch

$$Term^{(1)}\ Term^{(2)}\ Operator$$

wobei die beiden beteiligten Terme selbst wieder so aufgebaut sind. Der
Beispielterm würde in dieser Schreibweise durch

$$3.7\ 1.1 + 4.8\ 2.6\ 5.3\ /\ -\ *$$

dargestellt. Man beachte, daß diese Notation die Berechnung des Terms
auf vielen Taschenrechnern nachbildet:

$$
\begin{array}{ll}
3.7 & \text{eingeben} \\
1.1 & \text{eingeben} \\
+ & \\
4.8 & \text{eingeben} \\
2.6 & \text{eingeben} \\
5.3 & \text{eingeben} \\
/ & \\
- & \\
* &
\end{array}
$$

Ohne in weitere Details zu gehen, können wir festhalten, daß die maschinelle Auswertung von Termen (mit 2-stelligen Grundoperationen)
also im wesentlichen dem Übergang von der Binärbaumdarstellung zur
Postfixschreibweise des Terms entspricht.

Die in einem Term (als "syntaktische Einheiten") auftretenden Operatoren und aktuellen Parameter können einheitlich als Zeichenreihen
über char (z.B. '+', '3.7', 'x' usw.) dargestellt werden:

sort synteinh = **sequ** char

Der Syntaxbaum *sb* eines Terms *t* ist ein Objekt der Sorte

bintree synteinh

Die Postfixschreibweise von *t* läßt sich darstellen als Sequenz *pf* über
synteinh, im Beispiel etwa geschrieben als

$$('3.7', '1.1', '+', '4.8', '2.6', '5.3', '/', '-', '*').$$

Gemäß ihrer syntaktischen Gestalt ist *pf* gerade das Ergebnis der Linearisierung von *sb* in Nachordnung. Die Umwandlung der Binärbaum-Darstellung von Termen in ihre Postfixschreibweise wird also beschrieben durch folgende Adaption der Funktion *LINNACH*:

```
function PFUMW(sb:bintree synteinh)→sequ synteinh
    pre sb ist Syntaxbaum eines Terms t
    result PFUMW(sb) stellt die Postfixschreibweise von t dar
    body if ISEMPTY(sb) then EMPTY
        else PFUMW(LEFT(sb))∘PFUMW(RIGHT(sb))∘ROOT(sb)
        endif
endfunction
```

Wir beschließen diesen Abschnitt mit einem weiteren konkreten Anwendungsbeispiel für Binärbäume. Es sei $\mathcal{A}$ ein Alphabet. Eine **Binärcodierung** von $\mathcal{A}$ ist eine Abbildung

$$C: \mathcal{A} \to \mathcal{A}_2^*,$$

wobei $\mathcal{A}_2$ ein binäres Alphabet ist und $C(x) \neq C(y)$ für $x \neq y$ gilt. Ein Beispiel ist der **Morsecode** mit $\mathcal{A}_2 = \{\cdot, -\}$ und den Zuordnungen

$$
\begin{aligned}
a &\;\mapsto\; \cdot - \\
ä &\;\mapsto\; \cdot - \cdot - \\
b &\;\mapsto\; - \cdot \cdot \cdot \\
c &\;\mapsto\; - \cdot - \cdot \\
&\;\;\vdots \\
&(\text{usw.})
\end{aligned}
$$

($\mathcal{A}$ umfaßt hier Buchstaben und Dezimalziffern.) Sei nun allgemein $\mathcal{A}_2 = \{z_l, z_r\}$, $\#$ ein Zeichen, das nicht in $\mathcal{A}$ vorkommt, und $\mathcal{A}' = \mathcal{A} \cup \{\#\}$. Der **Codebaum** *cb* von C ist ein Binärbaum über $\mathcal{A}'$, der induktiv definiert ist wie folgt:

- Ist $\mathcal{A} = \emptyset$, so ist $cb = \varepsilon$.
- Falls es $a \in \mathcal{A}$ gibt mit $C(a) = \varepsilon$, so ist a die Wurzel von *cb*, andernfalls ist $\#$ die Wurzel von *cb*.
- Sei $\mathcal{A}_l = \{x \mid x \in \mathcal{A}, C(x) \neq \varepsilon \text{ und } FIRST(C(x)) = z_l\}$ und $\mathcal{A}_r = \{x \mid x \in \mathcal{A}, C(x) \neq \varepsilon$ und $FIRST(C(x)) = z_r\}$. C_l und C_r seien die Binärcodierungen

$$
\begin{aligned}
C_l &: \mathcal{A}_l \to \mathcal{A}_2^*, \quad x \mapsto REST(C(x)), \\
C_r &: \mathcal{A}_r \to \mathcal{A}_2^*, \quad x \mapsto REST(C(x)).
\end{aligned}
$$

Dann ist der Codebaum von C_l linker Unterbaum von *cb* und der Codebaum von C_r rechter Unterbaum von *cb*.

Diese Konstruktion läßt sich an folgendem Beispiel illustrieren: Sei $\mathcal{A} = \{A,B,C,D,E,F,G,H\}$, $\mathcal{A}_2 = \{0,1\}$ und C_1 die Zuordnung

x	$C_1(x)$
A	0
B	01
C	000
D	11
E	10
F	110
G	111
H	100

Der Codebaum cb_1 von C_1 ist

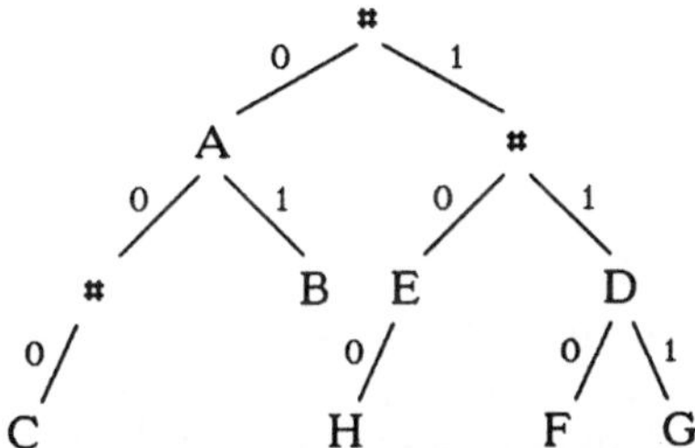

Dabei haben wir zur Verdeutlichung die einzelnen ''Verbindungskanten''
mit 0 bzw. 1 ''markiert''. In cb_1 kommt man von der Wurzel z.B. zum
Knoten F, indem man zunächst zweimal ''nach rechts'' und dann einmal
''nach links'' geht, im Baum gekennzeichnet durch die Folge (1,1,0) der
entsprechenden Markierungen. (1,1,0) repräsentiert gerade C_1(F)=110.
Markierungsfolgen wie z.B. (0,0), die keinem Element des Wertebereichs
von C_1 entsprechen, führen auf das zu diesem Zweck hinzugefügte Zeichen ⋕.

Eine Binärcodierung $C: \mathcal{A} \to \mathcal{A}_2^{\,*}$ erfüllt die **Fano-Bedingung**, wenn im
Codebaum von C für alle Knoten a, die nicht Blätter sind, $a=$⋕ gilt. (Für
jedes $z \in \mathcal{A}$ wird dann $C(z)$ durch die Markierungsfolge eines Pfades im
Codebaum repräsentiert.) Die oben betrachtete Binärcodierung C_1 erfüllt
die Fano-Bedingung nicht, dagegen die durch den Codebaum cb_2:

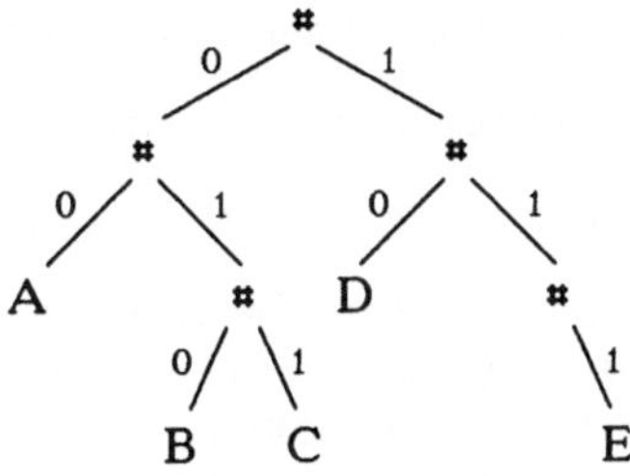

gegebene Binärcodierung $C_2:\{A,B,C,D,E\} \to \{0,1\}$.

Der folgende Algorithmus prüft für eine durch ihren Codebaum cb gegebene Binärcodierung, ob sie die Fano-Bedingung erfüllt (wir nehmen an, daß $\mathcal{A} \subseteq$ char gilt und verwenden die weiter oben definierte Funktion $ISTBLATT$):

```
function FANOTEST(cb:bintree char)→boolean
    pre cb ist Codebaum von C:𝒜→𝒜₂*, 𝒜⊆char
    result FANOTEST(cb)⇔C erfüllt die Fano-Bedingung
    body if ISEMPTY(cb) ∨ ISTBLATT(cb) then TRUE
        else ROOT(cb)='¤' ∧
            FANOTEST(LEFT(cb)) ∧ FANOTEST(RIGHT(cb))
        endif
endfunction
```

Ist $C:\mathcal{A} \to \mathcal{A}_2^*$ eine Binärcodierung, so läßt sich C erweitern zu einer Abbildung

$$C^*:\mathcal{A}^* \to \mathcal{A}_2^*,$$
$$C^*(x) = C(x_1) \circ C(x_2) \circ ... \circ C(x_n) \quad \text{für } x = x_1...x_n \text{ und } x_1,...,x_n \in \mathcal{A}.$$

(Für $x = \varepsilon$ ist $C(x) = \varepsilon$.) Genügt C der Fano-Bedingung und ist $C(z) \neq \varepsilon$ für alle $z \in \mathcal{A}$, so gilt $C^*(x) \neq C^*(y)$ für $x \neq y$, und zu gegebenem $C^*(x) \in \mathcal{A}_2^*$ läßt sich $x \in \mathcal{A}^*$ dann eindeutig bestimmen (C^* ist **decodierbar**). Für C_2 gilt z.B.

$$C_2^*(BAD) = 0100010,$$

und ist umgekehrt etwa der "Code" $c=0010111$ gegeben, so findet man eindeutig die Zeichenreihe ADE, für die gilt:

$$C_2^*(ADE) = c.$$

Wir geben noch einen Algorithmus an, der diese "Decodierung" anhand des Codebaumes cb von C allgemein durchführt (es sei $\mathcal{A}_2 = \{0,1\}$ und $\mathcal{A} \subseteq$ char).

Gegeben sei ein $c \in \mathcal{A}_2^*$ derart, daß es ein (eindeutig bestimmtes) $x \in \mathcal{A}^*$ gibt mit $C^*(x) = c$. Gesucht ist dieses x. Wir lösen zunächst folgende Teilaufgabe: Wir nehmen an, daß $x \neq \varepsilon$ ist, x also ein erstes Zeichen $y \in \mathcal{A}$ besitzt. $C(y)$ ist Anfang von c, d.h. es gibt $b \in \mathcal{A}_2^*$, so daß $c = C(y) \circ b$ gilt. Wir bestimmen das Paar $(y,b) \in$ paaryb, wobei die Sorte paaryb gemäß

```
sort paaryb = tupel char,sequ char endtupel
```

gegeben ist (wir verwenden wieder die Funktion $ISTBLATT$):

```
function ANFDECOD(cb:bintree char,c:sequ char)→paaryb
    pre c∈{'0','1'}*; cb ist Codebaum von C:𝒜→{'0','1'}*, 𝒜⊆char;
        C erfüllt die Fano-Bedingung;
        es gibt y∈𝒜 und b∈{'0','1'}* mit c=C(y)∘b
    result ANFDECOD(cb,c) = (y,b) mit y,b gemäß Vorbedingung
```

```
        body if ISTBLATT(cb) then COMP(ROOT(cb),c)
             else if FIRST(c)='0'
                   then ANFDECOD(LEFT(cb),REST(c))
                   else ANFDECOD(RIGHT(cb),REST(c))
                   endif
             endif
endfunction
```

Die (totale) Korrektheit von *ANFDECOD* läßt sich durch Induktion nach cb beweisen: cb kann nicht leer sein, denn dann wäre $\mathcal{A}=\varnothing$ im Widerspruch zur Vorbedingung. Ist cb ein Blatt, so ist $y=ROOT(cb)$ und $C(y)=\varepsilon$, d.h. $b=c$. Es gilt dann also

$$ANFDECOD(cb,c) = COMP(ROOT(cb),c) = (y,b).$$

Sei nun cb kein Blatt. Dann ist $C(y)$ nicht-leer, besitzt somit ein erstes Zeichen $a\in\mathcal{A}_2$. Wir betrachten den Fall $a='0'$: $LEFT(cb)$ ist der Codebaum von $C_l:\mathcal{A}_l\to\{'0','1'\}^*$ (gemäß der Codebaum-Definition), C_l erfüllt offenbar auch die Fano-Bedingung, und es gilt $FIRST(C(y))='0'$ und $REST(C(y))=C_l(y)$. Mit $c=C(y)\circ b$ erhält man $c='0'\circ C_l(y)\circ b$ und somit $REST(c)=C_l(y)\circ b$. $LEFT(cb)$ und $REST(c)$ erfüllen also die Vorbedingung von *ANFDECOD* (mit den gleichen y und b wie cb und c); unter Verwendung der Induktionsvoraussetzung erhält man:

$$ANFDECOD(cb,c) = ANFDECOD(LEFT(cb),REST(c)) = (y,b).$$

Der Fall $a='1'$ erledigt sich analog.

Die gesamte Decodierungsaufgabe läßt sich mit Hilfe von *ANFDECOD* leicht rekursiv lösen: Ist $c=\varepsilon$, so ist auch $x=\varepsilon$. Für $c\neq\varepsilon$ bestimmt man y und b. Ist x' die Decodierung von b, so ist dann $x=y\circ x'$. Diese Rekursion terminiert, denn nach Voraussetzung (über C) ist $C(y)\neq\varepsilon$ und somit $|b|<|c|$. Wir formulieren also:

```
function DECOD(cb:bintree char, c:sequ char) → sequ char
    pre c∈{'0','1'}*; cb ist Codebaum von C:A→{'0','1'}*;
        C erfüllt die Fano-Bedingung, und es gilt C(z)≠ε
        für alle z∈A; es ist C*(x)=c für ein x∈A
    result DECOD(cb,c) ist dasjenige x∈A* mit C*(x)=c
    body const r:paaryb = ANFDECOD(cb,c);
         if ISEMPTY(c) then EMPTY
         else PREFIX(PROJ1(r),DECOD(cb,PROJ2(r))) endif
endfunction
```

Eine Auswertung für $DECOD(cb_2,'10010')$ mit obigem cb_2 ergibt z.B.:

1) $ANFDECOD(cb_2,'10010')$

$$= ANFDECOD(RIGHT(cb_2),'0010')$$
$$= ANFDECOD(LEFT(RIGHT(cb_2)),'010')$$
$$= ('D','010').$$

2) $DECOD(cb_2,'10010')$

$\qquad = PROJ1('D','010') \circ DECOD(cb_2,PROJ2('D','010'))$

$\qquad = 'D' \circ DECOD(cb_2,'010').$

3) $ANFDECOD(cb_2,'010')$

$\qquad = ANFDECOD(LEFT(cb_2),'10')$

$\qquad = ANFDECOD(RIGHT(LEFT(cb_2)),'0')$

$\qquad = ANFDECOD(LEFT(RIGHT(LEFT(cb_2))),EMPTY)$

$\qquad = ('B',EMPTY).$

4) $DECOD(cb_2,'010')$

$\qquad = PROJ1('B',EMPTY) \circ DECOD(cb_2,PROJ2('B',EMPTY))$

$\qquad = 'B' \circ DECOD(cb_2,EMPTY)$

$\qquad = 'B' \circ EMPTY$

$\qquad = 'B'.$

5) Einsetzen von 4) in 2) ergibt: $DECOD(cb_2,'10010') = 'D' \circ 'B' = 'DB'.$

6 Methoden und Techniken der Algorithmenentwicklung

6.1 Schrittweise Verfeinerung

In den Kapiteln 3, 4 und 5 haben wir grundlegende Konzepte zur Darstellung von Daten und ihrer algorithmischen Verarbeitung vorgestellt. Die "Kunst der Programmierung" besteht in der methodisch sicheren Verwendung all dieser Konzepte. Kapitel 6 stellt einige methodische Grundsätze und Techniken vor, die eine disziplinierte Entwicklung von Algorithmen unterstützen. Im ersten Abschnitt befassen wir uns zunächst mit der Frage, wie man komplexe Aufgaben unter Zerlegung in Teilaufgaben in "kleinen Schritten" angehen kann.

Alle Algorithmen, die wir bisher betrachtet haben, sind verhältnismäßig einfach gewesen; ihre Entwicklung, also der Schritt

$$\text{Aufgabenstellung} \longrightarrow \text{Algorithmus}$$

konnte jeweils "in einem Zug" vollzogen werden. In komplexen Anwendungen liegt oft ein recht weiter, unüberschaubarer Weg zwischen Aufgabenstellung und algorithmischer Lösung. Methodische Leitfäden und formale Techniken können dem Entwickler helfen, diesen Weg systematisch und sicher zu bewältigen.

Bei aller Einfachheit unserer bisherigen Beispiele haben wir - induziert durch das Modulkonzept - eine wichtige Methode der Algorithmusentwicklung sogar schon durchgehend verfolgt: Der jeweilige eigentliche Algorithmus und die dabei auftretenden Daten sind in separaten Moduln "verpackt", die auf sehr "disziplinierte" Weise zusammenwirken. Betrachten wir als Beispiel den Syntaxanalyse-Algorithmus (Modul SYNTAXANALYSE) in Abschnitt 5.1. Als Daten treten dabei Zeichen, Zeichenreihen und Wahrheitswerte auf. Die Gesamtstruktur der beteiligten Moduln läßt sich anschaulich wie in der Abbildung auf der folgenden Seite darstellen.

Die Pfeile in dem Bild drücken die gegenseitigen Beziehungen des Zusammenwirkens aus. SYNTAXANALYSE "benutzt" CHAR, SEQUchar, BOOLEAN und SBOOLEAN, in der Vereinbarung von SYNTAXANALYSE festgehalten durch

uses CHAR,SEQUchar,BOOLEAN,SBOOLEAN

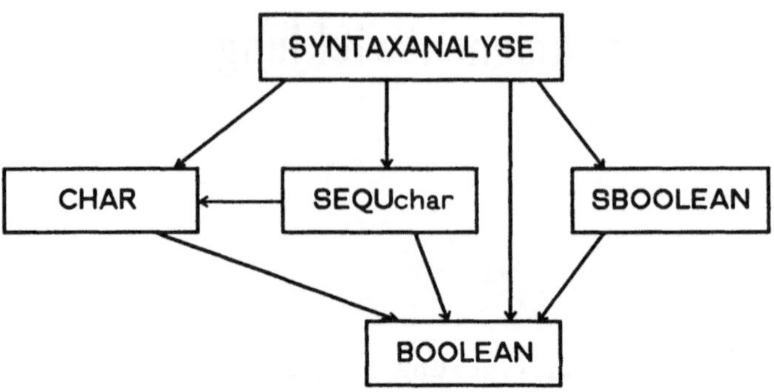

Modulstruktur des Syntaxanalyse-Algorithmus

Analoges gilt für die anderen Moduln. Die Benutzung eines Moduls M′
durch einen Modul M besteht darin, daß in M die in M′ definierten Operationen (und Objekte) verwendet werden können. Diese bilden die (**Modul-**)
Schnittstelle zwischen den Moduln.

Der methodische Effekt der "Abkapselung" der Daten (-Strukturen)
in Moduln ist, daß man sich bei der Entwicklung des Algorithmus um die
tatsächliche Realisierung (**Implementierung**) der Operationen der jeweiligen Schnittstelle nicht kümmern muß und sie nur gemäß ihrer Definition
verwendet. Gleiches gilt für das Zusammenspiel von Daten-Moduln untereinander, und es sollte klar sein, daß sich diese nützliche Methode
wegen der Einheitlichkeit des Modulkonzepts (für Daten *und* Algorithmen) auf die Strukturierung von Algorithmen selbst übertragen läßt: Auch
Algorithmen lassen sich in verschiedenen Moduln zusammenfassen, die
dann über Schnittstellen (Funktionen und Prozeduren) miteinander wirken.

Wir illustrieren diese Methode der **Modularisierung** (Zerlegung des
Gesamtkomplexes "Daten und Algorithmen" in Moduln und Festlegung
der Schnittstellen) anhand eines einfachen Beispiels. In einer Firma
sollen (durch ein Programm) Quittungen automatisch ausgestellt werden.
Eine Quittung habe etwa folgendes Aussehen:

Fma. L. Kaufgut   *18.3.1989*
Ladenstr. 17
2000 Hamburg

QUITTUNG

Wir bestätigen, von P. Schulze

    DM   218.37   (zweihundertachtzehn)

erhalten zu haben. Diese Quittung wurde maschinell erstellt
und trägt keine Unterschriften.

Die Aufgabenstellung lautet:

Bei Eingabe von Datum, Kundenname und Zahlungsbetrag soll eine Quittung in der angegebenen Form erstellt werden.

Die Datendarstellung ist recht naheliegend: Der Kundenname und der feststehende Quittungstext sind Zeichenreihen. Auch das Datum muß nur als Text eingefügt werden und sei als Zeichenreihe dargestellt. Der Zahlungsbetrag soll als real-Zahl eingegeben werden, die Wortdarstellung (im Beispiel 'zweihundertachtzehn') ist wieder eine Zeichenreihe. Die betreffenden Moduln sind

SEQUchar   (benutzt **CHAR** und **BOOLEAN**),
REAL   (benutzt **BOOLEAN**).

Die Erstellung der Quittung ist eine komplexe Aufgabe. In einer ersten Grobgliederung können wir etwa folgende Teilaufgaben ausmachen:

- Erzeugung der Wortdarstellung zum Zahlungsbetrag,
- Einsetzen der Eingaben und der erzeugten Wortdarstellung in den festen Quittungstext,
- Erstellung der endgültigen Fassung der Quittung gemäß gewünschtem Layout (bei langen Wortdarstellungen ist eventuell ein Zeilenumbruch erforderlich).

Darüber hinaus muß natürlich auch der eigentliche Ausdruck der Quittung (und die Eingabe der jeweiligen Parameter) organisiert werden. Diesen "Verkehr mit der Außenwelt" (etwa über Bildschirm und Drucker) haben wir bisher nie berücksichtigt, und wir wollen dies zunächst auch weiterhin nicht tun. Erst in Kapitel 8 werden wir darauf näher eingehen. Die einzelnen Teilaufgaben, die sicherlich selbst noch weiter zu untergliedern sein werden, könnten in einem einzigen Modul zusammengefaßt werden. Methodisch sinnvoller erscheint es hier, separate Moduln für einzelne oder mehrere "zusammenpassende" Aufgaben vorzusehen. Neben dem strukturierenden Effekt hat eine solche Aufteilung weitere Bedeutung: Nehmen wir an, die Firma möchte nach einiger Zeit ihre Quittungen in einem neuen Layout oder - für ausländische Kunden - in einer anderen Sprache drucken. Dazu sind dann einzelne Moduln zu ändern oder neue Moduln hinzuzufügen. Allgemein gilt: Eine durchdachte Modularisierung erhöht auch die Veränderbarkeit und Erweiterbarkeit (von Teilen) des Gesamtsystems.

Die Art der modularen Aufteilung kann allgemein nach recht unterschiedlichen Leitlinien durchgeführt werden, z.B.:

- Zusammenfassung von Algorithmen, die ein gewisses Teilproblem lösen (*problemorientierte* Modularisierung),
- Zusammenfassung von Algorithmen, die sich auf bestimmte Sorten oder einzelne Objekte beziehen (*datenorientierte* Modularisierung),

- Zusammenfassung von Algorithmen, die "verwandte" Aufgaben lösen (*funktionsorientierte* Modularisierung),
- Modularisierung unter Verwendung bereits vorhandener Moduln.

Die zu Beginn unserer Diskussion genannte Abkapselung von Datenstrukturen ist z.B. datenorientiert. Funktionsorientiert sind etwa Zusammenfassungen von speziellen statistischen Verfahren.

In unserem Beispiel können wir problemorientiert vorgehen und gemäß obiger Grobgliederung der Gesamtaufgabe eine erste Aufteilung in folgende Moduln festlegen:

WORTDARST: Erzeugung der Wortdarstellung zum Zahlungsbetrag,
TRENNEN: Grammatikalisch korrekte Trennung von Wortdarstellungen,
QUITTUNG: Einsetzen der Eingaben und Erstellung der endgültigen Fassung der Quittung.

Der Modul **TRENNEN** könnte dabei in allgemeinerem Rahmen bereits vorhanden sein.

Diese Aufteilung ergibt also folgende Strukturierung des Gesamtproblems:

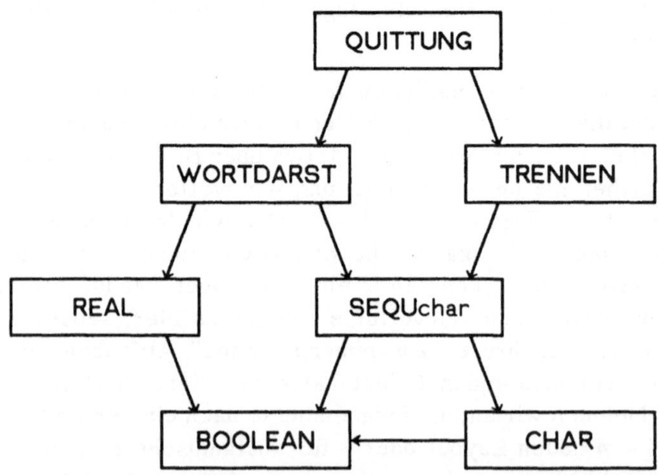

Die in dem Bild eingetragenen Pfeile beschreiben dabei zum Teil eher vermutete (und eventuell noch nicht alle) Beziehungen zwischen den beteiligten Moduln. Zu ihrer Präzisierung sind die Schnittstellen der bisher nur sehr vage angegebenen Moduln **WORTDARST, TRENNEN** und **QUITTUNG** festzulegen. Betrachten wir etwa den Modul **QUITTUNG**. Unsere Vorstellung ist, daß dieser die Quittung erstellt und dabei insbesondere die in **WORTDARST** durchgeführte Konvertierung des Zahlungsbetrags benutzt. Für die Schnittstellenfestlegung ist es - wie schon erwähnt - nicht nötig, daß die Konvertierung im Modul **WORTDARST** explizit "ausprogrammiert" wird. Es genügt die genaue Festlegung (*Spezifikation*) der Wirkungsweise. Die Spezifikation der Schnittstelle von WORTDARST läßt sich etwa wie folgt notieren:

```
function KONVERT(x:real)→sequchar
   pre x>0
   result KONVERT(x)=Wortdarstellung des DM-Anteils von x
         (Pfenniganteile werden nicht berücksichtigt)
endfunction
```

Damit wird festgelegt, daß die Konvertierung des Zahlungsbetrags durch eine Funktion *KONVERT* geleistet werden soll. Weiter wird die Funktionalität von *KONVERT* angegeben. Diese bestimmt die korrekte "Einpassung" der Funktion in andere Algorithmen und heißt *Funktions-Schnittstelle* (von *KONVERT*). (In analoger Sprechweise bildet die formale Parameterliste einer Prozedur deren *Prozedur-Schnittstelle*.) Darüber hinaus wird durch Angaben unter **pre** und **result** der Definitionsbereich und die Wirkung von *KONVERT* spezifiziert.

Es kann vorkommen, daß in einem späteren Entwicklungsschritt die Gesamtstruktur weiter verfeinert oder auch verändert wird (weitere Aufteilung eines Moduls in mehrere Moduln, Zusammenfassung bisher getrennter Moduln, Bestimmung zusätzlicher Schnittstellen u.ä.). Auch bereits festgelegte Schnittstellen können sich bei detaillierterer Betrachtung als ungünstig erweisen und sollten dann noch einmal geändert werden. In unserem Beispiel könnte sich etwa herausstellen, daß ein allgemeiner Modul zur Worttrennung nicht vorhanden oder für die vorliegende Situation ungeeignet ist. Wenn nur die in WORTDARST erzeugten Wortdarstellungen zu trennen sind, ist dazu allerdings auch kein allgemeiner Trennalgorithmus notwendig. Viel einfacher ist es in diesem Fall, bereits beim Aufbau der Wortdarstellung Stellen, an denen eine Trennung möglich ist, etwa durch ein eingefügtes Sonderzeichen ′#′ zu kennzeichnen. *KONVERT* sollte aus 218.37 also nicht (wie zunächst vorgesehen) ′zweihundertachtzehn′, sondern

′zwei#hun#dert#acht#zehn′

erzeugen. Die tatsächliche Trennung (und Entfernung der Sonderzeichen) könnte dann eventuell direkt in QUITTUNG erfolgen; der Modul TRENNEN könnte ganz entfallen.

Das hier beschriebene Grundprinzip, eine komplexe Aufgabe (eventuell in mehreren Schritten) immer weiter in Teilaufgaben zu zerlegen, bis diese so überschaubar geworden sind, daß man sie "direkt" angehen kann, heißt Methode der *schrittweisen Verfeinerung*.

Selbstverständlich bezieht sich diese Methode nicht nur auf die Aufteilung in verschiedene Moduln. Auch die als Modul-Schnittstellen festgelegten Funktionen und Prozeduren sind in aller Regel noch so komplex, daß sie in analoger Weise in weitere Teilalgorithmen zerlegt werden sollten. Zerlegungen dieser Art haben wir auch schon in einigen bisherigen Beispielen vorgenommen. Die eigentliche etwa vom Modul **SYNTAXANALYSE** von Abschnitt 5.1 zu erledigende Aufgabe ist durch die Funktion *DEZDARST* gegeben. Teilaufgaben von *DEZDARST* sind jedoch in andere Funktionen (*VORZEICHEN*, *ZIFFOLGE*) "ausgegliedert". *ZIFFOLGE* stützt sich noch auf eine weitere Funktion *ZIFFER*. Der durch **SYNTAXANALYSE** gegebene Algorithmus hat also eine durch folgendes Bild veranschaulichte Struktur:

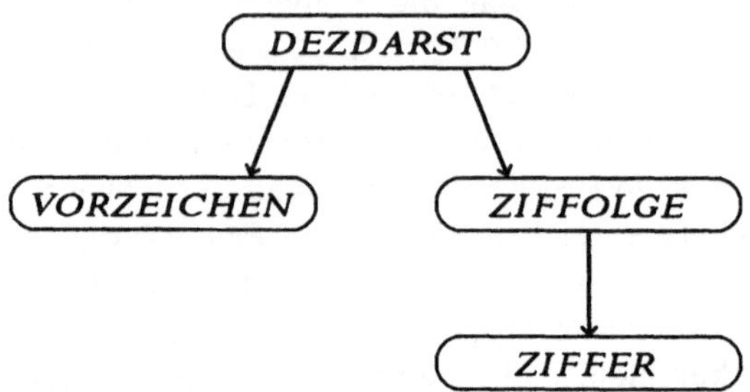

Die Pfeile drücken hier die Relation "stützt sich direkt auf" aus.

Wir haben diese Funktionen in Abschnitt 5.1 direkt ("in einem Zug") angegeben. In komplexeren Fällen ist auch bei solcher Aufgabenzerlegung schrittweises Vorgehen (mit eventuellen Umstrukturierungen und Korrekturen) angebracht. Wir skizzieren die typische Verfahrensweise anhand des Moduls **WORTDARST** von oben. Um die Diskussion etwas zu vereinfachen, nehmen wir an, daß der Zahlungsbetrag kleiner als 1 Million DM ist. Wir spezifizieren *KONVERT* noch einmal in der angestrebten Fassung:

```
function KONVERT(x:real)→sequ char
    pre 0<x<1000000
    result  KONVERT(x)=Wortdarstellung des DM-Anteils
                    von x mit eingefügten Zeichen '#'
                    an allen möglichen Trennstellen
endfunction
```

Schritt 1. Der Aufbau von *KONVERT* ist wie folgt: Zu x muß der DM-Anteil xdm bestimmt werden. xdm ist in Wortdarstellung y umzuwandeln. Ist $xdm=0$, so soll $y=EMPTY$ sein. Für $xdm\neq 0$ beobachtet man folgende Systematik: Die letzten drei Dezimalstellen von xdm sind gleich zu behandeln wie die ersten drei Stellen; an deren Wortdarstellung muß lediglich '#tau#send' angefügt werden, z.B. (ohne Trennzeichen '#'):

218218 ↦ 'zweihundertachtzehntausendzweihundertachtzehn'.

Es erscheint also sinnvoll, y aus den Wortdarstellungen für den Tausenderanteil und den Rest- (d.h. Hunderter-, Zehner-, Einer-) Anteil zusammenzusetzen. Sehen wir für die einzelnen Teilaufgaben jeweils eigene Funktionen vor, so läßt sich *KONVERT* demnach wie folgt formulieren:

```
    function KONVERT(x:real)→sequ char
       pre 0<x<1000000
       result Wortdarstellung von x
       body const xdm:nat = DMANTEIL(x);
            const yt,yr:sequ char = TAUSENDER(xdm), LETZTE3(xdm);
            if ISEMPTY(yt) ∨ ISEMPTY(yr) then yt∘yr
            else yt∘´#´∘yr endif
    endfunction
```

Die Funktionen, auf die sich *KONVERT* stützt, sind dabei wie folgt spezifiziert:

```
    function DMANTEIL(x:real)→nat
       pre 0<x<1000000
       result DMANTEIL(x) = ganzzahliger Anteil von x
    endfunction,
    function TAUSENDER(n:nat)→sequ char
       pre 0≤n<1000000
       result TAUSENDER(n) = Wortdarstellung des
                             Tausenderanteils von n
    endfunction,
    function LETZTE3(n:nat)→sequ char
       pre 0≤n<1000000
       result LETZTE3(n) = Wortdarstellung des durch die letzten
                           drei Ziffern von n gegebenen Anteils
    endfunction
```

Diese Spezifikationen legen die Funktionen für deren Gebrauch in *KONVERT* fest. In weiteren Entwicklungsschritten wird ihre Realisierung verfolgt.

Schritt 2. Wir betrachten zunächst die Funktion *DMANTEIL*. Für beliebige Zahlen $x \in$ real ist die Bestimmung des ganzzahligen Anteils von x mit den zur Verfügung stehenden Grundoperationen nicht ganz einfach. Wir nehmen nun (zur Vereinfachung) an, daß es für die Lösung der Gesamtaufgabe keine Einschränkung bedeutet, wenn wir zusätzlich voraussetzen, daß x (als Geldbetrag) nur höchstens 2 Stellen nach dem Dezimalpunkt hat. Wir verändern also die Schnittstelle von **WORTDARST** noch einmal und erweitern die Vorbedingung in *KONVERT* (und *DMANTEIL*) zu:

```
       pre 0<x<1000000
          und x hat höchstens 2 Stellen nach dem Dezimalpunkt
```

Mit der zusätzlichen Voraussetzung läßt sich *DMANTEIL* leicht angeben: Durch Multiplikation von x mit 100 "verschwindet" der Dezimalpunkt. Ganzzahlige Division durch 100 (nach Sortenanpassung durch *REALNAT*) liefert das gewünschte Ergebnis:

```
    function DMANTEIL(x:real)→nat
       pre 0<x<1000000
          und x hat höchstens 2 Stellen nach dem Dezimalpunkt
       result DMANTEIL(x) = ganzzahliger Anteil von x
```

```
    body (x*100)DIV100
    endfunction
```

($DMANTEIL$ ist in dieser Form so einfach, daß man den Rumpf nun auch direkt in die Konstantenvereinbarung von xdm in $KONVERT$ übernehmen könnte:

$$\textbf{const } xdm\text{:nat} = (x*100)DIV100$$

Dann wäre $DMANTEIL$ überflüssig.)

Als nächstes verfolgen wir die Funktionen $TAUSENDER$ und $LETZTE3$ weiter. Um die schon in Schritt 1 bemerkten Gemeinsamkeiten auszunutzen, muß man offenbar die Zahlenwerte der beiden betrachteten Teile der Dezimaldarstellung von n bestimmen. Diese aus höchstens drei Ziffern bestehenden beiden Zahlen sind umzuwandeln in Wortdarstellungen t (Tausenderanteil) und r (Restanteil). t ist (falls es nicht-leer ist) mit ´#tau#send´ zu konkatenieren. Ein kleiner Unterschied besteht allerdings doch zwischen t und r: Endet die entsprechende Zahl auf 1 (ohne Zehneranteil), so endet t auf ´ein´, r dagegen auf ´eins´, z.B. (ohne Trennzeichen):

$$1001 \mapsto \text{´eintausendeins´.}$$

Der Zahlenwert der vorderen drei Stellen von n ist bestimmt durch $nDIV1000$, derjenige der letzten drei Stellen durch $nMOD1000$. Die beiden Funktionen lassen sich demnach wie folgt angeben:

```
    function TAUSENDER(n:nat)→sequ char
       pre 0≤n<1000000
       result TAUSENDER(n)=Wortdarstellung des
                           Tausenderanteils von n
       body const t:nat = nDIV1000;
            if t=0 then EMPTY
            else DREISTELLIG(t)○´#tau#send´ endif
    endfunction,
    function LETZTE3(n:nat)→sequ char
       pre 0≤n<1000000
       result LETZTE3(n)=Wortdarstellung des durch die letzten
                         drei Ziffern von n gegebenen Anteils
       body const r:nat = nMOD1000;
            const endung:sequ char = if rMOD100=1 then ´s´
                                     else EMPTY endif;
            if r=0 then EMPTY else DREISTELLIG(r)○endung endif
    endfunction
```

mit

```
    function DREISTELLIG(k:nat)→sequ char
       pre 0<k≤999
       result DREISTELLIG(k)=Wortdarstellung von k
            (ohne die eventuell notwendige Endung ´s´)
    endfunction
```

Schritt 3. Die Wortdarstellung einer (höchstens) 3-stelligen Zahl läßt sich aus dem Hunderteranteil und dem durch die letzten zwei Ziffern gegebenen Anteil zusammensetzen:

```
function DREISTELLIG(k:nat) → sequ char
   pre 0<k≤999
   result DREISTELLIG(k) = Wortdarstellung von k
          (ohne die eventuell notwendige Endung 's')
   body const h,l:sequ char = HUNDERTER(k), LETZTE2(k);
        if ISEMPTY(h) ∨ ISEMPTY(l) then h∘l else h∘'#'∘l endif
endfunction
```

mit

```
function HUNDERTER(k:nat) → sequ char
   pre 0<k≤999
   result HUNDERTER(k) = Wortdarstellung des
                         Hunderteranteils von k
endfunction,
function LETZTE2(k:nat) → sequ char
   pre 0<k≤999
   result LETZTE2(k) = Wortdarstellung des durch die letzten
                       zwei Ziffern von k gegebenen Anteils
          (ohne die eventuell notwendige Endung 's')
endfunction
```

Schritt 4. Die in Schritt 3 spezifizierten Funktionen lassen sich wie folgt angeben:

```
function HUNDERTER(k:nat) → sequ char
   pre 0<k≤999
   result HUNDERTER(k) = Wortdarstellung des
                         Hunderteranteils von k
   body if k≥100 then EINER(k DIV 100)∘'#hun#dert'
        else EMPTY endif
endfunction,
function LETZTE2(k:nat) → sequ char
   pre 0<k≤999
   result LETZTE2(k) = Wortdarstellung des durch die letzten
                       zwei Ziffern von k gegebenen Anteils
          (ohne die eventuell notwendige Endung 's')
   body const m:nat = k MOD 100;
        const z,e:sequ char = ZEHNER(m), EINER(m MOD 10);
        if ISEMPTY(z) ∨ ISEMPTY(e) then e∘z
        else if m=11 then 'elf'
             ☐ m=12 then 'zwoelf'
             ☐ m=16 then 'sech#zehn'
             ☐ m=17 then 'sieb#zehn'
             else if m>10 ∧ m<20 then e∘'#'∘z
                  else e∘'#und#'∘z
                  endif
             endif
        endif
endfunction
```

mit

```
function EINER(n:nat)→sequ char
   pre 0≤n≤9
   result EINER(n) = Wortdarstellung von n
          (ohne die eventuell notwendige Endung 's')
endfunction,
function ZEHNER(m:nat)→sequ char
   pre 0≤m≤99
   result ZEHNER(m) = Anteil der Zehnerstelle von m
                an der Wortdarstellung von m
endfunction
```

Schritt 5. Realisierung der in Schritt 4 spezifizierten Funktionen:

```
function EINER(n:nat)→sequ char
   pre 0≤n≤9
   result EINER(n) = Wortdarstellung von n
          (ohne die eventuell notwendige Endung 's')
   body if n=0 then EMPTY
        [] n=1 then 'ein'
        [] n=2 then 'zwei'
        [] n=3 then 'drei'
        [] n=4 then 'vier'
        [] n=5 then 'fuenf'
        [] n=6 then 'sechs'
        [] n=7 then 'sie#ben'
        [] n=8 then 'acht'
        else 'neun' endif
endfunction,
function ZEHNER(m:nat)→sequ char
   pre 0≤m≤99
   result ZEHNER(m) = Anteil der Zehnerstelle von m
                an der Wortdarstellung von m
   body const s:nat = m DIV 10;
        if s=0 then EMPTY
        [] s=1 then 'zehn'
        [] s=2 then 'zwan#zig'
        [] s=3 then 'drei#ssig'
        [] s=4 then 'vier#zig'
        [] s=5 then 'fuenf#zig'
        [] s=6 then 'sech#zig'
        [] s=7 then 'sieb#zig'
        [] s=8 then 'acht#zig'
        else 'neun#zig' endif
endfunction
```

Durch schrittweise Verfeinerung haben wir damit den Gesamtalgorithmus zur Konvertierung des Zahlungsbetrags entwickelt. Die "Aufteilungs"-Struktur läßt sich wie in der Abbildung auf der folgenden Seite skizzieren.

Alle angegebenen Funktionen gehören zum Modul **WORTDARST**. Im Zusammenspiel dieses Moduls mit den anderen skizzierten Moduln des Beispiels unterscheiden sich die Funktionen allerdings: *KONVERT* bildet die Schnittstelle von **WORTDARST** und soll von anderen Moduln ver-

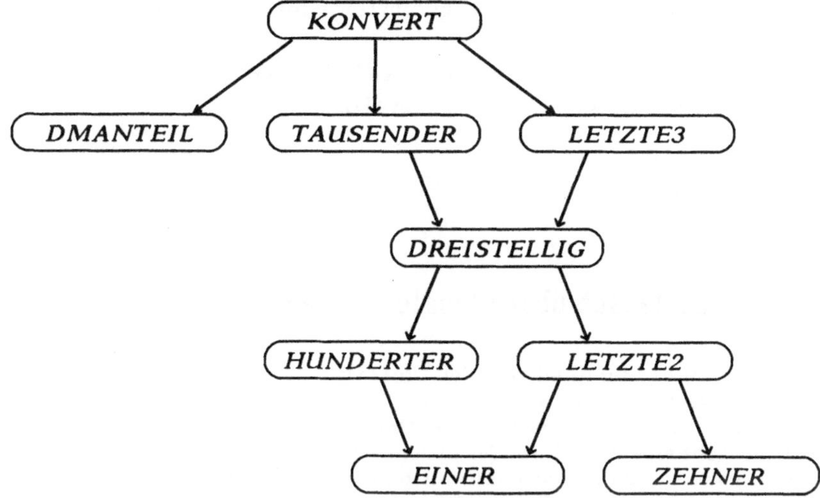

Struktur des Konvertierungs-Algorithmus

wendbar sein. Die übrigen Funktionen sind "Hilfs"-Funktionen zur Realisierung von *KONVERT*. Bei der Modularisierung ist es ein wichtiger methodischer Gesichtspunkt, daß diese Implementierung gerade nicht relevant ist. Konsequenterweise sollten die nicht zur Schnittstelle gehörigen Algorithmen daher "außerhalb" des Moduls auch nicht verwendet werden, besser: gar nicht verwendbar sein. Zur sprachlichen Verdeutlichung dieses methodischen Prinzips führen wir unter dem Schlüsselwort **interface** all jene Funktionen und Prozeduren eines Moduls M auf, die von einem anderen Modul, der M unter **uses** nennt, verwendet werden dürfen. Die übrigen Algorithmen von M sind "nach außen unsichtbar". (Um mit der bisherigen Handhabung konsistent zu bleiben, können wir festlegen, daß bei fehlender Angabe **interface**... die Schnittstelle alle Funktionen und Prozeduren des Moduls umfaßt.) Der Modul WORTDARST könnte demnach wie folgt beschrieben werden:

```
module WORTDARST
    interface KONVERT
    uses REAL,SEQUchar,NAT,BOOLEAN
    sorts real,sequ char,nat,boolean
    functions KONVERT,DMANTEIL,TAUSENDER,LETZTE3,
              DREISTELLIG,HUNDERTER,LETZTE2,EINER,
              ZEHNER
    defined by
        ⋮

endmodule
```

Unter **defined by** sind die oben ausgeführten Funktionsvereinbarungen anzugeben.

Die notwendige Erweiterung der AKS-Syntax sei hier unterlassen. Sie ist leicht vom Leser selbst nachzuvollziehen.

6.2   Datenaustausch über globale Größen

In diesem Abschnitt führen wir mit der Unterordnung von Algorithmen ein neues Konzept ein, das zum einen eine weitere - hierarchische - Art der Algorithmus-Strukturierung liefert, zum anderen die "Unterdrückung" von Parametern ermöglicht. Damit geht eine neue Form des Datenaustauschs zwischen Algorithmen einher, die in gewissen Situationen sinnvoll sein kann, wegen erhöhter Fehleranfälligkeit allerdings nur mit großer Sorgfalt verwendet werden sollte.

Das im vorigen Abschnitt zuletzt beschriebene "Verbergen" von (Hilfs-) Algorithmen "nach außen" ist nicht auf das Zusammenwirken von Moduln beschränkt. Ein anderes Konzept (***Unterordnung*** von Algorithmen) ermöglicht es, Teilalgorithmen auch *innerhalb* von Algorithmen zu "verstecken". Syntaktisch bedeutet dies, daß Funktionen und Prozeduren innerhalb (d.h. im Rumpf) anderer Funktionen und Prozeduren vereinbart werden dürfen.

Ein einfaches Beispiel für die Verwendung dieses Konzepts bilden die beiden Algorithmen *ENTHALTEN2* und *ENTHALLG* aus Abschnitt 5.3, die wir noch einmal notieren:

```
function ENTHALTEN2(x:array σ,a:σ)→boolean
    result ENTHALTEN2(x,a) ⇔ a ist in x enthalten
    body ENTHALLG(x,1,a)
endfunction,
function ENTHALLG(x:array σ,m:nat,a:σ)→boolean
    pre 1≤m≤UPB(x)+1
    result ENTHALLG(x,m,a) ⇔ a ist in (x_m,...,x_UPB(x)) enthalten
    body if m=UPB(x)+1 then FALSE
         else PROJ(x,m)=a ∨ ENTHALLG(x,m+1,a) endif
endfunction
```

ENTHALTEN2 ist der eigentliche Suchalgorithmus; *ENTHALLG* ist eine im Zuge der Einbettung zur rekursiven Formulierung des Suchens definierte Hilfsfunktion und kann nun auch der "Hauptfunktion" *ENTHALTEN2* untergeordnet werden:

```
function ENTHALTEN2(x:array σ,a:σ)→boolean
    result ENTHALTEN2(x,a) ⇔ a ist in x enthalten
```

```
        body function ENTHALLG(x:array σ, m:nat, a:σ)→boolean
              pre 1≤m≤UPB(x)+1
              result ENTHALLG(x,m,a) ⇔ a ist in (x_m,...,x_{UPB(x)})
                                        enthalten
              body if m=UPB(x)+1 then FALSE
                    else PROJ(x,m)=a ∨ ENTHALLG(x,m+1,a) endif
        endfunction;
        ENTHALLG(x,1,a)
  endfunction
```

Die Unterordnung von Funktionen und Prozeduren stellt ein weiteres
Strukturierungsprinzip für komplexe Algorithmen dar: die **hierarchische**
Untergliederung von Teilaufgaben. Darüber hinaus ermöglicht sie eine
neue Art des Datenaustauschs zwischen Algorithmen, die in gewissen Situationen sinnvoll angewendet werden kann. Gemäß den bisherigen Konzepten tauscht eine Funktion (oder Prozedur) *F1*, die eine Funktion (oder
Prozedur) *F2* aufruft, mit dieser Daten "über die Schnittstelle von *F2*"
aus: Die von *F2* zu verarbeitenden Daten werden als aktuelle Eingabe-
oder Transientparameter übergeben. Das Resultat der Verarbeitung von
F2 wird als Funktionsergebnis bzw. über Ausgabe- oder Transientparameter an *F1* zurückgeliefert. Dieses Konzept des Datenaustauschs zwischen Algorithmen ist wegen der präzisen Lokalisierung auf die jeweiligen Schnittstellen sehr disziplinierend, kann jedoch bei langen Parameterlisten manchmal unhandlich werden. Hinzu kommt, daß die Organisation der Parameterübergabe bei der maschinellen Realisierung von Algorithmen nicht immer einfach (d.h. effizient) durchführbar ist.

Betrachten wir zur Illustration das Zusammenwirken der beiden
Funktionen *ENTHALTEN2* und *ENTHALLG* (in beiden der oben angegebenen Fassungen). Die Parameterliste von *ENTHALLG* ist zwar leicht
überschaubar, der Effizienzaspekt spielt hier jedoch bereits eine Rolle:
Beim Aufruf von *ENTHALLG* in *ENTHALTEN2* wird insbesondere die
Reihung *x* übergeben. In den rekursiven Aufrufen von *ENTHALLG* wird *x*
dann an weitere Inkarnationen von *ENTHALLG* übergeben. *x* ist ein komplexes Objekt, und auch ohne Detailkenntnisse kann man sich vorstellen,
daß die maschinelle Realisierung der Übergaben einigen Aufwand erzeugt: Die Bestimmung des Wertes von *x* und seine Übertragung ist allein wegen des "Umfanges" von *x* aufwendig.

In der Fassung, in der *ENTHALLG* der Funktion *ENTHALTEN2* untergeordnet ist, kann der Datenaustausch auch anders organisiert werden:
Die Reihung *x* aus der formalen Parameterliste von *ENTHALTEN2*, die
in allen Inkarnationen von *ENTHALLG* untersucht wird, ist überall innerhalb von *ENTHALTEN2* zugänglich. Dieses Prinzip können wir jetzt dahingehend verstehen, daß *x* nicht mehr als Parameter an *ENTHALLG*
übergeben werden muß, sondern (da *ENTHALLG* innerhalb von
ENTHALTEN2 liegt) direkt verwendet werden kann. Gleiches gilt im übrigen auch für den Parameter *a* von *ENTHALTEN2*. Die beiden entspre-

chenden formalen Parameter in *ENTHALLG* - ebenfalls mit x und a bezeichnet - werden dadurch überflüssig, und wir können folgende neue Fassung des Suchalgorithmus formulieren:

```
function ENTHALTEN4(x:array σ,a:σ)→boolean
    result ENTHALTEN4(x,a) ⇔ a ist in x enthalten
    body function ENTHALLGUNT(m:nat)→boolean
            pre 1≤m≤UPB(x)+1
            result ENTHALLGUNT(m) ⇔ a ist in (x_m,...,x_UPB(x))
                            enthalten
            body if m=UPB(x)+1 then FALSE
                    else PROJ(x,m)=a ∨ ENTHALLGUNT(m+1) endif
        endfunction;
        ENTHALLGUNT(1)
endfunction
```

Die in *ENTHALLGUNT* verwendeten Größen x und a sind nicht (mehr) in *ENTHALLGUNT* selbst definiert, sondern die in der übergeordneten Funktion *ENTHALTEN4* gegebenen Parameter x und a. Sie sind ("von *ENTHALLGUNT* aus gesehen") **globale** Größen. Parameter, Konstanten und Variablen, die in einer Funktion (Prozedur) definiert sind (wie hier m in *ENTHALLGUNT*), heißen demgegenüber **lokal**.

Der Datenaustausch über globale Größen ist nicht auf Eingabeparameter beschränkt. Wir geben ein weiteres Beispiel. In Abschnitt 5.3 haben wir den Algorithmus *LINSORT1* mit den beiden Hilfs-Prozeduren *EINSORT2* und *TAUSCH* formuliert. Bei Unterordnung von *TAUSCH* in *EINSORT2* und von *EINSORT2* in *LINSORT1* kann die Verwendung des jeweiligen Transientparameters x von *EINSORT2* und *TAUSCH* vermieden werden:

```
procedure LINSORT2(trans x:array σ)
    result Sortieren von x
    body procedure EINSORT2UNT(k:nat)
            pre x ist bis zur Indexstelle k-1 sortiert; 1≤k≤UPB(x)
            result Einsortieren von x_k in (x_1,...,x_{k-1})
            body procedure TAUSCHUNT(i,j:nat)
                    pre 1≤i,j≤UPB(x)
                    result Vertauschung von x_i und x_j in x
                    body x := ALT(ALT(x,i,PROJ(x,j)),j,PROJ(x,i))
                endprocedure;
                if k≠1 ∧ PROJ(x,k) < PROJ(x,k-1)
                then TAUSCHUNT(k-1,k);
                    EINSORT2UNT(k-1)
                endif
        endprocedure;
        for i from 2 to UPB(x) do EINSORT2UNT(i) enddo
endprocedure
```

Man beachte, daß *TAUSCHUNT* den globalen Parameter x aus *LINSORT2* "über *EINSORT2UNT* hinweg" verwendet. Eine Vereinfachung könnte man hier noch erreichen, wenn man berücksichtigt, daß die Vertauschung von Komponenten von x nicht so allgemein gebraucht wird, wie sie in *TAUSCHUNT* (und *TAUSCH*) formuliert ist: Es werden ja immer nur x_{k-1} und x_k vertauscht. Wir können in *TAUSCHUNT* also $k-1$ statt i und k statt j verwenden. Dieses k ist der Parameter der übergeordneten Prozedur *EINSORT2UNT* und kann in *TAUSCHUNT* daher als globale Größe benutzt werden. Statt *TAUSCHUNT* könnte man also im Rumpf von *EINSORT2UNT* eine parameterlose Prozedur verwenden:

> **procedure** *TAUSCH1UNT*
>   **result** Vertauschung von x_{k-1} und x_k in x
>   **body** $x := ALT(ALT(x,k-1,PROJ(x,k)),k,PROJ(x,k-1))$
> **endprocedure**

Die anschließende bedingte Anweisung hätte dann die Gestalt

$$\textbf{if} \ldots \textbf{then} \; TAUSCH1UNT; \; EINSORT2UNT(k\text{-}1) \; \textbf{endif}$$

(Natürlich könnte man statt dem Aufruf von *TAUSCH1UNT* auch direkt die Zuweisung im Rumpf dieser Prozedur verwenden.)

Wir fassen allgemein zusammen: Im Vereinbarungsteil von Funktionen und Prozeduren dürfen (in Erweiterung der bisherigen Konzepte) selbst wieder Funktionen und Prozeduren vereinbart werden. (Wir unterlassen auch hier die formale Ergänzung der Syntaxregeln.) Die Unterordnung von Teilalgorithmen unter einen Algorithmus F macht Sinn, wenn diese nur von F allein benötigt werden. Die untergeordneten Funktionen und Prozeduren dürfen Größen aus F "direkt" verwenden, und wie alle in F vereinbarten Größen sind sie selbst außerhalb von F nicht zugänglich. Die hierarchische "Struktur" (also die Art der Untergliederung) heißt *Blockstruktur* der beteiligten Funktionen und Prozeduren, die in diesem Zusammenhang auch *Blöcke* genannt werden. Die Blockstruktur der Prozeduren im letzten Beispiel läßt sich etwa so skizzieren:

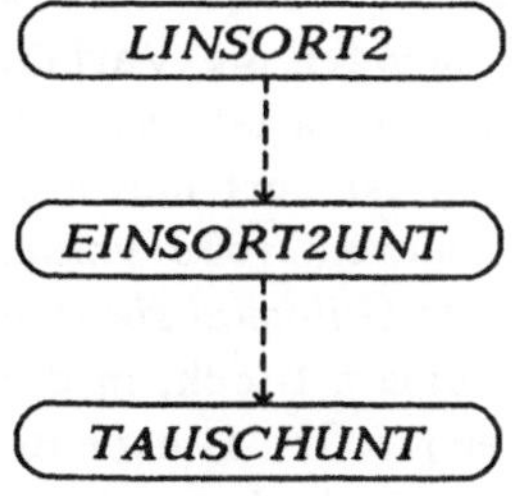

(Zur Unterscheidung von der Relation "stützt sich direkt auf" haben wir hier gestrichelte Pfeile verwendet.)

Die Möglichkeit der Unterordnung von Blöcken wirft die Frage nach der Bedeutung von verschiedenartig verwendeten Bezeichnungen auf. In "nebeneinander existierenden" Algorithmen haben wir problemlos gleiche

Identifikatoren zur Bezeichnung von (gegenseitig nicht zugänglichen) lokalen Größen wählen können. In

```
function F(x:...) → ...
    body var y:...;
         ⋮
         y := ...;
         ⋮
endfunction,
procedure P(trans y:...)
    body
         ⋮
         y := ...;
         ⋮
endprocedure
```

etwa sind in F eine Variable und in P ein Transientparameter mit y bezeichnet, ohne daß dabei irgendwelche Konflikte auftreten. Bei einer Unterordnung von P unter F:

```
function F(x:...) → ...
    body var y:...;
         procedure P(trans y:...)
             body
                  ⋮
                  y := ...;   (* 1 *)
                  ⋮
         endprocedure;
         ⋮
         y := ...;    (* 2 *)
         ⋮
endfunction
```

bezeichnet y an verschiedenen Stellen innerhalb von F dementsprechend verschiedene Größen: An der Stelle (* 1 *) ist y der Transientparameter von P, an der Stelle (* 2 *) dagegen die Variable von F. Diese ist - im Gegensatz zum Parameter x - innerhalb von P nicht als globale Größe zugänglich; ihre Bezeichnung y ist dort durch die Verwendung der gleichen Bezeichnung für eine andere Größe **verschattet**. Formal wird dies präzisiert durch den Begriff des *Gültigkeitsbereichs* einer Größenbezeichnung. Das ist der Bereich in einem Block, in dem die betreffende Größe unter der Bezeichnung verwendbar ist. Dieser Bereich ist für formale Parameter-, Konstanten- und Variablenbezeichnungen der Block B, in dem die Größe vereinbart ist, abzüglich aller Blöcke, die in B enthalten sind und in denen eine Größe mit gleicher Bezeichnung vereinbart ist. Die schon in Abschnitt 4.5 bemerkte Sonderrolle von Zählern in Wiederholungsanweisungen läßt sich hier ebenfalls präzisieren: Der Gültigkeitsbereich einer Zählerbezeichnung ist die Schleife, in der der Zähler verwendet wird. Dabei nehmen wir (wie bisher) an, daß die Bezeichnung weder außerhalb der Schleife für andere Größen noch in einer in der Schleife geschachtelten weiteren Schleife für einen anderen Zähler verwendet wird. Wollte man dies zulassen, müßte man die Definition ein wenig verfeinern.

Der Datenaustausch über globale Größen statt über Parameter kann bei unübersichtlich werdenden Parameterlisten und bei komplexen Daten vorteilhaft sein. Die "Programmierung mit globalen Größen" hat allerdings auch Nachteile: Die Schnittstellen zwischen Algorithmen werden verwischt, und der sorglose Umgang mit diesem Konzept kann selbst in einfachen Situationen zu nicht leicht erkennbaren Fehlern führen. "Harmlos" sind am ehesten Anwendungen, in denen die globalen Größen nicht verändert werden, insbesondere also die Verwendung globaler Eingabeparameter wie im ersten Beispiel dieses Abschnitts. Veränderungen globaler Größen (*Seiteneffekte*) in einem untergeordneten Block (wie im zweiten Beispiel) sollten nur mit großer Sorgfalt gehandhabt werden. Jeder Aufruf des untergeordneten Blocks ändert dann auf leicht unüberschaubar werdende Weise Größen im aufrufenden Block.

Die hier eingeführten neuen Konzepte erfordern auch eine Erweiterung bzw. Modifikation der bisherigen semantischen Festlegungen (etwa über Funktions- und Prozeduraufrufe). Ebenso wie die syntaktischen Erweiterungen führen wir diese jedoch nicht explizit aus. Wir vertrauen vielmehr darauf, daß der Leser anhand der bisherigen formalen Grundlegungen der algorithmischen Konzepte ein präzises Verständnis auch für Konzepterweiterungen erworben hat oder - falls er dieses Verständnis formal absichern will - die notwendigen Definitionen selbst vollziehen kann.

Das Prinzip des Datenaustauschs über globale Größen kann noch in einer weiteren Form im Zusammenhang mit der (datenorientierten) Modularisierung von Algorithmen angewendet werden. Betrachten wir als Beispiel die Funktion *SPIEGELN1* aus Abschnitt 5.2:

```
function SPIEGELN1(x: queue char) → queue char
   result Spiegeln von x
   body var xvar, erg: queue char;
        var s: stack char;
        xvar, s := x, EMPTY;
        while ¬ISEMPTY(xvar) do
          s, xvar := PUSH(HEAD(xvar), s), TAIL(xvar)
        enddo;
        erg := EMPTY;
        while ¬ISEMPTY(s) do
          erg, s := APPEND(TOP(s), erg), POP(s)
        enddo;
        erg
   endfunction
```

Dieser Algorithmus enthält die Variable s als "Hilfszettel" zum "Umladen" der Komponenten von x. Nach der Initialisierung von s mit *EMPTY* werden an s folgende Veränderungen durchgeführt:

$s := PUSH(...,s)$ (Hinzufügen eines Objekts zum Stapel),
$s := POP(s)$ (Entfernen eines Objekts aus dem Stapel).

(Außerdem werden die Grundoperationen *TOP* und *ISEMPTY* benutzt.) Die drei genannten "Manipulationen" an s formulieren wir als Prozeduren:

```
procedure CREATES(out s:stack char)
   body s := EMPTY
endprocedure,
procedure PUSHS(x:char, trans s:stack char)
   body s := PUSH(x,s)
endprocedure,
procedure POPS(trans s:stack char)
   body s := POP(s)
endprocedure
```

Diese Prozeduren können in einem eigenen Modul zusammengefaßt werden. *SPIEGELN1* benutzt diesen Modul, und der Datenaustausch bei Aufrufen der Prozeduren geschieht über deren Ausgabe- bzw. Transientparameter, für die jeweils die Variable s als aktueller Parameter eingesetzt wird. Darüber hinaus erlauben wir nun auch noch, s selbst in dem Modul (als eine für die Prozeduren globale Variable) unterzubringen. Dies ist zum einen konsequent im Sinne der datenorientierten Modularisierung und ergibt zum anderen die Möglichkeit, die genannten Parameter zu vermeiden und s jeweils direkt zu verwenden. (Trotz der dann auftretenden Seiteneffekte kann dieses Vorgehen wegen der deutlichen "Zusammenbindung" von s mit den Prozeduren im Modul als eher "gefahrlos" angesehen werden.) Wir notieren den Modul wie folgt:

```
module KELLERchar
   interface ISEMPTYS,TOPS,CREATES,PUSHS,POPS
   uses STACKchar,CHAR,BOOLEAN
   sorts stack char,char,boolean
   variables s
   functions ISEMPTYS,TOPS
   procedures CREATES,PUSHS,POPS
   defined by
      var s:stack char,
      function ISEMPTYS: →boolean
         body ISEMPTY(s)
      endfunction,
      function TOPS: →char
         body TOP(s)
      endfunction,
      procedure CREATES
         body s := EMPTY
      endprocedure,
```

```
        procedure PUSHS(x:char)
           body s := PUSH(x,s)
        endprocedure,
        procedure POPS
           body s := POP(s)
        endprocedure
endmodule
```

Der Vollständigkeit halber haben wir dabei noch die von *SPIEGELN1* ebenfalls benötigten Operationen *ISEMPTY* und *TOP* (jetzt als parameterlose Funktionen *ISEMPTYS* und *TOPS*) hinzugenommen. Die Variable s ist unter dem Schlüsselwort **variables** aufgeführt und unter **defined by** in üblicher Weise vereinbart. *SPIEGELN1* läßt sich unter Verwendung von KELLERchar wie folgt angeben:

```
function SPIEGELN2(x:queue char)→queue char
   result Spiegeln von x
   body var xvar,erg:queue char;
        xvar := x;
        CREATES;
        while ¬ISEMPTY(xvar) do
          PUSHS(HEAD(xvar));
          xvar := TAIL(xvar)
        enddo;
        erg := EMPTY;
        while ¬ISEMPTYS do
          erg := APPEND(TOPS,erg);
          POPS
        enddo;
        erg
endfunction
```

Ebenso wie KELLERchar kann man Moduln KELLERσ für beliebige andere Sorten σ definieren. (Man ersetze überall in KELLERchar char durch σ.) Solche Moduln heißen **Keller**. Eine typische Anwendung von Kellern werden wir in Abschnitt 6.5 kennenlernen.

Allgemein erlauben wir also nun, in einem Modul Sorten, Funktionen, Prozeduren und (eine oder mehrere) Variablen zusammenzufassen. Die Variablen werden unter **variables** aufgelistet und unter **defined by** vereinbart. Die Gültigkeitsbereiche ihrer Bezeichnungen sind durch die weiter oben getroffene Festlegung bestimmt, wenn wir nun (außer Funktionen und Prozeduren) auch Moduln einheitlich Blöcke nennen: Der Gültigkeitsbereich einer im Modul M vereinbarten Variablenbezeichnung ist M abzüglich aller Funktionen und Prozeduren von M, in denen eine Größe mit gleicher Bezeichnung vereinbart ist. Die notwendigen Erweiterungen der formalen AKS-Definitionen überlassen wir wieder dem Leser.

6.3 Rekursion und Iteration als Entwurfskonzepte

In den Abschnitten 6.1 und 6.2 haben wir einige Methoden und Techniken zur Strukturierung komplexer Aufgaben und ihrer algorithmischen Lösungen besprochen. In den folgenden drei Abschnitten wenden wir uns nun wieder einzelnen, "überschaubaren" (Teil-) Aufgaben zu und diskutieren die beiden wesentlichen Ansatzmöglichkeiten zu deren Lösung: Rekursion und Iteration. In Abschnitt 6.3 fassen wir zunächst die schon an vielen bisherigen Stellen mitgeführte Diskussion über die Eignung dieser beiden Konzepte für den Entwurf von Algorithmen zusammen.

Eine der grundlegenden Entwurfsentscheidungen bei der Konzipierung eines (Teil-) Algorithmus betrifft die Frage, ob man die gestellte Aufgabe rekursiv oder iterativ angehen soll. (Nur in wenigen Fällen kommt man ganz ohne diese algorithmischen Konzepte aus.) Wir haben die Verwendung von Rekursion und Iteration bereits an zahlreichen Beispielen illustriert und haben auch schon immer wieder Bemerkungen über die Eignung der einen oder der anderen Vorgehensweise gemacht. (Dabei haben wir auch Beispiele kennengelernt, in denen Rekursion und Iteration im wesentlichen "gleich gut" geeignet waren.) Wir fassen die methodischen "Hintergründe" der beiden Ansätze jetzt noch einmal zu einem Gesamtbild zusammen, besprechen einige zusätzliche Aspekte und geben weitere Beispiele.

Die Eignung rekursiver Lösungsansätze ist am unmittelbarsten gegeben, wenn die Aufgabenstellung bereits rekursiv definiert ist. Das Standardbeispiel hierfür ist die Berechnung der Fakultät $n!$ für $n \in \mathbb{N}_0$. Der rekursive Algorithmus hierfür ist direkt durch die rekursive Definition von $n!$ gegeben.

Eine rekursive Formulierung der Aufgabenstellung ist in der Praxis allerdings sehr selten. Aus nicht-rekursiven Formulierungen lassen sich rekursive Fassungen (oder gleich rekursive Algorithmen) häufig dann in naheliegender Weise entwickeln, wenn die zu verarbeitenden Daten als induktiv definierte Daten(strukturen) (natürliche Zahlen, Sequenzen, Binärbäume) modellierbar sind. Die "Umwandlung" der nicht-rekursiven Aufgabenstellung in eine rekursive Lösung folgt dabei recht formalen (mathematischen) Argumenten, die gegebenenfalls in einer formalen Verifikation des Algorithmus festgehalten werden können. Die meisten der bisher angeführten rekursiven Algorithmen waren von dieser Art; wir geben lediglich ein weiteres einfaches Beispiel zur Verdeutlichung. Die Aufgabe sei:

Es ist zu bestimmen, wie oft der Buchstabe ´e´ in einem gegebenen Text vorkommt.

Zur Lösung dieser Aufgabe ist - formaler ausgedrückt - eine Abbildung
ANZE zu berechnen, die man etwa wie folgt (nicht-rekursiv) definieren
würde ($x = x_1 ... x_n$):

$$ANZE(x) = \text{Anzahl der } i, 1 \le i \le n, \text{ mit } x_i = {}'e'.$$

Stellt man x als Sequenz über Zeichen dar, so ist $x = EMPTY$, oder x hat
die Gestalt

$$FIRST(x) \circ REST(x).$$

Der hierdurch induzierte induktive Aufbau von x führt direkt zu einer rekursiven Definition von *ANZE*:

$$ANZE(x) = \begin{cases} 0, & \text{falls } x = EMPTY, \\ ANZE(REST(x)), & \text{falls } FIRST(x) \neq {}'e', \\ ANZE(REST(x)) + 1, & \text{falls } FIRST(x) = {}'e', \end{cases} \Biggr\} \text{ falls } x \neq EMPTY$$

oder zu dem rekursiven Algorithmus

```
function ANZE(x: sequ char) → nat
    result ANZE(x) = Anzahl der i, 1≤i≤n, mit x_i = 'e'
    body if ISEMPTY(x) then 0
        [] ¬ISEMPTY(x) ⊗ FIRST(x) ≠ 'e' then ANZE(REST(x))
        else ANZE(REST(x)) + 1 endif
endfunction
```

Die Gleichwertigkeit der beiden Abbildungsdefinitionen (bzw. die Korrektheit der Funktion) ist mathematisch leicht nachzuvollziehen.

Rekursive Lösungsansätze sind jedoch nicht beschränkt auf Fälle, in
denen induktiv definierte Datenbereiche "direkt" zugrunde liegen. Ein
Beispiel ist folgende Aufgabe:

Gegeben seien eine Funktion H, die eine "stetige" (keine "Sprünge"
machende) Abbildung $h: \mathbb{R} \to \mathbb{R}$ realisiert, sowie $a, b, eps \in \mathbb{R}$ mit $a < b$, $h(a) < 0$,
$h(b) > 0$ und $eps > 0$. h besitzt (mindestens) eine **Nullstelle** zwischen a und
b, d.h. es gibt ein $x_0 \in \mathbb{R}$ mit $a < x_0 < b$ und $h(x_0) = 0$, im Bild:

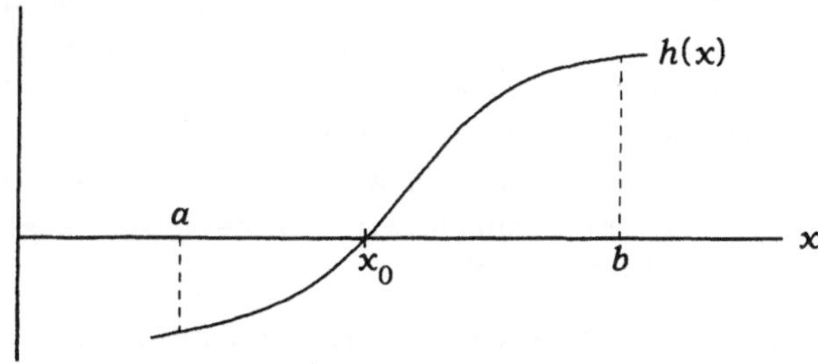

Gesucht ist eine "näherungsweise Nullstelle" x_0 zwischen a und b "bis
auf *eps* genau", d.h. ein $\overline{x}_0 \in \mathbb{R}$ mit $|\overline{x}_0 - x_0| < eps$.

$\overline{x}_0$ kann "durch Bisektion" gefunden werden: Sei $c = \dfrac{a+b}{2}$ (d.h. c halbiert das Intervall von a bis b). Ist $b-a<2\cdot eps$, so kann $\overline{x}_0 = c$ gewählt werden. Andernfalls bestimmt man $\overline{x}_0$ wie folgt:

$$\overline{x}_0 = \begin{cases} \text{näherungsweise Nullstelle zwischen } a \text{ und } c, & \text{falls } h(c)>0, \\ \text{näherungsweise Nullstelle zwischen } c \text{ und } b, & \text{falls } h(c)<0, \\ c, & \text{falls } h(c)=0. \end{cases}$$

Formal können wir diesen Ansatz als rekursive Funktion fassen:

```
function NULLSTELLE(a,b,eps:real)→real
    pre a<b, H(a)<0, H(b)>0, eps>0
    result Näherungsweise Nullstelle von H
    body const c:real = (a+b)/2;
            if b-a < 2*eps then c
            else if H(c)>0 then NULLSTELLE(a,c,eps)
                 ▯ H(c)<0 then NULLSTELLE(c,b,eps)
                 else c endif
            endif
endfunction
```

Die Rekursion verläuft hier sozusagen nach der Länge l des jeweils betrachteten Intervalls, in dem nach der Nullstelle gesucht wird. Intuitiv ist klar, daß die Rekursion terminiert (und ein korrektes Ergebnis liefert), auch wenn l keiner induktiv definierten Datenmenge angehört. (Es ist $l\in$real.) Für einen formalen Induktionsbeweis müßte man erst eine andere geeignete Größe finden, nach der die Induktion geführt werden kann. Zu den Intervallgrenzen a und b gibt es eine kleinste Zahl $k\in$N, so daß $0<b-a<k\cdot eps$ gilt. Nach diesem k könnte z.B. die formale Induktion durchgeführt werden, denn durch jede Intervallhalbierung wird k offenbar kleiner.

Die Größe, nach der die Rekursion (formal) verläuft, ist in diesem Beispiel also nicht von vornherein durch die Aufgabenstellung gegeben (oder zumindest nahegelegt) und kommt sogar im Algorithmus selbst nicht vor. Bei der Technik der Einbettung, die wir bereits in dem Beispiel *ENTHALTEN2* in Abschnitt 5.3 angewendet haben, ist eine ähnliche Situation zu beobachten: Die gestellte Aufgabe selbst ist nicht rekursiv angehbar; eine allgemeinere Aufgabe kann "leicht" rekursiv lösbar sein, wenn in dieser eine zusätzliche Abhängigkeit von einer Größe eingebracht ist, die die Rekursion ermöglicht. Ein weiteres Beispiel für die Anwendung dieser Technik ist der Primzahltest: Für $n\in$N$_0$ soll bestimmt werden, ob n eine Primzahl ist, d.h. ob gilt:

(∗) $n\geq 2$ und n ist durch keine Zahl $i\in$N mit $2\leq i<n$ teilbar.

Für den Test "n ist durch keine Zahl i mit $2\leq i<n$ teilbar" von (∗) ist keine rekursive Fassung ersichtlich. Die allgemeinere Aufgabe

$$\text{"Bestimmung, ob } n \text{ durch keine Zahl } i \in \mathbb{N}$$
$$\text{mit } m \leq i < n \ (2 \leq m \leq n) \text{ teilbar ist"}$$

läßt sich dagegen leicht rekursiv lösen:

```
function KEINETEILER(m,n:nat)→boolean
  pre 2≤m≤n
  result KEINETEILER(m,n) ⟺ n ist durch kein i∈ℕ
                            mit m≤i<n teilbar
  body if m=n then TRUE
       else n MOD m ≠ 0 ∧ KEINETEILER(m+1,n) endif
endfunction
```

Der Parameter n in (∗) ermöglicht noch keine Rekursion. Erst die Einführung des weiteren Parameters m statt des festen Wertes 2 in (∗) ermöglicht eine Rekursion nach $n-m$. Der Primzahltest läßt sich dann durch Aufruf von *KEINETEILER* mit $m=2$ realisieren:

```
function PRIM(n:nat)→boolean
  result PRIM(n) ⟺ n ist Primzahl
  body n≥2 Ⓐ KEINETEILER(2,n)
endfunction
```

Wir illustrieren die Methode der Einbettung noch an einem komplizierteren Beispiel. Die "Türme von Hanoi" sind ein Spiel mit $n \geq 1$ Spielsteinen paarweise unterschiedlicher Größe. Diese Steine sind der Größe nach zu einem Turm t aufgeschichtet, der oberste Stein ist der kleinste:

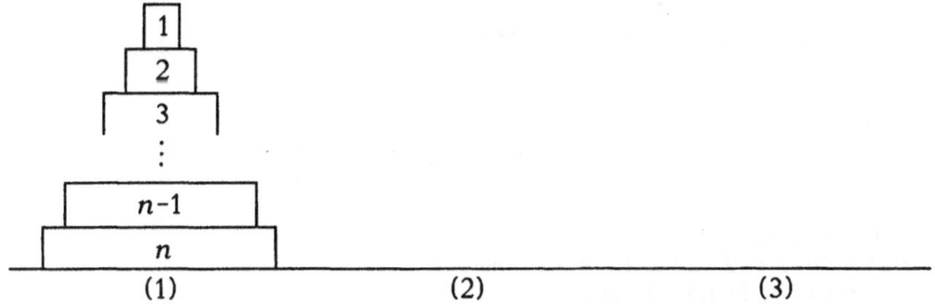

Die Aufgabe besteht darin, t in einer Folge von Spielzügen von seinem Platz (1) auf einen anderen Platz (2) zu verlegen. Als Hilfsmittel steht ein weiterer Platz (3) zur Verfügung. In jedem Spielzug darf nur der oberste Stein eines Turmes bewegt werden; zu keiner Zeit darf auf einem der Plätze ein kleinerer Stein unter einem größeren zu liegen kommen.

Numerieren wir die Steine, wie in der Skizze angegeben, der Größe nach von 1 bis n, so läßt sich eine Idee zur algorithmischen Lösung dieser Aufgabe wie folgt beschreiben (t' sei der Turm t ohne den Stein n):

> Verlege t' von (1) nach (3);
> Verlege Stein n von (1) nach (2);
> Verlege t' von (3) nach (2).

Zur Formalisierung dieses Ansatzes stellen wir zunächst die Daten dar: t ist eindeutig bestimmt durch die Anzahl n der Steine und kann daher als natürliche Zahl dargestellt werden. Als Ergebnis erwarten wir eine Folge von Spielzügen, dargestellt durch **sequ** zug mit

$$\textbf{sort } \text{zug} = \textbf{tupel } \text{nat,nat } \textbf{endtupel}$$

Ein Paar $(j,k){\in}$zug soll ausdrücken, daß der oberste Stein auf Platz (j) nach Platz (k) verlegt wird $(1{\le}j,k{\le}3)$.

Die Gesamtaufgabe A lautet

$$\text{Verlege } t \text{ von (1) nach (2),}$$

und da der Turm t' um einen Stein kleiner als t ist, liegt als Lösungsansatz für A eine Rekursion nach t nahe. Es stört allerdings noch, daß die Verlegung von t bzw. t' jeweils von und nach unterschiedlichen Plätzen zu erfolgen hat. Zur Vereinheitlichung formulieren wir die allgemeinere Aufgabe A':

$$\text{Verlege } t \text{ von } (j) \text{ nach } (k)$$

$(1{\le}j,k{\le}3,\ j{\neq}k)$. Die Lösung von A' läßt sich analog wie die von A konzipieren:

> Verlege t' von (j) nach dem dritten (freien) Platz;
> Verlege Stein n von (j) nach (k);
> Verlege t' von dem dritten Platz nach (k).

A ist in A' eingebettet, und wir erhalten insgesamt:

```
function TVH(t:nat)→sequ zug
    pre t>0
    result TVH(t) = Spielzugfolge zur Verlegung von
                    t Spielsteinen von (1) nach (2)
    body TVHALLG(t,1,2)
endfunction,
function TVHALLG(t,j,k:nat)→sequ zug
    pre t>0, 1≤j,k≤3, j≠k
    result TVHALLG(t,j,k) = Spielzugfolge zur Verlegung von
                    t Spielsteinen von (j) nach (k)
    body if t=1 then COMP(j,k)
                    (* Ein einziger Zug von (j) nach (k) *)
         else TVHALLG(t-1,j,FREIPLATZ(j,k)) o
              COMP(j,k) o
              TVHALLG(t-1,FREIPLATZ(j,k),k)
         endif
endfunction
```

$FREIPLATZ(j,k)$ bestimmt dabei zu den Plätzen (j) und (k) den "dritten" Platz. Es gilt $\{j,k,FREIPLATZ(j,k)\} = \{1,2,3\}$, also

$$j + k + FREIPLATZ(j,k) = 1+2+3 = 6$$

und somit $FREIPLATZ(j,k) = 6-j-k$. Dies kann direkt in $TVHALLG$ eingesetzt werden oder separat formuliert werden:

```
function FREIPLATZ(j,k:nat)→nat
    pre 1≤j,k≤3, j≠k
    result FREIPLATZ(j,k) = dritte Platznummer neben j und k
    body 6-j-k
endfunction
```

Aufgaben wie die zuletzt betrachtete sind (wie andere Beispiele an früherer Stelle) iterativ nur schwer zugänglich. Iterative Lösungsansätze – auch das haben wir schon bemerkt – sind vor allem bei Algorithmen mit (eventuell mehrstufigen) Reihungen geeignet, bei denen umgekehrt Rekursionen häufig nicht so naheliegend (oder gar schwierig zu finden) sind. Auch Aufgaben, die gewisse Zahlabschnitte (in $\mathbb{N}_0$ oder $\mathbb{Z}$) "durchlaufen", sind oft einfach iterativ lösbar. Z.B. könnte der oben angeführte Primzahltest iterativ direkt (ohne Einbettung) angegangen werden:

```
function PRIM1(n:nat)→boolean
    result PRIM1(n) ⇔ n ist Primzahl
    body var erg:boolean;
            if n<2 then erg := FALSE
            else erg := TRUE;
                for i from 2 to n-1 while erg do
                    if n MOD i = 0 then erg := FALSE endif
                enddo
            endif;
            erg
endfunction
```

Ein anderes Beispiel, in dem ein iterativer Ansatz auf der Hand liegt, eine rekursive Lösungsidee jedoch überhaupt nicht sichtbar ist, ist folgende Aufgabe: Unter allen rechtwinkligen Dreiecken mit ganzzahligen Seitenlängen $a,b,c \leq n$ ($n \geq 1$) sind die Seitenlängen eines Dreiecks mit maximalem Umfang zu bestimmen. (Falls es kein derartiges Dreieck gibt, soll 0,0,0 als Ergebnis für die Seitenlängen erscheinen.) Die iterative Lösungsidee ist offensichtlich: Man probiert (in drei ineinander geschachtelten Schleifen) alle möglichen Kombinationen für a, b und c durch. Das jeweilige Dreieck ist genau dann rechtwinklig, wenn $a^2 + b^2 = c^2$ gilt. Der jeweils gefundene Maximalumfang und die zugehörigen Seitenlängen werden in Variablen $maxum, maxa, maxb, maxc$ fortgeschrieben. Das Ergebnis ist als 3-Tupel (von drei Seitenlängen) dargestellt.

```
function MAXUMFANG(n:nat)→tupel nat,nat,nat endtupel
    pre n≥1
    result (Ganzzahlige) Dreiecksseiten (≤n) eines
            rechtwinkligen Dreiecks mit maximalem Umfang
    body var maxum,maxa,maxb,maxc:nat;
        maxum,maxa,maxb,maxc := 0,0,0,0;
```

```
        for a from 1 to n do
          for b from 1 to n do
            for c from 1 to n do
              if a*a+b*b = c*c ∧ a+b+c > maxum then
                        (* Neue Maximalwerte gefunden *)
                  maxum, maxa, maxb, maxc := a+b+c, a, b, c
              endif
            enddo
          enddo
        enddo;
        COMP(maxa, maxb, maxc)
endfunction
```

Die beiden Algorithmen *PRIM1* und *MAXUMFANG* lassen sich hinsichtlich ihrer Effizienz noch verbessern. Darauf werden wir in Abschnitt 7.2 zurückkommen.

Die verwendeten Iterationen sind intuitiv leicht zu verstehen bzw. bei der Lösungssuche leicht aufzufinden. Es gibt jedoch auch systematische Methoden zur Konstruktion iterativer Algorithmen. Eine derartige Methode basiert auf dem in Abschnitt 4.6 eingeführten Begriff der Schleifeninvarianten und sei hier kurz anhand eines einfachen Beispiels erläutert.

Eine Reihung $x = (x_1, ..., x_n)$ einer Sorte σ enthalte ein Objekt a (eventuell mehrmals) als Komponente. Zu bestimmen ist der kleinste Index i, $1 \leq i \leq n$, mit $x_i = a$. Wir suchen einen iterativen Algorithmus der Art

```
function INDEXBESTIMMUNG(x: array σ, a: σ) → nat
    pre a ist in x enthalten
    result Kleinster Index i, 1 ≤ i ≤ UPB(x), mit xᵢ = a
endfunction
```

Für den Rumpf der Funktion nehmen wir folgende Form in Aussicht:

```
        var i: nat;        (* Für das Ergebnis *)
        α;                 (* Vorbesetzung *)
        while b do b enddo;
        i                  (* Ergebnisterm *)
```

Der noch zu bestimmende Teil

$$\alpha; \textbf{while } b \textbf{ do } b \textbf{ enddo}$$

bewirkt Zustandsübergänge:

$$
\begin{array}{c}
\eta \\
\Big\downarrow \alpha \\
\eta_1 \\
\Big\downarrow \text{while } b \text{ do } b \text{ enddo} \\
\eta_2
\end{array}
$$

Gemäß der Vorbedingung des Algorithmus gilt in η:

(*) $\qquad\qquad$ a ist in x als Komponente enthalten.

Als "Ziel" soll in η_2 gelten, daß (der Wert von) i der kleinste Index mit $1 \leq i \leq n$ und $x_i = a$ ist, anders ausgedrückt:

(**) $\qquad\qquad$ $1 \leq i \leq n$ und

$\qquad\qquad$ $PROJ(x,j) \neq a$ für $1 \leq j \leq i-1$ und

$\qquad\qquad$ $PROJ(x,i) = a.$

Nehmen wir nun an, in η_1 gilt eine Eigenschaft E, die eine Schleifeninvariante von **while** b **do** $\mathfrak{b}$ **enddo** ist, die also durch einen einmaligen Schleifendurchlauf nicht verändert wird. E gilt dann auch in η_2 und müßte – zusammen mit der Schleifenabbruchbedingung $\neg b$ – die gewünschte Eigenschaft (**) implizieren. Eine oft anwendbare Technik zur Gewinnung einer geeigneten Invariante und der zugehörigen Schleife ist es, die "Zieleigenschaft abzuschwächen". Im Beispiel schwächen wir (**) ab zu:

$\qquad\qquad$ $E:$ $\quad$ $1 \leq i \leq n$ und

$\qquad\qquad\quad$ $PROJ(x,j) \neq a$ für $1 \leq j \leq i-1.$

Die Gültigkeit von E in η_1 ist auf einfache Weise durch die Vorbesetzung

$$\mathfrak{a}: \quad i := 1$$

zu erzielen. Wählen wir als Schleifenbedingung b die Negation der in E im Vergleich zu (**) fehlenden Bedingung $PROJ(x,i) = a$, also:

$$b: \quad PROJ(x,i) \neq a,$$

so folgt aus E und $\neg b$ trivialerweise (**). Nun muß nur noch $\mathfrak{b}$ so festgelegt werden, daß E wirklich eine Schleifeninvariante ist. Offenbar ist dies für

$$\mathfrak{b}: \quad i := i+1$$

der Fall, denn gilt E und $PROJ(x,i) \neq a$, so muß $i < n$ sein (wegen (*)). Nach Erhöhung von i um 1 gilt dann $1 \leq i \leq n$ und auch $PROJ(x,j) \neq a$ für $1 \leq j \leq i-1$, insgesamt also wieder E.

Der Algorithmus

```
function INDEXBESTIMMUNG(x:array σ,a:σ)→nat
    pre a ist in x enthalten
    result Kleinster Index i, 1≤i≤UPB(x), mit x_i=a
    body var i:nat;
        i := 1;
        while PROJ(x,i)≠a do i := i+1 enddo;
        i
endfunction
```

löst somit die gestellte Aufgabe: Die durchgeführte Argumentation zeigt analog zu dem Beispielbeweis in Abschnitt 4.6, daß er partiell korrekt ist; seine Terminierung ist offensichtlich.

Den hier illustrierten Algorithmus hätte man wohl auch sofort direkt finden können. In komplizierteren Fällen, in denen eine geeignete Iterationsform nicht auf der Hand liegt, sind solche "Konstruktionen" von Algorithmen jedoch von Nutzen. Die im Beispiel angedeutete Konstruktionsmethode läßt sich vielfältig erweitern und systematisieren. Wir verfolgen sie hier jedoch nicht weiter, sondern besprechen in den nächsten beiden Abschnitten eine andere Methodik zur disziplinierten Entwicklung iterativer Algorithmen auf dem "Umweg" über zunächst rekursive Fassungen.

6.4 Entrekursivierung von Algorithmen

Nach der Gegenüberstellung rekursiver und iterativer Lösungsansätze im vorigen Abschnitt behandeln wir jetzt eine spezielle Methode der Algorithmenentwicklung: die "indirekte" Gewinnung einer iterativen Lösung aus einem (zunächst) rekursiven Ansatz heraus. Die Transformation von der rekursiven zur iterativen Fassung eines Algorithmus kann in vielen Fällen mit systematischen Techniken durchgeführt werden.

Unabhängig von ihrer Eignung als direkte Lösungsansätze weisen Rekursion und Iteration methodische Unterschiede auf: Rekursive Algorithmen sind in hohem Maße mathematisch orientiert. Dies bedeutet, daß sie sehr präzise formulierbar und "behandelbar" (z.B. verifizierbar) sind. Dieser Eigenschaft, die zur Disziplin und Sicherheit in der Algorithmenentwicklung beiträgt, steht gegenüber, daß die maschinelle Abarbeitung rekursiver Algorithmen (auf heutigen Maschinen) zusätzlichen Aufwand für die "Organisation" der Rekursion (also nicht für die "eigentliche" Berechnung) erfordert. Iterative Algorithmen sind effizienter zu realisieren, die Iteration als "Werkzeug" bei der Formulierung eines Algorithmus ist andererseits aber fehleranfälliger. Ihre präzise Semantik (d.h. ihr "Verständnis") ist durch Zustandsfolgen gegeben, die leicht unüberschaubar werden können; formale Argumentationen beim Entwurf iterativer Algorithmen (wie etwa auch die zuletzt im vorigen Abschnitt durchgeführten) werden dadurch oft weniger griffig als bei Rekursionen.

Ein methodischer Ansatz, in der Algorithmenentwicklung beide Aspekte (Sicherheit und Effizienz) zu berücksichtigen, besteht darin, Algorithmen *zunächst* rekursiv zu formulieren und sie *in einem weiteren*

Schritt mit "möglichst sicheren" Techniken zu **entrekursivieren**, d.h. in iterative Fassung zu bringen.

Eine Grundsituation, in der Entrekursivierungen häufig recht schematisch durchgeführt werden können, ist gegeben durch eine Art rekursiver Funktionen, die wie folgt definiert sind:

Ist F eine Funktion und t ein Term, so heißt t **linear in** F, wenn gilt:

- Ist t kein bedingter Term, so enthält t höchstens einen Aufruf von F.
- Ist t bedingter Term der Gestalt

$$
\begin{aligned}
&\textbf{if } b_1 \textbf{ then } t_1 \\
&\textbf{[] } b_2 \textbf{ then } t_2 \\
&\quad\vdots \\
&\textbf{[] } b_n \textbf{ then } t_n \\
&\textbf{else } t_{n+1} \textbf{ endif}
\end{aligned}
$$

$(n \geq 1)$, so enthält keine der Bedingungen $b_1,...,b_n$ einen Aufruf von F und alle Zweige $t_1,...,t_{n+1}$ sind linear in F.

Eine rekursive Funktion F mit einem Term r als Rumpf heißt **linear rekursiv**, wenn r linear in F ist.

Viele unserer bisherigen Beispiele rekursiver Funktionen waren von dieser Art, etwa:

```
function FAK(n:nat)→nat
    result FAK(n) = n!
    body if n=0 then 1 else n*FAK(n-1) endif
endfunction
```

Die in Abschnitt 3.4 exemplarisch aufgezeigte Auswertung von FAK für $n=3$ läßt sich anschaulich wie folgt darstellen:

$$
\begin{array}{lll}
FAK(3) & = & 3*2 = 6 \\
\downarrow & & \uparrow \\
FAK(2) & = & 2*1 = 2 \\
\downarrow & & \uparrow \\
FAK(1) = 1*1 = 1 & & \\
\downarrow & & \uparrow \\
FAK(0) & = & 1
\end{array}
$$

Der Aufruf $FAK(3)$ kann zunächst nicht komplett ausgewertet werden und erzeugt eine weitere Inkarnation von FAK mit Argument 2. Dies setzt sich fort bis zu $FAK(0)$, was zu 1 ausgewertet wird. Nun wird 1 zu $FAK(1)$ "zurückübertragen" und eingesetzt. Weitere Rückübertragungen führen zur "obersten" Inkarnation, die dann auch auswertbar ist.

Dieses Schema gilt allgemein für jede (terminierende) linear rekursive Funktion F:

- Der Aufruf von F erzeugt eine Folge $F^{(1)},...,F^{(n)}$ von Inkarnationen von F. (Wegen der Linearität der Rekursion erzeugt jede Inkarnation höchstens eine "Nachfolge"-Inkarnation.)
- Die Inkarnation $F^{(n)}$ kann ohne weiteren rekursiven Aufruf ausgewertet werden.
- Für $i = n-1,...,1$ werden die Inkarnationen $F^{(i)}$ sukzessive ausgewertet, wobei jeweils das Ergebnis von $F^{(i+1)}$ nach $F^{(i)}$ zurückübertragen wird.

Für eine spezielle Form linear rekursiver Funktionen ist dieses Auswertungsschema noch einfacher. Ist t ein Term, der gemäß obiger Definition linear in einer Funktion F ist, so heißt t **schlicht in** F, wenn gilt:

- Ist t kein bedingter Term und enthält t einen Aufruf von F, so besteht t nur aus diesem Aufruf allein.
- Ist t bedingter Term mit Zweigen $t_1,...,t_{n+1}$, so sind alle $t_1,...,t_{n+1}$ schlicht in F.

Eine Funktion F heißt **repetitiv rekursiv**, wenn F linear rekursiv ist und der Rumpf von F schlicht in F ist. FAK ist nicht repetitiv rekursiv: Der (einzige) rekursive Aufruf von FAK im Rumpf von FAK ist $FAK(n-1)$ im Zweig $n*FAK(n-1)$. Dieser Term besteht nicht allein aus $FAK(n-1)$.

Ein Beispiel einer repetitiv rekursiven Funktion ist:

```
function POTENZ(m,n:nat)→boolean
    pre m>1, n>0
    result POTENZ(m,n) ⟺ Es gibt k∈ℕ mit n = m^k
    body if m=n then TRUE
        ▯ n MOD m ≠ 0 then FALSE
        else POTENZ(m, n DIV m) endif
endfunction
```

Die Auswertung von $POTENZ$ etwa für $m=3$, $n=18$ verläuft wie folgt:

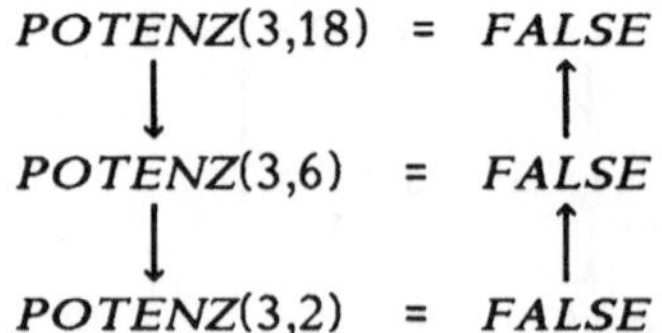

Die Vereinfachung gegenüber der Auswertung von FAK ist, daß bei der Rückübertragung der Ergebnisse diese wegen der Schlichtheit des rekursiven Aufrufs von $POTENZ$ in allen Inkarnationen unverändert bleiben: Das Ergebnis der zuletzt erzeugten Inkarnation ist bereits das Gesamtergebnis.

Diese Beobachtung gilt allgemein für jede repetitiv rekursive Funktion F und führt sehr einfach auf eine iterative Fassung solcher Funktionen gemäß dem Schema:

- Bestimme die Parameterwerte für den ersten Aufruf (im Beispiel: 3,18);
- Solange für die jeweils gerade betrachteten Parameterwerte keine der zur Terminierung der Rekursion führenden Bedingungen (im Beispiel: $m=n$ und $n\,MOD\,m \neq 0$) erfüllt ist, bestimme die Parameterwerte für den nächsten Aufruf (im Beispiel: 3,6 für den zweiten Aufruf, 3,2 für den dritten Aufruf);
- Berechne das (Gesamt-) Ergebnis in Abhängigkeit davon, welche Terminierungsbedingung für die zuletzt betrachteten Parameterwerte erfüllt ist (im Beispiel: $2\,MOD\,3 \neq 0$ liefert *FALSE*).

Dieser Algorithmus kann formal beschrieben werden, indem man für die Parameter $x_1,...,x_k$ von F Variablen $xvar_1,...,xvar_k$ einführt, diese mit $x_1,...,x_k$ initialisiert und in einer **while**-Schleife fortschreibt:

$$xvar_1,...,xvar_k := x_1,...,x_k;$$
while »Terminierungsbedingungen (bezogen auf $xvar_1,...,xvar_k$)
      sind nicht erfüllt«
do $xvar_1,...,xvar_k :=$ »neue Parameterwerte« **enddo**;
»Bestimme Ergebnis (in Abhängigkeit von $xvar_1,...,xvar_k$)«

Die informell belassenen Teile »...« können direkt aus F "abgelesen" werden.

Die Anwendung dieses Entrekursivierungs-Schemas auf *POTENZ* führt auf folgende iterative Fassung:

```
function POTENZIT(m,n:nat)→boolean
    pre m>1, n>0
    result POTENZIT(m,n) ⇔ Es gibt k∈ℕ mit n = mᵏ
    body var mvar,nvar:nat;
        mvar,nvar := m,n;
        while mvar ≠ nvar ∧ nvarMODmvar = 0 do
            mvar,nvar := mvar,nvarDIVmvar
        enddo;
        mvar = nvar
endfunction
```

Die Tatsache, daß keine der Terminierungsbedingungen $m=n$ und $n\,MOD\,m \neq 0$ von *POTENZ* erfüllt ist, ist formal beschrieben durch die Schleifenbedingung in *POTENZIT*, bezogen auf *mvar* und *nvar* statt auf m und n. Die Bestimmung der neuen Parameterwerte in der Schleife entspricht dem Übergang von (m,n) zu $(m,n\,DIV\,m)$ in der Rekursion von *POTENZ*. Das Ergebnis ist gemäß den Fallunterscheidungen in *POTENZ* genau dann *TRUE*, wenn die Terminierungsbedingung $m=n$ eintritt. Das Ergebnis von *POTENZIT* kann also durch den Term *mvar=nvar* angegeben werden.

Die schematisch gewonnene Fassung *POTENZIT* läßt sich noch etwas vereinfachen, wenn man ausnutzt, daß *mvar* in der Schleife gar nicht verändert wird und damit eingespart werden kann:

```
function POTENZIT1(m,n:nat)→boolean
   pre m>1, n>0
   result POTENZIT1(m,n) ⇔ Es gibt k∈ℕ mit n = m^k
   body var nvar:nat;
        nvar := n;
        while m ≠ nvar ∧ nvarMODm = 0 do nvar := nvarDIVm enddo;
        m = nvar
endfunction
```

Wir geben noch zwei weitere Beispiele für diese Art der Entrekursivierung von Funktionen:

Beispiele. 1) In Abschnitt 3.5 haben wir die Funktion

```
function GGT(m,n:nat)→nat
   pre m>0, n>0
   result GGT(m,n) = größter gemeinsamer Teiler von m und n
   body if m = n then m
        [] m>n then GGT(m-n,n)
        else GGT(m,n-m) endif
endfunction
```

notiert. *GGT* ist repetitiv rekursiv; die Anwendung des Entrekursivierungsschemas führt auf folgende iterative Fassung:

```
function GGTIT(m,n:nat)→nat
   pre m>0, n>0
   result GGTIT(m,n) = größter gemeinsamer Teiler von m und n
   body var mvar,nvar:nat;
        mvar,nvar := m,n;
        while mvar ≠ nvar do
           if mvar > nvar then mvar := mvar-nvar
           else nvar := nvar-mvar endif
        enddo;
        mvar
endfunction
```

GGTIT ist (bis auf Umbenennung der Parameter und Variablen) genau der Algorithmus *GGT1*, den wir in Abschnitt 4.5 direkt angegeben (und in Abschnitt 4.6 mit einiger Mühe formal untersucht) haben.

2) Die im vorigen Abschnitt angegebene Funktion

```
function NULLSTELLE(a,b,eps:real)→real
   pre a<b, H(a)<0, H(b)>0, eps>0
   result Näherungsweise Nullstelle von H
   body const c:real = (a+b)/2;
        if b-a < 2*eps then c
        else if H(c)>0 then NULLSTELLE(a,c,eps)
             [] H(c)<0 then NULLSTELLE(c,b,eps)
             else c endif
        endif
endfunction
```

enthält in ihrem Rumpf eine Konstantenvereinbarung, was die Anwendung der allgemeinen Methode jedoch nicht stört. Man könnte die ”Abkürzung”

c ja vermeiden und im Ergebnisterm jeweils direkt $(a+b)/2$ verwenden.
Wir können c aber auch in die iterative Fassung übernehmen, indem wir
für diese in jedem rekursiven Aufruf von *NULLSTELLE* neu zu bestimmende Größe eine weitere Variable vorsehen, die in jedem Iterationsschritt mit dem jeweils neuen Wert von $(avar+bvar)/2$ besetzt wird. Für
eps braucht dagegen keine Variable vereinbart zu werden:

```
function NULLSTELLEIT(a,b,eps:real)→real
    pre a<b, H(a)<0, H(b)>0, eps>0
    result Näherungsweise Nullstelle von H
    body var avar,bvar,cvar:real;
        avar,bvar,cvar := a,b,(a+b)/2;
        while bvar-avar ≥ 2*eps ∧ H(cvar) ≠ 0 do
            if H(cvar)>0 then bvar := cvar else avar := cvar endif;
            cvar := (avar+bvar)/2
        enddo;
        cvar
endfunction                                                    □
```

Wir kehren nun zum allgemeinen Fall nicht-repetitiver linear rekursiver Funktionen zurück. Das Ergebnis der letzten Inkarnation einer
derartigen Funktion F ist noch nicht das Endergebnis, das sukzessive
Auswerten und Rückübertragen der Ergebnisse von der letzten bis zur
ersten Inkarnation kann jedoch oft recht einfach als Schleife organisiert
werden. Auf diese Weise - "Aufrollen" der Rekursion "von hinten" -
haben wir in Abschnitt 4.5 schon eine iterative Fassung für die Fakultät
entwickelt. Wir skizzieren die Vorgehensweise noch einmal anhand des
Auswertungsschemas von $FAK(3)$ (in Abschnitt 4.5 sind wir von der Prozedur-Fassung *FAK1* ausgegangen):

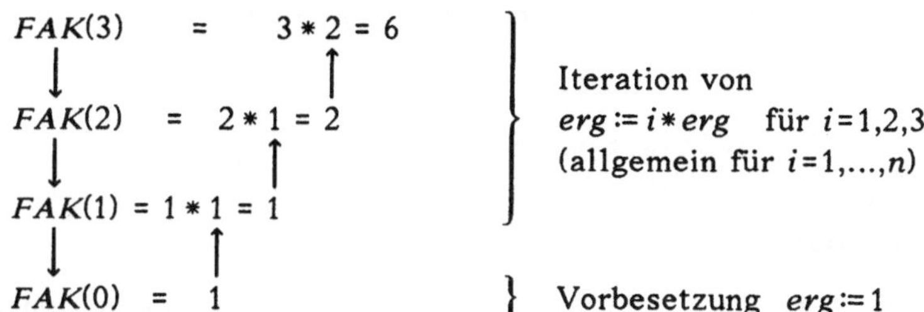

Die rechts angegebene Iterationsidee führt in formaler Notation etwa
auf die Fassung *FAK3* aus Abschnitt 4.5:

```
function FAK3(n:nat)→nat
    result FAK3(n) = n!
    body var erg:nat;
        erg := 1;
        for i from 1 to n do erg := i*erg enddo;
        erg
endfunction
```

Eine häufig anwendbare formale Methode zur Entrekursivierung linearer, jedoch nicht repetitiv rekursiver Funktionen besteht darin, die jeweilige Rekursionsform durch Einbettung in eine repetitive Rekursionsfassung zu transformieren. Auch diese Vorgehensweise läßt sich an der Funktion FAK illustrieren. FAK ist nicht repetitiv rekursiv, weil der darin vorkommende rekursive Aufruf von der Form

$$n * FAK(n-1)$$

ist und das Ergebnis von $FAK(n-1)$ "weiterverarbeitet" - hier mit n multipliziert - werden muß. Die Grundidee ist nun, eine allgemeinere Funktion zu definieren, in der die Objekte (hier n), die bei dieser Weiterverarbeitung zur Anwendung kommen, in zusätzlichen Parametern mitgeführt und diese mit der eigentlich gewünschten Abbildung (hier $n!$) gemäß deren rekursiver Aufrufform "verknüpft" (hier multipliziert) werden.

Im Falle von FAK definieren wir eine Funktion

$$FAKALLG : \text{nat} \times \text{nat} \rightarrow \text{nat},$$
$$FAKALLG(x,n) = x \cdot n! \,.$$

Offenbar gilt $FAK(n) = FAKALLG(1,n)$ und

$$FAKALLG(x,n) = \begin{cases} x, & \text{falls } n = 0, \\ x \cdot [n \cdot (n-1)!] & \text{sonst.} \end{cases}$$

Die Multiplikation von $(n-1)!$ mit n (bei FAK) kann bei $FAKALLG$ nun in den zweiten Parameter "versteckt" werden (man beachte, daß bei dieser "Umklammerung"[1] wesentlich die Assoziativität der Multiplikation verwendet wird):

$$x \cdot [n \cdot (n-1)!] = [x \cdot n] \cdot (n-1)! = FAKALLG(x \cdot n, n-1).$$

Notation in AKS-Syntax liefert:

```
function FAKALLG(x,n:nat) → nat
   result FAKALLG(x,n) = x·n!
   body if n = 0 then x else FAKALLG(x*n,n-1) endif
endfunction
```

$FAKALLG$ ist repetitiv rekursiv, Entrekursivierung gemäß dem oben besprochenen Schema führt zu:

```
function FAKALLGIT(x,n:nat) → nat
   result FAKALLGIT(x,n) = x·n!
   body var xvar,nvar:nat;
        xvar,nvar := x,n;
        while nvar ≠ 0 do xvar,nvar := xvar*nvar,nvar-1 enddo;
        xvar
endfunction
```

---

[1] Die Betonung liegt auf "um": Es wird umgeklammert, nicht umklammert.

Ein Algorithmus zur Berechnung von $FAK(n)$ (d.h. von $FAKALLG(1,n)$) kann schließlich gewonnen werden, indem im Rumpf von $FAKALLGIT$ x durch 1 ersetzt (und der dann überflüssige Parameter x gestrichen) wird. Ersetzen wir außerdem noch *xvar* und *nvar* durch die Bezeichnungen *erg* bzw. i und die **while**-Schleife durch eine Laufanweisung, so erhalten wir die mit $FAK3$ vergleichbare Fassung

```
function FAK5(n:nat)→nat
   result FAK5(n) = n!
   body var erg:nat;
        erg := 1;
        for i from n to 1 by -1 do erg := erg*i enddo;
        erg
endfunction
```

$FAK5$ unterscheidet sich von $FAK3$ (in charakteristischer Weise) dadurch, daß die einzelnen Multiplikationen in umgekehrter Reihenfolge durchgeführt werden, die Rekursion (von FAK) also gewissermaßen "von vorne her" (in der Reihenfolge der Aufrufe) abgearbeitet wird.

Wir geben noch zwei weitere

Beispiele. 1) Die in Abschnitt 5.1 beschriebene Funktion

```
function POLYNOM(a:sequreal,x:real)→real
   pre ¬ISEMPTY(a)
   result Polynomberechnung
   body if ISEMPTY(LEAD(a)) then LAST(a)
        else POLYNOM(LEAD(a),x)*x + LAST(a) endif
endfunction
```

ist linear, jedoch nicht repetitiv rekursiv. Die Art des rekursiven Aufrufs im **else**-Zweig des Rumpfs von $POLYNOM$ legt zur Einbettung die Definition folgender Funktion nahe:

$POLYNOMALLG$: sequreal × real × real × real → real,
$POLYNOMALLG(a,x,y_1,y_2) = POLYNOM(a,x) \cdot y_1 + y_2$ (für $a \neq EMPTY$).

Es gilt dann:

$$POLYNOMALLG(a,x,y_1,y_2)$$
$$= \begin{cases} LAST(a) \cdot y_1 + y_2, & \text{falls } LEAD(a) = EMPTY, \\ (POLYNOM(LEAD(a),x) \cdot x + LAST(a)) \cdot y_1 + y_2 & \text{sonst.} \end{cases}$$

Wegen

$$(POLYNOM(LEAD(a),x) \cdot x + LAST(a)) \cdot y_1 + y_2$$
$$= POLYNOM(LEAD(a),x) \cdot x \cdot y_1 + LAST(a) \cdot y_1 + y_2$$
$$= POLYNOMALLG(LEAD(a),x,x \cdot y_1, LAST(a) \cdot y_1 + y_2)$$

erhalten wir folgende repetitiv rekursive Funktion zur Berechnung von $POLYNOMALLG$:

```
function POLYNOMALLG(a:sequreal,x,y1,y2:real)→real
   pre ¬ISEMPTY(a)
   result Verallgemeinerte Polynomberechnung
   body if ISEMPTY(LEAD(a)) then LAST(a)*y1+y2
        else POLYNOMALLG(LEAD(a),x,x*y1,LAST(a)*y1+y2)
        endif
endfunction
```

Schematische Entrekursivierung liefert:

```
function POLYNOMALLGIT(a:sequreal,x,y1,y2:real)→real
   pre ¬ISEMPTY(a)
   result Verallgemeinerte Polynomberechnung
   body var avar:sequreal;
        var y1var,y2var:real;       (* Für x ist keine Variable nötig *)
        avar,y1var,y2var := a,y1,y2;
        while ¬ISEMPTY(LEAD(avar)) do
           avar,y1var,y2var :=
                   LEAD(avar),x*y1var,LAST(avar)*y1var+y2var
        enddo;
        LAST(avar)*y1var+y2var
endfunction
```

Nun ist $POLYNOM(a,x)=POLYNOMALLG(a,x,1,0)$. Diese Spezialisierung kann in *POLYNOMALLGIT* wieder direkt durchgeführt werden und ergibt folgende iterative Fassung von *POLYNOM*:

```
function POLYNOMIT(a:sequreal,x:real)→real
   pre ¬ISEMPTY(a)
   result Polynomberechnung
   body var avar:sequreal;
        var y1var,y2var:real;
        avar,y1var,y2var := a,1,0;
        while ¬ISEMPTY(LEAD(avar)) do
           avar,y1var,y2var :=
                   LEAD(avar),x*y1var,LAST(avar)*y1var+y2var
        enddo;
        LAST(avar)*y1var+y2var
endfunction
```

2) Ebenfalls in Abschnitt 5.1 haben wir die Funktion

```
function ERSETZEN(t,x,y:sequchar)→sequchar
   pre ¬ISEMPTY(x)
   result Ersetzen von x durch y in t
   body const v:sequchar = ABSPALTEN(x,t);
        if ISEMPTY(t) then t
        else if ¬SEQUGLEICH(v,'#')
           then y∘ERSETZEN(v,x,y)
           else PREFIX(FIRST(t),ERSETZEN(REST(t),x,y))
           endif
        endif
endfunction
```

angegeben. Da *PREFIX* ein Spezialfall von ∘ ist, haben beide rekursiven Aufrufe von *ERSETZEN* die Gestalt

$$z \circ ERSETZEN(\ldots).$$

Wir definieren daher eine Funktion *ERSETZENALLG* mit

$$ERSETZENALLG(z,t,x,y) = z \circ ERSETZEN(t,x,y)$$

($z \in$ sequ char, $x \neq EMPTY$). Mit

$$z \circ (y \circ ERSETZEN(v,x,y)) = ERSETZENALLG(z \circ y, v, x, y)$$

(dies folgt direkt aus der Assoziativität von ∘) und

$$z \circ PREFIX(FIRST(t), ERSETZEN(REST(t),x,y))$$
$$= POSTFIX(z,FIRST(t)) \circ ERSETZEN(REST(t),x,y)$$
$$= ERSETZENALLG(POSTFIX(z,FIRST(t)),REST(t),x,y)$$

(dies möge der Leser selbst etwa aus den Sequenz-Axiomen ableiten) erhalten wir:

```
function ERSETZENALLG(z,t,x,y:sequ char) → sequ char
   pre ¬ISEMPTY(x)
   result ERSETZENALLG(z,t,x,y) = z∘ERSETZEN(t,x,y)
   body const v:sequ char = ABSPALTEN(x,t);
        if ISEMPTY(t) then z
        else if ¬SEQUGLEICH(v,'#')
             then ERSETZENALLG(z∘y,v,x,y)
             else ERSETZENALLG(POSTFIX(z,FIRST(t)),
                               REST(t),x,y)
             endif
        endif
endfunction
```

Sieht man von der Konstantenvereinbarung für v ab, ist diese Funktion repetitiv rekursiv und läßt sich wieder leicht entrekursivieren. Zusammen mit der Spezialisierung

$$ERSETZEN(t,x,y) = ERSETZENALLG(EMPTY,t,x,y)$$

führt dies auf folgende iterative Fassung von *ERSETZEN*:

```
function ERSETZENIT(t,x,y:sequ char) → sequ char
   pre ¬ISEMPTY(x)
   result Ersetzen von x durch y in t
   body var zvar,tvar,vvar:sequ char;
        zvar,tvar,vvar := EMPTY,t,ABSPALTEN(x,t);
        while ¬ISEMPTY(tvar) do
             if ¬SEQUGLEICH(v,'#') then zvar,tvar := zvar∘y,vvar
             else zvar,tvar := POSTFIX(zvar,FIRST(tvar)),REST(tvar)
             endif;
             vvar := ABSPALTEN(x,tvar)
        enddo;
        zvar
endfunction                                                          □
```

Die hier illustrierten Techniken zur Entrekursivierung linearer Rekursionsformen zeigen auch einen engen Zusammenhang zwischen diesen und dem Konzept der Iteration. Nicht-lineare Rekursionen "übersteigen" dagegen das Iterationskonzept im allgemeinen. Ihre Entrekursivierung stellt daher ein recht komplexes Gebiet dar. Nur in einfachen Fällen läßt sich eine iterative Fassung des betreffenden Algorithmus direkt auffinden. Ein Beispiel hierfür ist die in Abschnitt 3.4 angegebene Funktion

```
function FIB(n:nat)→nat
    result n-te Fibonacci-Zahl
    body if n=0 ∨ n=1 then 1 else FIB(n-1) + FIB(n-2) endif
endfunction
```

Die Auswertung von *FIB* läßt sich anschaulich wie folgt darstellen:

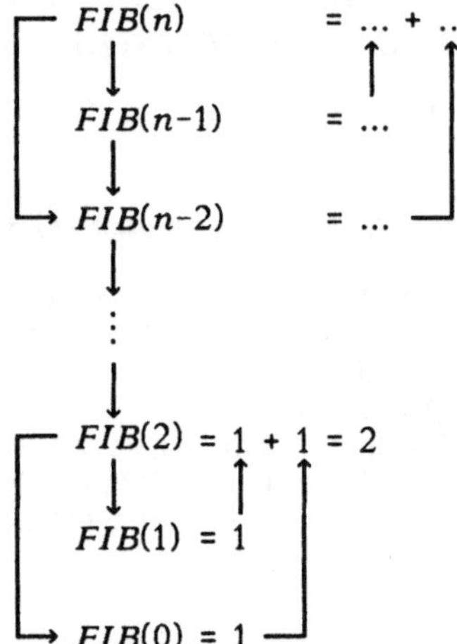

Die Pfeile zwischen den einzelnen Aufrufen von *FIB* mit den Parametern n, n-1, n-2 usw. drücken aus, welche Werte zur Berechnung der jeweiligen Ergebnisse benötigt werden: Für $2 \leq i \leq n$ wird $FIB(i)$ aus $FIB(i$-1$)$ und $FIB(i$-2$)$ gebildet. Führen wir für $FIB(i$-1$)$ und $FIB(i$-2$)$ zwei Variablen *erg* und *vorerg* ein, so ergibt sich das Gesamtergebnis durch Iteration der Zuweisung

$$erg,vorerg := erg+vorerg,erg$$

(nach der Vorbesetzung jeweils mit 1):

```
function FIBIT(n:nat)→nat
    result n-te Fibonacci-Zahl
    body var erg,vorerg:nat;
         erg,vorerg := 1,1;
         for i from 2 to n do erg,vorerg := erg+vorerg,erg enddo;
         erg
endfunction
```

Es ist bemerkenswert, daß man eine etwas andere iterative Fassung von *FIB* auch wieder durch (eine allerdings kompliziertere) Einbettung und schematische Entrekursivierung gewinnen kann. Setzt man

$$FIBALLG(n,x,y) = x \cdot FIB(n+1) + y \cdot FIB(n) \qquad (x,y \in \mathbb{N}_0),$$

so ist $FIBALLG(0,x,y) = x \cdot FIB(1) + y \cdot FIB(0) = x+y$, und für $n>0$ gilt:

$$
\begin{aligned}
FIBALLG(n,x,y) &= x \cdot FIB(n+1) + y \cdot FIB(n) \\
&= x \cdot (FIB(n) + FIB(n-1)) + y \cdot FIB(n) \\
&= (x+y) \cdot FIB(n) + x \cdot FIB(n-1) \\
&= FIBALLG(n-1,x+y,x).
\end{aligned}
$$

FIBALLG läßt sich also repetitiv rekursiv berechnen durch

```
function FIBALLG(n,x,y:nat)→nat
    body if n=0 then x+y else FIBALLG(n-1,x+y,x) endif
endfunction
```

Entrekursivierung und Spezialisierung gemäß $FIB(n) = FIBALLG(n,0,1)$ ergibt

```
function FIBIT1(n:nat)→nat
    result n-te Fibonacci-Zahl
    body var nvar,xvar,yvar:nat;
        nvar,xvar,yvar := n,0,1;
        while nvar≠0 do
            nvar,xvar,yvar := nvar-1,xvar+yvar,xvar
        enddo;
        xvar+yvar
endfunction
```

Neben den hier vorgestellten Vorgehensweisen gibt es noch eine Reihe weiterer Techniken zur Entrekursivierung rekursiver Algorithmen. Eine derartige Methode, die auch allgemein für nicht-lineare Rekursionen geeignet ist, behandeln wir im nächsten Abschnitt.

6.5 Entrekursivierung mit Kellern

Wie in Abschnitt 5.2 bereits angedeutet, eignen sich Stapel (oder Keller) zum "Umkehren von Reihenfolgen". Wir zeigen jetzt, daß dies auch zur Entrekursivierung genutzt werden kann, und zwar insbesondere bei nicht-linearen Rekursionen, wo die Abfolge von rekursiven Aufrufen (d.h. Erzeugung neuer Inkarnationen) und Ergebnisrückübertragungen (in "umgekehrter Richtung") im allgemeinen komplizierter ist als bei linearen Rekursionen.

Das Auswertungsschema einer linear (nicht-repetitiv) rekursiven Funktion F - Erzeugung von Inkarnationen $F^{(1)}, F^{(2)}, ..., F^{(n)}$ und Rückübertra-

gung der Ergebnisse in umgekehrter Reihenfolge - weist eine gewisse
Ähnlichkeit zu der Spiegelungsaufgabe in Abschnitt 5.2 auf: Die Zeichen
einer (als Schlange dargestellten) Zeichenreihe sind in einer bestimmten
Reihenfolge zugänglich und müssen in umgekehrter Reihenfolge "neu aufgebaut" werden. Für die iterative Lösung haben wir dort eine Stapelvariable verwendet, auf der die Zeichen "zwischengespeichert" wurden. Der
spezielle Zugriffsmechanismus von Stapeln bewerkstelligt die Umkehrung
der Reihenfolge.

Die Auswertung der Funktion F läßt sich auf die gleiche Weise iterativ organisieren: Aus der Folge der Inkarnationen kann man die jeweiligen
aktuellen Parameter (mit denen bei der Rückübertragung ja weiterge-
rechnet werden muß) auf einer Stapelvariablen s ablegen und sie dann in
umgekehrter Reihenfolge zum "Aufbau" des Ergebnisses verwenden:

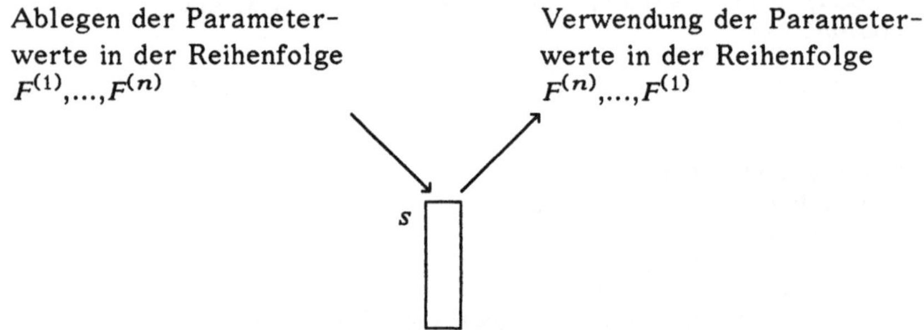

Für eine Berechnung von $n!$ gemäß der Funktion FAK müßte man
also die Parameterwerte $n,n{-}1,...,1$ auf s ablegen, um sie anschließend in
umgekehrter Reihenfolge mit den jeweiligen Zwischenergebnissen zu
multiplizieren. Zur Formulierung dieses Algorithmus verwenden wir einen Keller **KELLERnat** (mit *ISEMPTYS*, *TOPS*, *CREATES*, *PUSHS*,
POPS) im Sinne von Abschnitt 6.2 (der also die Stapelvariable mit "ein-
schließt"):

```
function FAK6(n:nat)→nat
   result FAK6(n) = n!
   body var erg:nat;
        CREATES;
        for i from n to 1 by -1 do PUSHS(i) enddo;
        erg := 1;        (* Verarbeitung des Aufrufs FAK(0) *)
        while ¬ISEMPTYS do
          erg := TOPS*erg;
          POPS
        enddo;
        erg
endfunction
```

FAK6 ist zweifellos umständlicher als die anderen iterativen Fassungen von *FAK*, die wir schon entwickelt haben. Demgemäß spielt die

Verwendung von Kellern als Entrekursivierungs-Technik (auf der "Konzeptebene") bei linearen Rekursionen keine wichtige Rolle. Die besondere Bedeutung der Methode liegt vielmehr darin, daß sie auch bei nicht-linearen Rekursionen allgemein anwendbar ist.[2] Die vorstehende Erörterung sollte vornehmlich das generelle Konzept erläutern.

Wir betrachten als Beispiel für eine nicht-linear rekursive Funktion den in Abschnitt 5.5 angegebenen Algorithmus

```
function LINVOR(z:bintree σ)→sequ σ
    result Linearisierung von z in Vorordnung
    body if ISEMPTY(z) then EMPTY
        else ROOT(z)∘LINVOR(LEFT(z))∘LINVOR(RIGHT(z))
        endif
endfunction
```

Eine Idee zum iterativen Aufbau der Ergebnissequenz von $LINVOR$ unter Verwendung eines Kellers KELLERbintreeσ (mit Stapelvariablen s) läßt sich wie folgt skizzieren: Als erstes wird z "verarbeitet". Die Wurzel von z ist bereits das erste Element von $LINVOR(z)$. Wir legen nun $RIGHT(z)$ und $LEFT(z)$ (in dieser Reihenfolge) als die Parameter der beiden weiteren rekursiven Aufrufe von $LINVOR$ auf s ab. Als nächstes betrachten wir den "obersten" in s stehenden Binärbaum (das ist $LEFT(z)$) und behandeln ihn ebenso wie vorher z: Seine Wurzel ist das nächste Zeichen von $LINVOR(z)$, seine beiden Unterbäume werden wieder auf s abgelegt ($LEFT(z)$ selbst wird vorher aus s entfernt). So fährt man fort: Man verarbeitet und entfernt den jeweils obersten in s stehenden Binärbaum; ist dieser leer, liefert seine Verarbeitung keinen weiteren Beitrag. Nach einer Anzahl von derartigen Schritten hat man alle Teilbäume von $LEFT(z)$ erfaßt, in s steht nur noch $RIGHT(z)$ und wird dann auf die gleiche Weise weiter behandelt. Dieser Algorithmus kann wie folgt notiert werden:

```
function LINVORIT(z:bintree σ)→sequ σ
    result Linearisierung von z in Vorordnung
    body var erg:sequ σ;
        var zubeh:bintree σ;            (* Als nächster zu behan-
                                           delnder Binärbaum *)

        erg := EMPTY;
        CREATES;
        PUSHS(z);                       (* Vorbesetzung von s *)
        while ¬ISEMPTYS do
            zubeh := TOPS;
            POPS;
            if ¬ISEMPTY(zubeh) then
                erg := POSTFIX(erg,ROOT(zubeh));
```

---

[2] Bei der Implementierung von Rekursionen auf Maschinenebene wird die Methode tatsächlich für alle Rekursionsarten benutzt.

$$PUSHS(RIGHT(z));$$
$$PUSHS(LEFT(z))$$

      endif
    enddo;
     erg
endfunction

Zur Erläuterung des Algorithmus sei etwa z der Binärbaum

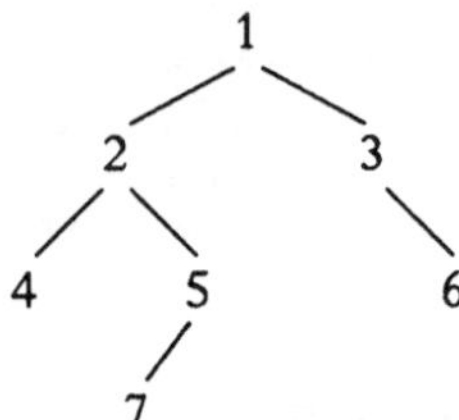

Bezeichnen wir die Teilbäume von z mit den Wurzeln 2,3,...,7 mit z_2,z_3, ...,z_7, so läßt sich der Ablauf von *LINVORIT* für z folgendermaßen skizzieren (für den leeren Binärbaum schreiben wir kurz E statt *EMPTY*; das "oberste" Element von s ist jeweils rechts):

Werte von	s	*erg*
Vorbesetzung vor der Schleife:	(z)	*EMPTY*
Nach den einzelnen Iterationen:	(z_3,z_2)	(1)
	(z_3,z_5,z_4)	(1,2)
	(z_3,z_5,E,E)	(1,2,4)
	(z_3,z_5,E)	(1,2,4)
	(z_3,z_5)	(1,2,4)
	(z_3,E,z_7)	(1,2,4,5)
	(z_3,E,E,E)	(1,2,4,5,7)
	(z_3,E,E)	(1,2,4,5,7)
	(z_3,E)	(1,2,4,5,7)
	(z_3)	(1,2,4,5,7)
	(z_6,E)	(1,2,4,5,7,3)
	(z_6)	(1,2,4,5,7,3)
	(E,E)	(1,2,4,5,7,3,6)
	(E)	(1,2,4,5,7,3,6)
	EMPTY	(1,2,4,5,7,3,6)

Charakteristisch hierbei ist, daß die Folge von Binärbäumen, die auf s abgelegt ist, abwechselnd länger und kürzer wird. Dieses "Pulsieren" von s spiegelt das wechselnde Vorkommen von rekursiven Aufrufen und Ergebnisrückübertragungen in *LINVOR* wider. Die zuvor illustrierte Anwendung des Kellermechanismus auf lineare Rekursionen ordnet sich dieser Sichtweise als besonders einfacher Spezialfall unter: Dort wird der Inhalt von s zunächst komplett aufgebaut (also nur verlängert) und dann komplett abgebaut (nur verkürzt).

In obigem Algorithmus sind die Wurzeln der gerade betrachteten Teilbäume jeweils direkt zu verarbeiten (an die Ergebnissequenz anzufü-

gen). Ein wenig komplizierter wird die Situation, wenn dies nicht der Fall
ist. Wir betrachten als Beispiel die ebenfalls in Abschnitt 5.5 angegebene
Funktion

```
function PFUMW(sb:bintree synteinh) → sequ synteinh
    pre sb ist Syntaxbaum eines Terms t
    result PFUMW(sb) stellt die Postfixschreibweise von t dar
    body if ISEMPTY(sb) then EMPTY
         else PFUMW(LEFT(sb)) ∘ PFUMW(RIGHT(sb)) ∘ ROOT(sb)
         endif
endfunction
```

zur Umwandlung der Binärbaum-Darstellung sb eines Terms in Postfixschreibweise. Wir wollen die Ergebnissequenz iterativ wieder "von vorn
nach hinten" (d.h. unter Verwendung der Operation $POSTFIX$) aufbauen.
(Ein Aufbau in umgekehrter Reihenfolge mit $PREFIX$ würde zu einem
ganz analogen Algorithmus wie $LINVORIT$ führen.) Die Grundidee der
Kelleranwendung ist wie oben: Die fortlaufend als Parameter für neuerliche Aufrufe von $PFUMW$ anfallenden Binärbäume werden auf einer
Stapelvariablen s abgelegt. Ist in der Iteration z der als nächstes zu behandelnde Binärbaum (d.h. $TOP(s)$), so wird wieder z aus s entfernt, und
es gilt:

- Ist $z = EMPTY$, so liefert z keinen weiteren Beitrag.
- Ist z ein Blatt, so ist $ROOT(z)$ das nächste Element der Ergebnissequenz.
- Ist $z \neq EMPTY$ und z kein Blatt, so liefert die Wurzel von z zunächst
  noch keinen Beitrag zur Ergebnissequenz. Sie muß zurückgestellt und
  erst nach der Behandlung von $LEFT(z)$ und $RIGHT(z)$ wieder betrachtet werden.

Ebenfalls unter Ausnutzung des Kellermechanismus kann man den
dritten dieser Fälle dadurch erledigen, daß man nicht nur $RIGHT(z)$ und
$LEFT(z)$, sondern auch (in einem ersten Ansatz) z selbst, insgesamt in
der Reihenfolge

$$z, RIGHT(z), LEFT(z)$$

auf s ablegt. Nach Erledigung von $LEFT(z)$ und $RIGHT(z)$ ist die Wurzel
von z zugänglich, weil z dann oberstes Element in s ist. Bei diesem Vorgehen würde man allerdings nicht erkennen, daß z jetzt zum zweiten Mal
betrachtet wird und daß nun nicht wieder wie vorher vorzugehen, sondern
wirklich die Wurzel von z zu verwenden ist. Daher legen wir bei der ersten Behandlung von z nicht z, sondern ein Blatt der Gestalt

$$\bar{z} = (ROOT(z), EMPTY, EMPTY)$$

auf s ab. Nach Erledigung von $LEFT(z)$ und $RIGHT(z)$ wird dann $\bar{z}$ gemäß obigem zweiten Fall dadurch verarbeitet, daß $ROOT(\bar{z}) = ROOT(z)$

als nächstes Element zur Ergebnissequenz genommen wird. Diese Erörterungen führen zu folgendem Algorithmus (der einen Keller **KELLERbintree**synteinh und die in Abschnitt 5.5 gegebene Funktion *ISTBLATT* verwendet):

```
function PFUMWIT(sb:bintree synteinh) → sequ synteinh
   pre sb ist Syntaxbaum eines Terms t
   result PFUMWIT(sb) stellt die Postfixschreibweise von t dar
   body var erg:sequ synteinh;
        var zubeh:bintree synteinh;
        erg := EMPTY;
        CREATES;
        PUSHS(sb);
        while ¬ISEMPTYS do
          zubeh := TOPS;
          POPS;
          if ¬ISEMPTY(zubeh) then
             if ISTBLATT(zubeh) then
               erg := POSTFIX(erg,ROOT(zubeh))
             else
               PUSHS(BUILD(ROOT(zubeh),EMPTY,EMPTY));
               PUSHS(RIGHT(z));
               PUSHS(LEFT(z))
             endif
          endif
        enddo;
        erg
endfunction
```

Als Beispiel für einen Ablauf betrachten wir den Syntaxbaum

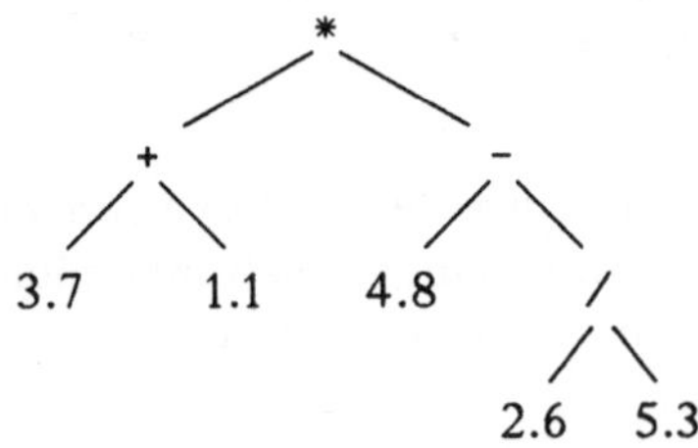

Die einzelnen zu betrachtenden Teilbäume mit den Wurzeln $*,+,-,3.7$ usw. bezeichnen wir analog zum vorherigen Beispiel mit $z_*,z_+,z_-,z_{3.7}$ usw. Für ein solches z_c bezeichne außerdem $\overline{z}_c$ das Blatt ($ROOT(z_c)$, $EMPTY,EMPTY$). Die Anwendung von *PFUMWIT* auf z_* verläuft wie auf der folgenden Seite angegeben (s sei wieder die Stapelvariable des Kellers).

Als letztes Beispiel betrachten wir den Algorithmus

```
function TVHALLG(t,j,k:nat) → sequ zug
   pre t>0, 1≤j,k≤3, j≠k
   result TVHALLG(t,j,k) = Spielzugfolge zur Verlegung von
                           t Spielsteinen von (j) nach (k)
```

s	erg	
(z_*)	$EMPTY$	(Vorbesetzung)
$(\overline{z}_*, z_-, z_+)$	$EMPTY$	
$(\overline{z}_*, z_-, \overline{z}_+, z_{1.1}, z_{3.7})$	$EMPTY$	
$(\overline{z}_*, z_-, \overline{z}_+, z_{1.1})$	$('3.7')$	
$(\overline{z}_*, z_-, \overline{z}_+)$	$('3.7', '1.1')$	
$(\overline{z}_*, z_-)$	$('3.7', '1.1', '+')$	
$(\overline{z}_*, \overline{z}_-, z_/, z_{4.8})$	$('3.7', '1.1', '+')$	
$(\overline{z}_*, \overline{z}_-, z_/)$	$('3.7', '1.1', '+', '4.8')$	
$(\overline{z}_*, \overline{z}_-, \overline{z}_/, z_{5.3}, z_{2.6})$	$('3.7', '1.1', '+', '4.8')$	
$(\overline{z}_*, \overline{z}_-, \overline{z}_/, z_{5.3})$	$('3.7', '1.1', '+', '4.8', '2.6')$	
$(\overline{z}_*, \overline{z}_-, \overline{z}_/)$	$('3.7', '1.1', '+', '4.8', '2.6', '5.3')$	
$(\overline{z}_*, \overline{z}_-)$	$('3.7', '1.1', '+', '4.8', '2.6', '5.3', '/')$	
$(\overline{z}_*)$	$('3.7', '1.1', '+', '4.8', '2.6', '5.3', '/', '-')$	
$EMPTY$	$('3.7', '1.1', '+', '4.8', '2.6', '5.3', '/', '-', '*')$	

Ablaufbeispiel der Funktion PFUMWIT

```
   body
    if t=1 then COMP(j,k)
     else  TVHALLG(t-1,j,6-j-k)∘COMP(j,k)∘TVHALLG(t-1,6-j-k,k)
    endif
 endfunction
```

aus Abschnitt 6.3 (wobei wir direkt $6-j-k$ für $FREIPLATZ(j,k)$ eingesetzt haben). Zur Entrekursivierung legen wir wieder die jeweiligen drei
Parameter der rekursiven Aufrufe "in einem Keller" – genauer: auf einer
Stapelvariablen eines Kellers **KELLER**parameter – ab. Die Sorte
parameter ist dabei gegeben durch:

```
 sort parameter = tupel nat,     (* Wert von t *)
                        nat,     (* Wert von j *)
                        nat      (* Wert von k *)
                  endtupel
```

Ein Beitrag zur Zugfolge (unabhängig vom Ergebnisaufbau mit $POSTFIX$
oder $PREFIX$) ist gegeben, wenn der jeweils zu behandelnde Parameter
$t=1$ ist. Eine iterative Fassung von $TVHALLG$ läßt sich somit wie folgt
angeben:

```
 function TVHALLGIT(t,j,k:nat)→sequ zug
     pre t>0, 1≤j,k≤3, j≠k
     result TVHALLGIT(t,j,k) = Spielzugfolge zur Verlegung von
                               t Spielsteinen von (j) nach (k)
  body var erg:sequ zug;
       var tzb,jzb,kzb:nat;          (* Als nächste zu behan-
                                        delnde Parameter *)
       erg := EMPTY;
```

```
            CREATES;
            PUSHS(COMP(t,j,k));
            while ¬ISEMPTYS do
               tzb,jzb,kzb :=
                        PROJ1(TOPS),PROJ2(TOPS),PROJ3(TOPS);
               POPS;
               if tzb=1 then erg := POSTFIX(erg,COMP(jzb,kzb))
                                  (* (jzb,kzb) ist nächster Spielzug *)
               else PUSHS(COMP(tzb-1,6-jzb-kzb,kzb));
                    PUSHS(COMP(1,jzb,kzb));
                              (* Für den Spielzug zwischen den
                                 beiden rekursiven Aufrufen *)
                    PUSHS(COMP(tzb-1,jzb,6-jzb-kzb))
               endif
            enddo;
            erg
        endfunction
```

Das Ablegen des Tupels $(1,jzb,kzb)$ im Fall $tzb \neq 1$ hat hier eine analoge Bedeutung wie das Ablegen von $\overline{z}$ im vorigen Beispiel: Nach Erledigung des Parametertupels $(tzb-1,jzb,6-jzb-kzb)$ ist (jzb,kzb) nächster Spielzug.

6.6 Nicht-Determinismus

Algorithmenentwicklung mit allen ab Kapitel 3 besprochenen algorithmischen Konzepten führt zu deterministischen Algorithmen; nicht-deterministische Algorithmen sind damit nicht formulierbar. Bei manchen Aufgaben können jedoch nicht-deterministische Lösungsansätze methodisch günstiger sein, da sie dem Problem angepaßter und konziser formulierbar sind. Wir besprechen in diesem Abschnitt noch einige nicht-deterministische Konzepte und illustrieren ihren Gebrauch.

Bereits bei den informellen Erörterungen in Abschnitt 2.4 haben wir mit dem dort diskutierten Wechselgeld-Beispiel eine Aufgabe behandelt, die, so wie sie gestellt ist, auch nicht-deterministische Lösungen – etwa den angegebenen Algorithmus W2 – zuläßt. Die deterministischen Lösungen legen im Gegensatz zu W2 jeweils eine "Reihenfolge der Münzausgabe" fest, die durch die Aufgabenstellung nicht gefordert ist.

Die Implementierung von Algorithmen auf einer Rechenanlage oder bereits auch ihre Darstellung in einer konkreten Programmiersprache geschieht meist in deterministischer Weise. (Programmiersprachen enthalten bis auf hier nicht relevante Ausnahmen häufig keine nicht-deterministischen Konstrukte.) Bei einer methodischen Algorithmenentwicklung kann es jedoch manchmal sinnvoll sein, konzeptuell zunächst nicht-deterministische Lösungsansätze anzugeben, weil dadurch Festlegungen (und ihre Formulierung) vermieden werden, die gar nicht inhärent zur Aufgabenstellung gehören.

Wir illustrieren in diesem Abschnitt einige Konzepte zur Formulierung nicht-deterministischer Algorithmen. Allgemein kann Nicht-Determinismus in zwei verschiedenen Formen auftreten:

- In der Ablaufstruktur: Die Abfolge der Einzelschritte des Algorithmus ist nicht eindeutig festgelegt.
- In der Datenstruktur (genauer: in den Grundoperationen): Die Wirkung von Grundoperationen ist nicht eindeutig festgelegt.

Ein typisches nicht-deterministisches Konstrukt der ersten Art erhält man durch eine Verallgemeinerung des Konzepts der bedingten Terme aus Abschnitt 3.3. Ein solcher Term t hat die allgemeine Gestalt

$$
\begin{aligned}
&\textbf{if } b_1 \textbf{ then } t_1 \\
&\square\ b_2 \textbf{ then } t_2 \\
&\quad \vdots \\
&\square\ b_n \textbf{ then } t_n \\
&\textbf{else } t_{n+1} \textbf{ endif}
\end{aligned}
$$

mit der Zusatzforderung, daß sich alle Bedingungen $b_1,...,b_n$ gegenseitig ausschließen. (Bezüglich jeder Parameterbelegung V ist $W(b_i) = TRUE$ für höchstens ein $i = 1,...,n$.)

Dieses Konzept sei nun folgendermaßen verallgemeinert:

- Die Zusatzforderung wird fallengelassen; die Bedingungen $b_1,...,b_n$ dürfen sich "überlappen".
- Der Teil "$\textbf{else } t_{n+1}$" in t kann auch fehlen.

Die zweite Erweiterung hat nichts mit Nicht-Determinismus zu tun; sie ist in diesem Zusammenhang jedoch recht nützlich. Die erste Festlegung ermöglicht die nicht-deterministische Auswertung von t gemäß folgender Erweiterung der Definition von $W(t)$ bezüglich einer gegebenen Parameterbelegung V (vgl. Punkt vi) der Definition von $W(t)$ in Abschnitt 3.3):

vi') $W(b_1),...,W(b_n),W(t_1),...,W(t_n)$ und - falls "$\textbf{else } t_{n+1}$" in t vorhanden ist - $W(t_{n+1})$ seien die Werte von $b_1,...,b_n,t_1,...,t_n$ (und t_{n+1}) bezüglich V.
  a) Falls alle $W(b_i)$, $i=1,...,n$, definiert sind und $W(b_j)=TRUE$ ist für mindestens ein $j=1,...,n$, so ist $W(t)=W(t_k)$ für ein beliebiges $k=1,...,n$ mit $W(b_k)=TRUE$.
  b) Falls $W(b_i)=FALSE$ ist für alle $i=1,...,n$, so ist $W(t)=W(t_{n+1})$, falls der Teil "$\textbf{else } t_{n+1}$" in t vorhanden ist, andernfalls ist $W(t)$ undefiniert.
  c) Falls $W(b_k)$ für ein $k=1,...,n$ undefiniert ist, so ist $W(t)$ undefiniert.

Beispiele. 1) Der Term

$$\text{if } x \geq 0 \text{ then } 1$$
$$[] \ x = 0 \text{ then } 0 \text{ endif}$$

hat für $x>0$ den Wert 1, für $x=0$ den Wert 1 oder 0 und ist für $x<0$ undefiniert.

2) In der Funktion *KONVERT* in Abschnitt 6.1 tritt der Term

$$\text{if } \textit{ISEMPTY}(yt) \lor \textit{ISEMPTY}(yr) \text{ then } yt \circ yr \text{ else } yt \circ '\#' \circ yr \text{ endif}$$

auf. Dafür hätte man auch schreiben können:

$$\text{if } \textit{ISEMPTY}(yt) \text{ then } yr$$
$$[] \ \textit{ISEMPTY}(yr) \text{ then } yt$$
$$\text{else } yt \circ '\#' \circ yr \text{ endif}$$

Dieser Term ist nicht-deterministisch, das Ergebnis ist dennoch eindeutig bestimmt: Im "Überlappungsfall" (*ISEMPTY*(yt) und *ISEMPTY*(yr) sind *TRUE*) hat sowohl der erste als auch der zweite Zweig den Wert *EMPTY*.

3) Der Term

$$\text{if } \textit{TRUE} \text{ then } 1$$
$$[] \ \textit{TRUE} \text{ then } 2$$
$$[] \ \textit{TRUE} \text{ then } 3$$
$$[] \ \textit{TRUE} \text{ then } 4$$
$$[] \ \textit{TRUE} \text{ then } 5$$
$$[] \ \textit{TRUE} \text{ then } 6$$
$$\text{endif}$$

simuliert das Würfeln mit einem üblichen Spielwürfel: Seine Auswertung ergibt einen beliebigen Wert 1,2,3,4,5 oder 6. Dieses Beispiel zeigt, daß außer dem oben genannten methodischen Effekt Nicht-Determinismus und dadurch erzeugbare Nicht-Determiniertheit sogar direkt erwünscht sein können (etwa in Algorithmen, in denen "Zufallsgeneratoren" benötigt werden). Man beachte allerdings, daß in unserer Semantikdefinition wirkliche "Zufälligkeit" ohne weitere Zusätze nicht garantiert ist. Bei einem Würfel erwartet man, daß die Werte 1 bis 6 bei wiederholtem Würfeln "gleich häufig" vorkommen. Ein analoger Effekt bei der Auswertung nicht-deterministischer Terme ist nicht gefordert. □

In gleicher Weise kann man auch bedingte Anweisungen in nicht-deterministischer Form zulassen. Die allgemeine Gestalt ist wie in Abschnitt 4.4 definiert:

$$\text{if } b_1 \text{ then } \alpha_1$$
$$[] \ b_2 \text{ then } \alpha_2$$
$$\vdots$$
$$[] \ b_n \text{ then } \alpha_n$$
$$\text{else } \alpha_{n+1} \text{ endif}$$

Man beachte, daß der Teil "else a_{n+1}" in diesen Anweisungen auch bisher schon fehlen konnte. Die Verallgemeinerung besteht also hier nur darin, daß sich die Bedingungen $b_1,...,b_n$ überlappen dürfen. Fehlt "else a_{n+1}" und haben alle $b_1,...,b_n$ den Wert *FALSE*, so bewirkt die Anweisung - wie in Abschnitt 4.4 definiert - keine Zustandsänderung. Die genaue Semantikdefinition sei dem Leser überlassen.

Beispiel. Die Anweisung

$$\textbf{if } x \geq 0 \textbf{ then } y := 1$$
$$\square \; x = 0 \textbf{ then } y := 0 \textbf{ endif}$$

weist y im Fall $x>0$ den Wert 1, im Fall $x=0$ einen der Werte 0 oder 1 zu. Im Fall $x<0$ bleibt y unverändert. $\square$

Zur Diskussion der zweiten Art von Nicht-Determinismus (bei Grundoperationen) betrachten wir die bisher behandelten homogenen Datenstrukturen der Folgen (Sequenzen, Stapel, Schlangen, Reihungen) und Binärbäume. Sie können - wie bereits erwähnt - als Multimengen mit einer gewissen Ordnungsstruktur angesehen werden. Bei manchen Algorithmen sind Multimengen (oder auch Mengen) von Daten zu verarbeiten (und nicht nur wie in der Wechselgeldaufgabe in Abschnitt 2.4 als Ergebnis zu erzeugen), ohne daß eine spezielle Anordnung der Daten problemrelevant ist. In solchen Fällen ist der Zugriff auf ein *beliebiges* Element der (Multi-) Menge eine typische nicht-deterministische Grundoperation (in Kontrast zu deterministischen Zugriffsoperationen wie etwa *FIRST* oder *PROJ*). Formal eingefangen wird diese Situation durch die Definition entsprechender abstrakter Datentypen für (endliche) Multimengen und Mengen über gegebenen Sorten σ (Sortenbezeichnungen: **bag** σ bzw. **set** σ). Beide Moduln enthalten etwa die Grundoperationen *EMPTY*, *ISEMPTY* (analog wie bisher), *INSERT* (Hinzufügen eines Elements), *DELETE* (Entfernen eines Elements), ϵ (Enthaltensein eines Elements) sowie die genannte Zugriffsoperation, die wir mit *ANY* bezeichnen. Der Modul BAGσ läßt sich wie folgt vereinbaren:

```
module BAGσ
   uses SIGMA,BOOLEAN
   sorts bag σ,σ,boolean
   functions EMPTY: →bag σ,
             ISEMPTY:bag σ→boolean,
             INSERT:bag σ×σ→bag σ,
             DELETE:bag σ×σ→bag σ,
             ε:σ×bag σ→boolean,   (* Benutzt in Infixschreibweise *)
             ANY:bag σ→σ          (* Liefert irgendein Element
                                      der Multimenge *)
   axioms ISEMPTY(EMPTY) = TRUE,
          ISEMPTY(INSERT(x,a)) = FALSE,
          INSERT(INSERT(x,a),b) = INSERT(INSERT(x,b),a),
          DELETE(EMPTY,a) = EMPTY,
          DELETE(INSERT(x,a),a) = x,
```

$$DELETE(INSERT(x,b),a) = INSERT(DELETE(x,a),b),$$
$$\text{falls } a \neq b,$$
$$a \in EMPTY = FALSE,$$
$$a \in INSERT(x,a) = TRUE,$$
$$a \in INSERT(x,b) = a \in x, \qquad \text{falls } a \neq b,$$
$$ANY(x) \in x = TRUE, \qquad \text{falls } x \neq EMPTY,$$
$$ANY(EMPTY) = \omega$$

endmodule

Die Axiome von **BAG**σ sind leicht verständlich. Man beachte, daß
DELETE auch für die leere Multimenge definiert ist (und wieder *EMPTY*
liefert). *ANY* ist für *EMPTY* undefiniert. Ansonsten ist nur festgelegt (im
vorletzten Axiom), daß *ANY(x)* ein (beliebiges) Element von *x* ist.

Der Modul **SET**σ der Mengen über σ läßt sich ganz ähnlich vereinbaren. Für eine Menge *x* ist *INSERT(x,a)=x*, wenn *a* bereits Element von *x*
ist. Deshalb muß das fünfte Axiom von **BAG**σ etwas modifiziert und ein
zusätzliches Axiom

$$INSERT(INSERT(x,a),a) = INSERT(x,a)$$

hinzugefügt werden:

```
module SETσ
   uses SIGMA,BOOLEAN
   sorts setσ,σ,boolean
   functions EMPTY: →setσ,
             ISEMPTY:setσ→boolean,
             INSERT:setσ×σ→setσ,
             DELETE:setσ×σ→setσ,
             ∈:σ×setσ→boolean,    (* Benutzt in Infixschreibweise *)
             ANY:setσ→σ           (* Liefert irgendein Element
                                      der Menge *)
   axioms ISEMPTY(EMPTY) = TRUE,
          ISEMPTY(INSERT(x,a)) = FALSE,
          INSERT(INSERT(x,a),b) = INSERT(INSERT(x,b),a),
          INSERT(INSERT(x,a),a) = INSERT(x,a),
          DELETE(EMPTY,a) = EMPTY,
          DELETE(INSERT(x,a),a) = DELETE(x,a),
          DELETE(INSERT(x,b),a) = INSERT(DELETE(x,a),b),
                                     falls a≠b,
          a∈EMPTY = FALSE,
          a∈INSERT(x,a) = TRUE,
          a∈INSERT(x,b) = a∈x,    falls a≠b,
          ANY(x)∈x = TRUE,        falls x≠EMPTY,
          ANY(EMPTY) = ω
endmodule
```

Für diese Datenstrukturen kann man wieder eine Reihe von Grundalgorithmen entwickeln. Wir geben zwei einfache

Beispiele. 1) Anzahl der Elemente ("Kardinalität") einer Multimenge:

```
function KARD(x:bag σ)→nat
   result KARD(x) = Anzahl der Elemente von x
```

```
    body if ISEMPTY(x) then 0
            else 1 + KARD(DELETE(x,ANY(x))) endif
endfunction
```

2) Vereinigung zweier Mengen:

```
function VEREINIGUNG(x,y:set σ) → set σ
    result VEREINIGUNG(x) = x ∪ y
    body if ISEMPTY(x) then y
            else const a:σ = ANY(x);
                    VEREINIGUNG(DELETE(x,a),INSERT(y,a))
            endif
endfunction                                              □
```

Man beachte, daß die Formulierung von *VEREINIGUNG* geringfügig über den syntaktischen Rahmen von AKS hinausgeht, da wir hier eine Konstantenvereinbarung innerhalb eines Zweiges eines bedingten Terms geschrieben haben. (Die Nützlichkeit dieses erweiterten Sprachgebrauchs werden wir in Abschnitt 7.2 noch in anderem Zusammenhang diskutieren.) Die Konstante a kann nicht vor dem bedingten Term vereinbart werden, da $ANY(x)$ für $x=EMPTY$ nicht definiert ist. Eine Fassung

$$VEREINIGUNG(DELETE(x,ANY(x)),INSERT(y,ANY(x)))$$

des **else**-Zweiges, die die Konstantenvereinbarung vermeidet, wäre nicht korrekt, da die beiden Anwendungen von *ANY* nicht notwendig das gleiche Element von x liefern.

Es ist offensichtlich, daß jetzt auch die Wechselgeldalgorithmen aus Abschnitt 2.4 in ihrer ursprünglichen Intention mit Multimengen als Ergebnissen formal beschreibbar sind. (Lediglich Algorithmus W4 läßt sich mit den verfügbaren Grundoperationen von **BAG**σ nicht direkt formulieren.) Insbesondere ist auch der nicht-deterministische Algorithmus W2 beschreibbar:

```
function WECHSELGELD2(r:nat) → bag nat
    pre 1 ≤ r ≤ 100
    result Wechselgeld
    body var rvar:nat;              (* Zum Weiterzählen von r *)
        var lz:nat;                 (* Jeweils letzte Ziffer von rvar *)
        var erg:bag nat;
        rvar,erg := r,EMPTY;
        while rvar<100 do
            lz := rvar MOD 10;
            if lz=2 ∨ lz=4 ∨ lz=7 ∨ lz=9 then
                        rvar,erg := rvar+1,INSERT(erg,1)
            [] lz=1 ∨ lz=2 ∨ lz=3 ∨ lz=6 ∨ lz=7 ∨ lz=8 then
                        rvar,erg := rvar+2,INSERT(erg,2)
            [] lz≤5 then
                        rvar,erg := rvar+5,INSERT(erg,5)
            endif
        enddo;
        erg
endfunction
```

Wir schließen diesen Abschnitt mit einem Beispiel, in dem der methodische Effekt der Verwendung von Nicht-Determinismus angedeutet ist. Einige weitere Anwendungen werden noch im nächsten Kapitel auftreten.

Eine modifizierte Wechselgeldaufgabe bestehe darin, zu einem Rechnungsbetrag $r \in \mathbb{N}$, $1 \le r \le 100$, das Wechselgeld in einer *beliebigen* Zusammenstellung von 1-DM-, 2-DM- und 5-DM-Münzen zu bestimmen (ohne Forderung, daß möglichst wenige Münzen ausgegeben werden sollen). Wir stellen das Wechselgeld wieder als Multimenge dar und formulieren folgenden naheliegenden nicht-deterministischen (und rekursiven) Algorithmus zur Lösung:

```
function WECHSELGELD3(r:nat) → bag nat
    pre 1 ≤ r ≤ 100
    result Wechselgeld
    body if r=100 then EMPTY
         ▯ r+1≤100 then INSERT(WECHSELGELD3(r+1),1)
         ▯ r+2≤100 then INSERT(WECHSELGELD3(r+2),2)
         ▯ r+5≤100 then INSERT(WECHSELGELD3(r+5),5)
         endif
endfunction
```

WECHSELGELD3 ist nicht-determiniert, was die Aufgabenstellung ja auch zuläßt. In einer deterministischen Lösung müßten die Fälle in der Fallunterscheidung "nicht-überlappend" formuliert werden, z.B.:

```
if r=100 then EMPTY
▯ r+1≤100 ∧ r+2>100 then INSERT(WECHSELGELD3(r+1),1)
▯ r+2≤100 ∧ r+5>100 then INSERT(WECHSELGELD3(r+2),2)
else INSERT(WECHSELGELD3(r+5),5)
endif
```

(Ganz ähnlich ist die Formulierung von W5 in Abschnitt 2.4.) Neben einer dadurch erfolgten Festlegung auf ein (nicht gefordertes) bestimmtes Wechselgeldergebnis ist die deterministische Formulierung durch die notwendige gegenseitige Abgrenzung der einzelnen Fälle unhandlicher als die Fassung in *WECHSELGELD3*. Bei komplizierteren Bedingungen kann dieser Effekt noch deutlicher werden.

7 Komplexität von Algorithmen

7.1 Grundbegriffe

Bei der algorithmischen Lösung eines gegebenen Problems ist - wie in den bisherigen Kapiteln nur an einigen Stellen kurz bemerkt - auch die Effizienz des zu entwickelnden Verfahrens von großer Wichtigkeit. Dieser Aspekt wird jetzt genauer behandelt. Im ersten Abschnitt geben wir eine Einführung in die nachfolgenden Diskussionen und erklären insbesondere den Begriff der Komplexität eines Algorithmus als den ihm "inhärent zugrundeliegenden Ausführungsaufwand".

Bei der Darlegung algorithmischer Konzepte und ihrer methodischen Verwendung haben wir in den vorangegangenen Kapiteln sehr deutlich die Entwicklung systematischer, modularer (in überschaubare Teile zerlegter) möglichst gut nachvollziehbarer Algorithmen in den Vordergrund gestellt. Lediglich am Rande haben wir einige Male bemerkt, daß auch die Effizienz des Algorithmus ein wichtiges Ziel bei der Programmierung eines gegebenen Problems darstellt.

Als Effizienz eines Algorithmus haben wir bisher informell etwa den (geringen) realen Zeitbedarf der Algorithmusausführung verstanden. Etwas allgemeiner sagen wir jetzt: Ein Algorithmus ist umso effizienter, je geringer der "Aufwand" für seine Abarbeitung ist. Außer dem Zeitbedarf der maschinellen Ausführung (Rechenaufwand) kann etwa auch der Bedarf an "Speicherzellen" (Speicheraufwand) in einer üblichen Rechenanlage (in der alle anfallenden Daten in solchen Zellen niedergelegt sind) für die Effizienz maßgebend sein.

Der Abarbeitungsaufwand eines Algorithmus hängt von vielen Faktoren ab. Betrachten wir als Beispiel die Funktion

```
function FAK3(n:nat)→nat
    result FAK3(n) = n!
    body var erg:nat;
        erg := 1;
        for i from 1 to n do erg := i * erg enddo;
        erg
endfunction
```

aus Abschnitt 4.5. Zunächst ist offensichtlich, daß etwa der Rechenaufwand von $FAK3$ von der jeweiligen Eingabe für den Parameter n abhängt:

Je größer n ist, umso öfter muß die Schleife durchlaufen werden, d.h. umso mehr Zeit wird eine Rechenanlage bei der Abarbeitung benötigen. Darüber hinaus ist der Aufwand für *FAK3* bestimmt durch:

- die Art, Anzahl und Zusammensetzung der algorithmischen Konzepte in *FAK3*, kurz: den "Aufbau" des Algorithmus,
- die Art der Realisierung der algorithmischen Konzepte auf einer bestimmten Rechenanlage (etwa mit einem schon in Abschnitt 6.4 genannten Verwaltungsaufwand bei Rekursionen) sowie konkrete Maschineneigenschaften (z.B. Art und Ausführungsgeschwindigkeit der Maschinenoperationen).

Von der zuletzt genannten Realisierungs- und Maschinenabhängigkeit wollen wir in unseren weiteren Betrachtungen abstrahieren. Für die Bestimmung des Rechenaufwands von *FAK3* könnten wir etwa idealisierend annehmen:

- Die Ausführung einer beliebigen Grundoperation sowie einer Wertzuweisung nimmt eine bestimmte Zeit c_1 in Anspruch.
- Pro Durchlauf einer Laufanweisung wird eine Zeit c_2 für die Organisation der Schleife (Zählung, Prüfung auf Abbruch) sowie die Summe der Ausführungszeiten der Grundoperationen und Wertzuweisungen im Schleifenrumpf benötigt.
- Der Gesamtrechenaufwand einer Laufanweisung ist gegeben durch die Summe der Zeiten über alle Durchläufe zuzüglich c_2 für die Feststellung und Durchführung des Schleifenabbruchs.

Der gesamte Rechenaufwand $T(n)$ für die Ergebnisberechnung in *FAK3* – kurz: der Rechenaufwand des Algorithmus *FAK3* – ist dann (in Abhängigkeit von n) gegeben durch den Aufwand c_1 für die Vorbesetzung *erg* := 1 zuzüglich dem Aufwand für die nachfolgende Schleife. Da im Schleifenrumpf eine Grundoperation und eine Zuweisung vorkommen, beträgt letzterer $(2 \cdot c_1 + c_2) \cdot n$ für n Schleifendurchläufe zuzüglich c_2 für die Abbruchorganisation, zusammen ergibt sich also:

$$T(n) = (2 \cdot c_1 + c_2) \cdot n + c_1 + c_2.$$

Der inhärent (unter Zugrundelegung gewisser Idealisierungsannahmen über Implementierungs- und Maschinendetails) durch den Aufbau eines Algorithmus gegebene (Rechen- oder Speicher-) Aufwand heißt (*Zeit-* bzw. *Platz-*) *Komplexität* des Algorithmus. Die Komplexität ist formal eine Abbildung (im Beispiel $T: \mathbb{N}_0 \to \mathbb{N}_0$), die diesen Aufwand in Abhängigkeit gewisser Eingabegrößen des Algorithmus (im Beispiel n) bestimmt. Die wie oben definierte Abbildung T beschreibt also die Zeitkomplexität von *FAK3* bezüglich der skizzierten Idealisierung.

Die Abhängigkeit des Aufwands eines Algorithmus von den konkreten Eingaben ist insbesondere bei strukturierten Daten sorgfältig zu analysieren. In der Prozedur

```
procedure P1(trans x:array nat)
   result Alle Komponenten von x werden um 1 erhöht
   body for i from 1 to UPB(x) do
           x := ALT(x,i,PROJ(x,i)+1)
        enddo
endprocedure
```

hängt der Rechen- (und auch Speicher-) Aufwand offenbar von der Anzahl $n=UPB(x)$ der Komponenten der jeweiligen Eingabe für x ab: n bestimmt die Anzahl der Iterationen. Unter den gleichen idealisierenden Annahmen wie oben gilt für die Zeitkomplexität von $P1$:

$$T(n) = (4 \cdot c_1 + c_2) \cdot n + c_2.$$

(Es gibt n Iterationen, der Schleifenrumpf enthält drei Grundoperationen und eine Zuweisung.)

Der Rechenaufwand des etwas modifizierten Algorithmus

```
procedure P2(trans x:array nat)
   result Alle Komponenten von x bis zur ersten
          auftretenden 0 werden um 1 erhöht
   body for i from 1 to UPB(x) while PROJ(x,i)≠0 do
           x := ALT(x,i,PROJ(x,i)+1)
        enddo
endprocedure
```

hängt jedoch von den tatsächlichen Komponentenwerten von (der Eingabe für) x ab. Im "günstigsten Fall" ist bereits die erste Komponente $x_1=0$, der Schleifenrumpf muß also überhaupt nicht durchlaufen werden. Setzt man Aufwandseinheiten c_1 (wie bisher) und c_2' für die Schleifen- und Abbruchorganisation der allgemeinen Wiederholungsanweisung voraus, so ergibt sich für diesen Fall also eine Zeitkomplexität

$$T_g(x) = c_2'.$$

Im ungünstigsten Fall enthält x keine 0, man erhält $UPB(x)$ Schleifendurchläufe, also analog wie bei $P1$:

$$T_s(x) = (4 \cdot c_1 + c_2') \cdot UPB(x) + c_2'.$$

Diese Komplexität heißt "Komplexität im schlechtesten Fall" und wird in solchen Situationen häufig als Komplexitätsabschätzung eines Algorithmus herangezogen. Sie hängt hier erneut nur von $n=UPB(x)$ ab und kann daher auch wieder in der Form

$$T_s(n) = (4 \cdot c_1 + c_2') \cdot n + c_2'$$

geschrieben werden.

Eine subtilere Abschätzung ist die "Komplexität im Mittel", die jedoch nicht immer leicht zu bestimmen ist. Im vorliegenden Beispiel könnte man sich etwa vorstellen, daß der Algorithmus $P2$ häufig - mit verschiedenen Eingaben für x - angewendet wird. Die jeweiligen Zeitkomplexitäten sind, je nachdem, ob und an welcher Stelle in x (erstmals) eine 0 auftritt, gegeben durch

$$T_0(x) = (4 \cdot c_1 + c_2') \cdot 0 + c_2' \quad (= T_g(x)) \qquad \text{falls } x_1 = 0,$$
$$T_1(x) = (4 \cdot c_1 + c_2') \cdot 1 + c_2' \qquad\qquad \text{falls } x_2 = 0,$$
$$\vdots$$
$$T_n(x) = (4 \cdot c_1 + c_2') \cdot n + c_2' \quad (= T_s(x)) \qquad \text{falls kein } x_i = 0.$$

Kommen alle diese Fälle (statistisch gesehen) "gleich häufig" vor, so läßt sich die "mittlere Komplexität" $T_m(n)$ als Mittelwert der $T_0(x),...,T_n(x)$ bestimmen:

$$
\begin{aligned}
T_m(n) &= \frac{T_0(x) + ... + T_n(x)}{n+1} \\
&= \frac{(4 \cdot c_1 + c_2') \cdot (0 + 1 + 2 + ... + n) + (n+1) \cdot c_2'}{n+1} \\
&= \frac{(4 \cdot c_1 + c_2') \cdot \frac{1}{2} \cdot n \cdot (n+1) + (n+1) \cdot c_2'}{n+1} \\
&= \tfrac{1}{2} \cdot (4 \cdot c_1 + c_2') \cdot n + c_2'.
\end{aligned}
$$

$T_m(n)$ ist wieder nur abhängig von n und "versteckt" die zusätzliche Abhängigkeit von den konkreten Werten von x in statistische Annahmen über x bei häufiger Anwendung des Algorithmus.

Ähnliche Analysen kann man auch für die Platzkomplexität von Algorithmen vornehmen. Wir werden uns im folgenden jedoch ausschließlich auf einige Erörterungen von Zeitkomplexitäten beschränken. Dabei werden wir die Komplexität eines Algorithmus häufig gar nicht so genau bestimmen wie in den bisherigen Beispielen (genaue Zählung der Grundoperationen, Zuweisungen, Schleifenorganisationen usw.). Oft reicht bereits eine sehr viel gröbere Messung der Komplexität nach ihrer "Größenordnung" aus, um die "Güte" eines Algorithmus (etwa im Vergleich zu anderen) zu kennzeichnen. Betrachten wir z.B. zwei Schleifen der Formen

(1)   **for** i **from** 1 **to** n **do** $\mathfrak{a}$ **enddo**

und

(2)   **for** i **from** 1 **to** n **do**
                          for j **from** 1 **to** n **do** $\mathfrak{b}$ **enddo**
                        enddo

$\mathfrak{a}$ enthalte 5 und $\mathfrak{b}$ enthalte 2 "elementare Bestandteile" (mit Rechenaufwand c_1). Wie oben errechnen wir dann für die Schleife (1) eine Zeitkomplexität

$$T_1(n) = (5 \cdot c_1 + c_2) \cdot n + c_2.$$

Für (2) gilt: Der Rechenaufwand der inneren Schleife beträgt

$$T'(n) = (2 \cdot c_1 + c_2) \cdot n + c_2.$$

Die innere Schleife ist Rumpf der äußeren Schleife, die Zeitkomplexität von (2) errechnet sich also wie folgt:

$$T_2(n) = (T'(n) + c_2) \cdot n + c_2$$
$$= (2 \cdot c_1 + c_2) \cdot n^2 + 2 \cdot c_2 \cdot n + c_2.$$

Die beiden Komplexitäten T_1 und T_2 unterscheiden sich in ihren Größenordnungen: $T_1(n)$ wird mit wachsendem n im wesentlichen proportional zu n größer; $T_2(n)$ wächst dagegen mit n^2. Die Bedeutung dieses verschiedenartigen Wachstums wird klar, wenn wir in T_1 und T_2 die jeweiligen Zusätze mit c_2 vernachlässigen (d.h. $c_2 = 0$ setzen) und $c_1 = 1$ annehmen: Dann gilt

$$T_1(n) = 5 \cdot n,$$
$$T_2(n) = 2 \cdot n^2,$$

und die Auswertung von $T_1(n)$ und $T_2(n)$ für einige n ergibt folgendes Bild:

n	$T_1(n)$	$T_2(n)$
0	0	0
1	5	2
2	10	8
3	15	18
10	50	200
100	500	20000

Für $n = 0,1,2$ gilt zwar $T_1(n) \geq T_2(n)$, ab $n = 3$ ist jedoch $T_2(n) > T_1(n)$, und der Unterschied zwischen $T_2(n)$ und $T_1(n)$ wird mit wachsendem n immer drastischer. In diesem Sinn ist $T_2(n)$ eine "höhere" Komplexität als $T_1(n)$.

Um diese Betrachtungsweise zu formalisieren, definieren wir: $\mathbb{R}^+$ sei die Menge der nicht-negativen reellen Zahlen. Sind f und g zwei Abbildungen $\mathbb{N}_0 \to \mathbb{R}^+$, so ist g **von der Ordnung** f (meist geschrieben: $g(n)$ ist $O(f(n))$), falls es $c, n_0 \in \mathbb{N}_0$ gibt, so daß gilt:

$$g(n) \leq c \cdot f(n) \qquad \text{für } n \geq n_0.$$

Beispiele. 1) Sei $T_1(n) = k_1 \cdot n + k_2$ mit $k_1, k_2 \in \mathbb{N}_0$ wie im Fall obiger Schleife (1). $T_1(n)$ ist $O(n)$ (d.h. T_1 ist von der Ordnung h mit $h(n) = n$), denn mit $c = k_1 + k_2$ und $n_0 = 1$ gilt für $n \geq n_0$:

$$T_1(n) = k_1 \cdot n + k_2 \leq k_1 \cdot n + k_2 \cdot n = (k_1 + k_2) \cdot n = c \cdot n = c \cdot h(n).$$

2) Sei $T_2(n) = l_1 \cdot n^2 + l_2 \cdot n + l_3$ mit $l_1, l_2, l_3 \in \mathbb{N}_0$ wie im Fall obiger Schleife (2). $T_2(n)$ ist $O(n^2)$, denn mit $c = l_1 + l_2 + l_3$ und $n_0 = 1$ gilt für $n \geq n_0$:

$$T_2(n) = l_1 \cdot n^2 + l_2 \cdot n + l_3 \leq l_1 \cdot n^2 + l_2 \cdot n^2 + l_3 \cdot n^2 = c \cdot n^2.$$

$T_2(n)$ ist jedoch (falls $l_1 \neq 0$) nicht $O(n)$. Gäbe es nämlich $c, n_0 \in \mathbb{N}_0$ mit

$$l_1 \cdot n^2 + l_2 \cdot n + l_3 \leq c \cdot n \qquad \text{für } n \geq n_0,$$

so wäre auch $l_1 \cdot n^2 + l_2 \cdot n \leq c \cdot n$ für $n \geq n_0$ und somit $l_1 \cdot n + l_2 \leq c$ für alle $n \geq n_0$ (und $n \neq 0$). Dies kann offenbar nicht der Fall sein: Für $n > 2 \cdot c$ ist z.B. sicher $l_1 \cdot n + l_2 > c$. $\qquad\qquad\qquad\qquad\qquad\qquad\qquad\qquad$ □

Die Komplexität $T(n)$ eines Algorithmus, die in der Form "$T(n)$ ist von der Ordnung $f(n)$" angegeben ist, heißt auch **asymptotische Komplexität**. (Man beachte, daß wir hierbei nur Komplexitäten betrachten, die von einer einzigen Größe $n \in \mathbb{N}_0$ abhängen. Dies reicht für unsere weiteren Diskussionen aus.) Ist $T_1(n)$ von einer Ordnung $f(n)$, $T_2(n)$ jedoch nicht, so ist $T_2(n)$ eine höhere (asymptotische) Komplexität als $T_1(n)$. Typische in der Praxis auftretende asymptotische Komplexitätsangaben mit ihren Benennungen sind:

$O(1)$:	**konstant**,
$O(LOG(n))$:	**logarithmisch**,
$O(n)$:	**linear**,
$O(n \cdot LOG(n))$,	
$O(n^2)$:	**quadratisch**,
$O(2^n)$:	**exponentiell**.

Diese Auflistung ist nach wachsender Höhe angeordnet: Eine konstante Komplexität ist niedriger als eine logarithmische, diese ist niedriger als eine lineare Komplexität usw.

Ein Algorithmus mit z.B. logarithmischer Komplexität wird auch logarithmischer Algorithmus oder $LOG(n)$-Algorithmus genannt. Analoges gilt für die anderen Ordnungen. Eine Komplexität $T(n)$ ist $O(1)$, also konstant, wenn es ein $c \in \mathbb{N}_0$ gibt, so daß $T(n) \leq c$ für alle $n \in \mathbb{N}_0$ gilt.

Eine asymptotische Komplexitätsangabe abstrahiert sowohl von den (ohnehin schon idealisierenden) Implementierungs- und Maschinenannahmen (den Werten c_1, c_2, c_2' in den Beispielen) als auch von sonstigen für diese grobe Messung unerheblichen Details, z.B. den nicht vom jeweiligen n abhängenden Anzahlen von Grundoperationen und Zuweisungen in einem Schleifenrumpf. Wie schon bemerkt, sind asymptotische Komplexitätsaussagen oft recht aussagekräftig, verschleiern aber natürlich auch Information, die in der Praxis relevant sein kann. Ein linearer Algorithmus ist – asymptotisch gesehen – "besser" (von niedrigerer Komplexität) als ein quadratischer Algorithmus. Sind die beiden Komplexitäten allerdings gegeben etwa durch

$$T_1(n) = 10000 \cdot n,$$
$$T_2(n) = 10 \cdot n^2,$$

so zeigt die Wertetabelle

n	$T_1(n)$	$T_2(n)$
0	0	0
1	10^4	10^1
10	10^5	10^3
100	10^6	10^5
1000	10^7	10^7
10000	10^8	10^9

daß immerhin bis $n=999$ (außer $n=0$) $T_2(n) < T_1(n)$ – für kleine n sogar
"recht deutlich" – gilt. In Anwendungssituationen, wo die entsprechenden
Berechnungen nur für derartige n durchzuführen sind, wird also doch der
quadratische Algorithmus vorzuziehen sein.

Wir beschließen diesen Abschnitt mit einer nützlichen Regel zum
"Rechnen" mit asymptotischen Komplexitätsangaben.

Feststellung. f_1, f_2, g_1, g_2 *seien Abbildungen* $\mathbb{N}_0 \rightarrow \mathbb{R}^+$ *mit:* $g_1(n)$ *ist* $O(f_1(n))$,
und $g_2(n)$ *ist* $O(f_2(n))$. *Für die Abbildung* $g(n) = g_1(n) \cdot g_2(n)$ *gilt dann:* $g(n)$
ist $O(f_1(n) \cdot f_2(n))$.

Beweis. Nach Voraussetzung gibt es $c_1, c_2, n_1, n_2 \in \mathbb{N}_0$, so daß gilt:

$$g_1(n) \le c_1 \cdot f_1(n) \qquad \text{für } n \ge n_1,$$
$$g_2(n) \le c_2 \cdot f_2(n) \qquad \text{für } n \ge n_2.$$

Sei nun $c = c_1 \cdot c_2$ und n_0 das Maximum der beiden Zahlen n_1 und n_2. Dann
gilt:

$$g(n) = g_1(n) \cdot g_2(n) \le c_1 \cdot f_1(n) \cdot c_2 \cdot f_2(n) = c \cdot f_1(n) \cdot f_2(n) \qquad \text{für } n \ge n_0.$$

Dies bedeutet: $g(n)$ ist $O(f_1(n) \cdot f_2(n))$. $\qquad\qquad\qquad\qquad\qquad\qquad \square$

7.2 Entwicklung effizienter Algorithmen

Im weiteren Verlauf dieses Kapitels diskutieren wir eine Reihe von typischen Vorgehensweisen, wie Algorithmen mit möglichst niedriger Komplexität zu erzielen
sind. In diesem Abschnitt geben wir zunächst einen Überblick und einige einfache
Beispiele.

Die Effizienz eines Algorithmus ist inhärent durch seine (möglichst nied-
rige) Komplexität gegeben. Es gibt eine ganze Reihe typischer Vorge-

hensweisen, um in diesem Sinne effiziente Algorithmen zu entwickeln, oder die Effizienz bereits konzipierter Algorithmen zu erhöhen.

Eine einfache, in früheren Kapiteln schon mehrfach angewendete Methode der Effizienzsteigerung besteht darin, einen Algorithmus so umzuformulieren, daß keine "unnötigen Berechnungsteile" vorkommen. Dazu gehört z.B. - wie in Abschnitt 3.6 besprochen - die Vermeidung von Mehrfachauswertungen gleicher Terme durch Zwischenberechnungen, und auch die Erzwingung eines möglichst frühen Abbruchs einer Schleife (etwa die Verbesserung des Algorithmus *EXISTQ* zum Algorithmus *EXISTQ1* in Abschnitt 4.5) ist von dieser Art.

Manche derartige Effizienzverbesserung setzt durchaus detaillierteres Wissen über die - die zugrundeliegenden Idealisierungsannahmen bestimmende - mögliche Realisierung algorithmischer Konstrukte auf einer Rechenanlage voraus. Ein Beispiel ist die Funktion *ENTHALTEN* in Abschnitt 5.1, hier noch einmal verkürzt notiert:

```
function ENTHALTEN(x:sequ σ,a:σ)→boolean
    body if ISEMPTY(x) then FALSE
        else FIRST(x)=a ∨ ENTHALTEN(REST(x),a) endif
endfunction
```

Es kann sein, daß nach einigen rekursiven Aufrufen von *ENTHALTEN* a in x gefunden ist: In der betreffenden Inkarnation gilt $FIRST(x)=a$. Gemäß der Termauswertungs-Definition in Abschnitt 3.3 wird dennoch der gesamte Term

$$FIRST(x)=a \vee ENTHALTEN(REST(x),a)$$

d.h. auch der neuerliche Aufruf von *ENTHALTEN* ausgewertet, was zu weiteren, für die Feststellung des Gesamtergebnisses gar nicht mehr nötigen rekursiven Aufrufen führt.

Bei der Diskussion der Iteration in Abschnitt 4.5 hat eine ganz analoge Situation die Einführung der allgemeinen Wiederholungsanweisung (und die Formulierung des Algorithmus *EXISTQ1*) motiviert, die ein "Abschneiden" weiterer Iterationsschritte explizit beschreibbar macht. Ein Abbruch der Rekursion von *ENTHALTEN* im Fall $FIRST(x)=a$ wird auf eine etwas verstecktere Weise erzielt durch Verwendung der sequentiellen Operation $\oslash$ statt $\vee$ im Rumpf der Funktion. Das liegt daran, daß der Wert eines Terms $t_1 \oslash t_2$ (anders als in unserer Auswertungsdefinition) in einer Weise bestimmt werden kann, wie sie bereits in Abschnitt 1.2 angedeutet ist. $t_1 \oslash t_2$ ist gemäß Abschnitt 3.3 gleichwertig zu

$$\text{if } t_1 \text{ then } TRUE \text{ else } t_2 \text{ endif}$$

und zur Wertbestimmung für diesen Term kann zunächst nur t_1 ausgewertet werden. Ist $t_1 = TRUE$, so braucht t_2 nicht mehr betrachtet zu werden, das Gesamtergebnis ist *TRUE*. Unter der (realistischen) Annahme, daß

$\circledV$ in dieser effizienten Weise implementiert ist, bedeutet also die Modifizierung des Rumpfs von *ENTHALTEN* zu

$$FIRST(x) = a \circledV ENTHALTEN(REST(x),a)$$

eine Effizienzsteigerung.

Analoges gilt für die Verwendung von $\circledA$. Eine ganze Reihe von rekursiven Algorithmen in den Kapiteln 5 und 6 könnte auf diese Weise verbessert werden (Beispiele in Kapitel 5: *SEQUGLEICH*, *ENTHALLG*, *BBGLEICH*, *ENTHALTEN3*, *FANOTEST*).

Bemerkenswert ist noch, daß die Formulierung solchermaßen effizienter Algorithmusfassungen auch ein sprachliches Problem ist: Die verwendete algorithmische Sprache muß Mittel enthalten, mit denen die gewünschte Vermeidung unnötiger Berechnungsteile ausgedrückt werden kann. Betrachten wir etwa den Rumpf des Algorithmus *DECOD* aus Abschnitt 5.5:

```
const r:paaryb = ANFDECOD(cb,c);
if ISEMPTY(c) then EMPTY
else PREFIX(PROJ1(r),DECOD(cb,PROJ2(r))) endif
```

Die vorangestellte Konstantenvereinbarung für *r* (mit *einem* Aufruf von *ANFDECOD*) vermeidet, daß im **else**-Zweig des bedingten Terms *ANFDECOD* zweimal aufgerufen wird. Noch effizienter wäre es allerdings, die Berechnung von *r* nur im **else**-Zweig durchzuführen, denn im Fall $ISEMPTY(c) = TRUE$ wird der Wert von $ANFDECOD(cb,c)$ ja gar nicht benötigt. Dies würde man etwa in der Form

```
if ISEMPTY(c) then EMPTY
else const r:paaryb = ANFDECOD(cb,c);
     PREFIX(PROJ1(r),DECOD(cb,PROJ2(r)))
endif
```

notieren, was wir in AKS jedoch (recht willkürlich) nicht vorgesehen haben. (In Abschnitt 6.6 haben wir diese Spracherweiterung allerdings auch schon einmal verwendet.) Innerhalb der festgelegten Syntax könnten wir höchstens auf eine insgesamt nicht mehr so griffige imperative Fassung ausweichen:

```
var r:paaryb;
var erg:sequ char;
if ISEMPTY(c) then erg := EMPTY
else r := ANFDECOD(cb,c);
     erg := PREFIX(PROJ1(r),DECOD(cb,PROJ2(r)))
endif;
erg
```

Neben den hier skizzierten recht einfachen Effizienzsteigerungen durch Veränderungen der "Steuerung" der Berechnungsvorgänge können Algorithmen auch häufig durch das Ausnutzen gewisser formaler ("mathematischer") Eigenschaften der bearbeiteten Aufgabe oder der dabei auftretenden Daten verbessert werden. Ein Beispiel ist der in Abschnitt 6.3 behandelte Primzahltest. Der dort angegebene Algorithmus

```
function PRIM1(n:nat)→boolean
    result PRIM1(n) ⇔ n ist Primzahl
    body var erg:boolean;
          if n<2 then erg := FALSE
          else erg := TRUE;
               for i from 2 to n-1 while erg do
                  if n MOD i = 0 then erg := FALSE endif
               enddo
          endif;
          erg
endfunction
```

ist eine naheliegende iterative Lösung. Der Teil "**while erg**" in der Schleife von *PRIM1* trägt (im Mittel) bereits zur Effizienzsteigerung bei: Sobald der erste Teiler von n gefunden ist, bricht die Schleife ab. Im schlechtesten Fall (wenn n Primzahl ist) wird die Schleife $(n-2)$-mal durchlaufen. Dies ist offenbar unnötig. Wenn man einen Teiler von n sucht, braucht man nicht alle Zahlen zwischen 2 und $n-1$ zu betrachten: Ein Teiler kann sicher nicht größer als $n DIV 2$ sein; es würde also genügen, die Schleife nur von 2 bis $n DIV 2$ laufen zu lassen. Eine noch genauere Analyse ergibt sogar, daß gilt:

(*) *Ist n keine Primzahl, so ist n durch eine Zahl $j \in \mathbb{N}$ mit $2 \le j \le \sqrt{n}$ teilbar.*

Ist nämlich n keine Primzahl, so ist n durch ein k mit $2 \le k \le n$ teilbar, d.h. es gibt $l \in \mathbb{N}$ mit $2 \le l \le n$ und $n = k \cdot l$. Auch l ist ein Teiler von n. Wäre nun sowohl $k > \sqrt{n}$ als auch $l > \sqrt{n}$, so wäre $k \cdot l > \sqrt{n} \cdot \sqrt{n} = n$ im Widerspruch zu $n = k \cdot l$. Es gilt also $k \le \sqrt{n}$ oder $l \le \sqrt{n}$, d.h. einer dieser beiden Teiler von n hat die behauptete Eigenschaft.

$\sqrt{n}$ ist in der Regel nicht ganzzahlig. Bezeichnen wir mit $W(n)$ den gegebenenfalls zur nächsten nat-Zahl abgerundeten Wurzelwert von n, so bedeutet (*), daß die Suche nach einem Teiler nur von 2 bis $W(n)$ nötig ist: Ist in diesem Bereich kein Teiler zu finden, so ist n Primzahl. Wir könnten die Schleife von *PRIM1* also effizienter wie folgt formulieren:

for i **from** 2 **to** $W(n)$ **while** *erg* **do** ... **enddo**

Es erhebt sich allerdings die Frage, ob die Berechnung von $W(n)$ genügend effizient möglich ist, damit insgesamt wirklich eine Verbesserung gegenüber der ursprünglichen Fassung erreicht ist. Dies ist nicht einfach zu beantworten. Um das Problem zu umgehen, verwenden wir noch eine zusätzliche Überlegung: Es gilt

$$i \le W(n) \Leftrightarrow i^2 \le n,$$

und somit können wir den Effekt, daß i nur bis $W(n)$ läuft, auch durch die Hinzunahme der Bedingung $i^2 \leq n$ unter **while**... erzielen. Dies führt z.B. auf folgende Schleifenformulierung (mit einem möglichst einfachen Endwert für die Fortschaltung von i):

(**)   **for** i **from** 2 **to** n **while** $erg \wedge i * i \leq n$ **do** ... **enddo**

Unter der Voraussetzung, daß die Organisation des bedingten Terms (Auswahl des betreffenden Zweiges) in *PRIM1* konstanten Aufwand erfordert, ist der Aufwand $T(n)$ des ursprünglichen Algorithmus im schlechtesten Fall (mit den weiteren Annahmen wie im vorigen Abschnitt) in Abhängigkeit von n gegeben durch

$$T(n) = k_1 \cdot (n-2) + k_2 = k_1' \cdot n + k_2'$$

$(k_1, k_2, k_1', k_2' \in \mathbb{N}_0)$. Die (asymptotische) Komplexität von *PRIM1* ist also $O(n)$. Mit der Schleife (**) errechnet sich der Aufwand analog zu

$$k_1'' \cdot W(n) + k_2''$$

$(k_1'', k_2'' \in \mathbb{N}_0)$. Das ist $O(\sqrt{n})$ und bedeutet eine Verbesserung in der Größenordnung (wie der Leser leicht selbst nachprüfen kann).

Als weiteres Beispiel betrachten wir den ebenfalls in Abschnitt 6.3 angegebenen Algorithmus

```
function MAXUMFANG(n:nat) → tupel nat,nat,nat endtupel
    pre n ≥ 1
    result (Ganzzahlige) Dreiecksseiten (≤n) eines rechtwinkligen
           Dreiecks mit maximalem Umfang
body var maxum,maxa,maxb,maxc:nat;
      maxum,maxa,maxb,maxc := 0,0,0,0;
      for a from 1 to n do
          for b from 1 to n do
              for c from 1 to n do
                  if a*a + b*b = c*c ∧ a+b+c > maxum then
                      maxum,maxa,maxb,maxc := a+b+c,a,b,c
                  endif
              enddo
          enddo
      enddo;
      COMP(maxa,maxb,maxc)
endfunction
```

Hier werden in den drei Schleifen alle möglichen Kombinationen von a,b und c mit $1 \leq a,b,c \leq n$ durchprobiert. Das ist nicht notwendig. Da es für die Lösung des gestellten Problems auf die Bezeichnungen der Dreiecksseiten nicht ankommt, können wir etwa annehmen, daß c die Hypothenuse, a die kleinere und b die größere Kathete der zu untersuchenden rechtwinkligen Dreiecke bezeichnen (wobei auch $a=b$ möglich ist). Da beide Katheten immer kleiner als die Hypothenuse sind, können die zu betrachtenden Werte von a und b durch $1 \leq a \leq c-1$ und $a \leq b \leq c-1$ eingeschränkt

werden. Zusätzlich gilt: Ist $b^2 > c^2 - a^2$, so können größere Werte von
b (mit den gerade betrachteten a und c) kein rechtwinkliges Dreieck mehr
ergeben. Die Schleifen von *MAXUMFANG* können also in folgender effi-
zienterer Form angegeben werden:

```
for c from 1 to n do
    for a from 1 to c-1 do
        for b from a to c-1 while b*b ≤ c*c-a*a do
            if a*a+ b*b = c*c ∧ a+b+c > maxum then
                maxum,maxa,maxb,maxc := a+b+c,a,b,c
            endif
        enddo
    enddo
enddo;
```

Die dadurch erzielte Effizienzverbesserung ist offensichtlich, der
Algorithmus bleibt allerdings auch nach dieser Änderung innerhalb der
gleichen asymptotischen Größenordnung. Für das ursprüngliche
MAXUMFANG ist leicht einzusehen: Jede der drei ineinander geschachtelten Schleifen wird n-mal durchlaufen; der Gesamtrechenaufwand ist
$k_1 \cdot n \cdot n \cdot n + k_2$ mit $k_1, k_2 \in \mathbb{N}_0$, d.h. $O(n^3)$. Die (nicht ganz einfache) Analyse
der verbesserten Fassung führt ebenfalls auf die Komplexität $O(n^3)$. (Der
Algorithmus könnte im übrigen noch weiter verbessert werden, z.B. durch
Vermeidung der wiederholten Berechnung der Quadrate a^2, b^2, c^2.)

Die bisherigen Beispiele waren von der Art, daß ein Algorithmus in
gewissen Details verbessert, an seinem Grundkonzept jedoch nichts verändert wurde. Natürlich hat auch die eigentliche Lösungsidee auf die
Komplexität des danach entwickelten Algorithmus Einfluß. Die Effizienz
möglicher Lösungsansätze hängt dabei häufig von der Darstellung der zu
verarbeitenden Daten ab. Auf diesen Zusammenhang werden wir im nächsten Abschnitt noch genauer eingehen. Hier geben wir zunächst nur ein
typisches Beispiel dafür, wie bei einem bereits früher behandelten Problem eine "völlig neue" Lösungsidee (bei gleicher Datendarstellung) zu
einem effizienteren Algorithmus führt.

In Abschnitt 5.3 haben wir den Algorithmus *LINSORT1* zum ("linearen") Sortieren einer als Reihung dargestellten Folge x von Elementen
einer Sorte σ (mit totaler Ordnung ≤) angegeben. Die Idee von *LINSORT1*
besteht darin, in der Folge

$$(x_1, x_2, ..., x_n)$$

alle Elemente $x_2, x_3, ..., x_n$ zu durchlaufen und dabei jedesmal das betrachtete x_i in den (dann bereits sortierten) Anfang $(x_1, ..., x_{i-1})$ einzusortieren.
Auch ohne nochmalige Notierung sollte klar sein, daß dieser Algorithmus
eine Komplexität $O(n^2)$ hat: Für das Einsortieren von x_i in $(x_1, ..., x_{i-1})$
sind im schlechtesten Fall $i-1$ Vergleiche und Vertauschungen (mit konstantem Aufwand k) nötig. Vernachlässigen wir den konstanten Aufwand

für die Schleifenorganisation, so ergibt sich der gesamte Rechenaufwand von *LINSORT1* (in Abhängigkeit der Länge n der Reihung) durch Aufsummieren von $k \cdot (i-1)$ für $i=2,\dots,n$:

$$
\begin{aligned}
T(n) &= k \cdot 1 + k \cdot 2 + \dots + k \cdot (n-1) \\
     &= k \cdot (1 + 2 + \dots + (n-1)) \\
     &= \tfrac{1}{2} \cdot k \cdot n \cdot (n-1) \\
     &= \tfrac{1}{2} \cdot k \cdot (n^2 - n).
\end{aligned}
$$

Dieses $T(n)$ ist offensichtlich $O(n^2)$.

Wir beschreiben nun eine gänzlich andere Lösungsidee (häufig mit dem Schlagwort "Quicksort" belegt):

- Ist $|x| \leq 1$, so ist x bereits sortiert.
- Sei $|x| > 1$, *minx* der (gemäß $\leq$) kleinste und *maxx* der größte in x auftretende Komponentenwert. Sei weiter ein $s \in \sigma$ ("Schnittelement") so gewählt, daß gilt: $minx \leq s \leq maxx$. Ordnet man nun die Komponenten von x zunächst in einer Reihenfolge

$$
x_1', \dots, x_k', x_{k+1}', \dots, x_n'
$$

an, so daß $1 \leq k \leq n-1$, $x_i' \leq s$ für $1 \leq i \leq k$ und $x_i' \geq s$ für $k+1 \leq i \leq n$ gilt, so erledigt sich die Gesamtaufgabe, wenn man anschließend noch jede der beiden Folgen $x_1', \dots, x_k'$ und $x_{k+1}', \dots, x_n'$ für sich sortiert. Dies kann rekursiv geschehen; die Rekursion terminiert, da wegen $1 \leq k \leq n-1$ die Längen beider Folgen kleiner als n sind.

Wir formulieren den Algorithmus (analog zu *LINSORT1*) als Prozedur mit x als Transientparameter. Um die Rekursivität ausdrücken zu können, betten wir ihn allerdings in einen allgemeineren Algorithmus ein, der folgendermaßen spezifiziert ist:

procedure $QUICKSORT$(**trans** x: **array** σ, l, r: **nat**)
    pre $1 \leq l \leq r \leq UPB(x)$
    result Sortieren der Teilfolge $(x_l, x_{l+1}, \dots, x_r)$ von x
endprocedure

Um die Folge $y = (x_l, \dots, x_r)$ nach dem skizzierten Verfahren zu sortieren, müssen die Komponenten zunächst bezüglich dem gewählten Schnittelement s umgeordnet werden. (Es ist $miny \leq s \leq maxy$ mit analog definierten *miny* und *maxy*.) Dies geschieht wie folgt:

$$
\begin{array}{c}
x_l\, , \cdots \cdots\, , x_r \\
\mid \qquad\qquad \mid \\
i \longrightarrow \qquad \longleftarrow j
\end{array}
$$

Man durchläuft mit i die Indizes ab l "aufwärts" und mit j ab r "abwärts". Ist das jeweils betrachtete x_i kleiner als s, so wird x_i an der Stelle belassen; gleiches gilt für x_j, falls $x_j > s$. Findet man x_i und x_j mit $x_i \geq s$ und

$x_j \leq s$, so werden x_i und x_j vertauscht. (Im Fall $x_i = s = x_j$ ist diese Vertauschung zwar überflüssig, wird jedoch auch dann mit der Indexfortschaltung von i und j durchgeführt, um andernfalls notwendige recht komplizierte Abbruchbedingungen zu vermeiden.) Das Umordnen ist beendet, wenn sich i und j "überlappen", d.h. wenn $i>j$ geworden ist. Unter Verwendung der Prozedur *TAUSCH* aus Abschnitt 5.3 können wir diesen Algorithmusteil wie folgt notieren:

```
var i,j:nat;
i,j := l,r;
while i≤j do
    if PROJ(x,i)<s then i := i+1          (* 1 *)
    [] PROJ(x,j)>s then j := j-1          (* 2 *)
    else (* Es gilt x ≥s und x ≤s *)
                         i         j
        TAUSCH(x,i,j);                (* Vertauschen von x  und x  *)
        i,j := i+1,j-1                                     i       j
    endif
enddo
```

Man beachte, daß der hier auftretende bedingte Term nicht-deterministisch ist (die Bedingungen für die beiden Zweige (* 1 *) und (* 2 *) schließen sich nicht aus). Anschaulich bedeutet dies, daß es unerheblich ist, ob man erst mit i oder erst mit j fortschreitet (solange $x_i < s$ und $x_j > s$ gilt).

Betrachten wir nun den Zustand η, der nach dieser Umordnung entstanden ist. Zunächst ist klar, daß "links" Elemente $\leq s$ und "rechts" solche $\geq s$ zu stehen gekommen sind; genauer gilt in η:

$$\text{(1)} \qquad \begin{array}{ll} PROJ(x,k) \leq s & \text{für } l \leq k \leq i-1, \\ PROJ(x,k) \geq s & \text{für } j+1 \leq k \leq r. \end{array}$$

Nehmen wir an, daß beim letzten Schleifendurchlauf der Zweig (* 1 *) ausgeführt wurde. In η gilt $i>j$, da die Schleife beendet ist, und im Zustand ξ vor dem Durchlauf galt noch $i \leq j$ und außerdem $PROJ(x,i)<s$. Da i um 1 erhöht wurde, ist in η offenbar $i=j+1$. i wird in der gesamten Schleife niemals vermindert, und j wird niemals vergrößert; es ist also weiter $i \geq l$ und $j \leq r$. Außerdem gilt $i \leq r$ in η: Aus $i=j+1>r$ (und $j \leq r$) folgt nämlich $j=r$, und das bedeutet, daß in allen vorherigen Schleifendurchläufen immer nur der Zweig (* 1 *) ausgeführt wurde, daß also $PROJ(x,k)<s$ für $l \leq k \leq r$ gilt im Widerspruch zur Voraussetzung über s. In gleicher Weise folgt auch, daß $j \geq l$ in η gilt: Aus $j=i-1<l$ (und $i \geq l$) folgt $i=l$; man hätte zum Erreichen von ξ nur immer Zweige (* 2 *) ausgeführt, es wäre also $PROJ(x,k)>s$ für $l \leq k \leq r$, was ebenso der Voraussetzung über s widerspricht. Insgesamt gilt also

$$\text{(2)} \qquad i=j+1 \text{ und } l \leq i,j \leq r$$

in η, zusammen mit (1) anschaulich dargestellt:

(3)
$$x_l, \ldots, x_j, x_i, \ldots, x_r$$
$$\underbrace{}_{\leq s} \quad \underbrace{}_{\geq s}$$

Die beiden unterklammerten Teilfolgen sind wegen (2) nicht leer.

Durch eine symmetrische Argumentation wie eben findet man leicht, daß in η die gleiche Situation vorherrscht, wenn beim letzten Schleifendurchgang der Zweig (* 2 *) ausgeführt wurde. Zu analysieren bleibt noch der Fall, daß zuletzt der **else**-Zweig des Schleifenrumpfs ausgeführt wurde. Dann galt $i=j-1$ oder $i=j$ im Zustand ξ davor, und es ist $i=j+1$ bzw. $i=j+2$ in η. Galt $i=j-1$ in ξ, so wegen $i\geq l$ und $j\geq r$ auch $i\leq r-1$ und $j\geq l+1$; in η gilt also (nach der Zuweisung $i,j := i+1, j-1$) noch $i\leq r$ und $j\geq l$, insgesamt also wieder (2) und (3). Galt $i=j$ in ξ, so war wegen der zusätzlichen Eigenschaften $PROJ(x,i)\geq s$ und $PROJ(x,j)\leq s$ insgesamt $PROJ(x,i)=PROJ(x,j)=s$. In η gilt dann – anschaulich dargestellt:

(4)
$$x_l, \ldots, x_j, s, x_i, \ldots, x_r$$
$$\underbrace{}_{\leq s} \quad \underbrace{}_{\geq s}$$

Dabei kann hier auch $j<l$ oder $i>r$ sein.

(3) und (4) kennzeichnen die beiden möglichen Situationen nach der Umordnung von x. Im Fall (3) verfahren wir gemäß unserer Grundidee: Auf $(x_l,\ldots,x_j)$ und $(x_i,\ldots,x_r)$ wird, falls diese Teilfolgen mehr als eine Komponente enthalten, *QUICKSORT* rekursiv angewendet. Bei Folgen der Länge 1 kommt die Rekursion zu Ende. Im Fall (4) weichen wir geringfügig von der allgemein skizzierten Grundidee ab. Wir bemerken, daß das Element $PROJ(x,j+1)$ (mit Wert s) an seiner Stelle belassen werden kann. Es ist also nur mehr $(x_l,\ldots,x_j)$ und $(x_i,\ldots,x_r)$ zu sortieren, falls diese mehr als eine Komponente haben. Selbst wenn einer dieser beiden Teile leer ist (bei $j<l$ oder $i>r$), ist damit die Terminierung der Rekursion gewährleistet. Der andere (nicht-leere) Teil ist dann nämlich die ursprüngliche Folge ohne die Komponente x_{j+1} und hat eine um 1 verringerte Länge.

Für die Formulierung des gesamten Algorithmus bedeutet dies, daß in beiden Fällen rekursive Aufrufe mit den Parametern x,l,j und x,i,r durchgeführt werden, falls die betreffenden Teilfolgen mindestens zwei Komponenten haben, d.h. falls $l<j$ bzw. $i<r$ gilt.

Zu klären bleibt schließlich nur noch, wie das jeweilige Schnittelement zu wählen ist. Dafür gibt es viele Möglichkeiten; am einfachsten ist es, für s eine beliebige Komponente der zu sortierenden Folge zu nehmen. Jedes solche s erfüllt die geforderte Bedingung. Wir setzen z.B. jeweils $s=x_l$ und notieren den Algorithmus somit wie folgt:

```
procedure SORTIEREN(trans x:array σ)
    result Sortieren von x
```

```
body procedure QUICKSORT(trans x:array σ,l,r:nat)
      pre 1≤l≤r≤UPB(x)
      result Sortieren der Teilfolge (x_l,...,x_r) von x
      body var i,j:nat:
            var s:σ;
            s,i,j := PROJ(x,l),l,r;
            while i≤j do
                  if PROJ(x,i)<s then i := i+1
                  ☐ PROJ(x,j)>s then j := j-1
                  else TAUSCH(x,i,j);
                        i,j := i+1,j-1
                  endif
            enddo;
            if l<j then QUICKSORT(x,l,j) endif;
            if i<r then QUICKSORT(x,i,r) endif
      endprocedure;
      if UPB(x)>1 then QUICKSORT(x,1,UPB(x)) endif
      (* Andernfalls ist x bereits sortiert *)
endprocedure
```

Die Komplexität dieses Algorithmus läßt sich nicht ohne weiteres bestimmen; sie hängt noch wesentlich von dem Wert des jeweiligen Schnittelements s ab. Im ungünstigsten Fall ergibt sich nach dem Umordnen in der **while**-Schleife immer eine Situation, in der einer der beiden Teile $(x_l,...,x_j)$ oder $(x_i,...,x_r)$ im Fall (3) nur eine Komponente hat oder im Fall (4) leer ist. Von einem Rekursionsschritt zum nächsten verringert sich dann die Länge der zu sortierenden Reihung nur um 1; insgesamt erhält man, wie der Leser selbst nachrechnen kann, eine Komplexität $O(n^2)$.

Interessant ist jedoch der Fall, daß die beiden Teile $(x_l,...,x_j)$ und $(x_i,...,x_r)$ jeweils möglichst gleich lang, also im wesentlichen beide halb so lang sind wie $(x_l,...,x_r)$. Bezeichnen wir einen Aufruf von $QUICKSORT$ mit einem zu sortierenden Teil von x der Länge n kurz mit $Q(n)$, so läßt sich das Aufrufschema von $Q(n)$ dann anschaulich so darstellen:

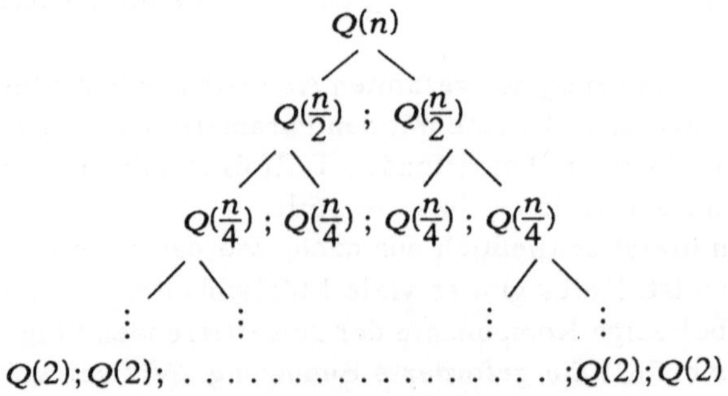

(Die Werte $\frac{n}{2}, \frac{n}{4}, ...$ sind dabei jeweils noch geeignet ab- oder aufzurunden.) Auf einer "Ebene"

$$(*) \qquad\qquad Q(\tfrac{n}{k}); Q(\tfrac{n}{k}); \ldots; Q(\tfrac{n}{k})$$

mit k ($1 \le k \le \tfrac{n}{2}$) Aufrufen von *QUICKSORT* muß innerhalb $Q(\tfrac{n}{k})$ eine Reihung der Länge $\tfrac{n}{k}$ umgeordnet werden. Die betreffende Schleife erzeugt einen Aufwand $c_1 \cdot \tfrac{n}{k} + c_2$ mit $c_1, c_2 \in \mathbb{N}_0$. Summiert über die k Aufrufe hat $(*)$ also einen Aufwand

$$\mathsf{T}_1(n) = c_1' \cdot n + c_2' \qquad (c_1', c_2' \in \mathbb{N}_0).$$

Die Anzahl $\mathsf{A}(n)$ der Ebenen $(*)$ ist (für $n \ge 1$) bestimmt durch $\mathsf{A}(n) = LOG(n)$, wie man leicht durch Induktion nach n erkennt. (Berücksichtigt man die Rundungseffekte bei der Bildung von $\tfrac{n}{2}$, $\tfrac{n}{4}$ usw., so erhält man etwas allgemeiner $\mathsf{A}(n) = LOG(n) + c_3$.) Sieht man vom Organisationsaufwand für die Rekursion ab, so ist die Komplexität $\mathsf{T}(n)$ ($n = UPB(x)$) des Quicksort-Algorithmus insgesamt gegeben durch

$$\mathsf{T}(n) = \mathsf{A}(n) \cdot \mathsf{T}_1(n).$$

$\mathsf{T}_1(n)$ ist $O(n)$, $\mathsf{A}(n)$ ist $O(LOG(n))$. $\mathsf{T}(n)$ ist gemäß der Feststellung im vorigen Abschnitt somit $O(n \cdot LOG(n))$. Dieser Algorithmus ist (bei geeigneter Wahl von s) also (asymptotisch) günstiger als lineares Sortieren.

7.3 Suchalgorithmen

In diesem Abschnitt wenden wir uns dem schon mehrfach angekündigten Aspekt zu, daß die Effizienz einer algorithmischen Verarbeitung von Daten von deren Darstellung abhängen kann. Wir diskutieren dies anhand einer einfachen Aufgabe: dem Suchen eines Objekts in einer (Multi-) Menge von Daten.

Wie im vorigen Abschnitt und auch schon an früheren Stellen bemerkt, kann die Darstellung von Daten erheblichen Einfluß auf deren effiziente Verarbeitungsmöglichkeiten haben. Wir diskutieren diesen Sachverhalt anhand einer Standardaufgabe, die in der Praxis in vielen Anwendungen und Ausprägungen vorkommt: In einer Daten(multi)menge (z.B.: Adressenliste, Bibliothekskartei, Materialverzeichnis usw.) soll ein bestimmtes Element gesucht werden; formaler ausgedrückt: Gegeben sei eine Multimenge x von Objekten einer Sorte σ sowie ein einzelnes Objekt a dieser Sorte. Es ist zu bestimmen, ob a in x enthalten ist.

Die Effizienz, die sich für eine algorithmische Suche erreichen läßt, hängt von der Darstellung von x als Datenstruktur ab. Eine triviale Lösung (die die Diskussion scheinbar bereits beendet) ist die Darstellung

von x als Multimenge im Sinne von Abschnitt 6.5 mit folgendem Suchalgorithmus:

```
function SUCHEN1(x:bag σ,a:σ)→boolean
   result SUCHEN1(x,a) ⇔ a ist in x enthalten
     body a ∈ x
endfunction
```

Dieser Algorithmus ist - zählt man die Anzahl der auszuführenden
Grundoperationen - optimal. Er benötigt (unabhängig von x und a) überhaupt nur eine Grundoperation.

An dieser Stelle müssen wir erneut unsere bisher gemachten idealisierenden Annahmen über Implementierungs- und Maschinendetails genauer betrachten. Für die in den vorangegangenen Beispielen dieses Kapitels aufgetretenen Grundoperationen können wir durchaus annehmen, daß
ihre Realisierung auf einer Rechenanlage in konstanter Zeit möglich ist;
dies gilt jedoch nicht für die Operation ∈ (und andere Mengen- und Mul-
timengenoperationen): ∈ ist (auf heutigen Maschinen) nicht als Operation
mit konstantem Aufwand verfügbar.

Es bleibt somit eine Aufgabe, möglichst effiziente Lösungen für das
Suchproblem zu finden, die Datendarstellungen verwenden, für die die
dabei benötigten Grundoperationen auf einer üblichen Rechenanlage
wirklich mit konstantem Rechenaufwand implementierbar sind. Dies gilt
etwa für Darstellungen von x als Sequenz, Reihung oder Binärbaum. Für
alle drei Fälle haben wir in den Abschnitten 5.1, 5.3 und 5.5 bereits
Suchalgorithmen   (*ENTHALTEN,   ENTHALTEN1,   ENTHALTEN2,*
ENTHALTEN3) angegeben. Wir wiederholen (jetzt als *SUCHEN2*) den
Algorithmus *ENTHALTEN1*:

```
function SUCHEN2(x:array σ,a:σ)→boolean
   result SUCHEN2(x,a) ⇔ a ist in x enthalten
   body var gefunden:boolean;
        gefunden := FALSE;
        for i from 1 to UPB(x) while ¬gefunden do
          if PROJ(x,i)=a then gefunden := TRUE endif
        enddo;
        gefunden
endfunction
```

Die Komplexität von *SUCHEN2* ist $O(n)$, wobei wieder $n=UPB(x)$
sei: Die Schleife wird (im schlechtesten Fall) n-mal durchlaufen. Auch
die anderen genannten Algorithmen haben diese Komplexität. Es müssen
wie bei *SUCHEN2* jeweils (im schlechtesten Fall) alle Elemente der Datenstruktur (d.h. der zugrundeliegenden Datenmultimenge) "durchlaufen"
und mit a verglichen werden. Diese in den Algorithmen gleichermaßen
vorhandene und lediglich verschiedenartig formulierte Grundidee heißt
lineares Suchen.

Bereits aus der Alltagspraxis ist anschaulich klar, daß Suchvorgänge
schneller zu bewerkstelligen sind, wenn die zu durchsuchende Datenmul-

timenge in irgendeiner Weise geordnet ist: Manuelles Suchen in Karteien, Telefonbüchern usw. wird z.B. dadurch erleichtert, daß diese alphabetisch (d.h. formal: lexikographisch) geordnet sind. Eine mögliche Formalisierung dieses Sachverhalts besteht in der Darstellung von x als *sortierte* Reihung (wobei auf σ eine totale Ordnung $\leq$ angenommen sei): x ist von der Sorte **array** σ, und für die Reihungskomponenten $x_1,...,x_n$ gilt

$$x_1 \leq x_2 \leq ... \leq x_n.$$

Für diese Datendarstellung läßt sich eine neue Suchidee (***binäres Suchen***) angeben, die an das "Bisektionsverfahren" im Algorithmus *NULLSTELLE* (Abschnitt 6.3) erinnert: Sei m der Index "in der Mitte" von x, etwa $m = (n+1)\,DIV\,2$. Ist $a < x_m$, so ist a sicher nicht unter den $x_m, x_{m+1},...,x_n$ vorhanden, die weitere Suche kann sich also auf die Teilfolge $(x_1,...,x_{m-1})$ beschränken. Ist $a > x_m$, so muß man analog nur noch in $(x_{m+1},...,x_n)$ weitersuchen. Ist $a = x_m$, so ist a in x gefunden.

Zur formalen Darstellung dieser Vorgehensweise bietet sich zunächst Rekursion an; dazu müssen wir allerdings eine Einbettung vornehmen:

```
function SUCHALLG(x:array σ,a:σ,l,r:nat)→boolean
    pre l≥1, r≤UPB(x); x ist sortiert gemäß der auf σ
        gegebenen totalen Ordnungsrelation ≤
    result SUCHALLG(x,a,l,r) ⇔ a ist in (x_l,...,x_r) enthalten
    body const m:nat = (l+r)DIV2;
            if l>r then FALSE
            else if a<PROJ(x,m) then SUCHALLG(x,a,l,m-1)
                 ▯ a>PROJ(x,m) then SUCHALLG(x,a,m+1,r)
                 else TRUE endif
            endif
endfunction
```

SUCHALLG sucht a in der angegebenen Weise, jedoch allgemeiner in der Teilfolge $(x_l,...,x_r)$ von x. Die Suche in x ist durch die Spezialisierung *SUCHALLG*$(x,a,1,UPB(x))$ gegeben. Da *SUCHALLG* repetitiv rekursiv ist, läßt sich der gesamte Algorithmus unter Anwendung der Entrekursivierungstechnik von Abschnitt 6.4 auch sofort iterativ notieren:

```
function SUCHEN3(x:array σ,a:σ)→boolean
    pre x ist sortiert gemäß der auf σ gegebenen
        totalen Ordnungsrelation ≤
    result SUCHEN3(x,a) ⇔ a ist in x enthalten
    body var l,r,m:nat;
            l,r,m := 1,UPB(x),(1+UPB(x))DIV2;
            while l≤r ⊗ a ≠ PROJ(x,m) do
                if a<PROJ(x,m) then r,m := m-1,(l+m-1)DIV2
                else l,m := m+1,(m+1+r)DIV2 endif
            enddo;
            if l>r then FALSE else a = PROJ(x,m) endif
endfunction
```

Die Anzahl der Iterationen in *SUCHEN3* ist bestimmt durch die Abnahme des Wertes von $r-l+1$, d.h. der Länge des Bereichs $x_l,...,x_r$, in dem jeweils weiterzusuchen ist. Dieser Wert ist zunächst $UPB(x)$ und halbiert sich im wesentlichen bei jedem Schleifendurchlauf. Die Schleife endet im schlechtesten Fall, wenn $l>r$, d.h. $r-l<0$ und damit $r-l+1<1$ geworden ist. Bezeichnen wir $UPB(x)$ wieder mit n, so ist also die Anzahl der Schleifendurchläufe beschränkt durch die Anzahl der (gerundeten) Werte

$$n,\frac{n}{2},\frac{n}{4},...,1.$$

(Man vergleiche die analoge Diskussion bei *QUICKSORT* im vorigen Abschnitt.) Diese Anzahl und damit auch die Komplexität von *SUCHEN3* ist $O(LOG(n))$. Die Effizienzverbesserung gegenüber dem linearen Suchen rührt anschaulich daher, daß bei jedem "Suchschritt" eine Hälfte der noch zu durchsuchenden Daten als "nicht mehr zu betrachten" abgetan werden kann und nur mehr in der anderen Hälfte weitergesucht werden muß. Beim linearen Suchen ist mit einem Suchschritt nur ein einziges Element erledigt, und es müssen noch alle anderen Elemente durchsucht werden.

Wichtig für die Formulierung dieser binären Suchmethode in *SUCHALLG* oder *SUCHEN3* ist die Möglichkeit der effizienten Bestimmung des "mittleren Elements" x_m (Berechnung der Stelle m und direkter Zugriff auf x_m jeweils durch Grundoperationen, d.h. mit konstantem Aufwand). Dies ist bei Sequenzen nicht möglich; binäres Suchen ist bei Sequenzen – auch wenn diese sortiert sind – nicht in dieser effizienten Weise formulierbar. Tatsächlich bringt eine Datendarstellung als sortierte Sequenz bezüglich der Suchaufgabe keinen Gewinn gegenüber "unsortierten" Sequenzen (etwa mit linearem Suchen).

Binäres Suchen kann jedoch auch für Binärbäume formuliert werden, wenn diese – analog wie sortierte Reihungen – mit einer zusätzlichen "Struktur" versehen werden. Dazu definieren wir: Ein Binärbaum $z \in$ **bintree** σ heißt **sortiert**, wenn z leer ist oder wenn gilt ($\leq$ sei wieder als Ordnung auf σ gegeben):

i)   Für alle Knoten u_1 von $LEFT(z)$ und alle Knoten u_2 von $RIGHT(z)$ gilt $u_1 \leq ROOT(z) \leq u_2$,

ii) $LEFT(z)$ ist sortiert,

iii) $RIGHT(z)$ ist sortiert.

Beispiel. Sei z der Binärbaum

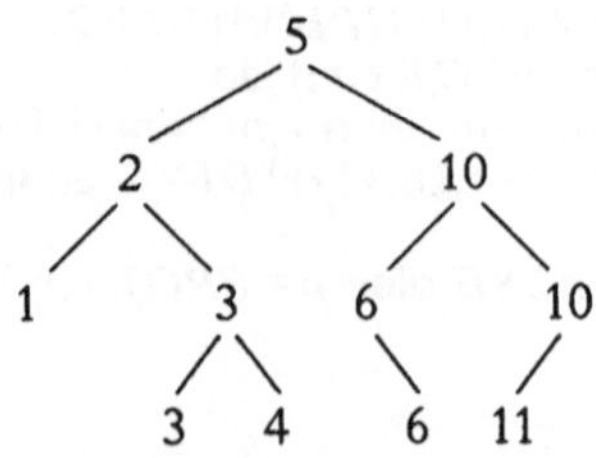

über nat. z ist sortiert, wie der Leser leicht selbst formal nachprüfen kann. Anschaulich bedeutet dies: Im linken Unterbaum von z stehen nur Knoten u_1 mit $u_1 \leq 5$ ($=ROOT(z)$), im rechten Unterbaum nur Knoten u_2 mit $u_2 \geq 5$, und diese Eigenschaft setzt sich analog fort auf $LEFT(z)$, $RIGHT(z)$, ebenso deren Unterbäume usw. Man beachte noch, daß für die in Abschnitt 5.5 definierte Linearisierung $LINSYM$ von z in symmetrischer Ordnung gilt:

$$LINSYM(z) = (1,2,3,3,4,5,6,6,10,11,12).$$

Die Folge $LINSYM(z)$ ist also sortiert, anders ausgedrückt: Die Reihenfolge der Knoten von z gemäß der symmetrischen Ordnung bezüglich z stimmt mit ihrer Reihenfolge gemäß der Ordnung auf nat überein. Dieser Zusammenhang zwischen symmetrischer Ordnung und der zugrundeliegenden Ordnungsrelation $\leq$ gilt auch allgemein für beliebige sortierte Binärbäume. $\square$

Für einen sortierten Binärbaum x läßt sich binäres Suchen von a leicht rekursiv formulieren: Ist $a < ROOT(x)$, so muß man nur noch in $LEFT(x)$ weitersuchen; ist $a > ROOT(x)$, so ist die Suche in $RIGHT(x)$ fortzusetzen; im Fall $a = ROOT(x)$ ist a gefunden.

```
function SUCHEN4(x:bintree σ,a:σ) →boolean
    pre x ist sortiert
    result SUCHEN4(x,a) ⟺ a ist in x enthalten
    body if ISEMPTY(x) then FALSE
         else if a<ROOT(x) then SUCHEN4(LEFT(x),a)
              ▯ a>ROOT(x) then SUCHEN4(RIGHT(x),a)
              else TRUE endif
         endif
endfunction
```

Der Effizienzgewinn von $SUCHEN4$ gegenüber linearem Suchen besteht wieder darin, daß in jedem Such- (d.h. hier: Rekursions-) Schritt ein Unterbaum (des noch verbliebenen Teilbaums) von der weiteren Suche ausgeschlossen wird. Ist x "möglichst ausgeglichen", d.h. gilt für alle Teilbäume von x, daß der jeweilige linke und rechte Unterbaum ungefähr gleich viele Knoten haben, so bedeutet dies wie bei $SUCHEN3$ (in etwa) eine fortlaufende Halbierung der noch zu durchsuchenden Daten. Die Komplexität von $SUCHEN4$ ist dann auch O($LOG(n)$), wobei n die Anzahl der Knoten von x bezeichnet.

Tatsächlich entspricht der Suchvorgang in $SUCHEN4$ genau dem in $SUCHEN3$; die bei der sortierten Reihung x durch die Berechnung von m vorgenommene Aufteilung von x in "mittleres Element" x_m, "linker Teil" $(x_1,...,x_{m-1})$, "rechter Teil" $(x_{m+1},...,x_n)$ ist beim sortierten Binärbaum direkt durch dessen Baumstruktur (Wurzel, linker Unterbaum, rechter Unterbaum) wiedergegeben, anschaulich: Das Bild

$$x_1 \text{—} \dots \text{—} x_{m-1} \text{—} x_m \text{—} x_{m+1} \text{—} \dots \text{—} x_n$$
$$\underbrace{\phantom{x_1 \dots x_{m-1}}}_{\text{li}} \qquad \underbrace{\phantom{x_{m+1} \dots x_n}}_{\text{re}}$$

bei der Reihung x entspricht der Binärbaumstruktur

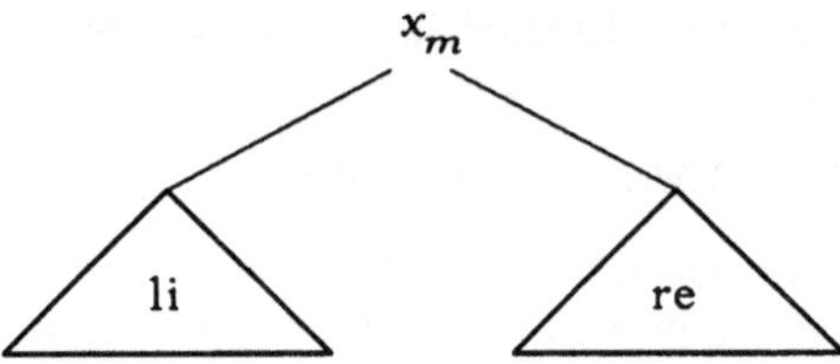

Die hier angeführten Datenstrukturierungen und Suchalgorithmen deuten lediglich einen kleinen Teil einer großen Palette von Möglichkeiten an, wie die Verarbeitung von Daten durch ihre Darstellung günstig beeinflußt werden kann. Es gibt viele weitere, kompliziertere Strukturierungskonzepte für verschiedene Anwendungen. Die Eignung ist dabei in der Praxis oft nicht nur durch eine einzige Aufgabe bestimmt, sondern durch die Komplexität mehrerer Algorithmen, die auf den Daten durchgeführt werden sollen. Auch die Häufigkeit, mit denen diese verschiedenen Aufgaben auftreten, kann für die Auswahl der geeigneten Datenstruktur maßgebend sein. Eine typische - immer noch sehr einfache - Beispielsituation soll dies zum Abschluß illustrieren: Eine oft vorkommende Anwendung ist, daß auf einer gegebenen Daten(multi)menge fortwährend die folgenden Operationen auszuführen sind:

- Suchen eines Elements,
- Einfügen eines neuen Elements,
- Löschen eines Elements.

Beispiele sind etwa alle Arten von Karteien u.ä. Die bestmöglichen Komplexitäten, mit denen diese Aufgaben für einige der in diesem Abschnitt genannten Datendarstellungen algorithmisch lösbar sind, lassen sich wie folgt tabellarisch zusammenstellen:

	Suchen	Einfügen	Löschen
(unsortierte) Reihung	$O(n)$	$O(1)$	$O(n)$
sortierte Reihung	$O(LOG(n))$	$O(n)$	$O(n)$
sortierte Sequenz	$O(n)$	$O(n)$	$O(n)$
sortierter Binärbaum ("möglichst ausgeglichen")	$O(LOG(n))$	$O(LOG(n))$	$O(LOG(n))$

Die Such-Komplexitäten haben wir im Vorausgegangenen begründet. Entsprechende Algorithmen für Einfügen und Löschen sind vom Leser leicht selbst zu finden, lediglich bei sortierten Binärbäumen sind dies recht komplizierte Aufgaben, die hier jedoch nicht weiter diskutiert werden sollen.

Hat man in einer speziellen Anwendung die drei Operationen etwa mit gleicher Häufigkeit auszuführen, so ist der sortierte Binärbaum die günstigste Datendarstellung. Wäre häufig einzufügen und vergleichsweise wenig oft zu suchen und zu löschen, so wäre eventuell eine "unsortierte" Darstellung geeigneter, da der höhere Such- und Löschaufwand durch die geringe Einfüge-Komplexität kompensiert werden könnte. Genauere Komplexitätsanalysen (etwa Berücksichtigung nicht nur der "schlechtesten Fälle" und nicht nur der asymptotischen Komplexität) könnten natürlich noch präzisere Aussagen über die günstigste Datendarstellung im speziellen Fall begründen.

7.4 Backtracking-Algorithmen

In diesem Abschnitt betrachten wir eine spezielle Klasse von Algorithmen, die in verschiedenen Anwendungen vorkommen und die häufig überhaupt erst in "einigermaßen effizienten" Fassungen praktisch nutzbar sind. Es soll hiermit noch einmal deutlich gemacht werden, daß die Entwicklung effizienter Algorithmen außerordentlich wichtig, aber auch recht schwierig sein kann.

Die Komplexitäten der Beispiel-Algorithmen in den vorangegangenen Abschnitten sind $O(LOG(n))$, $O(n)$, $O(n^2)$ und ähnlich. Komplexitäten, die $O(n^k)$ für ein $k \in \mathbb{N}_0$ sind, heißen allgemein **polynomiell**. Nicht-polynomiell sind z.B. Komplexitäten $O(a^n)$ mit $a > 1$, die (wie in Abschnitt 7.1 der Spezialfall $O(2^n)$) **exponentiell** genannt werden. Um deren "Größe" zu verdeutlichen, betrachten wir die Komplexitäten

$$T_1(n) = c \cdot n,$$
$$T_2(n) = c \cdot n^2,$$
$$T_3(n) = c \cdot n^3,$$
$$T_4(n) = c \cdot n^4,$$
$$T_5(n) = c \cdot 2^n$$

für einige Werte von n. Dabei kann c als "Zeiteinheit" interpretiert werden und sei als 1 Millisekunde (msec) angenommen. Die folgende Tabelle zeigt die (ungefähren) Abarbeitungszeiten für entsprechende Algorithmen:

n	$T_1(n)$	$T_2(n)$	$T_3(n)$	$T_4(n)$	$T_5(n)$
1	1 msec	1 msec	1 msec	1 msec	2 msec
5	5 msec	25 msec	125 msec	625 msec	32 msec
10	10 msec	100 msec	1 sec	10 sec	1 sec
20	20 msec	400 msec	8 sec	3 min	17 min
30	30 msec	1 sec	27 sec	13 min	298 std
40	40 msec	2 sec	1 min	43 min	305420 std

Schon T_4 wächst recht rasch an, im Vergleich dazu ist das Anwachsen von T_5 jedoch geradezu gewaltig: Bereits für $n=40$ erhält man eine Bearbeitungszeit von etwa 305420 Stunden, das sind fast 35 Jahre! Solche Beobachtungen machen klar, daß exponentielle Algorithmen für die praktische Anwendung meist unbrauchbar sind. Andererseits gibt es jedoch eine Vielzahl von Aufgaben, für die zumindest naheliegende Lösungsansätze gerade zu solchen Algorithmen führen. Hier ist es dann besonders wichtig, durch geschickte Verbesserungen zu effizienteren Lösungen zu gelangen.

Eine häufig vorkommende Art solcher Algorithmen sind **backtracking-Algorithmen**[1], anhand derer wir eine typische Vorgehensweise illustrieren. Die Grundidee von backtracking-Verfahren läßt sich anschaulich durch folgendes Beispiel erläutern: Gegeben sei ein "Labyrinth" mit einem "Eingang" und einem "Ausgang". Es soll ein "Weg durch das Labyrinth" (vom Eingang zum Ausgang) gefunden werden. Betrachten wir etwa folgendes Labyrinth:

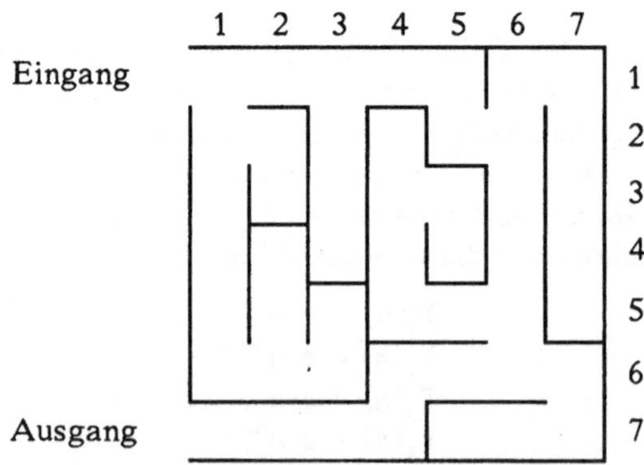

Wie bei einer Matrix (oder einem Schachbrett) haben wir "Zeilen"- und "Spalten"-Numerierungen angegeben, um auf diese Weise die Felder im Labyrinth kennzeichnen zu können. Vom Eingangsfeld (1,1) kann man in einem Schritt auf das Feld (1,2) oder auf (2,1) gelangen, von (1,2) kann

---

[1] backtracking könnte etwa mit "Rückverfolgung" übersetzt werden. Wir belassen es hier jedoch bei dem englischen Terminus.

man (außer zurück zu (1,1)) zu (1,3) gehen usw. Die Gesamtheit aller Möglichkeiten ist festgehalten durch einen Binärbaum z der Form

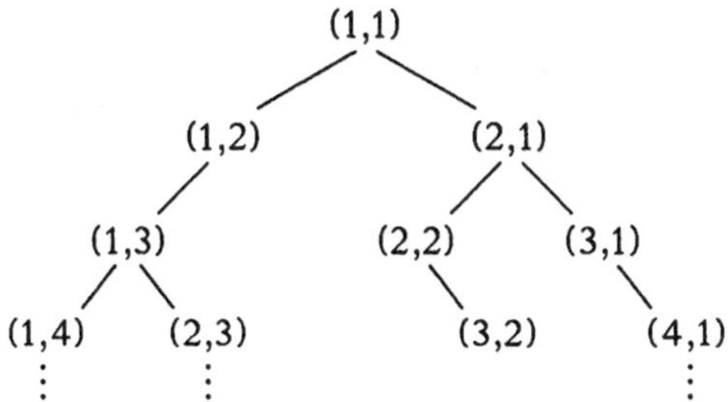

Für diese Baumdarstellung ist es wichtig, daß man im Labyrinth nicht "im Kreis" gehen kann. Wir beschränken uns in der folgenden Diskussion der Einfachheit halber auf derartige Labyrinthe. Man beachte außerdem, daß sich nur für unser spezielles Beispiel ein Binärbaum ergibt, da man von jedem Feld in höchstens zwei Richtungen weitergehen kann. Im allgemeinen ergibt sich ein 3-adischer Baum.

Die Blätter dieses "Baums aller möglichen Wege" sind entweder Endfelder einer "Sackgasse" (wie z.B. (3.2)) oder das Ausgangsfeld (7,1). Das Problem, einen Weg durch das Labyrinth zu finden, bedeutet also, in z einen Pfad von der Wurzel (1,1) zum Blatt (7,1) zu finden. Es ist klar, daß man in einer algorithmischen Lösung im Allgemeinfall alle Möglichkeiten durchprobieren muß, bis man einen solchen Pfad gefunden hat. Dies kann rekursiv formuliert werden (was der Leser selbst versuchen möge). Wir zielen gleich direkt auf einen iterativen Algorithmus ab und bemerken folgende - sich am anschaulichen Bild des Labyrinths orientierende - Systematik für die Pfadsuche: Sei a der Knoten, den man gerade betrachtet (d.h. das Feld, auf dem man gerade steht).

- Man gehe von a zu einem beliebigen Knoten (Feld), den man bisher noch nicht betrachtet hat.
- Hat man von a aus alle möglichen nächsten Knoten (Felder) bereits versucht, so gehe man von a zu dem Knoten (Feld) zurück, von dem man zu a gelangt war (dies ist der "backtracking"-Vorgang).

Wir beschreiben dieses Schema für ein gegebenes Labyrinth *lab* mit Eingang *eingang* und Ausgang *ausgang* ein wenig genauer: Der aufzubauende Pfad, d.h. die Folge $(a_1, a_2, a_3, ...)$ von Feldern sei mit *erg* bezeichnet. Es ist $a_1 = eingang$. Hat man *erg* bis zu einem Feld a_{k-1} aufgebaut, so wird versucht, ein passendes Feld a_k zu finden. Die Menge der möglichen Felder, die man für a_k ausprobieren kann, sei mit $prob_k$ bezeichnet. Der folgende noch größtenteils informell angegebene Algorithmus beschreibt die Pfadsuche:

```
»Vorbesetzung: erg=EMPTY, k=1, prob₁={eingang}«;
while k>0 do
    while probₖ ≠ EMPTY do
        »Wähle aₖ aus probₖ und bilde erg=(a₁,...,aₖ)«;
        if aₖ = ausgang then »Beende die Suche erfolgreich
                              mit dem Ergebnis erg«
        else »Streiche aₖ aus probₖ«;
            k := k+1;
            »Bestimme probₖ«
        endif
    enddo;                  (* 1 *)
    »Entferne das letzte Feld in erg«;
    k := k-1
enddo
```

An der Stelle (* 1 *) sind für den jeweiligen Wert von k alle Möglichkeiten für a_k erschöpft, ohne daß man den Ausgang gefunden hat, und man geht zur Betrachtung von a_{k-1} zurück. Man beachte, daß das Verfahren auch terminiert, wenn es keinen Weg von *eingang* nach *ausgang* gibt: In diesem Fall wird irgendwann $k=0$, und das Ergebnis ist dann *EMPTY*.

Zur formalen Darstellung definieren wir zunächst

$$\textbf{sort } \text{feld} = \textbf{tupel } \text{nat,nat } \textbf{endtupel}$$

und

```
function FELDGLEICH(x,y:feld)→boolean
    result FELDGLEICH(x,y) ⇔ x und y sind
                             komponentenweise gleich
        body PROJ1(x) = PROJ1(y) ∧ PROJ2(x) = PROJ2(y)
endfunction
```

Die Folge $p = (prob_1, prob_2,...)$ stellen wir (wie *erg*) als Stapel dar; der "Pegel" k braucht daher nicht explizit mitgeführt zu werden ($k>0$ entspricht $\neg ISEMPTY(p)$, und $prob_k$ ist jeweils $TOP(p)$). Die eventuell erfolgreiche Beendigung der Pfadsuche steuern wir durch eine boolean-Variable *gefunden*. Nehmen wir wie im Beispiel an, daß das Labyrinth durch einen Binärbaum charakterisiert ist, so erhalten wir damit folgenden Algorithmus:

```
function LABYRINTHWEG(lab:bintree feld,eingang,ausgang:feld)
                                                →stack feld
    pre lab charakterisiert ein Labyrinth mit
        Eingang eingang und Ausgang ausgang
    result Pfad von eingang nach ausgang in lab;
           falls kein derartiger Pfad existiert,
           ist EMPTY das Ergebnis
    body var erg: stack feld;
        var p:stack set feld;
        var probk:set feld;
        var ak:feld;
        var gefunden:boolean;
```

```
                erg,p,gefunden :=
                        EMPTY,
                        PUSH(INSERT(EMPTY,eingang),EMPTY),
                        FALSE;
            while ¬ISEMPTY(p) ∧ ¬gefunden do
              probk := TOP(p);
              while ¬ISEMPTY(probk) ∧ ¬gefunden do
                ak := ANY(probk);
                erg := PUSH(ak,erg);
                if FELDGLEICH(ak,ausgang)
                then gefunden := TRUE
                else p,probk := PUSH(DELETE(probk,ak),POP(p)),
                                BESTIMMEPROB(lab,ak);
                     p := PUSH(probk,p)
              endif
            enddo;
            erg,p := POP(erg),POP(p)
          enddo;
          erg
      endfunction
```

Die Funktion *BESTIMMEPROB* bestimmt das "neue $prob_{k+1}$" in Abhängigkeit vom Labyrinth und dem zuletzt betrachteten a_k. Man beachte noch, daß der Algorithmus nicht-deterministisch formuliert ist: Die Auswahl von $a_k \in prob_k$ ist nicht eindeutig festgelegt.

Das diesem Algorithmus zugrundeliegende, oben angegebene Grundmuster beschreibt das allgemeine Konzept von backtracking-Algorithmen: Zu bestimmen ist eine Folge $(a_1,...,a_m)$ mit gewissen Eigenschaften. Die einzelnen a_i, $1 \le i \le m$, sind Elemente von (endlichen) Mengen $prob_i$. Die Suche erfolgt allgemein durch:

```
          »Setze k=1 und bestimme prob₁«;
          while k>0 do
            while probk ≠ EMPTY do
              »Wähle ak∈probk«;
              if »(a₁,...,ak) ist Lösung« then »Beende die Suche«
              else »Streiche ak aus probk«;
                   k := k+1;
                   »Bestimme probk«
            endif
          enddo;
          k := k-1
          enddo
```

(Selbstverständlich kann man das gleiche Schema auch verwenden, wenn man nicht nur eine, sondern z.B. alle möglichen Lösungen erhalten will. Statt »Beende die Suche« wird dann die jeweilige Lösung $(a_1,...,a_k)$ einfach zu den bisher gefundenen Lösungen hinzugenommen und ebenfalls a_k aus $prob_k$ gestrichen.)

Das Schema beschreibt - wie im Labyrinth-Beispiel illustriert - den iterativen Durchlauf durch einen Baum ("von Möglichkeiten"). Es ist eine

Variante der in Abschnitt 6.5 angegebenen iterativen Baumdurchlauf-Algorithmen. Statt - wie dort - alle noch zu untersuchenden Knoten sukzessive in einer Stapelvariablen zu speichern, werden hier die jeweiligen "Verzweigungen" an einer Stelle a_k in einer Menge $prob_k$ abgelegt; die Folge $(prob_1, prob_2, ...)$ dieser Mengen ist stapelartig organisiert.

Die Komplexität der Suche ist im wesentlichen bestimmt durch die Anzahl der Knoten im Baum. Das Labyrinth-Beispiel ist hier eher untypisch: Ist n die Anzahl der Felder des Labyrinths, so enthält der Binärbaum *lab* höchstens n Knoten, da jedes Feld höchstens einmal als Knoten von *lab* vorkommt. Jeder Knoten wird höchstens dreimal "betreten", somit ergibt sich, daß die Komplexität des Algorithmus *LABYRINTHWEG* $O(n)$ ist. Im allgemeinen enthält der "Suchbaum" jedoch eine Anzahl von Knoten, die exponentiell mit der "Suchtiefe" (d.h. der Länge der zu betrachtenden Folgen $(a_1, ..., a_m)$) wächst. (Ein Beispiel hierfür folgt gleich.) Entsprechend wäre dann eine völlig schematische Anwendung des backtracking-Verfahrens von exponentieller Komplexität.

Der für eventuelle Effizienzverbesserungen wesentliche Ansatzpunkt ist, daß die Mengen $prob_k$ in obigem Suchschema immer wieder *neu* bestimmt werden. Z.B. kann folgende Situation eintreten: $(a_1, ..., a_k)$ wird gerade betrachtet und ist keine Lösung. Aufgrund zusätzlicher Informationen läßt sich erkennen, daß einige Fortsetzungsmöglichkeiten a_{k+1} überhaupt nicht mehr zu Lösungen führen können; sie brauchen bei der Bildung von $prob_{k+1}$ nicht berücksichtigt zu werden. Unter diesem Aspekt kann auch die Art der deterministischen Realisierung der zunächst offengelassenen Auswahl »Wähle $a_k \in prob_k$« von großer Wichtigkeit sein: Die Wahl eines "günstigen" a_k kann eventuell eine besonders starke Reduzierung von $prob_{k+1}$ hervorrufen.

Derartige Reduzierungen bewirken, daß ganze Teile des Suchbaums von der weiteren Suche ausgeschlossen werden können. Wir geben nun ein einfaches Beispiel, bei dem man auf diese Weise eine deutliche Effizienzverbesserung erzielen kann. Die zu lösende Aufgabe sei wie folgt: Gegeben sind eine nicht-leere, endliche Teilmenge z von $\mathbb{N}$ und $m \in \mathbb{N}$. (Die Elemente von z könnten z.B. irgendwelche Maßzahlen wie Längen, Gewichte o.ä. sein.) Zu bestimmen ist eine Teilmenge t von z, so daß die Summe der Elemente von t genau m ist. (m ist ein vorgegebenes Gesamtmaß, das durch Zusammensetzen aus Maßen von z erzielt werden soll.) Ist z.B. $z=\{10,3,19,8\}$ und $m=21$, so ist $t=\{10,3,8\}$ eine (und auch die einzige) Lösung.

Für den nachfolgenden Algorithmus erweist sich folgende Datendarstellung als günstig: z sei gegeben als Reihung $z=(z_1, ..., z_n)$. Bei der Bildung einer Teilmenge t der Komponenten von z ist für $i=1, ..., n$ jeweils zu entscheiden, ob z_i zu t hinzugenommen wird oder nicht. Dies bedeutet, daß man t repräsentieren kann als Reihung

$$t = (t_1, \dots, t_n), \qquad t_i \in \{0,1\} \quad \text{für } i = 1, \dots, n,$$

wobei $t_i = 1$ (bzw. $t_i = 0$) bedeutet, daß z_i zu t hinzugenommen (bzw. nicht hinzugenommen) ist. Für $z = \{10,3,19,8\}$ beschreibt z.B. $t = \{0,1,1,0\}$ die Teilmenge $\{3,19\}$. Eine derartige Reihung t repräsentiert eine Lösung des Problems, wenn gilt:

$$t_1 \cdot z_1 + t_2 \cdot z_2 + \dots + t_n \cdot z_n = m.$$

Die Menge aller Möglichkeiten für t kann wieder durch einen Binärbaum anschaulich dargestellt werden, für $n = 4$ z.B.:

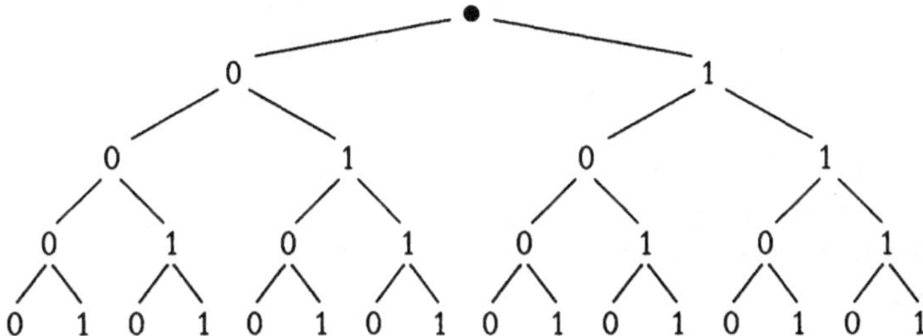

Die Wurzel ist beliebig. Die Teilmengen von z sind repräsentiert durch Pfade (Wurzel jeweils weggelassen). Die Anzahl der Knoten (ohne Wurzel) ist, wie man leicht durch Induktion nach n beweist, $2^{n+1} - 2$. Ein komplettes Durchsuchen müßte (im schlechtesten Fall) alle Knoten betrachten und wäre somit (in Abhängigkeit von der Anzahl n der Elemente der gegebenen Menge z) von exponentieller Komplexität.

Sukzessives Aufbauen von t bedeutet – ähnlich wie beim Labyrinth-Beispiel – Suchen eines geeigneten Pfades von der Wurzel her. Auf jeder "Ebene" stehen zwei Möglichkeiten zur Verfügung: Weitermachen mit 0 oder mit 1. Diese Möglichkeiten kann man an vielen Stellen reduzieren. Betrachten wir etwa den Anfang $(t_1, t_2) = (1.1)$ von t im Beispiel. Er bedeutet, daß bereits 10 und 3 zur Teilmenge hinzugenommen sind. Nun ist $10 + 3 + 19 = 32 > 21$. Die nächste Zahl 19 kann dann also sicher nicht zu t gehören; die Auswahlmenge für t_3 läßt sich auf $\{0\}$ beschränken. Eine andere Situation ist gegeben durch den Anfang $(t_1, t_2) = (0,1)$. Dann ist 3 in t, nicht jedoch 10. Nun ist $3 + 19 = 22 > 21$, 19 also sicher nicht hinzuzunehmen. Ohne 19 ist aber mit dem noch verbleibenden Rest von z, hier 8, die Zahl 21 nicht mehr zu erreichen: $3 + 8 = 11 < 21$. An dieser Stelle führt somit überhaupt kein Weg mehr zum Ziel. Für den Anfang $(t_1, t_2, t_3) = (1,1,0)$ schließlich könnte man in analoger Weise die Auswahlmenge für t_4 auf $\{1\}$ reduzieren: Hinzunahme von 8 führt noch nicht über 21 hinaus, ohne 8 ist 21 nicht mehr erreichbar.

Hat man allgemein t bis zum Index k aufgebaut, so sind für die eventuelle Reduzierung der Auswahlmöglichkeiten für t_{k+1} also folgende Bedingungen von Bedeutung:

(1) $$t_1 \cdot z_1 + \ldots + t_k \cdot z_k + z_{k+1} > m,$$
(2) $$t_1 \cdot z_1 + \ldots + t_k \cdot z_k + z_{k+2} + \ldots + z_n < m.$$

Gilt (1), so kann $t_{k+1}=1$ ausgeschlossen werden, und gilt (2), so ist $t_{k+1}=0$ nicht mehr möglich.

Das gesamte Verfahren können wir nun als backtracking-Algorithmus formulieren. Das Ergebnis ist von einer Sorte teilmenge, gegeben durch

sort teilmenge = **array** nat

Die Folge p der Auswahlmengen für $t_1,t_2,\ldots$ stellen wir ebenfalls als Reihung dar. Die stapelartigen Operationen beim Fortschreiben von p (und des Ergebnisses) werden nachgebildet durch geeignete Fortschaltung des aktuellen Bearbeitungsindex k. Um für die jeweilige Überprüfung der Bedingungen (1) und (2) sowie der Bedingung dafür, daß eine Lösung vorliegt, die entsprechenden Summen $t_1 \cdot z_1 + \ldots + t_k \cdot z_k$ und $z_{k+2} + \ldots + z_n$ nicht jedesmal neu berechnen zu müssen, beziehen wir die sukzessive Bestimmung dieser Werte in den allgemeinen Schleifenmechanismus mit ein.

```
function TEILMENGENSUMME(z: array nat, m: nat) → teilmenge
  pre PROJ(z,i)>0 für 1≤i≤UPB(z), m>0
  result Folge t=(t₁,...,tₙ) über {0,1} mit n=UPB(z) und
         t₁·z₁+...+tₙ·zₙ = m; falls kein derartiges t existiert,
         ist tᵢ=0 für i=1,...,n.
  body var erg: teilmenge;
       var p: array set nat;        (* Auswahlmengen für t₁,t₂,... *)
       var probk: set nat;          (* Auswahlmenge für tₖ *)
       var a: nat;                  (* Nächste Auswahl *)
       var k: nat;                  (* Aktueller Bearbeitungsindex *)
       var tms: nat;                (* Aktuelle Teilmengensumme *)
       var maxrest: nat;            (* Für zₖ₊₂+...+zₙ *)
       var gefunden: boolean;
       const n: nat, null, eins: set nat =
                     UPB(z),
                     INSERT(EMPTY,0),    (* Menge {0} *)
                     INSERT(EMPTY,1);    (* Menge {1} *)
       const nulleins: set nat = INSERT(null,1);   (* Menge {0,1} *)
       erg, p, k, tms, gefunden :=
                     INIT(n,0), INIT(n,EMPTY), 1, 0, FALSE;
       p := ALT(p,1,nulleins);
       maxrest := 0;
       for i from 3 to n do maxrest := maxrest+PROJ(z,i) enddo;
              (* Vorbesetzung von maxrest mit z₃+...+zₙ *)
       while k>0 ∧ ¬gefunden do
         probk := PROJ(p,k);
         while ¬ISEMPTY(probk) ∧ ¬gefunden do
           a := ANY(probk);
           erg, tms := ALT(erg,k,a), tms+a*PROJ(z,k);
           if tms=m then gefunden := TRUE
```

```
        else if k<n then  (* Bei k=n muß direkt mit dem back-
                               tracking fortgefahren werden *)
            p := ALT(p,k,DELETE(probk,a));
            if k+2≤n then maxrest := maxrest-PROJ(z,k+2)
            endif;       (* Neubesetzung von maxrest für
                               den nächsten Iterationsschritt *)
            k := k+1;
                    (* Nun folgt die Bestimmung von probk *)
            if tms+PROJ(z,k)>m ∧ tms+maxrest<m
            then probk := EMPTY
            ▯ tms+PROJ(z,k)>m ∧ tms+maxrest≥m
            then probk := null
            ▯ tms+PROJ(z,k)≤m ∧ tms+maxrest<m
            then probk := eins
            else probk := nulleins
            endif;
            p := ALT(p,k,probk)
          endif
       endif
    enddo;              (* Jetzt beginnt das backtracking *)
    erg := ALT(erg,k,0);   (* erg_k wird wieder auf 0 gesetzt *)
    tms := tms - a*PROJ(z,k);  (* Zurücksetzen von tms *)
    if k+1≤n then maxrest := maxrest+PROJ(z,k+1) endif;
                       (* Zurücksetzen von maxrest *)
    k := k-1
  enddo;
    erg
endfunction
```

Eine präzise Bestimmung der Komplexität dieses Algorithmus ist schwierig, da diese offenbar von den Eingaben z und m abhängt. Den in *TEILMENGENSUMME* erzielten Effizienzgewinn gegenüber einem Algorithmus ohne Reduzierungen an den Auswahlmengen deuten wir lediglich durch ein Beispiel an: Für $z=\{10,3,19,8\}$ und $m=21$ reduziert sich der "Baum der tatsächlichen Möglichkeiten" von dem oben skizzierten Baum mit 2^5-2 zu betrachtenden Knoten auf

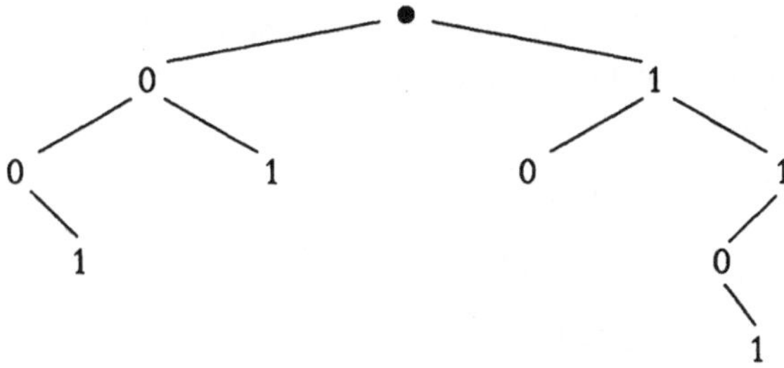

Dies läßt einen erheblichen Effizienzgewinn zumindest informell sichtbar werden.

7.5 Parallelität

Bei der Lösung von Alltagsaufgaben durch "menschliche Bearbeiter" teilt man die
Gesamtaufgabe häufig in Teile auf, die von mehreren Bearbeitern parallel zuein-
ander erledigt werden. Die Gesamtbearbeitungszeit wird dadurch verkürzt. Dieses
Prinzip der Parallelisierung läßt sich auch auf formale Algorithmen übertragen.
Parallele Algorithmen werfen allerdings eine Vielzahl neuer Fragen auf, die hier
nicht weiter verfolgt werden können. Wir deuten lediglich einige Stichpunkte an.

Der Algorithmusbegriff, wie wir ihn bisher behandelt haben, legt – sowohl bei den informellen Erläuterungen in Abschnitt 2.4 als auch in den
formalen Bedeutungsdefinitionen der eingeführten algorithmischen Konzepte – die intuitive Vorstellung zugrunde, daß ein Algorithmus eine Folge von Einzelschritten beschreibt, die "nacheinander ausgeführt" werden.
Im Fall applikativer Algorithmen wird dies im wesentlichen repräsentiert
im Konzept der Termbildung durch Komposition (d.h. Hintereinanderan-
wendung) von Operationen und Funktionen; in imperativen Algorithmen
beschreiben Anweisungsfolgen nacheinander auszuführende Aktionen.

Diese Vorstellung induziert auch, daß die Abarbeitung eines Algorithmus von einem einzelnen "Bearbeiter" (Mensch oder Maschine) erledigt werden kann, der eben die elementaren Schritte in der vorgeschrie-
benen Reihenfolge auszuführen hat. Bei von Menschen durchzuführenden
Alltagsaufgaben ist es häufig üblich, die Gesamtaufgabe in Teile zu zerlegen, die "parallel" zueinander (nicht nacheinander) von mehreren Bearbeitern erledigt werden, was dann im allgemeinen eine insgesamt kürzere
Bearbeitungszeit (im Vergleich zur Bearbeitung der Aufgabe durch einen
Einzelnen) zur Folge hat. Dieses Prinzip der Arbeitsteilung kann auf formale Algorithmen übertragen werden und führt auf das Konzept der *Parallelisierung* von Algorithmusteilen. Unter der Annahme (und um den
"Preis"), daß mehrere Ausführungseinheiten zur Verfügung stehen, die
diese Teile parallel zueinander erledigen, kann damit die Gesamtrechen-
zeit des Algorithmus verringert werden.

Wir erläutern das Konzept an einem einfachen Beispiel. Der folgende iterative Algorithmus berechnet das Maximum einer nicht-leeren Folge natürlicher Zahlen:

```
function MAX1(x:array nat)→nat
    pre UPB(x)≥1
    result Maximum der Zahlen x₁,...,x_UPB(x)
    body var max:nat;
        max := PROJ(x,1);
        for i from 2 to UPB(x) do
            if PROJ(x,i)>max then max := PROJ(x,i) endif
        enddo;
        max
endfunction
```

Die Komponenten von x werden hier der Reihe nach betrachtet; auf der Variablen *max* wird der aktuelle Maximalwert mitgeführt. Ist $n = UPB(x)$, so ist der Rechenaufwand von *MAX1* gegeben durch

$$T_1(n) = c_1 \cdot (n-1) + c_2$$
$$= c_1 \cdot n - c_1 + c_2.$$

c_1 ist dabei der Aufwand pro Schleifendurchlauf, c_2 der Aufwand für die Vorbesetzung $max := PROJ(x,1)$ und den Schleifenabbruch.

Eine andere Algorithmusidee besteht darin, x in zwei Hälften aufzuteilen, die jeweiligen Maxima zu bestimmen und diese dann abschließend zu vergleichen. Im Rahmen der bisherigen Konzepte könnte dies wie folgt formuliert werden:

```
function MAX2(x: array nat) → nat
    pre UPB(x) ≥ 1
    result Maximum der Zahlen x_1,...,x_UPB(x)
    body var max1,max2: nat;
        const k: nat = UPB(x) DIV 2;
        (* Berechnung des Maximums von x_1,...,x_k: *)
        max1 := PROJ(x,1);
        for i from 2 to k do
            if PROJ(x,i) > max1 then max1 := PROJ(x,i) endif
        enddo;
        (* Berechnung des Maximums von x_k+1,...,x_UPB(x): *)
        max2 := PROJ(x,k+1);
        for j from k+2 to UPB(x) do
            if PROJ(x,j) > max2 then max2 := PROJ(x,j) endif
        enddo;
        (* Vergleich der beiden Maxima: *)
        if max1 > max2 then max1 else max2 endif
endfunction
```

(Man beachte, daß *MAX2* auch korrekt arbeitet, wenn $UPB(x) = 1$ und damit die erste Hälfte von x leer ist.)

MAX2 ist in dieser Form kaum ein "Gewinn" gegenüber *MAX1*. Die Aufschreibung ist eher komplizierter; für den Rechenaufwand gilt ($n = UPB(x)$):

$$T_2(n) = c_1 \cdot (k-1) + c_2 + c_1 \cdot (n-k-1) + c_2 + c_3$$
$$= c_1 \cdot n - 2 \cdot c_1 + 2 \cdot c_2 + c_3.$$

$c_1 \cdot (k-1)$ ist der Aufwand für die erste Schleife, $c_1 \cdot (n-k-1)$ derjenige für die zweite Schleife. c_3 ist der Aufwand für die Berechnung von k und den abschließenden Vergleich von *max1* und *max2*. $T_1(n)$ und $T_2(n)$ sind "ungefähr gleich". Ist $c_2 + c_3 > c_1$, so ist $2 \cdot c_2 + c_3 - 2 \cdot c_1 > c_2 - c_1$, also $T_2(n)$ sogar größer als $T_1(n)$.

Gemäß dem informellen Bild der Aufteilung einer Aufgabe unter mehreren Bearbeitern läßt sich *MAX2* aber nun leicht parallelisieren:

Die Berechnungen der beiden (Teil-) Maxima können parallel zueinander durchgeführt werden. Wir formulieren dies wie folgt:

```
function MAX3(x:array nat)→nat
    pre UPB(x)≥1
    result Maximum der Zahlen x₁,...,x_UPB(x)
    body var max1,max2:nat;
        const k:nat = UPB(x)DIV2;
        parallel
            max1 := PROJ(x,1);
            for i from 2 to k do
                if PROJ(x,i)>max1 then max1 := PROJ(x,i) endif
            enddo
        par
            max2 := PROJ(x,k+1);
            for j from k+2 to UPB(x) do
                if PROJ(x,j)>max2 then max2 := PROJ(x,j) endif
            enddo
        endparallel;
        if max1>max2 then max1 else max2 endif
    endfunction
```

Die beiden parallel auszuführenden Teile sind in **parallel ... endparallel** eingeschlossen und durch **par** getrennt.

Abläufe (des Rumpfs) von *MAX3* lassen sich anschaulich wie folgt skizzieren:

<table>
<tr><td colspan="2">Berechnung von k</td><td rowspan="3">} $T_3'(n)$</td><td rowspan="4">} $T_3(n)$</td></tr>
<tr><td>Berechnung
von *max1*</td><td>Berechnung
von *max2*</td></tr>
<tr><td colspan="2">Vergleich von *max1* und *max2*</td></tr>
</table>

Nehmen wir der Einfachheit halber an, daß n geradzahlig ist, so ist $k=\frac{n}{2}$ und $c_1 \cdot (k-1) = c_1 \cdot (n-k-1) = \frac{c_1 \cdot n}{2} - c_1$. Als Rechenaufwand zur parallelen Berechnung von *max1* und *max2* ist dann

$$T_3'(n) = \frac{c_1 \cdot n}{2} - c_1 + c_2$$

anzusetzen. (Dabei setzen wir voraus, daß die parallel arbeitenden Ausführungseinheiten "gleiche Rechengeschwindigkeit" haben.) Der Rechenaufwand von *MAX3* ist

$$T_3(n) = T_3'(n) + c_3$$
$$= \frac{c_1 \cdot n}{2} - c_1 + c_2 + c_3,$$

und dies ist im allgemeinen offenbar kleiner als $T_1(n)$.

Eine ganze Reihe bisher behandelter Algorithmen könnte in ähnlicher Weise parallelisiert werden. Zur Beschreibung dient das Konzept der *Parallelanweisung*, in allgemeiner Gestalt etwa gegeben durch

parallel a_1 **par** a_2 **par** ... **par** a_k **endparallel**

($k \geq 2$), wobei die *Parallelteile* a_i, $1 \leq i \leq k$, Anweisungsfolgen sind. Algorithmen, die solche Anweisungen enthalten, heißen *parallel*. (Algorithmen im bisherigen Sinne heißen demgegenüber *sequentiell*.)

Die formale Definition der Bedeutung einer Parallelanweisung als Zustandsübergang ist einfach anzugeben, wenn die Parallelteile (wie im Beispiel) "unabhängig" voneinander sind. Betrachten wir etwa einen Aufruf von *MAX3* mit $x=(3,1,2,5)$. a bezeichne die Parallelanweisung in *MAX3*; a_1, a_2 bezeichnen die beiden Parallelteile von a. Vor Ausführung von a ist (gemäß den Festlegungen in Kapitel 4) ein Zustand

$$\eta = ((x,(3,1,2,5)),(k,2),(max1,\omega),(max2,\omega))$$

erreicht. Die Intention der parallelen Ausführung von a_1 und a_2 ist, daß dadurch ein Zustandsübergang

η: $x \ \boxed{(3,1,2,5)}$ $k \ \boxed{2}$ $max1 \ \boxed{\omega}$ $max2 \ \boxed{\omega}$
$\downarrow a$
η': $x \ \boxed{(3,1,2,5)}$ $k \ \boxed{2}$ $max1 \ \boxed{3}$ $max2 \ \boxed{5}$

bewirkt wird. Nun gilt:

η: $x \ \boxed{(3,1,2,5)}$ $k \ \boxed{2}$ $max1 \ \boxed{\omega}$ $max2 \ \boxed{\omega}$
$\downarrow a_1$
ξ: $x \ \boxed{(3,1,2,5)}$ $k \ \boxed{2}$ $max1 \ \boxed{3}$ $max2 \ \boxed{\omega}$
$\downarrow a_2$
η': $x \ \boxed{(3,1,2,5)}$ $k \ \boxed{2}$ $max1 \ \boxed{3}$ $max2 \ \boxed{5}$

Bezeichnet a' die Anweisungsfolge $a_1;a_2$, so ist die Wirkung von a (d.h. der Parallelausführung von a_1 und a_2) also einfach festgelegt als die Wirkung von a' (der Nacheinanderausführung von a_1 und a_2): $\eta' = \Phi(\eta,a) = \Phi(\eta,a')$. Wichtig für die Schlüssigkeit dieser Betrachtung ist, daß die Variable *max1* nicht in a_2 und umgekehrt *max2* nicht in a_1 vorkommt.

Es ist offensichtlich, daß die Wirkung einer Parallelanweisung bei analoger "Unabhängigkeit" der Parallelteile auch im Allgemeinfall derart festgelegt werden kann: Ist a von der Form

parallel a_1 **par** a_2 **par** ... **par** a_k **endparallel**

und gilt

(∗)   In keinem Parallelteil a_i, $1 \le i \le k$, kommt eine Variable vor, die in einem anderen Parallelteil a_j, $1 \le j \le k$, $j \ne i$, als Zuweisungsziel oder als aktueller Ausgabe- oder Transientparameter vorkommt (in a_j also "verändert" wird),

so ist der Nachfolgezustand $\Phi(\eta,a)$ von a bezüglich einem Zustand η bestimmt durch

$$\Phi(\eta,a) = \Phi(\eta,a_1;a_2;...;a_k).$$

Die Voraussetzung (∗) für diese Art der Festlegung heißt **Bernstein-Bedingung**.

In der Praxis der "parallelen Programmierung" zeigt sich allerdings, daß häufig auch Parallelisierungen von Algorithmusteilen wünschenswert sind, bei denen die Bernstein-Bedingung verletzt ist. In dieser allgemeinen Fassung werfen parallele Algorithmen eine große Anzahl neuer Fragestellungen (insbesondere auch das Problem der Semantikdefinition) auf, deren Behandlung den Rahmen dieses Buches sprengen würde. Wir geben lediglich noch zwei erläuternde Beispiele.

Der Algorithmus *SUCHEN2* beschreibt in Abschnitt 7.3 das lineare Suchen eines Elements a in einer Reihung x. Ganz analog zu der Maximumbestimmung *MAX1* kann man die Suche in $x=(x_1,...,x_n)$ aufteilen in zwei Suchvorgänge

- Suchen von a in $(x_1,...,x_k)$,
- Suchen von a in $(x_{k+1},...,x_n)$,

wobei wieder $k=n\,DIV\,2$ ist. Diese beiden Teilalgorithmen können etwa in folgender voneinander unabhängiger Weise parallelisiert werden:

```
function PARALLELSUCHEN1(x:array σ,a:σ)→boolean
    result PARALLELSUCHEN1(x,a) ⇔ a ist in x enthalten
    body var gefunden1,gefunden2:boolean;
        const k:nat = UPB(x) DIV 2;
        parallel
            gefunden1 := FALSE;
            for i from 1 to k while ¬gefunden1 do
                if PROJ(x,i)=a then gefunden1 := TRUE endif
            enddo
        par
            gefunden2 := FALSE;
            for j from k+1 to UPB(x) while ¬gefunden2 do
                if PROJ(x,j)=a then gefunden2 := TRUE endif
            enddo
        endparallel;
        gefunden1 ∨ gefunden2
    endfunction
```

(Man beachte, daß es offenbar auch leicht möglich wäre, den Suchvorgang in mehr als zwei Teile aufzuteilen.)

Wird a durch den ersten Parallelteil (dieser sei mit α_1 bezeichnet) in $(x_1,...,x_k)$ gefunden, so bricht die Schleife in α_1 ab, der andere Parallelteil (α_2) setzt jedoch davon unbeeinflußt seine Suche fort. Analoges gilt umgekehrt, wenn a durch α_2 gefunden wird. Die Effizienz des Algorithmus läßt sich offenbar noch weiter verbessern: Ist a durch einen Parallelteil gefunden, so kann auch der andere die Suche einstellen. Um dies zu realisieren, bedarf es der **Kommunikation**, also des "Austauschs von Information" (in diesem Fall: der Mitteilung, daß a gefunden ist) zwischen den beiden Parallelteilen. Ein wichtiges Hilfsmittel zur Kommunikation sind **gemeinsame Variablen**, die in allen Parallelteilen benutzt (und insbesondere verändert) werden dürfen. Im Beispiel der Parallelsuche könnten wir statt *gefunden1* und *gefunden2* eine gemeinsame Variable *gefunden* verwenden, auf der sowohl α_1 als auch α_2 im Falle des Auffindens von a diese Tatsache vermerken und über die jeder der beiden Programmteile damit auch "erfährt", wann die Suche abgebrochen werden kann. Dieses Verfahren könnte wie folgt notiert werden:

```
function PARALLELSUCHEN2(x: array σ,a:σ)→boolean
    result PARALLELSUCHEN2(x,a) ⇔ a ist in x enthalten
    body var gefunden:boolean;
        const k:nat = UPB(x) DIV 2;
        gefunden := FALSE;
        parallel
            for i from 1 to k while ¬gefunden do
                if PROJ(x,i)=a then gefunden := TRUE endif
            enddo
        par
            for j from k+1 to UPB(x) while ¬gefunden do
                if PROJ(x,j)=a then gefunden := TRUE endif
            enddo
        endparallel;
        gefunden
endfunction
```

Mit der Variablen *gefunden* ist in der Parallelanweisung von *PARALLELSUCHEN2* die Bernstein-Bedingung verletzt, und obwohl die Idee dieses Algorithmus klar sein sollte, ist nicht einmal intuitiv einsichtig, was die Parallelausführung etwa der Zuweisung *gefunden* := *TRUE* und der "Abfrage" nach dem Wert von ¬*gefunden* in der Schleife ...**while** ¬*gefunden* **do**... wirklich bedeuten soll: Was für einen Wert hat ¬*gefunden*, wenn *gefunden* eventuell "gleichzeitig" geändert wird?

Tatsächlich ist *PARALLELSUCHEN2* in der angegebenen Form kein sinnvoller paralleler Algorithmus. Bei Benutzung gemeinsamer Variablen muß der Zugriff auf diese in geeigneter Weise **synchronisiert** werden, um wohldefinierte Ergebnisse zu erzeugen. Dies kann dadurch geschehen, daß man (durch zusätzliche Konzepte) den "gleichzeitigen" Zugriff auf gemeinsame Variablen durch verschiedene Parallelteile unterbindet (Prinzip des **wechselseitigen Ausschlusses**). Trotz solcher Überlegungen bleibt die formale Bedeutungsdefinition von Parallelanweisungen, die die Bernstein-Bedingung nicht erfüllen, eine recht komplizierte Aufgabe, die hier nicht weiter verfolgt werden soll.

Für unser zweites Beispiel seien (bezogen auf irgendeine Sorte σ) zwei Funktionen der Art

```
function E1(a:σ)→boolean
    result E1(a) ⇔ a erfüllt E₁
endfunction,
function E2(a:σ)→boolean
    result E2(a) ⇔ a erfüllt E₂
endfunction
```

gegeben, wobei E_1 und E_2 gewisse Eigenschaften (d.h.: Prädikate $\sigma \to$ boolean) sind, die hier nicht weiter spezifiziert sind. Für eine Folge x von Elementen aus σ soll festgestellt werden, ob die Komponenten E_1 und E_2 erfüllen; genauer: Es soll ein Algorithmus angegeben werden, der zu $x=(x_1,...,x_n)$ eine Folge

$$((x_1,e_1),(x_2,e_2),...,(x_n,e_n))$$

als Ergebnis hat, wobei für $i=1,...,n$ gilt:

$$e_i = \begin{cases} 0, & \text{falls } x_i \text{ weder } E_1 \text{ noch } E_2 \text{ erfüllt,} \\ 1, & \text{falls } x_i\ E_1, \text{ nicht jedoch } E_2 \text{ erfüllt,} \\ 2, & \text{falls } x_i\ E_2, \text{ nicht jedoch } E_1 \text{ erfüllt,} \\ 3, & \text{falls } x_i \text{ sowohl } E_1 \text{ als auch } E_2 \text{ erfüllt.} \end{cases}$$

Ein sequentieller Algorithmus hierfür ist leicht zu beschreiben. Mit der Sortenvereinbarung

$$\textbf{sort paarxe = tupel } \sigma,\text{nat } \textbf{endtupel}$$

für die Paare (x_i,e_i) und der Darstellung von x und der Ergebnisfolge als Reihungen können wir etwa formulieren:

```
function TESTE12(x:array σ)→array paarxe
    result Test der Folgenkomponenten bezüglich E₁ und E₂
    body var erg:array paarxe;
        var e:nat;      (* Zur Bestimmung von eᵢ *)
        erg := INIT(UPB(x),COMP(d,0));
                (* Initialisierung von erg mit Paaren (d,0);
                   d ist ein beliebiges Element von σ *)
        for i from 1 to UPB(x) do
            if E1(PROJ(x,i)) then e := 1 else e := 0 endif;
            if E2(PROJ(x,i)) then e := e+2 endif;
                (* e hat jetzt den passenden Wert 0,1,2 oder 3 *)
            erg := ALT(erg,i,COMP(PROJ(x,i),e))
        enddo;
        erg
endfunction
```

Auch hier könnte die Bearbeitung von x wie in den bisherigen Beispielen aufgeteilt werden in die Untersuchung zweier (oder mehrerer)

Teilfolgen. Wir parallelisieren *TESTE12* jetzt jedoch auf eine andere Weise, die folgendem anschaulichen Bild entspricht: Zwei Bearbeiter P_1 und P_2 teilen sich die Prüfung der beiden Eigenschaften E_1 und E_2. P_1 durchläuft x und stellt fest, ob die Komponenten E_1 erfüllen. Zur Kommunikation (Mitteilung an P_2, welche Komponenten er erledigt hat) legt er seine Prüfungsergebnisse $e_1', e_2', \ldots$ in einem "Zwischenspeicher" Q ab, aus dem P_2 sich die e_i' der Reihe nach holt, die Eigenschaft E_2 an den x_i prüft und die entsprechenden Komponenten der Ergebnisfolge bildet. Da über den Rechenaufwand von *E1* und *E2* nichts vorausgesetzt ist, kann es z.B. sein, daß in Q in schnellerer Folge Objekte "abgelegt" als "herausgeholt" werden. Im allgemeinen muß daher Q selbst Folgen (von Objekten der Sorte nat) aufnehmen, an die am einen Ende durch P_1 fortwährend Objekte angefügt werden, während am anderen Ende P_2 laufend Objekte entfernt. Die Situation nach Erledigung der ersten i Komponenten von x durch P_1 und der ersten j ($j<i$) Komponenten durch P_2 ist dann etwa durch folgendes Bild bestimmt:

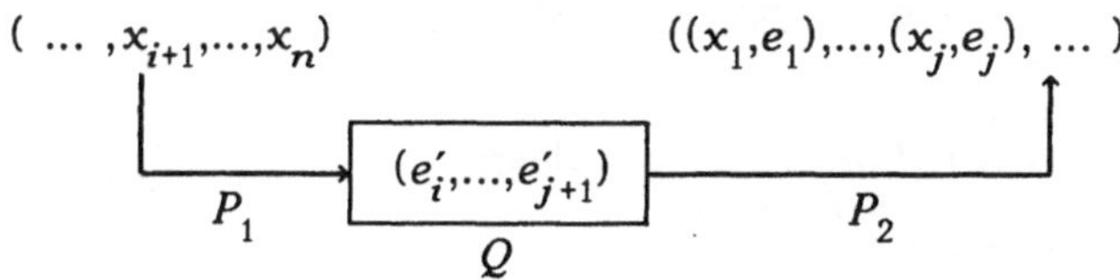

Der Zwischenspeicher Q kann als gemeinsame Variable realisiert werden, deren Wert offenbar als Schlange im Sinne von Abschnitt 5.2 zu handhaben ist. Die gesamte Parallelisierung läßt sich damit wie folgt notieren:

```
function PARALLELTESTE12(x: array σ) → array paarxe
    result Test der Folgenkomponenten bezüglich E₁ und E₂
    body var erg: array paarxe;
        var e1,e2: nat;
        var q: queue nat;
        erg,q := INIT(UPB(x),COMP(d,0)),    (* d∈σ *)
                EMPTY;
        parallel
            for i from 1 to UPB(x) do
                if E1(PROJ(x,i)) then e1 := 1 else e1 := 0 endif;
                q := APPEND(e1,q)
            enddo
        par
            for j from 1 to UPB(x) do
                e2 := HEAD(q);
                if E2(PROJ(x,j)) then e2 := e2+2 endif;
                erg,q := ALT(erg,i,COMP(PROJ(x,j),e2)),TAIL(q)
            enddo
        endparallel;
        erg
    endfunction
```

Hier erfolgen gemeinsame Zugriffe auf q. Ein zusätzliches Synchronisationsproblem bereitet die schon genannte unterschiedliche relative Geschwindigkeit der beiden Parallelteile: "Liefert" der erste nicht "rechtzeitig" genug weitere Prüfungsergebnisse, findet der zweite möglicherweise in q keine Objekte vor (d.h. es ist $q=EMPTY$) und muß "warten", bis wieder $q \neq EMPTY$ gilt.

Abschließend bemerken wir noch, daß man die Verwendung einer Schlangen-Variablen zusammen mit den zugehörigen Grundoperationen analog wie bei Stapeln (siehe Abschnitte 6.2 und 6.5) häufig durch einen eigenen Modul organisiert. Solche Moduln heißen **Puffer**. Ein für *PARALLELTESTE12* geeigneter Puffer könnte wie folgt definiert werden:

```
module PUFFERnat
    interface ISEMPTYQ,HEADQ,CREATEQ,APPENDQ,TAILQ
    uses QUEUEnat,NAT,BOOLEAN
    sorts queue nat,nat,boolean
    variables q
    functions ISEMPTYQ,HEADQ
    procedures CREATEQ,APPENDQ,TAILQ
    defined by
        var q:queue nat,
        function ISEMPTYQ: →boolean
          body ISEMPTY(q)
        endfunction,
        function HEADQ: →nat
          body HEAD(q)
        endfunction,
        procedure CREATEQ
          body q := EMPTY
        endprocedure,
        procedure APPENDQ(x:nat)
          body q := APPEND(x,q)
        endprocedure,
        procedure TAILQ
          body q := TAILQ(q)
        endprocedure
    endmodule
```

Die Umformulierung von *PARALLELTESTE12* mit Verwendung von PUFFERnat kann leicht vom Leser selbst vollzogen werden.

Puffer spielen (wie in diesem Beispiel angedeutet) als "Kommunikationsmedien" für parallele Algorithmusteile allgemein eine wichtige Rolle.

8 Darstellung von Algorithmen in MODULA-2

8.1 Funktionen und Prozeduren

Für die Durchführung eines Algorithmus auf einer Rechenanlage muß dieser in einer auf der betreffenden Anlage verfügbaren Programmiersprache formuliert sein. Eine weit verbreitete derartige Sprache ist MODULA-2, deren Verwendung wir jetzt noch kurz skizzieren. Wir beschreiben zunächst, wie die algorithmischen Grundbausteine (hauptsächlich) der Kapitel 3 und 4 zum Aufbau von Funktionen und Prozeduren in MODULA-2 dargestellt werden können.

Die in den vorausgegangenen Kapiteln zur Notation von Algorithmen verwendete Sprache AKS diente vornehmlich der Herausarbeitung grundlegender algorithmischer Konzepte. Für die maschinelle Durchführung von Algorithmen müssen diese in einer konkreten, auf der jeweiligen Rechenanlage installierten Programmiersprache dargestellt werden. Wir geben in diesem letzten Kapitel einen kursorischen Überblick über MODULA-2, eine Programmiersprache, die heute für viele Rechenanlagen verfügbar ist. MODULA-2 ist eine recht umfangreiche Programmiersprache, und wir werden hier bei weitem nicht alle ihre Möglichkeiten aufführen. Wir beschränken uns im wesentlichen darauf aufzuzeigen, wie AKS-Konzepte in MODULA-2 umgesetzt werden können. MODULA-2 ist allerdings nicht in allen Details einheitlich definiert, verschiedene konkret installierte Versionen können geringfügig voneinander abweichen. Wir beziehen uns hier im wesentlichen auf die *Third Edition* der "definierenden" Monographie *Programming in MODULA-2* von N. WIRTH (Springer-Verlag 1985).

Die in den Kapiteln 3 und 4 eingeführten algorithmischen Konzepte stellen sich in MODULA-2 zum großen Teil recht ähnlich dar. Wir besprechen die Konstruktionen der Reihe nach:

Elementare Sorten und Grundoperationen

Die Menge der Wahrheitswerte ist mit BOOLEAN bezeichnet, ihre Elemente mit TRUE und FALSE. Grundoperationen auf BOOLEAN sind:

NOT   (Negation),
AND   (sequentielle Konjunktion),
OR   (sequentielle Disjunktion),
=   (Gleichheit),
< >   (Ungleichheit),
< =   (kleiner-oder-gleich),
<   (kleiner),
>=   (größer-oder-gleich),
>   (größer) .

Man beachte, daß Konjunktion und Disjunktion sequentiell sind. Für die strikten Operationen $\wedge$ und $\vee$ gibt es keine direkten Entsprechungen. Allerdings stimmen $\circledA$ und $\circledV$ gemäß einer Feststellung in Abschnitt 1.2 für definierte Argumente mit $\wedge$ und $\vee$ überein, so daß AND und OR in aller Regel auch zur Beschreibung von AKS-Termen mit $\wedge$ und $\vee$ verwendet werden können.

Statt NOT kann auch ~, statt AND auch &, und statt < > kann # verwendet werden.

Die Ordnung, auf die sich die Vergleichsoperationen beziehen, ist dadurch gegeben, daß FALSE<TRUE festgesetzt wird.

Die Sorte CARDINAL entspricht nat und umfaßt alle natürlichen Zahlen, allerdings nur in einem von der verwendeten Rechenanlage abhängigen Bereich, z.B. von 0 bis $2^{16}-1$. Grundoperationen sind:

+   (Addition),
−   (Subtraktion),
*   (Multiplikation),
DIV   (ganzzahlige Division),
MOD   (Rest bei ganzzahliger Division),
ABS   (Absolutbetrag),
ODD   (ODD$(x) \Leftrightarrow x$ ist ungerade),
=,<>,<=,<,>=,>   (Vergleichsoperationen, wie oben).

Die Menge der ganzen Zahlen (innerhalb eines bestimmten Bereichs) ist mit INTEGER bezeichnet. Die Grundoperationen sind wie bei CARDINAL und zusätzlich das 1-stellige Minus −. Im Unterschied zur vereinfachenden Festlegung in AKS ist DIV auch für negative Zahlen definiert. Z.B. ist

$$(-7)\,DIV\,3 = -2,$$
$$7\,DIV(-3) = -2,$$
$$(-7)\,DIV(-3) = 2.$$

(Das erste Argument wird durch das zweite geteilt, und die Nachkommastellen des Ergebnisses werden abgeschnitten.)

Die Sorte REAL umfaßt die Gleitpunktzahlen eines gewissen Bereichs (mit einer ebenfalls von der Rechenanlage abhängigen "Genauigkeit"). Die Grundoperationen sind wie bei INTEGER, ohne DIV, MOD und ODD, aber mit der Division /.

Objekte der Sorten CARDINAL, INTEGER und REAL werden wie in AKS dargestellt.

Auch die char entsprechende Sorte CHAR ist maschinenabhängig: Sie umfaßt das auf der jeweiligen Rechenanlage verfügbare geordnete Alphabet. Als Grundoperationen stehen die Vergleichsoperationen $=,<>,<=,<,$ $=>,>$ sowie Operationen

$$ORD: CHAR \rightarrow CARDINAL,$$
$$CHR: CARDINAL \rightarrow CHAR$$

zur Verfügung. ORD liefert zu einem Zeichen x die Nummer der Stelle, an der x im Alphabet gemäß dessen Ordnung steht (die Zählung beginnt bei 0). CHR ist partiell und bestimmt umgekehrt zu einer Stellennummer das betreffende Zeichen. Jedes (druckbare) von ' und " verschiedene Zeichen von CHAR wird durch Einschließen in ' oder " dargestellt, also etwa 'b' oder "b". Das Zeichen ' wird durch "'" und das Zeichen " durch '"' dargestellt. Ist CHAR das ASCII-Alphabet (einschließlich der nicht-druckbaren Zeichen), so gilt für die angegebenen Operationen z.B.:

$$ORD('B') = 66,$$
$$CHR(66) = 'B'.$$

Sortenanpassungen etwa beim Aufbau von Termen müssen in MODULA-2 explizit angegeben werden. Dazu gibt es Operationen INTEGER (entspricht *NATINTEGER*), FLOAT (entspricht *NATREAL*) und TRUNC. Letztere entspricht *REALNAT*, ist jedoch auch für $x \notin \mathbb{N}_0$ definiert. Eventuelle Nachkommastellen werden abgeschnitten, z.B.: TRUNC(7.815)=7. Ist etwa x eine INTEGER-Variable und y eine CARDINAL-Variable, so ist $x+y$ kein zulässiger Term, sondern muß in der Form

$$x + INTEGER(y)$$

geschrieben werden. (Die Operation INTEGER ist in MODULA-2 nicht wirklich definiert, leistet aber in den meisten Implementierungen das Gewünschte.)

Die Grundoperationen ABS, ODD, ORD, CHR werden ebenso wie INTEGER, FLOAT und TRUNC in Funktionsschreibweise angewendet. Die übrigen Grundoperationen werden in Infix- bzw. Präfixschreibweise geschrieben mit folgenden Bindungsprioritäten:

Priorität	Operationen
4	NOT, − (1-stellig)
3	*, /, DIV, MOD, AND
2	+, − (2-stellig), OR
1	=, <>, <=, <, >=, >

Man beachte, daß die Vergleichsoperationen schwächer binden als AND und OR. Ein AKS-Term $a<b \otimes c=7$ (oder auch $a<b \vee c=7$) muß also in MODULA-2 in der Form

$$(a<b)OR(c=7)$$

geschrieben werden.

Funktionen und Terme

Die syntaktische Gestalt einer Funktionsvereinbarung ist:

$$\text{PROCEDURE } \textit{Fkt-Ident}(\{\textit{Param-Vereinbarung}\}_0^1): \textit{Sorte };$$

$$\{\textit{Vereinbarungsfolge };\}_0^1$$

$$\{\text{BEGIN } \textit{Anweisungsfolge}\}_0^1 \text{ END } \textit{Fkt-Ident}$$

Zu beachten sind (im Vergleich zur AKS-Schreibweise):

- das Schlüsselwort PROCEDURE,
- die Klammerung der Parameterliste, auch wenn diese leer ist,
- das Zeichen ":" (statt "→" in AKS),
- das Zeichen ";" nach der Angabe der Ergebnissorte,
- die Klammerung der Anweisungsfolge durch BEGIN und END,
- die Wiederholung der Funktionsbezeichnung nach END.

Parameterlisten werden wie in AKS geschrieben mit dem Unterschied, daß Teile der Form

$$x_1,...,x_n : \textit{Sorte}$$

durch ";" (statt durch ",") voneinander getrennt werden, z.B.:

$$\text{PROCEDURE } F(n:CARDINAL;x,y:REAL;c:CHAR):REAL;$$
$$\vdots$$

Vereinbarungen (in *Vereinbarungsfolge*) und Anweisungen (in *Anweisungsfolge*) werden wie in AKS jeweils durch ";" getrennt. Eine Vereinbarungsfolge kann auch Sortenvereinbarungen enthalten. Die Anweisungsfolge einer Funktion muß mindestens eine Anweisung der Form

$$\text{RETURN } \textit{Term}$$

enthalten (RETURN-Anweisung). Diese entspricht dem "Ergebnisterm" in AKS-Funktionen. Die Ausführung einer RETURN-Anweisung beendet die Funktion mit dem betreffenden Ergebnis.

Man beachte noch, daß in einer Funktionsvereinbarung die Anweisungsfolge (zusammen mit BEGIN) fehlen kann. Dies bedeutet, daß in ein Programm Funktions-Spezifikationen (ohne bereits ausprogrammierten Rumpf) aufgenommen werden können, wie wir sie etwa in Abschnitt 6.1 bei der schrittweisen Algorithmusentwicklung verwendet haben, z.B.:

```
PROCEDURE DMAnteil(x:REAL):CARDINAL;
  (* Vorbedingung: 0<x<1000000;
     Ergebnis:
        DMAnteil(x)=ganzzahliger Anteil von x *)
END DMAnteil
```

Kommentare werden durch (* und *) geklammert und können wieder an beliebigen Stellen (zwischen "syntaktischen Einheiten") eingefügt werden.

Terme sind wie in AKS definiert. Es gibt jedoch keine bedingten Terme. Bei der Schreibweise ist darauf zu achten, daß "−" nicht unmittelbar neben einem anderen Operationszeichen stehen darf. 3+−1 ist z.B. nicht erlaubt und muß als 3+(−1) geschrieben werden. Bei Funktionsaufrufen stehen auch um die leere Parameterliste Klammern (und).

Ein Beispiel einer Funktionsvereinbarung mit nicht-leerem Rumpf ist:

```
PROCEDURE S(m,t,k:REAL):REAL;
  (* Vorbedingung: m>0 und t>=0;
     Streckenberechnung, vgl. Abschnitt 3.2 *)
BEGIN
   RETURN k*t*t/(2.0*m)
END S
```

Konstanten-, Variablen- und Sortenvereinbarungen

Konstanten können in der Form

$$\text{CONST } \textit{Konst-Ident} = \textit{Term} \left\{ ; \textit{Konst-Ident} = \textit{Term} \right\}^*$$

vereinbart werden. Die dabei auftretenden Terme dürfen keine Funktionsaufrufe enthalten und nur Objektbezeichnungen und Konstanten verwenden.

Variablenvereinbarungen sind von der Form

$$\text{VAR } \textit{Var-Ident} \left\{ , \textit{Var-Ident} \right\}^* : \textit{Sorte}$$
$$\left\{ ; \textit{Var-Ident} \left\{ , \textit{Var-Ident} \right\}^* : \textit{Sorte} \right\}^*$$

Sorten (hier auch *Typen* genannt) werden in der Form

$$\text{TYPE } \textit{Sorten-Ident} = \textit{Sorte} \left\{ ; \textit{Sorten-Ident} = \textit{Sorte} \right\}^*$$

vereinbart.

Ein Beispiel für eine Konstanten- und Variablenvereinbarung ist:

```
CONST n=1000;
      pi=3.14;
VAR x,y:REAL;
    a:INTEGER
```

Beispiele für Sortenvereinbarungen folgen in Abschnitt 8.3.

Prozeduren und Anweisungen

Prozeduren werden in der Form

$$\text{PROCEDURE } \textit{Proz-Ident}\left\{(\textit{Param-Vereinbarung})\right\}_0^1;$$
$$\left\{\textit{Vereinbarungsfolge};\right\}_0^1$$
$$\left\{\text{BEGIN } \textit{Anweisungsfolge}\right\}_0^1 \text{ END } \textit{Proz-Ident}$$

vereinbart. Bei leerer Parameterliste entfallen hier die Klammern. Referenzparameter (d.h. sowohl Ausgabe- als auch Transientparameter) werden unter dem gemeinsamen Schlüsselwort VAR aufgeführt. Wie bei
Funktionen kann die Anweisungsfolge (zusammen mit BEGIN) fehlen.

Zuweisungen und Prozeduraufrufe schreibt man in MODULA-2 wie
in AKS, es gibt jedoch keine Mehrfachzuweisungen. Die Prozedur
VERTAUSCHE aus Abschnitt 4.2 läßt sich etwa wie folgt beschreiben:

```
PROCEDURE Vertausche(VAR x,y:INTEGER);
  (* Vertauschung von x und y *)
  VAR h:INTEGER;    (* Hilfsvariable *)
BEGIN
  h:=x;    (* Zwischenspeichern von x *)
  x:=y;
  y:=h
END Vertausche
```

Bedingte Anweisungen werden wie in AKS gehandhabt mit folgenden
Unterschieden:

- Es gibt keine bewachten Anweisungen;
- die Schlüsselwörter sind IF, THEN, ELSE, END (entspricht **endif**);
- durch Verwendung von ELSIF statt ELSE IF wird das zu IF gehörige END eingespart.

Bedingte Anweisungen ermöglichen auch die Formulierung rekursiver
Funktionen (nicht nur rekursiver Prozeduren in der Weise wie in AKS),
da ja das Funktionsergebnis nicht durch einen Term, sondern durch eine
(RETURN-) Anweisung festgelegt wird, z.B.:

```
PROCEDURE Fak(n:CARDINAL):CARDINAL;
  (* Rekursive Berechnung der Fakultaet *)
BEGIN
  IF n=0 THEN RETURN 1
  ELSE RETURN n*Fak(n-1)
  END
END Fak
```

In MODULA-2 gibt es keine allgemeinen Wiederholungsanweisungen. Laufanweisungen werden in der Form

$$\text{FOR } \textit{Zähler} := \textit{Startwert} \text{ TO } \textit{Endwert} \left\{\text{BY } \textit{Schrittweite}\right\}_0^1 \text{ DO}$$
$$\textit{Anweisungsfolge}$$
$$\text{END}$$

geschrieben. Der Zähler (*Laufvariable*) muß vorher als Variable vereinbart sein. Seine Bezeichnung ist somit auch außerhalb der Schleife gültig. Sein Wert nach Beendigung der Laufanweisung ist allerdings nicht festgelegt und sollte nicht verwendet werden. Die Schrittweite darf keine Variablen und Parameter und keine Funktionsaufrufe enthalten. Ihr Wert darf nicht 0 sein.

Bedingte Schleifen werden wie in AKS geschrieben:

WHILE *Bedingung* DO *Anweisungsfolge* END

Darüber hinaus gibt es Schleifen der Form

REPEAT *Anweisungsfolge* UNTIL *Bedingung*

Die Anweisungsfolge wird hier mindestens einmal und so lange ausgeführt, bis die Bedingung den Wert TRUE erhält.

Ein Beispiel für die Verwendung einer FOR-Schleife ist:

```
PROCEDURE Fak2(n:CARDINAL):CARDINAL;
  (* Iterative Berechnung der Fakultaet *)
  VAR erg,i:CARDINAL;
BEGIN
  erg:=1;
  FOR i:=1 TO n DO erg:=i*erg END;
  RETURN erg
END Fak2
```

8.2 Programme und Moduln

Wir beschreiben jetzt, wie Programme aufgebaut sind und wie sie modularisiert werden können. Insbesondere skizzieren wir auch, wie die Ein- und Ausgabe von Daten, also der Datenaustausch zwischen dem Algorithmus und der "Außenwelt" in Programmen realisiert wird.

Ein MODULA-2-*Programm* ist ein Modul in einem gegenüber AKS noch etwas erweiterten Sinne mit folgender syntaktischer Gestalt:

MODULE *Modul-Ident*;
  $\{$FROM *Modul-Ident* IMPORT *Identifikator* $\{$, *Identifikator* $\}^*$; $\}^*$
  $\{$ *Vereinbarungsfolge* ; $\}_0^1$
 $\{$BEGIN *Anweisungsfolge* $\}_0^1$
  END *Modul-Ident*.

In Zeilen der Form

FROM *Modul-Ident* IMPORT ...

wird ähnlich wie mit dem Teil **uses...** in AKS-Moduln aufgeführt, welche anderen Moduln verwendet werden. (Für jeden verwendeten Modul ist hier eine eigene derartige Zeile anzugeben.) Unter IMPORT wird zusätzlich notiert, welche Konstanten, Variablen, Sorten, Funktionen und Prozeduren des betreffenden Moduls benutzt (*importiert*) werden. Die Liste dieser Identifikatoren heißt *Importliste*. Nach einer Folge beliebiger Vereinbarungen, die dem Vereinbarungsteil unter **defined by** in AKS-Moduln entsprechen, kann noch - wie in Funktionen und Prozeduren - eine Anweisungsfolge kommen, beginnend mit dem Schlüsselwort BEGIN. Nach END wird der Modulname wiederholt und der *Programm-Modul* mit einem Punkt abgeschlossen.

Moduln, aus denen ein Programm Größen importiert, können - ganz im Sinne der Modularisierung - getrennt definiert werden. Dies geschieht in zwei Teilen. In einem *Definitionsmodul* werden die Bezeichnungen aufgeführt, die von anderen Moduln benutzbar sind. Konstanten, Variablen und Sorten werden dabei vollständig vereinbart. (Für Sortenangaben gibt es noch eine andere Möglichkeit, auf die wir hier nicht eingehen.) Funktionen und Prozeduren werden nur mit ihrer jeweiligen Kopfzeile (d.h. mit ihren Parametern und ihrer Funktionalität) angegeben. Ein Definitionsmodul hat die Form

```
DEFINITION MODULE Modul-Ident ;
  {FROM Modul-Ident IMPORT Identifikator {, Identifikator}*; }*
    Liste_der_nach_außen_sichtbaren_Definitionen ;
END Modul-Ident .
```

In einem zugehörigen *Implementierungsmodul* werden die im Definitionsmodul offengelassenen Rümpfe von Funktionen und Prozeduren vervollständigt. Die syntaktische Form von Implementierungsmoduln ist wie die von Programm-Moduln mit dem Unterschied, daß sie mit

IMPLEMENTATION MODULE

(statt nur mit MODULE) beginnen. Enthält ein Implementierungsmodul M einen Teil BEGIN *Anweisungsfolge*, so wird dieser vor den Anweisungen des von M importierenden Moduls ausgeführt.

Als Beispiel betrachten wir einen Keller im Sinne von Abschnitt 6.2. Ein Definitionsmodul für den dort angegebenen AKS-Modul KELLERchar würde etwa wie folgt beschrieben:

```
DEFINITION MODULE ZeichenKeller;
   PROCEDURE IsemptyS():BOOLEAN;
   PROCEDURE PopS():CHAR;
   PROCEDURE CreateS;
   PROCEDURE PushS(x:CHAR);
   PROCEDURE PopS;
END ZeichenKeller.
```

Man beachte, daß in ZeichenKeller die Sorten CHAR und BOOLEAN vorkommen. Die in MODULA-2 verfügbaren elementaren und auch komplexeren Sorten (siehe die nächsten Abschnitte) und ihre Grundoperationen sind nicht (wie in AKS) in eigenen Moduln zusammengefaßt und können in jedem Modul ohne explizite Importierung benutzt werden.

Einen zugehörigen Implementierungsmodul ZeichenKeller werden wir in Abschnitt 8.5 angeben. Ein Programm- (oder auch ein anderer) Modul könnte ZeichenKeller etwa wie folgt benutzen:

```
MODULE KellerAnwendung;
  FROM ZeichenKeller IMPORT
    IsemptyS,TopS,CreateS,PushS,PopS;
    :
END KellerAnwendung.
```

Bei der Verwendung von MODULA-2 auf einer konkreten Rechenanlage können bereits vordefinierte und vom System bereitgestellte Moduln benutzt werden. Solche *Bibliotheksmoduln* beinhalten z.B. spezielle mathematische Operationen, die nicht Grundoperationen sind (Sinus, Cosinus, Logarithmus, Quadratwurzel usw.) und die der Benutzer bei Bedarf auf diese Weise trotzdem direkt (durch Importierung) verwenden kann, ohne sie selbst programmieren zu müssen.

Über Bibliotheksmoduln wird in MODULA-2 auch die *Ein-* und *Ausgabe* von Daten behandelt. Ein Programm, das Daten verarbeitet, muß diese vom Benutzer über ein *Eingabegerät* (z.B. Tastatur) als Eingabe erhalten und das Ergebnis der Verarbeitung über ein *Ausgabegerät* (z.B. Bildschirm, Drucker) zurückliefern. Für diesen Datenaustausch zwischen dem Algorithmus und der "Außenwelt" (dem Benutzer) sind in MODULA-2 keine Beschreibungselemente vorhanden. Passende Hilfsmittel werden auf die jeweilige Rechenanlage zugeschnitten und über Bibliotheksmoduln bereitgestellt. Ein typischer derartiger Modul könnte etwa wie folgt definiert sein:

```
DEFINITION MODULE InOutput;
  VAR CorrIn:BOOLEAN;
    (* Kennzeichnet korrekte Eingabe *)
  PROCEDURE ReadBool(VAR b:BOOLEAN);
    (* Liest ein Objekt der Sorte BOOLEAN von
       der Tastatur und weist es dem Ausgabe-
       parameter b zu; die Variable CorrIn er-
       haelt den Wert TRUE, falls als Tastatur-
       Eingabe eine korrekte BOOLEAN-Standard-
       bezeichnung vorlag; andernfalls erhaelt
       CorrIn den Wert FALSE, und der Wert von
       b ist undefiniert *)
  PROCEDURE ReadCard(VAR n:CARDINAL);
    (* Analog zu ReadBool fuer
       CARDINAL-Werte *)
```

```
PROCEDURE ReadInt(VAR z:INTEGER);
   (* Analog zu ReadBool fuer INTEGER-Werte *)
PROCEDURE ReadReal(VAR x:REAL);
   (* Analog zu ReadBool fuer REAL-Werte *)
PROCEDURE ReadChar(VAR c:CHAR);
   (* Analog zu ReadBool fuer CHAR-Werte *)
PROCEDURE WriteBool(b:BOOLEAN);
   (* Der Wert des aktuellen Parameters fuer
      b wird auf dem Bildschirm ausgegeben *)
PROCEDURE WriteCard(n:CARDINAL);
   (* Analog zu WriteBool *)
PROCEDURE WriteInt(z:INTEGER);
   (* Analog zu WriteBool *)
PROCEDURE WriteReal(x:REAL;k:CARDINAL);
   (* Analog zu WriteBool; besteht die Gleit-
      punktdarstellung der REAL-Zahl aus we-
      niger als k Zeichen, so wird sie durch
      fuehrende Leerzeichen auf die Laenge k
      aufgefuellt *)
PROCEDURE WriteChar(c:CHAR);
   (* Analog zu WriteBool *)
PROCEDURE WriteStr(s:»Text«);
   (* Ausgabe eines Textes *)
PROCEDURE WriteLn;
   (* Veranlasst einen Zeilenvorschub auf dem
      Bildschirm *)
END InOutput.
```

Die Fassung der Prozedur WriteReal mit dem zusätzlichen Parameter k ermöglicht die "Formatierung" der Ausgabe von REAL-Zahlen:
Kürzere Zahldarstellungen werden "rechtsbündig" in einem Bereich von
k Zeichen ausgegeben. Analoge Ausgabearten kann man natürlich auch
für CARDINAL- und INTEGER-Zahlen vorsehen.

Die in der Prozedur WriteStr offengelassene Sorte »Text« wird
in Abschnitt 8.3 formal festgelegt. Die Prozedur ermöglicht es, Texte
(englisch: *strings*) auszugeben. Diese werden in analoger Weise dargestellt wie Einzelzeichen (d.h. Objekte aus CHAR): Sie werden in ′ oder "
eingeschlossen. Ein Text, der ′ (bzw. ") enthält, darf nicht in ′ (bzw. ")
eingeschlossen werden. WriteStr ist zum einen nützlich, um "doku-
mentierte" Ergebnisse oder auch Fehlermeldungen auszugeben. Außerdem
kann damit ein "Dialogbetrieb" bei der Ein- und Ausgabe von Daten pro-
grammiert werden. Wir erläutern dies und auch die weitere Benutzung
von InOutput durch ein komplettes Programm zur Berechnung des
größten gemeinsamen Teilers zweier Zahlen aus $\mathbb{N}$ gemäß der Funktion
GGT aus Abschnitt 3.5:

```
MODULE GrGemTeiler;
   FROM InOutput IMPORT
      CorrIn,ReadCard,WriteCard,WriteStr,WriteLn;
```

```
(**** Vereinbarungen: ****)
  PROCEDURE CardEingabe(VAR k:CARDINAL);
    (* Besetzt k mit einer eingelesenen
       CARDINAL-Zahl *)
  BEGIN
    WriteStr('CARDINAL-Zahl >0 eingeben: ');
    ReadCard(k);
    WriteLn;
    IF NOT CorrIn THEN
       WriteStr('Eingabefehler: ');
       WriteStr('Keine CARDINAL-Zahl');
       WriteLn;
       HALT      (* Spezielle Anweisung, durch
                    die das gesamte Programm
                    abgebrochen wird *)
    END;
    IF k=0 THEN
       WriteStr('Eingabefehler: ');
       WriteStr('Zahl darf nicht 0 sein');
       WriteLn;
       HALT
    END;
  END CardEingabe;
  (***)
  PROCEDURE Ggt(m,n:CARDINAL):CARDINAL;
    (* Vorbedingung: m>0 und n>0;
       berechnet den groessten gemeinsamen
       Teiler von m und n *)
  BEGIN
    IF m=n THEN RETURN m
    ELSIF m>n THEN RETURN Ggt(m-n,n)
    ELSE RETURN Ggt(m,n-m)
    END
  END Ggt;
  (***)
  VAR x,y:CARDINAL;
    (* Variablen zur Aufnahme der Eingabe *)
(**** Anweisungen des "Haupt"-Programms: ****)
BEGIN
  CardEingabe(x);
  CardEingabe(y);
  WriteStr('Der ggT von ');
  WriteCard(x);
  WriteStr(' und ');
  WriteCard(y);
  WriteStr(' ist ');
  WriteCard(Ggt(x,y));
  WriteLn
END GrGemTeiler.
```

Ein Ablauf dieses Programms beginnt mit dem Aufruf
CardEingabe(x). Diese Prozedur schreibt als erstes die Aufforderung

```
CARDINAL-Zahl >0 eingeben:
```

auf den Bildschirm. Wird daraufhin über die Tastatur eine CARDINAL-
Zahl eingegeben, so wird diese gelesen und die Variable x damit besetzt.
Die beiden nachfolgenden bedingten Anweisungen dienen dem Abfangen
unkorrekter Eingaben. Hat man z.B. 0 eingegeben, so erscheint auf dem
Bildschirm die Meldung

```
Eingabefehler: Zahl darf nicht 0 sein
```

und das Programm wird abgebrochen.

Nach korrekt verlaufener Eingabe für x wird durch den Aufruf
`CardEingabe(y)` im Hauptprogramm der gleiche Einlesevorgang für
y durchgeführt. Ist auch dieser erfolgreich abgeschlossen, beginnt die
Ausgabe erläuternder Hinweise für das Ergebnis, und schließlich wird -
durch `WriteCard(Ggt(x,y))` - das Ergebnis selbst ausgegeben.
Nach einem Ablauf des Programms (mit den Eingaben 8 und 20) wäre auf
dem Bildschirm durch diesen "Dialog" folgende Beschriftung entstanden:

```
CARDINAL-Zahl >0 eingeben: 8
CARDINAL-Zahl >0 eingeben: 20
Der ggT von 8 und 20 ist 4
```

In der Funktion `Ggt` dieses Beispiels ist die Fallunterscheidung in
der Form

$$\text{IF } b_1 \text{ THEN } \ldots$$
$$\text{ELSIF } b_2 \text{ THEN } \ldots$$
$$\text{ELSE } \ldots \text{ END}$$

formuliert. Man beachte, daß dieses Schema im allgemeinen nicht gleichbedeutend mit

$$\text{if } b_1 \text{ then } \ldots$$
$$\square \; b_2 \text{ then } \ldots$$
$$\text{else } \ldots \text{ endif}$$

sondern mit

$$\text{if } b_1 \text{ then } \ldots$$
$$\text{else if } b_2 \text{ then } \ldots$$
$$\text{else } \ldots \text{ endif}$$
$$\text{endif}$$

in AKS ist.

Wir bemerken zum Abschluß dieses Abschnitts noch, daß
MODULA-2 keine nicht-deterministischen Konstrukte im Sinne von Abschnitt 6.6 enthält. Es gibt jedoch Elemente in der Sprache, die die Formulierung von in gewisser Weise parallelen Programmen ermöglichen.
Darauf gehen wir hier allerdings nicht weiter ein.

8.3 Datenstrukturen

Nach der Beschreibung der allgemeinen Programmierungsgrundlagen in den Abschnitten 8.1 und 8.2 wenden wir uns nun den Möglichkeiten der Datenstrukturierung in MODULA-2 zu. Wir behandeln zunächst Reihungen und Tupel und besprechen ein von AKS abweichendes Konzept für das Zusammenspiel imperativer Konstrukte mit diesen Datenstrukturen.

Von den in Kapitel 5 konzeptuell behandelten Datenstrukturen sind in MODULA-2 nur Reihungen und Tupel (direkt) vorhanden, und auch diese werden hier im Vergleich zu AKS teilweise unterschiedlich gehandhabt. Die Darstellung von Sequenzen (Stapeln, Schlangen) und Binärbäumen werden wir in Abschnitt 8.5 behandeln. Mengen und Multimengen im Sinne von Abschnitt 6.6 gibt es in MODULA-2 ebenfalls nicht. Lediglich Mengen können in sehr restriktiver Weise verwendet werden; im allgemeinen müssen Daten(multi)mengen durch eine der verfügbaren Datendarstellungen realisiert werden. Dies werden wir in Abschnitt 8.6 noch kurz erläutern.

Die Sortenbezeichnung für eine Reihung $(x_1,...,x_n)$ über einer Sorte σ wird in MODULA-2 in der Form

$$\text{ARRAY [1..n] OF } \sigma$$

geschrieben. Etwas allgemeiner können Reihungen auch mit anderen ganzzahligen Indexmengen als $\{1,...,n\}$ versehen sein, z.B.:

$$\text{ARRAY [-5..4] OF REAL}$$

Eine Reihung dieser Art ist formal eine Abbildung

$$x : I \rightarrow \text{REAL}$$

mit $I=\{-5,-4,...,3,4\}$ und den Komponenten $x(-5),x(-4),...,x(3),x(4)$, kurz: $x=(x_{-5},x_{-4},...,x_3,x_4)$.

Als untere und obere Grenze von Indexbereichen dürfen nur Objektbezeichnungen oder Konstanten verwendet werden. Indexmengen können selbst als spezielle Sorten (**Unterbereichstypen**) vereinbart und mit ihren Bezeichnungen in ARRAY-Notationen verwendet werden. Eine typische Sortenvereinbarung für eine Reihungssorte könnte demgemäß wie folgt aussehen:

```
TYPE Bereich = [0..9];
     Vektor  = ARRAY Bereich OF REAL
```

Mehrstufige Reihungen werden analog bezeichnet, z.B.:

```
ARRAY [1..10] OF ARRAY [1..20] OF REAL
```

oder auch in abkürzender Schreibweise:

$$\text{ARRAY } [1..10],[1..20] \text{ OF REAL}$$

Elemente dieser Sorte sind 10×20-Matrizen.

Hat eine Funktion oder Prozedur P eine Reihung x einer Sorte ARRAY [m..n] OF σ als formalen Parameter, so darf diese Sortenbezeichnung nicht in der Parameterliste von P stehen, sondern es muß zu diesem Zweck eine Sortenvereinbarung vorausgehen, z.B.:

```
TYPE Reihung = ARRAY [m..n] OF REAL;
PROCEDURE P(x:Reihung;...)...
```

Bei einem Aufruf von P muß für x ein formaler Parameter übergeben werden, der mit x insbesondere auch im Indexbereich übereinstimmt. Für eine flexiblere Handhabung solcher Funktions- und Prozeduranwendungen können formale (einstufige) Reihungsparameter auch ohne Indexangaben (als *offene* Reihungen) in der Schreibweise

$$\text{x:ARRAY OF } \sigma$$

vereinbart werden. Aufrufe sind dann mit Reihungen (über σ) mit beliebigen Indexmengen möglich. Als untere Grenze des Indexbereichs von x wird dabei innerhalb von P immer 0 genommen. Die obere Grenze erhält man durch Anwendung der Grundoperation HIGH auf x. Nach (Wert-) Übergabe eines aktuellen Parameters y der Sorte

$$\text{ARRAY } [m..n] \text{ OF } \sigma$$

an x haben die Komponenten x_i für $i=0,...,\text{HIGH}(x)$ die Werte y_{m+i}, und es gilt $\text{HIGH}(x)=n-m$.

Außer der Operation HIGH, die *UPB* in AKS entspricht, gibt es nur noch den direkten Zugriff auf Komponenten als Grundoperation bei Reihungen. Ein in AKS durch

$$PROJ(x,i)$$

beschriebener Zugriff auf die i-te Komponente einer Reihung x wird in der Form

$$\text{x[i]}$$

notiert und ist für alle i aus der Indexmenge von x definiert.

Beispiel. Die Funktion *ENTHALTEN1* aus Abschnitt 5.3 (etwa mit σ= INTEGER) läßt sich wie folgt darstellen:

```
PROCEDURE Enthalten1(x:ARRAY OF INTEGER;
                     a:INTEGER):BOOLEAN;
   (* Stellt fest, ob a in x enthalten ist *)
   VAR gefunden:BOOLEAN;
       i:CARDINAL;
```

```
BEGIN
  gefunden:=FALSE;
  i:=0;
  WHILE (i<=HIGH(x)) AND (NOT gefunden) DO
    IF x[i]=a THEN gefunden:=TRUE END;
    i:=i+1
  END;
  RETURN gefunden
END Enthalten1
```

Ist y eine Reihung der Sorte ARRAY Indexbereich OF INTEGER mit beliebiger Indexmenge Indexbereich, so ist z.B.

$$Enthalten1(y,17)$$

ein möglicher Aufruf dieser Funktion. □

Die im vorigen Abschnitt nur informell angegebene Sorte »Text« in der Prozedur WriteStr ist formal als Reihung über CHAR zu verstehen. WriteStr stellt sich also genauer als

```
PROCEDURE WriteStr(s:ARRAY OF CHAR);
```

dar. Nur Texte können in der in Abschnitt 8.2 beschriebenen Standarddarstellung explizit angegeben werden. Für andere Reihungen gibt es keine Objektdarstellungen.

Neben Reihungen bietet die Tupelbildung die zweite wichtige Möglichkeit der Datenstrukturierung in MODULA-2. Eine in AKS durch

$$\textbf{tupel } \sigma_1,...,\sigma_n \textbf{ endtupel}$$

notierte Tupelsorte wird in der Form

$$RECORD\ sel1:\sigma_1;...;seln:\sigma_n\ END$$

beschrieben. Die **Selektoren** sel1,...,seln sind dabei frei wählbare (paarweise verschiedene) Identifikatoren zur Bezeichnung der Projektionen *PROJ1,...,PROJn*, die die einzigen Grundoperationen für Tupel sind. Ist x ein Tupel der angegebenen Sorte, so wird der Zugriff *PROJi(x)* in der Form

$$x.sel i$$

geschrieben ($i=1,...,n$).

Selektoren mit gleichen Sorten können in Sortenbezeichnungen (wie Parameter in Parameterlisten) zusammengefaßt werden, z.B.:

$$RECORD\ x1,x2:CARDINAL;y:REAL\ END$$

Wie für allgemeine Reihungen gibt es auch für Tupel keine expliziten Objektdarstellungen. Angaben von Tupelsorten in formalen Parameterlisten dürfen nur durch in Sortenvereinbarungen definierte Identifikatoren geschehen.

Beispiel. Die Sorte termin von Abschnitt 5.4 könnte wie folgt vereinbart sein:

```
TYPE Datum = RECORD tag,monat:CARDINAL END;
     Termin = RECORD
                   dat:Datum;
                   uhrzeit:REAL;
                   stichw:ARRAY [0..31] OF CHAR
              END
```

Die Stichwort-Komponente ist hier als "Text der Länge 32" repräsentiert. Die folgende Funktion stellt fest, ob sich zwei Termine auf das gleiche Datum und die gleiche Uhrzeit beziehen:

```
PROCEDURE DatZeitGleich(x,y:Termin):BOOLEAN;
   (* Stellt fest, ob x und y gleiches Datum
      und gleiche Uhrzeit haben *)
BEGIN
   RETURN (x.dat.tag = y.dat.tag) AND
          (x.dat.monat = y.dat.monat) AND
          (x.uhrzeit = y.uhrzeit)
END DatZeitGleich
```

x.dat.tag etwa steht dabei für *PROJ1(PROJ1(x))*.   □

Die im Zusammenhang mit Indexmengen von Reihungen erwähnten Unterbereichstypen lassen sich übrigens auch außerhalb dieses Kontextes (wie andere Sorten) gebrauchen und können in Tupelsorten wie Datum sinnvoll verwendet werden: Ein "Tag" ist eine natürliche Zahl zwischen 1 und 31, und eine Monatsangabe liegt zwischen 1 und 12. Datum läßt sich demgemäß auch wie folgt vereinbaren:

```
TYPE Datum = RECORD
                  tag:[1..31]
                  monat:[1..12]
             END
```

Es fällt auf, daß MODULA-2 für Reihungen und Tupel keine Konstruktor-Operationen bereitstellt. Dementsprechend haben wir als Beispiele bisher nur sehr einfache inspizierende Algorithmen angeführt. Darüber hinaus dürfen Reihungen und Tupel auch nicht als Ergebnisse von Funktionen auftreten. Das bedeutet, daß die Erzeugung von Reihungen und Tupeln ausschließlich durch imperative Konzepte, genauer: über Variablen und Referenzparameter, erfolgen kann.

Das Zusammenspiel zwischen Variablen (und Referenzparametern) und Datenstrukturen ist in MODULA-2 anders konzipiert als in AKS. Zur Erläuterung betrachten wir noch einmal die betreffenden AKS-Konzepte: Variablen können in AKS Reihungen, Sequenzen, Tupel usw. als Werte haben. Charakteristisch für den Gebrauch von Variablen ist die Veränderbarkeit ihrer Werte. Sind die Werte Datenstrukturen, so lassen sich die möglichen Veränderungen in zwei Klassen unterteilen:

- **Strukturelle Änderungen** verändern die Gesamtstruktur des Wertes. Beispiele sind:

$$s := POSTFIX(s,2) \qquad \text{(Verlängern einer Sequenz)},$$
$$b := BUILD(ROOT(b),EMPTY,RIGHT(b))$$
$$\text{(Abschneiden des linken Unterbaums)}.$$

- **Selektive Änderungen** verändern einzelne Komponenten des Wertes. Beispiele sind:

$$x := ALT(x,i,PROJ(x,i)+1)$$
$$\text{(Erhöhung der } i\text{-ten Reihungskomponente um 1)},$$
$$y := COMP(PROJ1(y),PROJ2(y),4)$$
$$\text{(Neubesetzung der dritten Tupelkomponente)}.$$

Wegen der Auswahl der AKS-Grundoperationen treten strukturelle Änderungen nur bei Sequenzen, Stapeln, Schlangen, Binärbäumen, Mengen und Multimengen auf. Wir werden darauf in den nächsten Abschnitten zurückkommen.

Bei Reihungen und Tupeln sind nur selektive Änderungen möglich. Betrachten wir als Beispiel eine Variable x der Art

$$\textbf{var } x: \textbf{array } \text{nat}$$

die eine Reihung $d=(d_1,...,d_n)$ als Wert habe. Soll dieser Wert z.B. so geändert werden, daß ein bestimmtes d_i um 1 erhöht wird und die übrigen Komponenten von d unverändert bleiben, so wird dies ausgedrückt durch den Zustandsübergang

$$\eta : \quad x \;\boxed{\;(d_1,...,d_i,...,d_n)\;}$$
$$\downarrow$$
$$\eta' : \quad x \;\boxed{\;(d_1,...,d_i+1,...,d_n)\;}$$

und erzielt durch die oben angegebene Zuweisung

$$x := ALT(x,i,PROJ(x,i)+1)$$

Informell bedeutet dieser Zustandsübergang im anschaulichen Zettelbild von Abschnitt 4.1, daß der Inhalt des Zettels x (in η) komplett ausradiert wird und x dann mit $(d_1,...,d_i+1,...,d_n)$ neu beschrieben wird. Eine analoge maschinelle Realisierung der Zuweisung wäre in erheblichem Maße ineffizient. Um im Bild zu bleiben: Komplettes Radieren und Neuschreiben von x ist sehr aufwendig, wenn doch die Komponentenwerte $d_1,...,d_{i-1},d_{i+1},...,d_n$ alle unverändert bleiben sollen und nur eine einzige Komponente verändert wird.

Wir kehren nun zu MODULA-2 zurück: Selektive Änderungen können auch effizienter implementiert werden. MODULA-2 geht einen

Schritt weiter und bietet ein Konzept an, das die Grundidee von (Realisierungen von) tatsächlich nur komponentenweisen Veränderungen von Datenstrukturen in die Sprachebene aufnimmt (und nicht nur als Realisierungsproblem beläßt). Im anschaulichen Bild: Statt $(d_1,...,d_n)$ auf *einem* Zettel zu speichern, legt man einen "Satz von n Zetteln" $y_1,...,y_n$ für $d_1,...,d_n$ an:

$$y_1 \boxed{d_1} \quad y_2 \boxed{d_2} \quad \cdots \quad y_n \boxed{d_n}$$

und faßt die $y_1,...,y_n$ zu einer Folge $y=(y_1,...,y_n)$ zusammen. Formal ist y eine Folge von Variablen (gleicher Sorte σ), heißt (**Variablen-**) **Feld** der Sorte σ und wird mit der gleichen "Zugriffsstruktur" wie die Reihung d versehen: Für $i=1,...,n$ ist $y[i]$ die Variable y_i und wird (i-te) **Feldkomponente** (von y) genannt. Die oben skizzierte Zustandsänderung $\eta \longrightarrow \eta'$ wird nachgebildet durch

$$\bar\eta: \quad y_1 \boxed{d_1} \quad \cdots \quad y_i \boxed{d_i} \quad \cdots \quad y_n \boxed{d_n}$$
$$\downarrow$$
$$\bar\eta': \quad y_1 \boxed{d_1} \quad \cdots \quad y_i \boxed{d_i+1} \quad \cdots \quad y_n \boxed{d_n}$$

und beschrieben durch die Zuweisung

```
y[i]:=y[i]+1
```

Variablen einer Reihungssorte gibt es in MODULA-2 nicht. Ist Reihung definiert durch eine Vereinbarung

```
TYPE Reihung = ARRAY Indber OF σ
```

so wird durch

```
(*)                VAR y:Reihung
```

ein Feld von Variablen der Sorte σ mit Indexbereich Indber vereinbart.

Ebenso gibt es keine Ausgabe- oder Transientparameter für Reihungssorten. Ist (*) Bestandteil einer formalen Parameterliste, so ist damit ein formales (Referenz-) **Parameterfeld** vereinbart, das wie ein Variablenfeld handhabbar ist. Mögliche aktuelle Parameter sind Variablen- oder Parameterfelder passender Sorte und mit übereinstimmendem Indexbereich. Das Konzept der offenen Reihungen kann analog benutzt werden: Als aktueller Parameter für den durch

```
VAR z:ARRAY OF σ
```

gegebenen formalen Parameter z kann ein beliebiges Variablen- oder Parameterfeld der Sorte σ verwendet werden. HIGH(z) bezeichnet wieder den oberen Index ("obere Feldgrenze") von z.

Beispiel. Das nachfolgende Programm liest *n* (z.B. 100) ganze Zahlen ein, sortiert die dadurch gegebene Folge und gibt die sortierte Folge komponentenweise aus. Die Sortierung geschieht gemäß den Algorithmen *LINSORT1* und *EINSORT2* aus Abschnitt 5.3.

```
MODULE Sortieren;
  FROM InOutput IMPORT
    CorrIn,ReadInt,WriteInt,WriteStr,WriteLn;
(**** Vereinbarungen: ****)
  PROCEDURE Eingabe(VAR x:ARRAY OF INTEGER);
    (* Besetzt x mit einer Folge einzeln
       eingelesener INTEGER-Zahlen *)
    VAR i:CARDINAL;
  BEGIN
    FOR i:=0 TO HIGH(x) DO
      WriteStr('INTEGER-Zahl eingeben: ');
      ReadInt(x[i]);
      WriteLn;
      IF NOT CorrIn THEN
        WriteStr('Eingabefehler!');
        WriteLn;
        HALT
      END
    END
  END Eingabe;
  (***)
  PROCEDURE LinSort1(VAR x:ARRAY OF INTEGER);
    (* Sortieren von x *)
    VAR i:CARDINAL;
  BEGIN
    FOR i:=1 TO HIGH(x) DO
      EinSort2(x,i)
    END
  END LinSort1;
  (***)
  PROCEDURE EinSort2(VAR x:ARRAY OF INTEGER;
                     k:CARDINAL);
    (* Vorbedingung: x[0],...,x[k-1] ist
                     sortiert, k<=HIGH(x);
       x[k] wird in x[0],...,x[k-1]
       einsortiert *)
    VAR j:CARDINAL;
        h:INTEGER;
            (* Hilfsvariable zum Vertauschen *)
  BEGIN
    j:=k;
    WHILE (j>=i) AND (x[j]<x[j-1]) DO
             (* x[j] und x[j-1] vertauschen *)
      h:=x[j-1];
      x[j-1]:=x[j];
      x[j]:=h;
      j:=j-1
    END
  END EinSort2;
  (***)
```

```
    PROCEDURE Ausgabe(y:ARRAY OF INTEGER);
      (* y wird komponentenweise ausgegeben *)
      VAR i:CARDINAL;
    BEGIN
      FOR i:=0 TO HIGH(y) DO
        WriteInt(y[i]);
        WriteLn
      END
    END Ausgabe;
    (***)
    CONST n=100;
    VAR z:ARRAY [1..n] OF INTEGER;
(**** Hauptprogramm: ****)
BEGIN
    Eingabe(z);
    LinSort1(z);
    WriteStr('Ergebnis nach Sortieren:');
    WriteLn;
    Ausgabe(z)
END Sortieren.                                        □
```

Man beachte, daß beim Aufruf Ausgabe(z) das Feld z als aktueller Parameter für den formalen Reihungsparameter y von Ausgabe eingesetzt ist. Bei der Parameterübergabe werden die Werte der Feldkomponenten an y übergeben.

Die Realisierung der Technik der Wertübergabe ist bei Reihungen recht aufwendig. Im Beispiel werden 100 Werte "von z nach y kopiert". Wir haben diese Ineffizienz schon in Abschnitt 6.2 erwähnt und (unter anderem) damit das Konzept der globalen Größen motiviert. Erheblich effizienter läßt sich die Referenzübergabe implementieren (es werden Feldnamen "miteinander identifiziert"). Um diese - nur durch Implementierungskenntnisse nutzbare - Effizienzsteigerung in MODULA-2-Programmen einsetzen zu können, ist - als Alternative zur Verwendung globaler Größen - als Faustregel zu befolgen: Statt Reihungsparametern sollten immer Parameterfelder verwendet werden, selbst wenn sie nur als Eingabeparameter dienen. Die Prozedur Ausgabe sollte also etwa in der Form

```
    PROCEDURE Ausgabe(VAR y:ARRAY OF INTEGER);
      :
```

vereinbart werden.

An dem ausgeführten Programm-Beispiel wird deutlich, daß mit dem Feldkonzept, das wir durch Effizienzbetrachtungen motiviert haben, auch unsere ursprüngliche Frage bezüglich fehlender Konstruktor-Operationen bei Reihungen geklärt ist: Felder können komponentenweise aufgebaut und geändert werden.

In gleicher Weise werden Tupel behandelt. Es gibt keine Variablen für Tupelsorten. Durch die Vereinbarung

$$\text{VAR } y:\text{RECORD } sel1:\sigma_1; \ldots; seln:\sigma_n \text{ END}$$

wird ein Tupel von Variablen (*Variablenverbund*) vereinbart. Die einzelnen Variablen des Verbunds werden durch

$$y.sel1, \ldots, y.seln$$

bezeichnet. Analoges gilt für formale Referenzparameter.

Bemerkt sei schließlich noch, daß sich das hier skizzierte Konzept auch durch Schachtelungen der betrachteten Strukturen hindurchzieht. Z.B. kann man die Vereinbarungen

```
TYPE Paar  =  RECORD
                  p1:REAL;
                  p2:CHAR
              END;
     Reihg =  ARRAY [1..3] OF Paar;
VAR feld:Reihg
```

anschaulich wie folgt verstehen:

$$
\begin{array}{l l l}
feld[1] & \left\{ \begin{array}{l} feld[1].p1 \;\; \boxed{\omega} \\ feld[1].p2 \;\; \boxed{\omega} \end{array}\right. \\[2ex]
feld[2] & \left\{ \begin{array}{l} feld[2].p1 \;\; \boxed{\omega} \\ feld[2].p2 \;\; \boxed{\omega} \end{array}\right. \\[2ex]
feld[3] & \left\{ \begin{array}{l} feld[3].p1 \;\; \boxed{\omega} \\ feld[3].p2 \;\; \boxed{\omega} \end{array}\right.
\end{array}
$$

Für $i=1,2,3$ ist `feld[i]` ein Variablenverbund, `feld[i].p1` und `feld[i].p2` sind Variablen und ermöglichen z.B. die Zuweisung

$$feld[3].p1 \; := \; 3.7$$

Beispiel. Die Sorten autorname, verlagsang, karteikarte aus Abschnitt 5.4 könnten dargestellt werden durch

```
TYPE Text = ARRAY [0..31] OF CHAR;
     Autorname = RECORD
                     nachname,vorname:Text
                 END;
     Verlagsang = RECORD
                     verlag,ort:Text;
                     jahr,auflage:CARDINAL
                  END;
     Karteikarte = RECORD
                     autor:Autorname;
                     titel:Text;
                     bibl:Verlagsang;
                     signatur:Text
                   END
```

Die folgende Prozedur ändert die Auflagenangabe einer (als Transientparameter gegebenen) Karteikarte kk:

```
PROCEDURE Auflage(VAR kk:Karteikarte;
                  neunum:CARDINAL);
  (* Eintrag der neuen Auflagennummer neunum
     in kk *)
BEGIN
  kk.bibl.auflage := neunum
END Auflage
```
□

8.4 Verweise

Zur (effizienten) Realisierung von Datenstrukturen, die auch strukturellen Änderungen unterworfen sind, beinhaltet MODULA-2 (wie viele andere Programmiersprachen) ein spezielles Konzept. Es besteht darin, "Verweise auf Variablen" als eine neue Art von Objekten zu betrachten. Wir führen dieses Konzept jetzt ein und erläutern zunächst seine Handhabung.

MODULA-2 orientiert sich deutlich an imperativen Grundkonzepten und bildet die Verwendung von Reihungen und Tupeln hauptsächlich durch Felder und Verbunde nach. Bei Datenstrukturen wie Sequenzen und Binärbäumen, in denen strukturelle Änderungen eine wesentliche Rolle spielen (und die oft auch **dynamische** Datenstrukturen genannt werden), treten im Zusammenspiel mit Variablen ähnliche Implementierungsprobleme auf, wie wir sie im vorigen Abschnitt bei Reihungen erläutert haben. Sind (in AKS) z.B. die Sequenzen x und y gegeben durch

$$\textbf{var } x,y\textbf{:sequ}\,\text{nat}$$

und sind $(d_1,...,d_n)$ und $(d'_1,...,d'_m)$ die Werte von x bzw. y in einem Zustand η, so bewirkt etwa eine Zuweisung

$$x := x \circ y$$

den Zustandsübergang

$$
\eta:\quad x\,\boxed{\quad (d_1,...,d_n)\quad}\qquad y\,\boxed{\quad (d'_1,...,d'_m)\quad}
$$

$$
\downarrow
$$

$$
\eta':\quad x\,\boxed{(d_1,...,d_n,d'_1,...,d'_m)}\qquad y\,\boxed{\quad (d'_1,...,d'_m)\quad}
$$

was wieder einem kompletten "Radieren und Neuschreiben" von x entspricht. Ein auch hier denkbarer Übergang zu Sätzen einzelner Variablen für die Sequenzenkomponenten, anschaulich dargestellt durch

$$\bar{\eta}: \begin{cases} x_1 \boxed{d_1} \ \cdots \ x_n \boxed{d_n} \\ y_1 \boxed{d'_1} \ \cdots \ y_m \boxed{d'_m} \end{cases}$$

$$\bar{\eta}': \begin{cases} x_1 \boxed{d_1} \ \cdots \ x_n \boxed{d_n} \ x_{n+1} \boxed{d'_1} \ \cdots \ x_{n+m} \boxed{d'_m} \\ y_1 \boxed{d'_1} \ \cdots \ y_m \boxed{d'_m} \end{cases}$$

würde das Radieren und Neuschreiben der unveränderten Komponenten $d_1,...,d_n$ vermeiden. Allerdings müßten die "Zettel" mit den Inhalten $d'_1,...,d'_m$ dupliziert werden.

Sequenzen, Stapel, Schlangen und Binärbäume sind in MODULA-2 weder als Datenstrukturen noch über Variablensätze direkt vorhanden. Statt dessen verwendet die Sprache ein weiteres recht allgemeines Konzept, mit dem sich solche Datenstrukturen nachbilden lassen. Es beschreibt eine auch im Alltag häufig anzutreffende Datenrepräsentation und läßt sich mit einem einfachen Beispiel leicht veranschaulichen: Wenn der Leser dieses Buch zur Hand nimmt und etwa den Abschnitt 3.4 nachlesen will, so kann er das Inhaltsverzeichnis aufschlagen und dort den Eintrag

> ⋮
> *3.4 Rekursion* *83*
> ⋮

finden. Die Seitenangabe "83" ist nicht das eigentliche Objekt (der Text von Abschnitt 3.4) selbst, sondern ein "Verweis" auf die Stelle im Buch, wo es "tatsächlich" vorhanden ist. Der Zugriff auf das Objekt wird bewerkstelligt, indem man "dem Verweis folgt", d.h. die Seite 83 aufschlägt.

Formal gilt in MODULA-2: Ist σ eine Sorte, so ist

$$\text{POINTER TO } \sigma$$

eine **Verweissorte**. Objekte dieser Sorte heißen **Verweise** (**Zeiger, Referenzen**) auf Variablen der Sorte σ. (Wir nehmen zunächst an, daß σ eine elementare Sorte wie INTEGER, BOOLEAN usw. ist.) In jeder Verweissorte gibt es ein spezielles Objekt, den **leeren Verweis**, der (unabhängig

von σ) mit NIL bezeichnet wird. Für von NIL verschiedene (nicht-leere)
Verweise gibt es keine Bezeichnungen. Anschaulich stellen wir einen
nicht-leeren Verweis v auf eine Variable (etwa mit dem Wert 7) durch

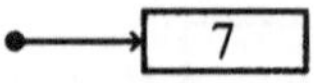

$$\bullet\!\longrightarrow\boxed{\;7\;}$$

dar. Die Variable, auf die v verweist, wird mit $v\!\uparrow$ bezeichnet. $\uparrow$ heißt
Dereferenzierungsoperation.

Weitere Grundoperationen für Verweise sind Gleichheit (=) und Un-
gleichheit (<>). Zwei Verweise sind genau dann gleich, wenn sie auf die
gleiche Variable verweisen oder wenn sie beide NIL sind.

Wie andere Objekte können Verweise Werte von Variablen (***Verweisvariablen***) sein. Die Wirkung einer Variablenvereinbarung

$$\text{VAR } x\!:\!\text{POINTER TO } \sigma$$

kann man sich wie bisher anschaulich vorstellen als Erzeugung eines
"leeren Zettels":

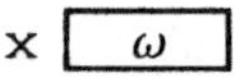

$$x\;\boxed{\;\omega\;}$$

Der Wert einer derartigen Variablen kann durch Anweisungen der folgenden Art verändert werden:

- Die Anweisung

$$\text{NEW}(x)$$

bewirkt, daß x einen Verweis auf eine neue Variable der Sorte σ (mit
undefiniertem Wert) als Wert erhält, im Bild:

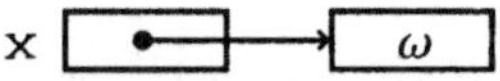

$$x\;\boxed{\;\bullet\!\longrightarrow\;}\longrightarrow\boxed{\;\omega\;}$$

Die neu kreierte Variable hat selbst keine Bezeichnung und wird ***anonym*** genannt. Auf sie kann nur mit $x\!\uparrow$ zugegriffen werden.
- Die Zuweisung

$$x\!:\!=\text{NIL}$$

weist x den leeren Verweis zu, im Bild:

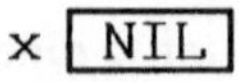

$$x\;\boxed{\;\text{NIL}\;}$$

(Man beachte: Der leere Verweis NIL ist ein definiertes Objekt und
nicht mit dem "leeren Zettel" zu verwechseln.)
- Ist y eine Variable der Sorte POINTER TO σ (die einen definierten
Wert besitzt), so bewirkt die Zuweisung

$$x\!:\!=y$$

(wie bei anderen Variablen), daß x den Wert von y als Wert erhält.
Ist dieser nicht NIL, so läßt sich das Ergebnis der Zuweisung veranschaulichen durch:

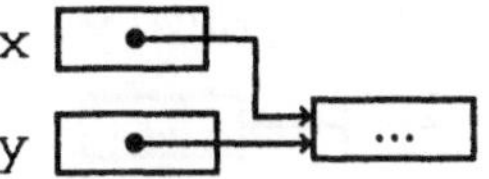

Die Verwendung einer Anweisung NEW(x) setzt die Verfügbarkeit
einer Prozedur ALLOCATE voraus, die in einem bestimmten Modul -
etwa mit der Bezeichnung Storage - bereitgestellt ist (und auf deren
Bedeutung wir hier nicht näher eingehen). Im Gesamtprogramm ist daher
eine IMPORT-Angabe der Art

```
FROM Storage IMPORT ALLOCATE
```

erforderlich. (Tatsächlich ist die Verwendbarkeit von NEW implementierungsabhängig. In den meisten MODULA-2-Installationen wirkt NEW
aber wie beschrieben.)

Beispiel. Die Variablen x,y,a seien gegeben gemäß

```
VAR x,y:POINTER TO INTEGER;
    a:INTEGER
```

Die Ausführung der Anweisungsfolge

```
a:=3;
NEW(x);
NEW(y);
y↑:=2*a;
x↑:=y↑+1;
x↑:=x↑-3;
x:=y;
a:=x↑
```

im Anschluß an die Variablenvereinbarung bewirkt die im Bild auf der
folgenden Seite festgehaltenen Veränderungen. Man beachte, daß nach
der Zuweisung x:=y die Variable, auf die x bis dahin verwiesen hat,
nicht mehr zugänglich ist.   □

Verweise können auch im Zusammenhang mit Feldern und Verbunden
vorkommen. Wir geben zunächst nur noch einige allgemeine Erläuterungen, bevor wir dann im nächsten Abschnitt eine spezielle Konstruktion
der hier besprochenen Art zur Nachbildung von dynamischen Datenstrukturen ausnutzen.

Ein Objekt der Sorte

```
POINTER TO ARRAY [1..4] OF REAL
```

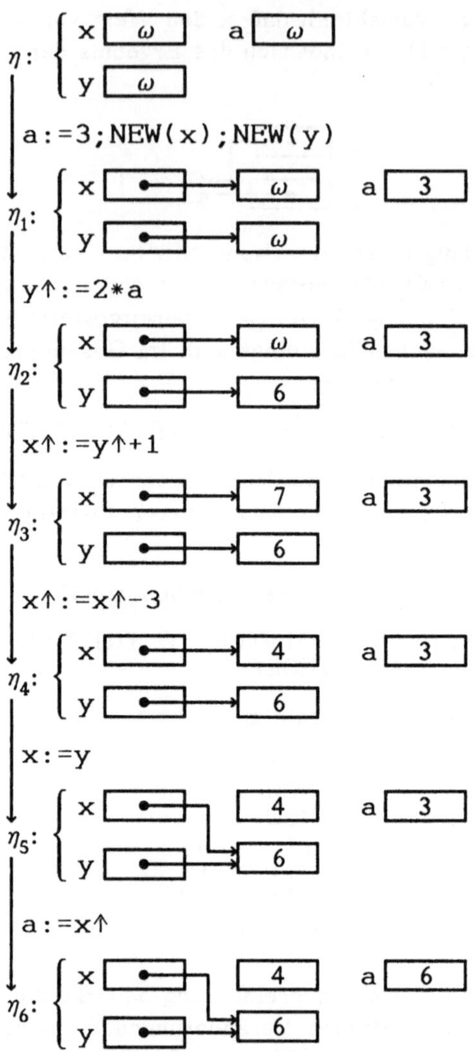

Beispiel mit Verweisen

ist nicht ein Verweis auf eine Reihungsvariable (letztere gibt es ja nicht),
sondern – in Verallgemeinerung des bisher Ausgeführten – ein Verweis
auf ein (anonymes) Variablenfeld, bildlich etwa durch

dargestellt. (Wir haben die einzelnen "Zettel" direkt "aneinandergelegt".)
Auf die Komponenten des Feldes kann über die Dereferenzierung mit an-

schließender Komponentenbildung (wie bisher) zugegriffen werden. Ist
z.B. x eine Variable dieser Verweissorte, so erzielen die beiden Anweisungen

```
NEW(x);
x↑[3] := 3.14
```

folgende Wirkung:

Analog verhält es sich mit Verweisen auf Variablenverbunde. Sind
z.B. die Sorte Verwtup und die Variable y gegeben durch

```
TYPE Verwtup = POINTER TO Tup;
     Tup = RECORD s1:CHAR;s2:REAL END;
VAR y:Verwtup
```

so verweist y nach NEW(y) auf einen anonymen Verbund von zwei Variablen, auf die mit den Selektoren s1 und s2 zugegriffen werden kann.
Die Zuweisung

```
y↑.s2 := 3.14
```

hat dann in analoger Bilddarstellung wie oben folgende Wirkung:

Umgekehrt können Verweisvariablen Bestandteile von Feldern und
Verbunden sein. Z.B. ist x nach den Vereinbarungen

```
TYPE Reihgverw = ARRAY [1..4] OF POINTER TO REAL;
VAR x:Reihgverw
```

ein Feld

von vier Verweisvariablen, das durch

```
NEW(x[3]);
x[3]↑ := 3.14
```

abgeändert wird zu

oder - in etwas kompakterer Darstellung:

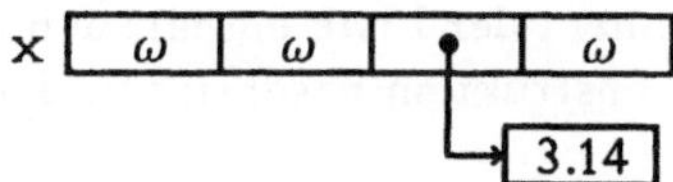

Ein Verbund y gemäß

```
TYPE Tupverw = RECORD
                  s1:CHAR;
                  s2:POINTER TO REAL
               END;
VAR y:Tupverw
```

besteht aus einer CHAR- und einer Verweisvariablen. Nach

```
NEW(y.s2);
y.s2↑ := 3.14
```

erhält man:

8.5 Geflechte

In diesem Abschnitt zeigen wir, wie Sequenzen (Stapel, Schlangen) und Binärbäume mit Hilfe des Verweiskonzepts beschrieben werden können.

Unter Verwendung von Verweisen können effiziente Realisierungen dynamischer Datenstrukturen und ihrer strukturellen Änderungsoperationen in MODULA–2 nachgebildet werden. Wir gehen aus von dem in Abschnitt 8.3 behandelten Konzept der Speicherung einer Folge $(d_1,...,d_n)$ von Objekten auf einem Satz von Variablen (die wir jetzt anonym belassen):

$$\boxed{d_1} \quad \boxed{d_2} \quad \cdots \quad \boxed{d_n}$$

Der "Zusammenhang" zwischen den einzelnen Variablen und der Zugriff auf sie wird dadurch hergestellt, daß jede Variable mit einer Verweisvariablen zu einem Variablenverbund zusammengefaßt wird. Die zweite Variable hat als Wert jeweils einen Verweis auf das "nächste Element der Folge", im Bild:

$$\boxed{d_1 \;\bullet\!\!\to} \quad \boxed{d_2 \;\bullet\!\!\to} \quad \boxed{d_3 \;\bullet\!\!\to} \quad \cdots \to \quad \boxed{d_n \;\; \text{NIL}}$$

Ein durch eine derartige "Verweisstruktur" aufgebautes *Geflecht* von Variablen heißt *lineare Liste*, die einzelnen Variablenpaare heißen *Listenelemente*. Das letzte Element der Liste enthält den leeren Verweis NIL.

Formal wird diese Konstruktion beschrieben durch die Sortenvereinbarung

```
TYPE Liste = POINTER TO Listelem;
     Listelem = RECORD
                    objekt:σ;
                    nachf:Liste
                END
```

wobei σ die Sorte der Objekte $d_1,...,d_n$ ist. Die Folge dieser Objekte wird realisiert durch einen Wert der Sorte Liste, nämlich einen Verweis auf das erste Listenelement:

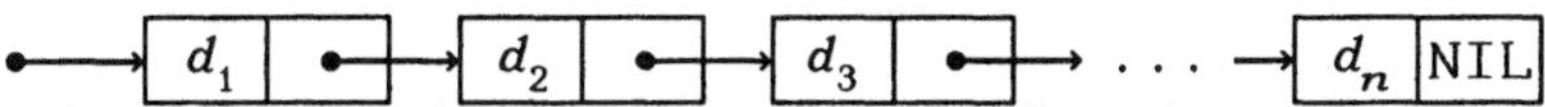

Mit dieser Grundform der Listendarstellung von Folgen lassen sich einige der Sequenzen-Operationen recht einfach realisieren. Die leere Sequenz *EMPTY* wird durch das Element NIL von Liste dargestellt, formal:

```
PROCEDURE Empty():Liste;
   (* Leere Liste *)
BEGIN
   RETURN NIL
END Empty
```

Für *ISEMPTY*, *FIRST*, *REST*, und *PREFIX* lassen sich folgende Funktionen angeben:

```
PROCEDURE Isempty(x:Liste):BOOLEAN;
   (* Test, ob x die leere Liste ist *)
BEGIN
   RETURN x=NIL
END Isempty;

PROCEDURE First(x:Liste):σ;
   (* Objektteil des ersten Listenelements;
      nur definiert, falls x nicht-leer ist *)
BEGIN
   RETURN x↑.objekt
END First;

PROCEDURE Rest(x:Liste):Liste;
   (* Rest von x ohne erstes Listenelement;
      nur definiert, falls x nicht-leer ist *)
BEGIN
   RETURN x↑.nachf
END Rest;

PROCEDURE Prefix(a:σ;x:Liste):Liste;
   (* Vornanfuegen eines Listenelements mit
      Objektteil a an x *)
   VAR neu:Liste;        (* Neues Listenelement *)
```

```
BEGIN
  NEW(neu);
  neu↑.objekt:=a;
  neu↑.nachf:=x;
  RETURN neu
END Prefix
```

Hat x einen Wert

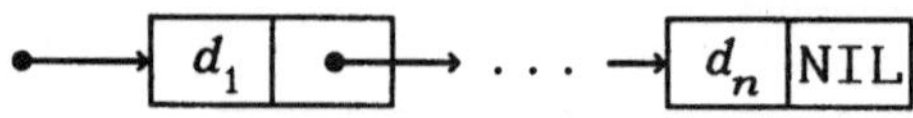

so kann die Wirkungsweise von Prefix(a,x) wie folgt veranschaulicht werden:

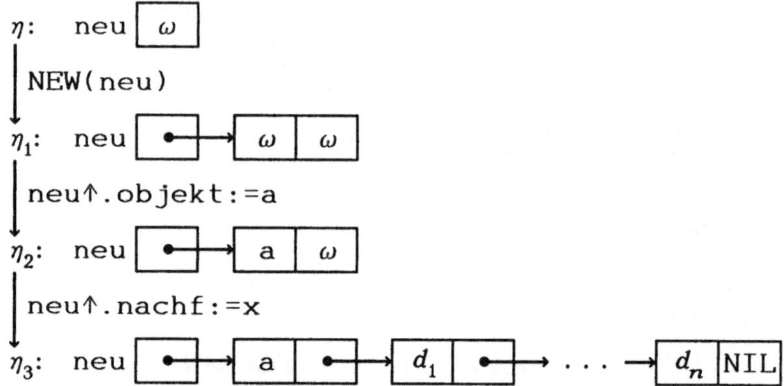

Der Wert von neu ist dann offenbar ein Verweis auf die gewünschte neue Liste (genauer: deren erstes Listenelement).

Es sei noch erwähnt, daß die rein applikative Auffassung der Operation *PREFIX* im AKS-Sinne bei Prefix allerdings in gewisser Weise verletzt ist. Ist x eine Sequenz, so sind konzeptuell x und *PREFIX(a,x)* voneinander verschieden. In der Listendarstellung sind jedoch x und ein Teil von Prefix(a,x) durch dasselbe Geflecht von Variablen realisiert. Wir werden darauf gleich noch zurückkommen.

Die angegebenen Funktionen könnte man (für konkretes σ) etwa zu einem Implementierungsmodul zusammenfassen, der dann (über einen entsprechenden Definitionsmodul) die damit realisierten Operationen eines abstrakten Datentyps der Art **STACK**σ (mit anderen Bezeichnungen) bereitstellt. Ebenso können wir nun auch einen Implementierungsmodul zu dem in Abschnitt 8.2 angegebenen Definitionsmodul ZeichenKeller programmieren:

```
IMPLEMENTATION MODULE ZeichenKeller;
  FROM Storage IMPORT ALLOCATE;
```

```
(**** Sorten und Variable: ****)
  TYPE Stackchar = POINTER TO Stackelem;
        Stackelem = RECORD
                      objekt:CHAR;
                      nachf:Stackchar
                    END;
  VAR s:Stackchar;
(**** Kelleroperationen: ****)
  PROCEDURE IsemptyS():BOOLEAN;
  BEGIN
    RETURN s=NIL
  END IsemptyS;
  (***)
  PROCEDURE TopS():CHAR;
    (* Vorbedingung: s ist nicht-leer *)
  BEGIN
    RETURN s↑.objekt
  END TopS;
  (***)
  PROCEDURE CreateS;
  BEGIN
    s:=NIL
  END CreateS;
  (***)
  PROCEDURE PushS(x:CHAR);
    VAR neu:Stackchar;
  BEGIN
    NEW(neu);
    neu↑.objekt:=x;
    neu↑.nachf:=s;
    s:=neu
  END PushS;
  (***)
  PROCEDURE PopS;
    (* Vorbedingung: s ist nicht-leer *)
  BEGIN
    s:=s↑.nachf
  END PopS;
END ZeichenKeller.
```

Zur Implementierung der anderen Sequenzen-Grundoperationen ist
die Listendarstellung in der bisherigen Form noch nicht besonders geeignet. Ist x von der Gestalt

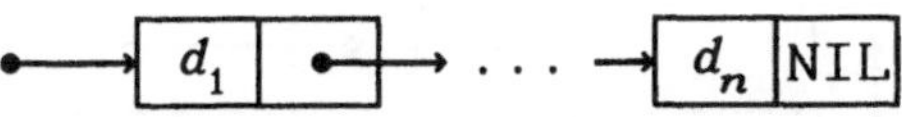

so könnte etwa $LAST(x)$ (also das Objekt d_n) nur durch iteriertes "Verfolgen der Verweiskette von x aus" bestimmt werden: d_n ist

$$(...((x↑.nachf)↑.nachf)↑. ... nachf)↑.objekt$$

Die Darstellung wird einfacher, wenn man eine Sequenz nicht nur
durch einen Verweis auf das Anfangselement der entsprechenden Liste

repräsentiert, sondern außerdem noch durch einen Verweis auf das letzte
Listenelement:

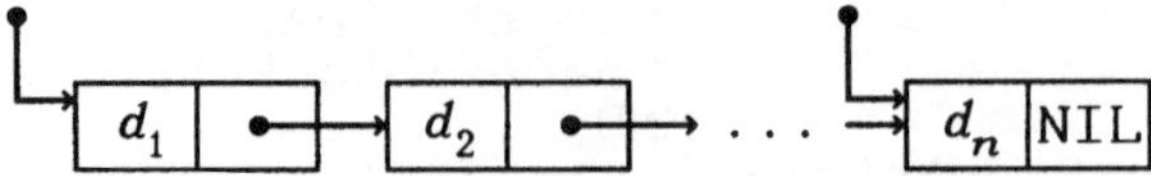

Bezeichnen wir die beiden Verweise etwa mit *xanf* und *xend*, so wird
LAST(x) durch

$$xend\uparrow.\texttt{objekt}$$

beschrieben. Die Operation *POSTFIX*(x,a) läßt sich nachbilden (z.B.)
durch

```
PROCEDURE Postfix(VAR xanf,xend:Liste;a:σ);
  (* Hintenanfuegen eines Listenelements mit
     Objektteil a an die durch xanf und xend
     gegebene Liste *)
BEGIN
  NEW(xend↑.nachf);
  xend:=xend↑.nachf;
  xend↑.objekt:=a;
  xend↑.nachf:=NIL
END Postfix
```

xanf und xend sind hier (anders als x bei Prefix) als Transientparameter verwendet. Sind ihre Werte Verweise wie in obigem Bild, so
wird die Wirkung von Postfix veranschaulicht durch:

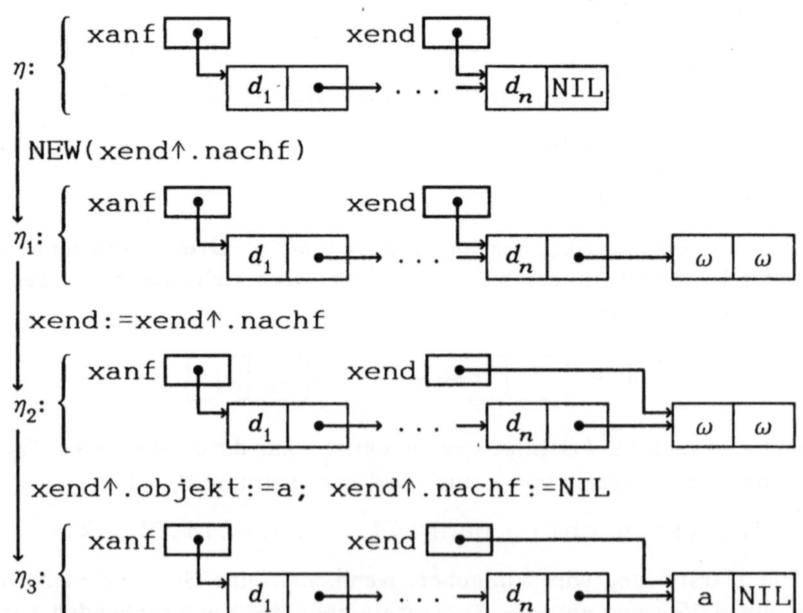

Ganz analog kann auch die Konkatenation von zwei derartig dargestellten Sequenzen realisiert werden. Eine zu Beginn des Abschnitts 8.4 diskutierte Zuweisung

$$x := x \circ y$$

wird anschaulich durch

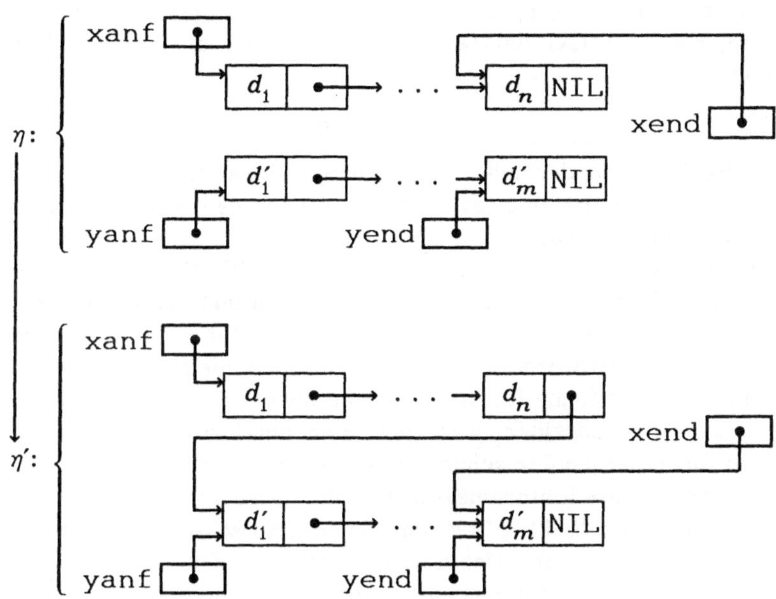

und formal durch

```
xend↑.nachf:=yanf;
xend:=yend
```

(ohne Duplizierung irgendwelcher Daten) nachgebildet.

Zur Implementierung der Operation *LEAD* ist eine noch weiter modifizierte Listendarstellung am geeignetsten: Jedes Listenelement verweist nicht nur auf das "nächste", sondern auch auf das "vorherige", im Bild:

Ein derartiges Geflecht heißt **doppelt verkettete lineare Liste** (im Gegensatz dazu heißen die bisherigen Listen auch **einfach verkettet**) und wird beschrieben durch die Sortenvereinbarung

```
TYPE Dliste = POINTER TO Dlistelem;
     Dlistelem = RECORD
                      vorg:Dliste;
                      objekt:σ;
                      nachf:Dliste
                 END
```

Wird eine Sequenz x wieder durch zwei Verweise *xanf* und *xend* auf das erste bzw. letzte Element einer solchen Liste repräsentiert, so ist die Liste, die *LEAD(x)* darstellt, gegeben durch die beiden Verweise *xanf* und

$$xend↑.\texttt{vorg}$$

Die Realisierung der anderen Grundoperationen wird bei dieser Darstellung etwas komplizierter als bisher. Sie kann dennoch leicht vom Leser nachvollzogen werden.

Werden dynamische Datenstrukturen wie z.B. Sequenzen in einem MODULA-2-Programm durch Listen implementiert, so können die betreffenden Grundoperationen - wie hier angedeutet - in einem eigenen Modul bereitgestellt werden. Es ist auch möglich, die gewünschte Listenverarbeitung direkt (ohne Rückgriff auf die ausgewählten Funktionen oder Prozeduren) zu beschreiben, was zwar manchmal zu "einfacheren" Programmen führt, wegen der schnell unüberschaubaren Manipulationen jedoch in hohem Maße fehleranfällig ist. Wir geben als Beispiel einen Algorithmus, der ein Objekt a (z.B. der Sorte INTEGER) in einer Folge x sucht und, falls a in x enthalten ist, die Folgenelemente, die in x auf (das erste Auftreten von) a folgen, aus x entfernt. x sei repräsentiert durch einen Verweis auf den Anfang einer einfach verketteten linearen Liste gemäß:

```
TYPE Listint = POINTER TO Listelem;
     Listelem = RECORD
                     objekt:INTEGER;
                     nachf:Listint
                END
```

Eine MODULA-2-Prozedur, die die Folge als Transientparameter verwendet, läßt sich ohne Rückgriffe auf Implementierungen von *FIRST*, *REST* usw. direkt wie folgt angeben:

```
PROCEDURE Abschneiden(VAR x:Listint;a:INTEGER);
   VAR h:Listint;      (* Zum Durchlaufen
                          der Liste *)
BEGIN
  h:=x;
  WHILE (h<>NIL) AND (h↑.objekt<>a) DO
    h:=h↑.nachf
END;
```

```
        (* Ist h jetzt NIL, so ist a nicht in x
           enthalten; andernfalls verweist h auf
           das erste Listenelement mit Objekt-
           teil a; dieses Element wird zum letz-
           ten Listenelement gemacht *)
     IF h<>NIL THEN h↑.nachf:=NIL END
END Abschneiden
```

Diese Prozedur ist noch überschaubar und in ihrer Wirkung leicht einsichtig. In komplexeren Anwendungen ist jedoch im Sinne einer sicheren Programmierung in aller Regel die Verwendung vordefinierter Listenoperationen wie First, Rest usw. vorzuziehen, und selbst in scheinbar einfachen Situationen können bei unvorsichtiger Handhabung direkter Listenmanipulationen unerwünschte Effekte entstehen.

Betrachten wir als Beispiel in AKS zwei Variablen x und y der Sorte **sequ** integer und die Anweisungsfolge

$$y := PREFIX(1,x);$$
$$x := PREFIX(2,REST(x))$$

Die Ausführung der beiden Zuweisungen etwa im Zustand $\eta=\{(x,(7.8.9)), (y,\omega)\}$ hat folgende Wirkung:

$$\eta: \quad x\ \boxed{(7,8,9)} \quad y\ \boxed{\quad \omega \quad}$$
$$\Big\downarrow \ y := PREFIX(1,x)$$
$$\eta_1: \quad x\ \boxed{(7,8,9)} \quad y\ \boxed{(1,7,8,9)}$$
$$\Big\downarrow \ x := PREFIX(2,REST(x))$$
$$\eta_2: \quad x\ \boxed{(2,8,9)} \quad y\ \boxed{(1,7,8,9)}$$

Ein analoges Bild (mit Listen) erhält man, wenn man die beiden Zuweisungen durch

```
y:=Prefix(1,x);
x:=Prefix(2,Rest(x))
```

realisiert, wobei x und y Variablen der oben definierten Sorte Listint und Prefix und Rest entsprechend adaptiert sind. (Das kann der Leser leicht selbst nachprüfen.)

Die zweite Zuweisung ersetzt die erste Komponente des Wertes von x durch 2. Man könnte versucht sein, dies direkt durch

```
x↑.objekt:=2
```

zu programmieren. Die beiden Anweisungen

```
y:=Prefix(1,x);
x↑.objekt:=2
```

haben jedoch folgende Wirkung:

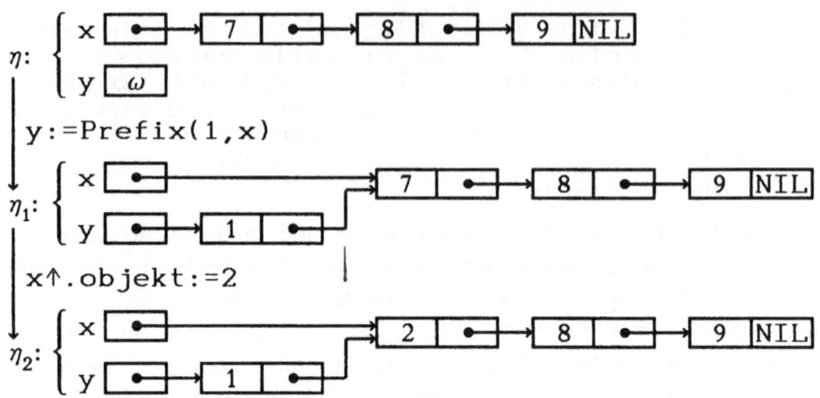

Die Wirkung an x ist zwar wie erwünscht, mit x hat sich aber – völlig unerwünscht – auch y geändert. Hervorgerufen wird dieser "Fehler" durch die schon weiter oben im Anschluß an die Definition von Prefix bemerkte Tatsache, daß nach $y:=\mathrm{Prefix}(1,x)$ ein Teil der Liste, auf die y dann verweist, auch über x zugänglich ist.

In ganz analoger Weise wie Sequenzen kann man Binärbäume durch Geflechte darstellen: Jeder Knoten wird mit einem Verweis auf den linken und einem Verweis auf den rechten Unterbaum zusammengefügt. Der Binärbaum

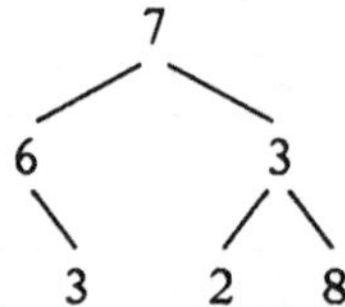

wird etwa dargestellt durch:

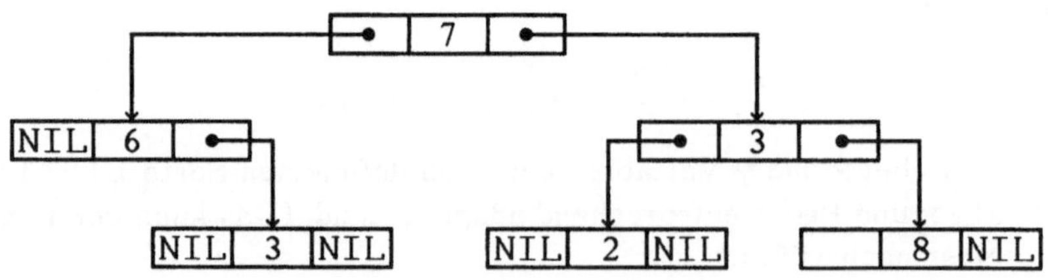

Eine derartige Struktur ist gegeben durch eine Sortenvereinbarung der Art

```
TYPE Binbaum = POINTER TO Binbaumelem;
     Binbaumelem = RECORD
                      lub:Binbaum;
                      objekt:σ;
                      rub:Binbaum
                   END
```

Auch hier kann man die AKS-Grundoperationen für Binärbäume
leicht nachbilden und in einem eigenen Modul zusammenfassen. NIL beschreibt den leeren Binärbaum *EMPTY*. Die Operationen *ISEMPTY*,
ROOT, *LEFT*, *RIGHT* und *BUILD* werden implementiert durch:

```
PROCEDURE Isempty(z:Binbaum):BOOLEAN;
  (* Test, ob z der leere Binaerbaum ist *)
BEGIN
  RETURN z=NIL
END Isempty;

PROCEDURE Root(z:Binbaum):σ;
  (* Wurzel von z;
     nur definiert, falls z nicht-leer ist *)
BEGIN
  RETURN z↑.objekt
END Root;

PROCEDURE Left(z:Binbaum):Binbaum;
  (* Linker Unterbaum von z;
     nur definiert, falls z nicht-leer ist *)
BEGIN
  RETURN z↑.lub
END Left;

PROCEDURE Right(z:Binbaum):Binbaum;
  (* Rechter Unterbaum von z;
     nur definiert, falls z nicht-leer ist *)
BEGIN
  RETURN z↑.rub
END Right;

PROCEDURE Build(a:σ;x,y:Binbaum):Binbaum;
  (* Zusammensetzen eines Binaerbaums *)
  VAR neu:Binbaum;
BEGIN
  NEW(neu);
  neu↑.objekt:=a;
  neu↑.lub:=x;
  neu↑.rub:=y;
  RETURN neu
END Build
```

Wir schließen mit einem Beispiel einer MODULA-2-Funktion, die
unter Verwendung dieser Funktionen (für σ=INTEGER) den rekursiven
AKS-Algorithmus *ENTHALTEN3* aus Abschnitt 5.5 für Binärbäume über
INTEGER realisiert:

```
TYPE Binbaumint = POINTER TO Bbelem;
     Bbelem = RECORD
                  lub:Binbaumint;
                  objekt:INTEGER;
                  rub:Binbaumint
              END;
```

```
PROCEDURE Enthalten3(z:Binbaumint;a:INTEGER):
                                     BOOLEAN;
   (* Stellt fest, ob a in z enthalten ist *)
BEGIN
   IF Isempty(z) THEN RETURN FALSE
   ELSIF a=Root(z) THEN RETURN TRUE
   ELSE RETURN Enthalten3(Left(z),a) OR
               Enthalten3(Right(z),a)
   END
END Enthalten3
```

8.6 Darstellung von Mengen und Multimengen

Wir beschließen den kursorischen Überblick über MODULA-2 mit einigen Bemerkungen zur Darstellung von Mengen (und Multimengen), die als eigenes Sprachkonzept nur sehr rudimentär verwirklicht sind.

Mengensorten sind in MODULA-2 nur in sehr eingeschränkter Weise direkt definierbar. Sie werden in der Form

$$SET \ OF \ \sigma$$

angegeben. Für σ dürfen dabei nur wenige spezielle Sorten, z.B. Unterbereichstypen, gewählt werden. (Die zugelassene Anzahl der Elemente von
σ ist meist auch noch maschinenabhängig beschränkt.) Die Sorte

$$SET \ OF \ [0..max]$$

(max ist eine durch die konkrete MODULA-2-Implementierung vorgegebene natürliche Zahl, typischerweise etwa 16 oder 32) wird auch als

$$BITSET$$

geschrieben.

Mengen der Sorte BITSET werden durch Aufzählung ihrer Elemente
zwischen geschwungenen Klammern bezeichnet, z.B.:

$$\{1,3,7\}.$$

{ } bezeichnet die leere Menge. Im Fall anderer Mengensorten muß einer
entsprechenden Auflistung der Elemente noch eine Bezeichnung (Identifikator) der betreffenden Sorte vorangestellt werden, z.B.:

```
TYPE Binmenge = SET OF [0..1];
CONST leer = Binmenge{};
      null = Binmenge{0};
      eins = Binmenge{1};
      nulleins = Binmenge{0,1}
```

Operationen zur Handhabung von Mengen sind:

+	(Vereinigung),
*	(Durchschnitt),
−	(Differenz),
/	("symmetrische" Differenz),
IN	(Enthaltenseins-Relation, entspricht ϵ in AKS),
=	(Gleichheit),
<>	(Ungleichheit),
<=	(Teilmengen-Relation),
>=	("Obermengen"-Relation).

Für zwei Mengen x und y ist x/y definiert als die Menge aller Objekte, die entweder in x oder in y, nicht jedoch in beiden enthalten sind, z.B.:

$$\{1,3,7\}/\{1,2,5,7\} = \{2,3,5\}.$$

$x>=y$ ist gleichbedeutend mit $y<=x$ (d.h. $y \subseteq x$ in mathematischer Notation).

Allgemeinere Mengen und Multimengen (letztere sind gar nicht definierbar) müssen in MODULA-2-Programmen auf andere Weise dargestellt werden. Die Art der Darstellung sollte wieder wesentlich davon bestimmt sein, welche Operationen auszuführen sind und wie effizient diese dabei implementierbar sind. Wir deuten lediglich einige Möglichkeiten an und beschränken uns der Einfachheit halber auf die Diskussion von Mengen. Die Übertragung auf Multimengen ist jeweils leicht durchführbar.

Zunächst kann man Mengen – in konzeptueller Sprechweise – durch die in Kapitel 5 behandelten (und gemäß den Abschnitten 8.3–8.5 realisierbaren) Datenstrukturen nachbilden. Die nicht-deterministische Operation *ANY* ist dabei durch eine deterministische Zugriffsoperation zu ersetzen. Werden strukturelle Änderungs-Operationen (*INSERT*, *DELETE*) für die Mengen benötigt, bieten sich Darstellungen als Sequenzen (Stapel, Schlangen) oder Binärbäume (in MODULA-2 also allgemein als Geflechte) an. Ist eine Menge x (über einer Sorte σ) etwa als Sequenz der Sorte **sequ** σ dargestellt, so läßt sich das Hinzufügen eines Elements $a \epsilon \sigma$ zu x (d.h. *INSERT*(x,a)) in AKS beschreiben durch:

```
function INSSEQU(x:sequ σ,a:σ) → sequ σ
    result Einfügen von a in x im Mengensinne
    body if ENTHALTEN(x,a) then x
        else PREFIX(a,x) endif
endfunction
```

ENTHALTEN ist die in Abschnitt 5.1 definierte Suchfunktion. Ist a in x enthalten, so wird x durch das "mengenartige" Einfügen von a nicht verändert, andernfalls wird a (z.B. vorne) an x angefügt. Eine Beschreibung von *INSSEQU* in MODULA-2 kann - ebenso wie die Programmierung der übrigen Mengen-Grundoperationen - dem Leser überlassen werden.

In dieser Art der Darstellung von Mengen induziert das Einfügen (und analog auch das Entfernen) eines Elements das Suchen nach diesem Element. Gemäß unserer Diskussion in Abschnitt 7.3 könnte demnach - erst recht, wenn die Mengenoperation $\in$ selbst benötigt wird - eine Darstellung als sortierter Binärbaum günstiger sein.

Eine Darstellung als (eventuell sortierte) Reihung bietet sich an, wenn keine strukturellen Änderungen an Mengen vorzunehmen sind. In Sonderfällen ist diese Darstellung auch beim Vorhandensein solcher Änderungen möglich oder gar geeignet. Kennt man z.B. eine obere Schranke *maxanz* für die Elementeanzahl der auftretenden Mengen, so kann eine Menge als Reihung x der Länge *maxanz*, zusammen mit $n \in$ nat, $n \leq maxanz$, dargestellt werden, wobei die Teilfolge $(x_1,...,x_n)$ die Elemente der Menge als Komponenten enthält:

$$x_1, \ldots, x_n, x_{n+1}, \ldots, x_{maxanz}$$

$$\underbrace{}_{\substack{\text{Elemente} \\ \text{der Menge}}} \quad \underbrace{\phantom{x_{n+1}, \ldots, x_{maxanz}}}_{\text{beliebig}}$$

$n=0$ repräsentiert die leere Menge.

Wir beschreiben das Einfügen eines Elements a in x hier gleich in MODULA-2-Fassung durch eine Prozedur mit x und n als Transientparametern. (Die Sorte der Mengenelemente sei wieder mit σ bezeichnet.)

```
TYPE Menge = ARRAY [1..MAXANZ] OF σ;
PROCEDURE EinfArr(VAR x:Menge;VAR n:CARDINAL;
                  a:σ);
   (* Vorbedingung: x[1],...,x[n] sind die
                    Elemente einer Menge M;
                    n<=MAXANZ; falls a nicht
                    in M enthalten ist, muss
                    n<MAXANZ sein;
        a wird in M eingefuegt *)
 VAR i:CARDINAL;
BEGIN
   i:=1;
   WHILE (i<=n) AND (a<>x[i]) DO
     i:=i+1
   END;
   IF i=n+1 THEN
                (* a ist von allen x[1],...,x[n]
                   verschieden und wird als
                   x[n+1] zu x hinzugenommen *)
     n:=i;
     x[n]:=a
   END            (* Im anderen Fall bleiben x
                    und n unveraendert *)
END EinfArr
```

Wir haben hier die Folge $(x_1,...,x_n)$ der Mengenelemente als unsortiert angenommen. Ist diese Folge sortiert, so kann die Suche nach a effizienter gestaltet werden, beim Einsortieren von a in den sortierten Reihungs-Anfang muß dann allerdings die Komplexität $O(n)$ in Kauf genommen werden.

Ein anderes Beispiel der Mengendarstellung durch Reihungen haben wir bereits im Algorithmus *TEILMENGENSUMME* in Abschnitt 7.4 kennengelernt. Sie ist allgemein möglich, wenn jede der zu betrachtenden Mengen M Teilmenge einer vorgegebenen Menge $N = \{y_1,...,y_n\}$ ist. M läßt sich durch eine Reihung

$$x = \{x_1,...,x_n\}$$

mit

$$x_i = \begin{cases} 1, & \text{falls } y_i \in M, \\ 0, & \text{falls } y_i \notin M \end{cases}$$

$(1 \le i \le n)$ darstellen. (Die einmal gewählte Indizierung der Elemente von N sei festgehalten.) x heißt *charakteristischer Vektor* von M. Die Einfüge-Operation läßt sich (wieder als Prozedur) wie folgt darstellen:

```
TYPE Charvek = ARRAY [1..n] OF [0..1];
PROCEDURE EinfChVek(VAR x:Charvek; a:σ);
    (* x ist charakteristischer Vektor einer
       Teilmenge M von N={y(1),...,y(n)}, in die
       a eingefuegt wird; a ist Element von N;
       x wird als Transientparameter benutzt *)
  VAR i:CARDINAL;
BEGIN
    i:= »derjenige Index i, 1<=i<=n, mit a=y(i)«;
    x[i]:=1
END EinfChVek
```

Die offengelassene Bestimmung des Index i, d.h. die Suche von a in N hängt von der Darstellung von N ab.

Anders als die vorher betrachteten Darstellungen (in denen die Elemente einer Menge direkt Komponenten einer anderen Datenstruktur sind) beschreibt der charakteristische Vektor einer Menge diese in indirekter Weise. Solche Darstellungsarten (gewissermaßen "Codierungen" der Menge) sind besonders bei Mengen mit komplexeren Elementen interessant. Betrachten wir als abschließendes Beispiel hierfür Mengen K von Paaren von Elementen einer gegebenen Menge P. Diese repräsentieren binäre Relationen r über P gemäß

$$(x,y) \in K \Leftrightarrow r(x,y)$$

und kommen in vielfältigen Anwendungen vor. (Ein konkretes Beispiel wäre etwa die Menge der direkten Flugverbindungen von Stadt x nach

Stadt y.) P bildet zusammen mit einer derartigen Menge K - in anderer mathematischer Sprechweise - einen **gerichteten Graphen** (P,K), der anschaulich dargestellt werden kann, indem man alle Elemente von P als "Punkte" einer Ebene aufzeichnet und zwei Punkte x und y durch einen Pfeil ("Kante") verbindet, wenn $(x,y)\in K$ ist.

Beispiel. Sei $P = \{1,2,3,4,5\}$ und $K = \{(1,2),(1,4),(2,1),(2,3),(3,1),(4,5)\}$. Dieser gerichtete Graph wird anschaulich wiedergegeben durch:

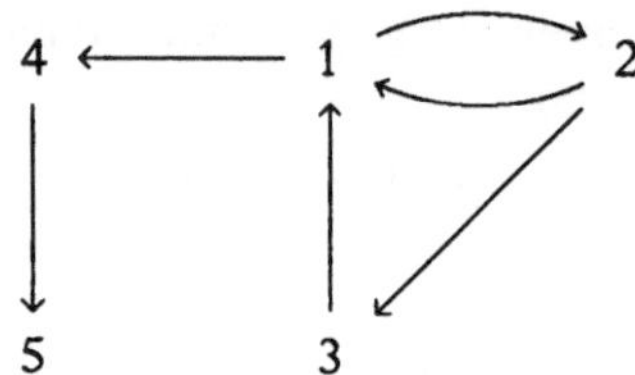

Gerichtete Graphen (P,K) lassen sich auf verschiedene Weise als Datenstruktur beschreiben. Eine Darstellungsart ist gegeben durch die **Adjazenzmatrix**, die dem charakteristischen Vektor einer Teilmenge ähnelt. Ist $P = \{y_1,...,y_n\}$ mit einer festen Indizierung, so bildet man die $n\times n$-Matrix

$$\begin{pmatrix} x_{1,1} & \cdots & x_{1,n} \\ \vdots & & \vdots \\ x_{n,1} & \cdots & x_{n,n} \end{pmatrix}$$

mit

$$x_{i,j} = \begin{cases} 1, & \text{falls } (y_i,y_j)\in K, \\ 0, & \text{falls } (y_i,y_j)\notin K \end{cases}$$

für $1\le i,j\le n$. Die Adjazenzmatrix des gerichteten Graphen im Beispiel ist etwa:

$$\begin{array}{c c} & \begin{array}{c c c c c} 1 & 2 & 3 & 4 & 5 \end{array} \\ \begin{array}{c} 1 \\ 2 \\ 3 \\ 4 \\ 5 \end{array} & \begin{pmatrix} 0 & 1 & 0 & 1 & 0 \\ 1 & 0 & 1 & 0 & 0 \\ 1 & 0 & 0 & 0 & 0 \\ 0 & 0 & 0 & 0 & 1 \\ 0 & 0 & 0 & 0 & 0 \end{pmatrix} \end{array}$$

(Zur Verdeutlichung haben wir die Zeilen- und Spaltennumerierung mit angegeben.)

Eine andere Darstellungsmöglichkeit sind **Adjazenzlisten**, das sind (für $P = \{y_1,...,y_n\}$) n Folgen $l_1,...,l_n$ (in MODULA-2 etwa als Listen implementiert). Für $i=1,...,n$ enthält l_i diejenigen y_j, $1\le j\le n$, mit $(y_i,y_j)\in K$. Für den Graphen im Beispiel gilt:

$$l_1 = (2,4),$$
$$l_2 = (1,3),$$
$$l_3 = (1),$$
$$l_4 = (5),$$
$$l_5 = \varepsilon.$$

Die Menge $\{l_1,...,l_n\}$ kann selbst als Reihung oder listenartig dargestellt werden.

Einfügen und Löschen von Kanten sind in beiden Darstellungsarten recht einfach zu beschreiben. Sollen auch Punkte (d.h. Elemente von P) hinzu- oder weggenommen werden, so bietet sich wohl eher die Darstellung mit Adjazenzlisten an.

Wir verzichten auf die Angabe entsprechender Algorithmen und schließen statt dessen mit dem Beispiel einer anderen wichtigen Grundaufgabe bei gerichteten Graphen, das noch einmal deutlich die Bezugnahme einer Algorithmusidee auf die Datendarstellung aufzeigt. Für einen gerichteten Graphen (P,K) soll zu gegebenen Punkten $a,b \in P$ bestimmt werden, ob es einen **Weg** von a nach b gibt. Ein derartiger Weg ist eine Folge $(z_0,z_1,...,z_m)$, $m \geq 1$, von Elementen von P mit $a = z_0$, $b = z_m$ und $(z_i,z_{i+1}) \in K$ für $i = 0,...,m-1$. Im Beispiel gibt es etwa den Weg

$$(3,1,4,5)$$

von 3 ("über 1 und 4") nach 5.

Dieses Problem erinnert an das Labyrinth-Beispiel von Abschnitt 7.4 und könnte (z.B.) mit einem ähnlichen Algorithmus mit der Komplexität $O(n^2)$ gelöst werden. Wir gehen auf diese Möglichkeit jedoch nicht näher ein. Soll die Wegsuche nämlich (für verschiedene $a,b \in P$) häufig durchgeführt werden, so ist eine andere Vorgehensweise günstig, die direkt auf die Darstellung des Graphen durch seine Adjazenzmatrix Bezug nimmt. Die Idee ist, aus der Adjazenzmatrix x eine "Wegematrix" x^+ zu konstruieren, in der die Existenz von Wegen für alle Knoten des Graphen festgehalten ist. Genauer: Ist $P = \{y_1,...,y_n\}$, so soll für jeden Eintrag $x_{i,j}^+$ von x^+ ($1 \leq i,j \leq n$) gelten:

$$x_{i,j}^+ = \begin{cases} 1, & \text{falls es einen Weg von } y_i \text{ nach } y_j \text{ gibt,} \\ 0, & \text{sonst.} \end{cases}$$

Eine elegante Konstruktion von x^+ wird durch den **Warshall-Algorithmus** geleistet: Sei $x_{i,k}$ ein Eintrag der Adjazenzmatrix x des gegebenen gerichteten Graphen ($P = \{y_1,...,y_n\}$). Ist $x_{i,k} = 0$, so ist $(y_i,y_k) \notin K$, und es gibt keinen Weg der Art

$$(...,y_i,y_k,...).$$

Ist $x_{i,k} = 1$, so ist $(y_i,y_k) \in K$, und man sucht nun alle $j \in \{1,...,n\}$ mit $x_{k,j} = 1$. Für diese j gilt: Es gibt einen Weg

$$(y_i, y_k, y_j)$$

von y_i nach y_j. Setzt man für diese j in x die jeweiligen Einträge $x_{i,j}$ auf 1, so erhält man eine neue Matrix x' mit der Bedeutung

$x'_{i,j} = 1 \Leftrightarrow (y_i, y_j) \in K$ oder es gibt einen Weg (y_i, y_k, y_j) von y_i nach y_j.

Das skizzierte Vorgehen läßt sich (in AKS-Notation) wie folgt festhalten:

```
if »x_{i,k}=1« then
    for j from 1 to n do
        if »x_{k,j}=1« then »setze x_{i,j}=1« endif
    enddo
endif
```

Führt man diesen Algorithmusteil zunächst für $k=1$ und für alle $i=1,...,n$ durch, so gilt also anschließend für alle neuen Matrixeinträge $x_{i,j}$ (d.h. für $i=1,...,n$ und $j=1,...,n$):

$x_{i,j} = 1 \Leftrightarrow (y_i, y_j) \in K$ oder es gibt einen Weg (y_i, y_1, y_j) von y_i nach y_j.

Bezeichnen wir für einen Weg $w=(z_0, z_1, ..., z_{m-1}, z_m)$ die Menge $\{z_1, ..., z_{m-1}\}$ der "Zwischenpunkte" durch $Z(w)$, so können wir auch kompakt formulieren:

$x_{i,j} = 1 \Leftrightarrow$ Es gibt einen Weg w von y_i nach y_j mit $Z(w) \subseteq \{y_1\}$.

(Im Fall $(y_i, y_j) \in K$ ist nämlich $w=(y_i, y_j)$ ein Weg von y_i nach y_j mit $Z(w)=\emptyset$).

Die Wiederholung des gesamten Vorgangs für $k=2$ (und wieder alle $i=1,...,n$) liefert Matrixeinträge mit:

$x_{i,j} = 1 \Leftrightarrow$ Es gibt einen Weg w von y_i nach y_j mit $Z(w) \subseteq \{y_1, y_2\}$.

Insgesamt kann man für $k=1,2,...,n$ iterieren und erhält:

$x_{i,j} = 1 \Leftrightarrow$ Es gibt einen Weg w von y_i nach y_j mit $Z(w) \subseteq \{y_1, ..., y_n\}$.

Offenbar gibt es also genau dann überhaupt einen Weg von y_i nach y_j, wenn in der zuletzt erhaltenen Matrix $x_{i,j}=1$ gilt. Diese ist demnach die gesuchte Wegematrix x^+.

Wir formulieren den Warshall-Algorithmus nun als MODULA-2-Programm. Der Einfachheit halber sei dabei angenommen, daß $P=\{1,...,n\}$, d.h. $y_i=i$ für $i=1,...,n$ gilt.

```
TYPE Anz = [1..n];
     Matrix = ARRAY Anz,Anz OF [0..1];
PROCEDURE Warshall(x:Matrix;VAR xplus:Matrix);
   (* x sei Adjazenzmatrix eines gerichteten
       Graphen mit Punktmenge {1,...,n};
       es wird die Wegematrix xplus bestimmt *)
   VAR i,j,k:Anz;
```

```
BEGIN
  xplus:=x;        (* Vorbesetzung *)
  FOR k:=1 TO n DO
    FOR i:=1 TO n DO
      IF xplus[i,k]=1 THEN
        FOR j:=1 TO n DO
          IF xplus[k,j]=1 THEN
            xplus[i,j]:=1
          END
        END
      END
    END
  END
END Warshall
```

Man beachte, daß in der Vorbesetzung xplus:=x die Matrix x "als Ganzes" an xplus zugewiesen wird. Die Zuweisung ist gleichwertig zu

```
FOR k:=1 TO n DO
  FOR j:=1 TO n DO
    xplus[i,j]:=x[i,j]
  END
END
```

Der Warshall-Algorithmus hat - wie leicht ersichtlich - eine Komplexität $O(n^3)$. Die Aufgabe, für gegebene Punkte $a=y_i$ und $b=y_j$ zu bestimmen, ob es einen Weg von a nach b gibt, ist bei einmal konstruierter Wegematrix x^+ allerdings durch triviale Inspektion des Matrixelements $x_{i,j}^+$ (mit konstantem Zeitaufwand!) lösbar. Ist diese Aufgabe häufig durchzuführen, "lohnt" sich also meist die (einmalige) Erzeugung von x^+.

Die Konstruktion von x^+ sei noch kurz an dem Beispiel-Graphen illustriert. Ausgehend von der oben angegebenen Adjazenzmatrix werden im "Schritt k=1" die Einträge mit den Indexpaaren (2,2), (2,4), (3,2) und (3,4) auf 1 gesetzt. Für k=2 geschieht dies für die Indexpaare (1,1), (1,3) und (3,3). Im Durchlauf für k=3 bleibt die Matrix unverändert. Bei k=4 werden noch das Element mit Indexpaar (1,5) und bei k=5 die Elemente mit (2,5) und (3,5) auf 1 gesetzt. Danach hat die Matrix die Gestalt

$$
\begin{array}{c}
 \\ 1 \\ 2 \\ 3 \\ 4 \\ 5
\end{array}
\begin{array}{ccccc}
1 & 2 & 3 & 4 & 5 \\
\left(\begin{array}{ccccc}
1 & 1 & 1 & 1 & 1 \\
1 & 1 & 1 & 1 & 1 \\
1 & 1 & 1 & 1 & 1 \\
0 & 0 & 0 & 0 & 1 \\
0 & 0 & 0 & 0 & 0
\end{array}\right)
\end{array}
$$

Sie besagt: Von 1, 2 und 3 gibt es zu jedem $y \in P$ einen Weg; von 4 gibt es nur einen Weg nach 5; von 5 gibt es keinen Weg zu einem $y \in P$. Diese Eigenschaften lassen sich am Bild des gerichteten Graphen leicht bestätigen.

Sachverzeichnis